소포클레스 비극 전집

소포클레스 비극 전집
—
제1판 1쇄 2008년 10월 10일
제1판 5쇄 2016년 4월 10일
제2판 1쇄 2017년 10월 10일
제2판 5쇄 2023년 10월 30일
—
지은이 — 소포클레스
옮긴이 — 천병희
펴낸이 — 강규순
—
펴낸곳 — 도서출판 숲
등록번호 — 제406-2004-000118호
주소 — 경기도 파주시 돌곶이길 108-14
전화 — (031)944-3139 팩스 — (031)944-3039
E-mail — book_soop@naver.com
—
ⓒ 천병희, 2008. Printed in Paju, Korea
ISBN 978-89-91290-21-1 93890
값 30,000원
—
디자인 — 씨디자인

디오뉘소스, 일명 박코스(기원전 500년경, 항아리 세부)
그리스 비극은 포도 재배와 포도주의 신 디오뉘소스를 기리는 축제
대 디오뉘소스 제(祭)의 하이라이트로, 아테나이에서 공연되었다.

오이디푸스와 스핑크스(앵그르 작)
수수께끼를 내어 대답하지 못하는 사람을 죽이는 스핑크스 때문에
테바이는 공포에 떨었다. 오이디푸스는 당당히 수수께끼를 풀고
테바이의 왕으로 추대되어 선왕의 부인과 결혼한다.

오이디푸스와 안티고네(요한 페테르 크라프트 작)
오이디푸스가 스스로 파헤쳐 출생의 비밀을 알고 장님이 된 후, 안티고네는 떠돌이 아버지를 따라다니며 시중을 든다.
그러던 중 두 사람은 아테나이 근교 콜로노스에 있는 복수의 여신들,
일명 '자비로운 여신들'의 성역에 도착한다.

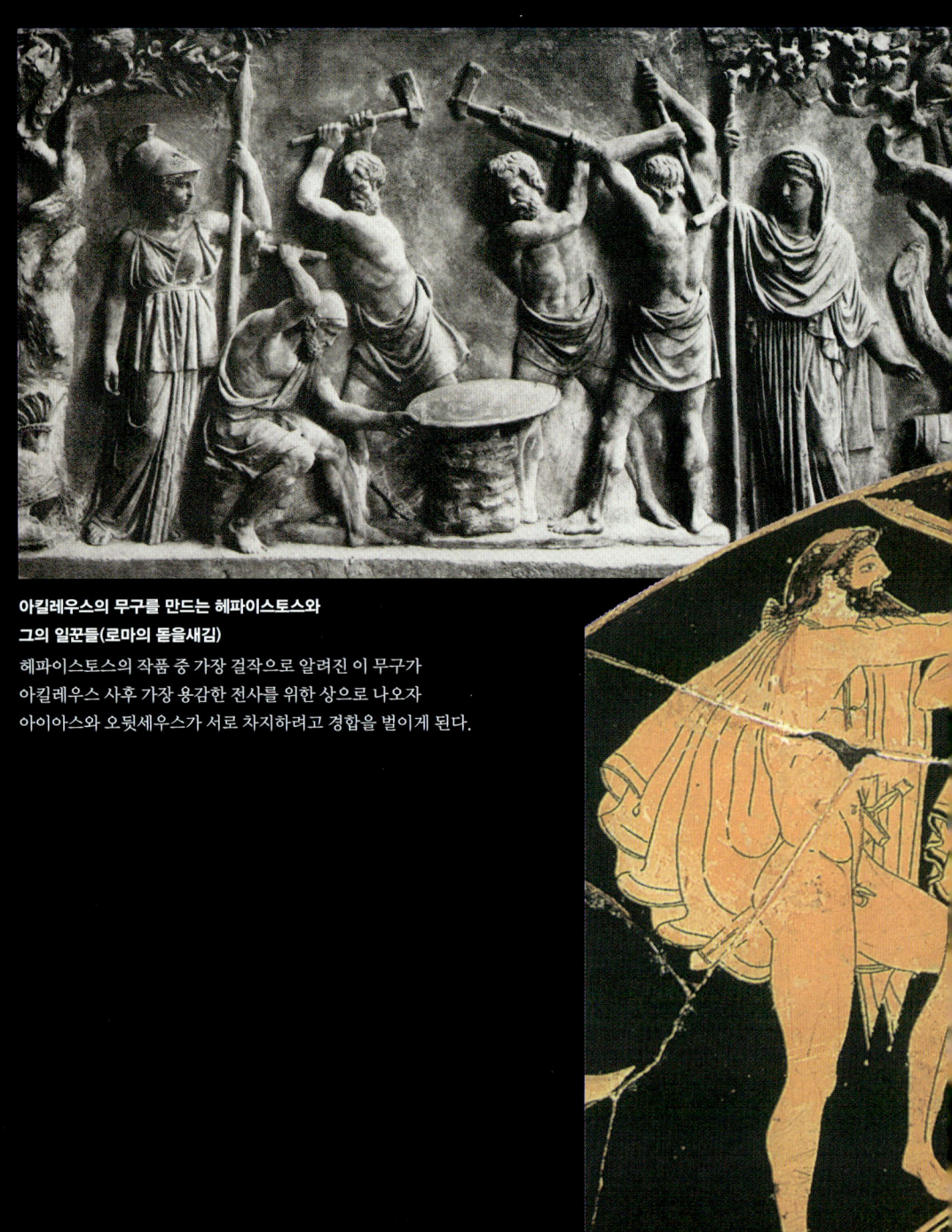

**아킬레우스의 무구를 만드는 헤파이스토스와
그의 일꾼들(로마의 돋을새김)**

헤파이스토스의 작품 중 가장 걸작으로 알려진 이 무구가
아킬레우스 사후 가장 용감한 전사를 위한 상으로 나오자
아이아스와 오뒷세우스가 서로 차지하려고 경합을 벌이게 된다.

아킬레우스의 무구를 놓고 싸우는 아이아스와 오뒷세우스
(기원전 480년경, 도자기)

전쟁 중 망중한을 함께 보내는 아킬레우스와 아이아스(기원전 530년경, 도자기)

무구재판에서 패한 아이아스는 심한 모멸감을 느끼고 밤에 칼을 빼들고 그리스군 장수들을 습격한다.
이때 오뒷세우스의 수호신 아테나 여신이 아이아스를 미치게 하자 그는 가축 떼를 도륙한다.
제정신으로 돌아오자 그는 달리 해결책이 없음을 알고 해변으로 나가 자살한다.

무구재판에서 투표하는 그리스 장군들(기원전 480년경)
자살을 위해 칼끝을 위로 가게 고정하는 아이아스(기원전 530년경)

12고역을 마무리하는 헤라클레스(기원전 510년경, 도자기)
헤라클레스의 12고역은 대부분 그리스를 괴물로부터 해방하는 일이었다.
그가 마지막 고역인 저승 출입문을 지키는 개 케르베로스를 제압해 넘기고 있다.

데이아네이라와 결혼하기 위해 아켈로오스와 싸워 이기는 헤라클레스(6세기경, 채색 목각)
케르베로스를 끌고 오려고 저승에 갔을 때 멜레아그로스의 혼백이 나타나
헤라클레스에게 의지가지없는 자기 누이 데이아네이라와 결혼할 것을 간청했다.

휴식을 취하는 헤라클레스
(뤼시포스의 〈지친 헤라클레스〉 모각품, 기원전 200~220년경)

장작더미 위의 헤라클레스(루카 조르다노 작)

데이아네이라가 넷소스의 피로 본의 아니게 자신에게 죽음을 가져다주었다는 말을 들은 헤라클레스는, '죽은 자가 그를 죽이리라'는 신탁이 마침내 실현되었음을 알고 오이테 산으로 가서 화장용 장작더미 위에 누워 산 채로 화장된다.

힘과 참을성을 겸비한 이상적인 도리스(Doris)적 남성상을 보여주던 헤라클레스가 『트라키스 여인들』에서는 전혀 호감이 가지 않는 난폭한 무법자로 나온다.

아가멤논을 살해하기 직전의 클뤼타임네스트라 (피에르 나르시스 게랭 작)
클뤼타임네스트라는 자신이 아가멤논을 살해한 것은 사실이지만 아가멤논이 딸 이피게네이아를 제물로 바친 데 대한 정당한 보복으로 양심의 가책을 느끼지 않는다고 말한다.

엘렉트라와 오레스테스

엘렉트라는 동생 오레스테스를 손수 기른 유모이자 누이였다.
엘렉트라는 끊임없는 학대, 아버지의 살해에 대한 잊을 수 없는 울분,
타오르는 복수심으로 망명 중인 동생의 귀향을 기다린다.

소포클레스 비극 전집

소포클레스 비극 전집_차례

일러두기 — 20
옮긴이 서문_ 그리스 비극, 그리스 정신의 가장 위대한 구현 — 21
그리스 비극의 구성 — 23

『오이디푸스 왕』 Oidipous Tyrannos — 25
『안티고네』 Antigone — 91
『콜로노스의 오이디푸스』 Oidipous epi Kolonoi — 151
『아이아스』 Aias — 231
『트라키스 여인들』 Trachiniai — 293
『엘렉트라』 Elektra — 349
『필록테테스』 Philoktetes — 415

주석 — 483
옮긴이 해설_ 소포클레스 비극의 세계 — 513
참고문헌 — 557
주요 이름 — 559

일러두기

1. 고유명사 표기는 앗티케 방언을 따랐다. 현존하는 고대 그리스의 주요 고전들이 아테나이에서 사용되던 앗티케 방언으로 쓰여 있어 그렇게 하는 것이 더 편리할 것이라 생각했기 때문이다.
2. 대조하거나 참고하기 편리하도록 5행마다 행수를 표시해두었다. 코로스의 노래에서는 행수가 정확히 5행으로 나눠지지 않는 경우가 종종 있는데, 이 역시 텍스트를 일부 누락한 것이 아니라 텍스트에 따른 것이다.
3. 대사 가운데 한 행(行)을 두 명 이상의 배우가 나눠 말하는 경우(antilabe), 번역에서는 배우의 수에 맞춰 독립된 행으로 처리했다.
4. 코로스의 노래 중 편의상 스트로페(strophe)는 '좌'로, 안티스트로페(Antistrophe)는 '우'로, 에포도스(epoidos)는 '종가'로 줄였다.
5. 본문 중 설명이 필요하다고 생각되는 부분에는 주를 달았다.
6. 후일 가필된 것으로 추정되는 구절은 〔 〕안에 넣어 구분했다.

옮긴이 서문 _ 그리스 비극, 그리스 정신의 가장 위대한 구현

아리스토텔레스는 『시학』 26장에서 시적 효과 면에서 비극이 서사시보다 더 우수한 예술 형식이라고 주장한다. 그 이유로 비극은 조사(措辭), 성격, 사상, 플롯 등 서사시가 가진 모든 것을 가지고 있을 뿐 아니라 음악과 장경(場景)을 가지는데 이 중 음악은 드라마의 쾌감을 생생하게 산출하며, 비극적 모방은 서사시에 비해 더 짧은 시간에 시적 효과를 산출하는데 압축된 효과는 분산된 효과보다 더 쾌감을 주며, 한 편의 서사시에서 여러 편의 비극이 만들어진 것으로 미루어 비극이 서사시보다 통일성이 더 강하다는 점을 내세우고 있다.

 물론 호메로스의 서사시 『일리아스』와 『오뒷세이아』가 고대 그리스의 언어, 문학, 조형미술과 고대 그리스인들의 자의식 형성에 지대한 영향을 주었다는 점에서 그리스 문학, 나아가 서양 문학의 원천이라는 것은 누구나 수긍하는 엄연한 사실이다. 여기서 한 걸음 나아간 그리스 비극은 우주와 자연보다는 인간 자신을 탐구 대상으로 삼던 시대정신에 따라 호메로스의 서사시들을 끊임없이 재해석하려던 진지하고도 치열한 시도였고, 2500년이 지난 오늘날에도 여전히 절박한 문제 제기로 우리에게 다가온다는 점에서 인간 정신이 쌓은 위대한 업적이라 할 만하다. 그리스 비극은 인간에 대한 깊은 성찰과 지칠 줄 모르는 탐구정신에 힘입어 그리스 정신의 가장 위대한 구현을 이룩했다. 고대 그리스에서는 시와 노래, 춤과 웅변술, 그리고 고급예술과 대중예술을 한데 묶은 종합예술로서 비극이 전 국민적 사랑을 받았거니와, 오늘날에도 여전히 세계 각국의 무대에 올려지고, 읽히고, 수

많은 예술작품들에 소재와 주제를 제공하는 살아 있는 이슈다.

그리스의 3대 비극작가이며 비극의 완성자라 알려진 소포클레스의 현존하는 비극 7편을 국내에서는 처음으로 모두 원전에서 번역하여 한 권으로 내놓는다. 그중 『아이아스』, 『트라키스 여인들』은 이번에 처음 번역한 것이다. 그리고 『오이디푸스 왕』, 『안티고네』, 『콜로노스의 오이디푸스』, 『엘렉트라』와 『필록테테스』는 1980년대에 번역했던 것을 새롭게 번역했다. 언어란 끊임없이 바뀌기도 하거니와 예전 작업의 오류들도 바로잡을 때가 되었기 때문이다. 직역으로 인한 어색하고 애매모호한 표현들을 줄이는 등 우리 시대의 언어감각을 고려해 가독성을 높이는 데 주안점을 두었고 최근에 나온 주석들과 번역들을 참고했다.

작품의 순서는 최초 공연 연대를 따르되, 대표작이라 할 수 있는 『오이디푸스 왕』, 『안티고네』, 『콜로노스의 오이디푸스』를 한데 묶어 맨 앞에 내놓았다. 부록의 「소포클레스 비극의 세계」는 졸저 『그리스 비극의 이해』 가운데 소포클레스에 관한 부분을 손질한 것임을 밝힌다.

2008년 9월
옮긴이 천병희

그리스 비극의 구성

그리스 비극은 프롤로고스(prologos), 등장가(登場歌 parodos), 삽화(揷話 epeisodion), 정립가(停立歌 stasimon), 엑소도스(exodos)로 구성된다.

프롤로고스는 코로스가 오르케스트라(orchestra)에 등장하기 이전 부분으로, 드라마의 주제와 상황을 제시한다. 아이스킬로스의 『탄원하는 여인들』이나 에우리피데스 작으로 알려졌던 『레소스』처럼 프롤로고스가 없는 특이한 경우를 제외하고는, 프롤로고스는 한 장면 또는 여러 장면을 포함할 수도 있고, 신 또는 인간에 의해 말하여질 수도 있고, 관객을 향한 독백 또는 대화로도 시작될 수 있다.

등장가는 코로스가 그들의 위치인 오르케스트라에 등장하며 부르는 노래이고, **삽화**는 코로스의 노래와 노래 사이에 삽입된 대화 장면으로 현존하는 비극들은 대개 3~6개의 삽화를 가지는데, 이것이 후일 로마의 세네카(Seneca)를 거쳐 근대극(近代劇)의 막(幕)으로 발전한다.

정립가는 코로스가 한곳에, 즉 오르케스트라에 자리 잡고 서서 또는 그 좌우로 움직이며 부르는 노래로, 대개 선행 삽화에 대한 성찰이나 감정을 표현하지만, 나중에는 차츰 선행 삽화와 무관한 막간가(幕間歌)로 변질된다.

엑소도스는 코로스가 오르케스트라를 떠나며 부르는 노래다. 초기 비극들은 으레 코로스의 노래로 끝났다고 하나 후기 비극들은 노래 대신 배우와 코로스 사이의 대화로 끝나기 때문에, 엑소도스란 마지막 정립가 다음의 대화와 동작을 의미하게 되었다.

그 밖에 많은 비극에서 볼 수 있는 **애탄가**(哀歎歌 kommos)는 코로스와 대개 한 명 때로는 두 명의 배우 사이의 서정적 대화로서 모든 비극에 공통된 것은 아니며, 대개 고인(故人)을 애도하는 성격을 띠고 있다.

오이디푸스 왕
Oidipous Tyrannos

작품 소개

기원전 430~425년에 쓰여진 것으로 추정되는 『오이디푸스 왕』이 포함된 비극 3부작은 그해 비극경연대회에서 2등을 차지했다. 하지만 이 작품은 소포클레스의 최대 걸작으로 평가되며, 아리스토텔레스도 『시학』에서 "비극의 모든 요건을 갖춘 가장 짜임새 있는 드라마"라고 극찬하고 있다. 이 비극이 다루고 있는 오이디푸스 이야기는 다음과 같다. 스핑크스의 수수께끼를 푼 오이디푸스가 테바이의 왕이 되고, 왕비 이오카스테와 결혼하여 슬하에 2남 2녀를 두고 행복하게 살아간다. 그러던 중 나라에 역병이 창궐하자, 오이디푸스는 신탁이 말한 정화를 위해 선왕 라이오스의 살해범을 반드시 잡겠다는 열의를 보인다. 하지만 오이디푸스가 바로 그 이오카스테와 전에 삼거리에서 살해한 라이오스의 아들임이 밝혀져, 이오카스테는 자살하고 오이디푸스는 제 손으로 제 눈을 멀게 한다. 이 비극은 끊임없이 해석되어왔고, 지금 우리에게도 질문과 해석을 요구한다. '오이디푸스는 누구인가/무엇인가' '오이디푸스가 밝혀낸 근원은 무엇인가' '오이디푸스의 하마르티아(hamartia)는 무엇인가' '오이디푸스 이후 인간의 수수께끼는 무엇인가.'

등장인물

오이디푸스 테바이의 왕
사제 제우스의
크레온 이오카스테의 오라비
테이레시아스 눈먼 예언자
이오카스테 테바이의 왕비
사자 1 코린토스에서 온
사자 2 궁전에서 온
목자 선왕 라이오스의
코로스 테바이 원로들로 구성된

그 밖에 탄원하는 노인들, 젊은이들, 아이들.
오이디푸스와 이오카스테의 딸들인 안티고네와 이스메네.

이 작품의 대본은 Sophocles, *Oedipus Rex* edited by R. D. Dawe, Cambridge University Press 1982의 그리스어 텍스트다. 주석은 위 R. D. Dawe의 것과 R. Jebb (Cambridge University Press 1957)의 것을 참고했다. 현대어역 중에서는 R. Jebb (Cambridge 1957), H. D. F. Kitto (Oxford 1962), D. Grene (University of Chicago Press 1992), R. Fagles (Penguin Books 1984)의 영역과 W. Willige (München/Zürich 1995), W. Schadewaldt (Zürich 1968)의 독역을 참고했다.

장소   테바이의 궁전 앞. 무대 우측 제단 가에는 다양한 연령층의 탄원자들과 함께
제우스의 사제가 서 있다. 궁전의 가운데 문이 열리며 오이디푸스 등장한다.

오이디푸스   내 아들들이여, 오래된 카드모스[1]의 새로 태어난 자손들이여,
어인 일로 그대들은 양털실을 감아 맨 나뭇가지[2]를 들고
여기 이 제단 가에 탄원자로 앉아 있는 것이오?
온 도시가 향 연기와 더불어 구원을 비는 기도와
죽은 이들을 위한 곡소리로 가득하구나.   5
남의 입을 통해 이 일에 관해 전해 듣는 것은
도리가 아닐 것 같아, 세상에 명성이 자자한
이 오이디푸스가 몸소 왔소이다, 내 아들들이여.
(사제에게) 노인장, 여기서는 그대가 연장자이니
이들의 대변인으로 나서주시오. 그대들은 무엇이 두려워,   10
아니면 무엇을 바라고 여기 앉아 있는 것이오.
무엇이든 내 기꺼이 도와주겠소. 이런 탄원에 연민의
정을 느끼지 못한다면 인정머리없는 사람이겠지.

사제   이 나라를 통치하시는 오이디푸스 님, 그대의 제단을
차지하고 있는 우리의 나이가 어떤지는 그대도   15
보고 있나이다. 더러는 멀리 날기에 아직은 너무나
연약한 어린것들이고, 더러는 나이 들어 허리가 휜 노인들로
내가 제우스의 사제이듯, 그들도 사제들이옵니다.
또 더러는 젊은이 중에서 뽑혀 온 자들이옵니다.
다른 백성은 양털실을 감아 맨 나뭇가지를 들고   20

장터와 팔라스[3]의 두 신전 앞과 이스메노스[4]의
예언하는 불가[5]에 앉아 있나이다. 보시다시피, 도시가
이미 풍랑에 너무나 흔들리며, 죽음의 파도 밑에서
아직도 고개를 들지 못하기 때문이옵니다.
이 나라에서는 대지의 열매를 맺는 이삭에도,   25
목장에서 풀을 뜯는 소 떼에게도, 여인들의 불모의
산고에도 죽음이 만연해 있나이다. 게다가 불을
가져다주는 신이, 가장 사악한 역병이 도시를 뒤쫓으니,
카드모스의 집은 빈집이 되어가고,
어두운 하데스[6]는 눈물과 신음이 늘어나게 되었나이다.   30
나와 여기 이 아이들이 그대의 제단 가에 앉은 것은,
그대를 신과 같다고 여겨서가 아니라,
인생의 제반사에서나 신들과 접촉하는 일에서나 그대를
인간들 중에 으뜸가는 분이라고 여기기 때문이옵니다.
그대는 카드모스의 도성에 오셔서 우리가 가혹한   35
여가수[7]에게 바치던 피의 공물을 면제해주셨나이다.
그것도 우리한테서 무슨 도움이 될 만한 지식이나
암시를 받지도 않고 신의 도움으로 우리의 삶을 일으켜
세우셨나이다. 모두들 그리 말하고 그렇게 믿고 있나이다.
그래서 지금, 만인의 눈에 가장 위대하신 오이디푸스 님, 40
우리 모두가 탄원자로서 그대에게 애원하오니,
어떤 신의 음성을 들어 아시든, 사람의 힘으로 아시든
우리를 위해 구원의 방도를 찾아주소서.
내가 알기로, 경험 많은 사람의 조언은
역시 가장 유익한 결과를 가져오기 때문이옵니다.   45
필멸의 인간들 중 가장 훌륭하신 분이여, 이 도시를

다시 일으켜 세우소서. 그대의 명예를 지키소서. 전에
보여주신 열성 때문에 이 나라는 지금 그대를 구원자라고
부르나이다. 그러하오니 그대의 통치에 의해 우리가 처음에는
일어섰으나 나중에는 넘어졌다고 기억하는 일이   50
없게 하시고, 이 도시가 다시는 흔들리지 않게 세워주소서!
그대는 그때 좋은 전조와 함께 우리에게 행운을 주셨듯이,
지금도 그때와 같은 분이 되어주소서!
지금 통치하고 있듯이, 앞으로도 그대가 이 나라를
다스리고 싶으시면 빈 나라보다 사람들을 통치하시는   55
편이 더 나을 것이옵니다. 성벽도 배도 텅 비어
그 안에 사람이 함께 살지 않는다면 무용지물이니까요.

오이디푸스 가엾은 내 아들들이여, 그대들이 무엇을 원하여 찾아왔는지
내 이제야 알겠소. 그대들이 모두 고통당하고 있음을
잘 알겠소. 하지만 그대들이 고통당한다 하더라도,   60
나만큼 고통당하는 사람은 그대들 중에 아무도 없을 것이오.
그대들의 고통은 각각 당사자 한 사람에게만 아프고,
다른 사람과는 어느 누구와도 무관하기 때문이오.
하지만 내 마음은 도시와 나 자신과 그대들 모두를 위해
신음하오. 그대들은 잠자던 나를 깨운 것이 아니라오.   65
그대들은 내가 하염없이 눈물을 흘리며
수많은 생각의 길을 헤매고 다녔음을 알아두시오.
내가 두루 살펴 찾아낸 유일한 대책을
이미 실천에 옮겼으니, 메노이케우스의 아들로
내 처남인 크레온을 퓌토[8]에 있는 포이보스[9]의   70
집으로 보내, 어떤 행동이나 말로
이 도시를 구할 수 있는지 알아오게 했소이다.

	한데 그사이 이미 여러 날이 지났음을 떠올리니	
	그가 무얼 하고 있는지 걱정스럽소. 의아스럽게도	
	필요 이상으로 그가 지체하고 있으니 말이오.	75
	하지만 그가 돌아온 뒤에도 신께서 밝히신 모든 것을	
	내가 행하지 않는다면 나는 나쁜 사람일 것이오.	
사제	때맞춰 말씀 잘 하셨나이다. 크레온이 오고 있다고	
	방금 저기 저들이 내게 신호를 보내왔으니까요.	
오이디푸스	오오, 아폴론 왕이여! 밝은 그의 얼굴처럼	80
	제발 그가 구원의 밝은 소식을 가져왔으면!	
사제	기쁜 소식인 것 같사옵니다. 그렇지 않다면 머리에	
	열매가 주렁주렁 달린 저런 월계관은 쓰지 않았겠지요.	
오이디푸스	곧 알게 되겠지요. 이제 말이 들리는 거리에 있으니.	
	왕자여, 내 처남이여, 메노이케우스의 아들이여,	85
	자네는 우리를 위해 신에게서 어떤 소식을 가져왔는가?	
크레온	좋은 소식이옵니다. 참기 어려운 일이라도 결과만	
	좋다면 모든 면에서 좋다고 할 수 있으니까요.	
오이디푸스	대체 무슨 소식인가? 자네가 하는 말만 듣고는	
	안심할 수도, 두려워할 수도 없으니 말일세.	90
크레온	이들 앞에서 공개적으로 듣고 싶다면 말씀드리지요.	
	하지만 안으로 드시겠다면 나도 안으로 들겠나이다.	
오이디푸스	모두가 듣는 앞에서 말하게나. 내가 슬퍼하는 것은	
	내 목숨보다도 내 백성인 여기 이들을 위해서니까.	
크레온	그러시다면 내가 신께 들은 것을 말씀드리지요.	95
	포이보스 왕께서는 우리에게 분명히 말씀하셨어요.	
	이 땅에서 자라는 오욕을 나라에서 몰아내라고,	
	치유할 수 없을 때까지 품고 있지 말라고.	

오이디푸스   우리를 오염시킨 것이 무엇이고, 어떻게 정화하라고 하시던가?
크레온   사람을 추방하거나 피는 피로 갚으라 하셨어요.
바로 그 피가 우리 도시에 폭풍을 몰고 왔다고 합니다.
오이디푸스   대체 어떤 이의 운명을 신께서 드러내시는 것인가?
크레온   왕이여, 그대가 이 도시를 바른 길로 인도하시기 전
우리에게는 라이오스가 이 나라의 통치자였습니다.
오이디푸스   들어서 잘 알고 있다. 그분과 나는 생면부지니까.
크레온   그분은 살해되셨습니다. 그래서 지금 신께서 그들이 누구든
살해자들을 벌주라고 우리에게 분명히 명령하시는 거예요.
오이디푸스   세상 어디에 그자들이 있는가? 대체 어디서 오래된
범죄의 희미한 흔적을 찾을 수 있단 말인가?
크레온   "이 땅에서"라고, 신께서는 말씀하셨어요. 찾는 것은
잡힐 수 있지만, 내버려두는 것은 달아나기 마련이지요.
오이디푸스   라이오스가 살해된 것은 집에서인가,
들판에서인가, 아니면 이국땅에서인가?
크레온   신탁을 들으러 델포이로 가신다고 본인이 말씀하셨어요.
그리고 한번 떠난 뒤로는 영영 집으로 돌아오지 않았습니다.
오이디푸스   목격자가 아무도 없었던가? 단서가 될 만한
소식을 전해줄 전령이나 수행인도 없었단 말인가?
크레온   모두 죽고 한 사람만 도망쳐 왔지요. 하지만 그가 본 것 중에
확실히 말할 수 있는 것은 한 가지뿐이었습니다.
오이디푸스   그게 무엇인가? 희망을 걸 수 있을 만한 작은 단서라도
발견한다면, 한 가지로 많은 것을 알아낼 수도 있지.
크레온   그의 말로는, 도적들이 그들에게 달려들어 한 사람의
힘이 아니라, 많은 손으로 그분을 죽였다고 했습니다.
오이디푸스   이 나라에서 누군가 돈으로 매수하지 않고서야

도적이 어찌 감히 그런 대담한 짓을 할 수 있었지?

크레온 그렇게들 생각했지요. 하지만 그 뒤 재앙이 덮치자
죽은 라이오스의 원수를 갚으려는 이는 아무도 없었어요.

오이디푸스 재앙이라니? 왕이 그렇게 살해되었는데, 대체 어떤
재앙이 범인을 알아내는 데 발을 건단 말인가?

크레온 수수께끼를 내는 스핑크스가 모호한 과거사는
제쳐두고 발등의 불을 끄도록 강요한 것이지요.

오이디푸스 그렇다면 내가 다시 시작하여 진실을 규명하겠소.
포이보스께서는 참으로 적절하게 고인을 위해
이런 염려를 해주셨고, 그 점에서는 자네도 마찬가지일세.
그대들도 보게 되겠지만, 나는 당연히 이 나라와
신을 위해 그대들의 복수에 가담할 것이오.
먼 친척을 위해서가 아니라, 나 자신을 위해
나는 이 나라에서 그 오욕을 내쫓을 것이오.
왕을 시해한 자라면 그가 누구든 내게도
그런 손으로 같은 짓을 하려 할 게 아닌가.
그러니 그분을 돕는 것은 나 자신을 위한 것이오.
내 아들들이여, 그대들은 어서 제단에서 일어서
이 탄원자의 나뭇가지를 들고 떠나시오. 누군가
한 명은 가서 카드모스의 백성들을 이리로 불러오되,
내가 무엇이든 다 할 것이라고 전하시오. 우리가
흥하느냐 망하느냐는 신들의 도움에 달려 있소이다.

(오이디푸스와 크레온, 퇴장)

사제 내 아들들이여, 우리 일어섭시다. 우리가 이리로 온 것은
이분께서 자진하여 약속하신 바로 그 일 때문이었소.
우리에게 이 신탁을 보내신 포이보스께서는 부디

우리를 구해주시고 역병에서 벗어나게 해주시기를! 150

(모두 퇴장하고 15명의 테바이 원로로 구성된 코로스가 오르케스트라에 등장하여 방금 오이디푸스가 불러오게 한 카드모스 백성들 역할을 한다)

코로스[10] (좌 1) 제우스[11]의 달콤한 목소리의 말씀이여,
너는 무엇을 전하러 황금이 많은
퓌토에서 영광스러운 테바이로 왔는가?
나는 가슴이 설레고 마음이 불안하여
공포에 떨고 있노라,
비명을 들으시는 델로스의 치유자[12]여,
그대 앞에 삼가 두려움을 느끼며. 155
네가 내게 이루고자 하는 것은 새 고통인가,
돌고 도는 세월 따라 다시 돌아온 고통인가?
말해다오, 불멸의 목소리여,
황금 같은 희망의 딸이여!

(우 1) 먼저 그대를 부르나이다, 제우스의
따님이여, 불멸의 아테나여!
그리고 그대와 자매간이자 이 나라의 160
수호여신으로 장터 한가운데의 왕좌에
앉아 계시는 아르테미스와 멀리 쏘는
포이보스도. 오오, 죽음을 막아주는
내 세 겹의 도움[13]이여, 내게 나타나소서!
일찍이 이 도시를 덮친 지난날의
재앙[14]을 막고자 그대들이 165
재난의 불길을 나라 밖으로 몰아내신

적이 있다면, 이번에도 와주소서!

(좌2) 아아, 슬프도다! 내가 견뎌야 할 고통은
        헤아릴 수 없구나. 내 백성은 모두 병들었건만,
        내 지혜는 이를 막아낼 무기를 찾지 못하는구나.   170
        영광스러운 대지의 열매는 자라지 못하고,
        여인들은 아이를 낳다가 산고의
        비명에서 일어나지 못하는구나.
        그대도 보다시피, 목숨이 잇달아   175
        날랜 날개의 새처럼, 날뛰는 불보다 힘차게
        서방신(西方神)의 강기슭으로 달려가는구나.

(우2) 헤아릴 수 없는 죽음으로 도시는 죽어가고,
        이 도시의 자식들은 동정도 문상도 받지 못한 채   180
        땅바닥에 누워 죽음을 퍼뜨리는구나.
        거기에 맞춰 아내들과 백발의 노모들은
        여기저기서 제단으로 몰려가 통곡하며
        쓰라린 고통에서 구원받기를 애원하는구나.   185
        구원을 비는 기도 소리가 울려 퍼지고, 거기 뒤섞여
        곡소리도 들리는구나. 이를 막기 위해 고운 얼굴의
        구원을 보내주소서, 제우스의 황금 같은 따님¹⁵이여!

(좌3) 그리하여 사나운 아레스¹⁶가,   190
        지금은 청동 방패도 들지 않고
        비명 소리와 함께 다가와
        나를 불태우는 사나운 아레스가

등을 돌려 이 나라에서 황급히 달아나게 하시되,
순풍에 실려 암피트리테의 큰 침실[17]이나
포구가 없는 트라케 해안의
파도 아래로 들어가게 해주소서!
밤이 무엇인가를 빠뜨리면, 이를 이루려고
낮이 뒤따라오니까요.[18] 오오, 불을
가져다주는 번개의 힘을 다스리시는
분이여, 오오, 아버지 제우스여,
그대의 벼락으로 그를 없애주소서!

195

200

(우 3) 뤼케이오스[19] 왕이여, 원컨대 황금실로 꼰
시위에서 그대의 무적 화살이 비 오듯
쏟아지게 하여, 우리를 적 앞에서 지켜주소서.
그리고 여신 아르테미스께서 들고
뤼키아의 산들을 쏘다니시는 불타는
햇불도 쏟아지게 해주소서!
또 황금 머리띠를 매고 계시고, 이 나라의
이름으로 불리시며,[20] 마이나스[21]들의
벗이며, 신도들이 소리 높여 부르는
혈색 좋은 박코스[22]도 부르오니,
부디 환히 비추는 관솔 횃불을 들고
가까이 오시어 우리와 손잡고, 신들 중에
아무 명예도 없는 그 신[23]에 대항해 싸우소서!

205

210

215

(오이디푸스, 궁전에서 등장)

오이디푸스 그대는 기원하고 있구려. 하지만 내 말에 그대가

귀를 기울이고 역병을 퇴치하려고 노력해야만
재앙에서 구원받고 짐을 덜 수 있을 것이오.
내가 이런 말을 하는 것은, 나는 그 이야기도
그 사건도 전혀 모르기 때문이오. 아무 단서도 없이   220
나 혼자 어찌 멀리 추적할 수 있겠소!
나는 사건이 일어난 뒤에 테바이 시민이 되었소.
지금 그대들 모든 카드모스 백성에게 나는 이렇게
선포하겠소. 그대들 중에 누구든 랍다코스의 아들
라이오스가 어떤 자에게 살해되었는지 아는 사람은   225
내게 사건의 전말을 고하시오. 이건 명령이오.
그리고 자신의 범행이 두려운 자는 자수하여 극형의
위험을 면하도록 하시오. 그는 아무 피해 없이 나라를
떠날 뿐, 그 밖에 다른 불쾌한 일은 겪지 않을 것이오.
그리고 누군가 외지인을 범인으로 알고 있다면,   230
침묵을 지키지 마시오. 그에게 나는
상을 줄 것이고, 감사의 뜻을 표할 것이오.
하지만 그대들이 침묵을 지킨다면, 누군가
자신과 친구가 염려되어 내 명령을 거스르는 자가 있다면,
내가 어떻게 할지 내 말을 잘 들어두시오.   235
내 일러두거니와, 그 살인자가 누구든,
내가 권력과 왕좌를 차지하고 있는 이 나라에서
어느 누구도 그자에게 은신처를 제공하거나
말을 걸어서는 안 되며, 그자와 함께 신들께
기도하거나 제물을 바쳐서도 안 되며, 그자에게   240
물로 정화의식을 베풀어서도 안 되오. 퓌토 신의
신탁이 방금 내게 밝혔듯이, 우리에게 역병을

가져다준 것은 그자이니, 모두들 그자를 집 밖으로
내쫓도록 하시오. 나는 신과 피살자를 위해
그런 동맹자가 되려 하오. 그리고 그 알려지지 않은   245
살인자는 단독범이든 여럿이 작당을 했든
사악한 인간인 만큼 불행한 일생을
비참하게 살다 가라고 나는 저주하는 바이오!
또한 만일 내가 알고도 그자를 집 안의
화롯가에 받아들인다면, 방금 그자들에게   250
퍼부은 것과 같은 저주가 내게도 내려지기를!
내 명령을 모두 이행할 것을 내 그대들에게 당부하오.
나 자신을 위해, 신을 위해, 그리고 하늘의 노여움으로
이렇게 열매 맺지 못하고 황폐해가는 이 나라를 위해.
설령 신께서 촉구하시지 않았더라도, 이 일을 이렇게   255
정화하지 않은 채 내버려두는 것은 옳지 못하오.
그대들의 그토록 고귀하신 왕이 살해되었으니 말이오.
그대들은 찾아냈어야 했소. 나는 이렇게
그분이 전에 가졌던 권력을 차지하고, 그분의 침대와
그분을 위해 씨를 잉태하던 아내를 이어받았소.   260
그리고 후손을 보고자 했던 그분의 소망이 꺾이지 않았더라면,
—지금은 운명이 그분의 머리를 덮치고 말았지만—
한 어머니에서 태어난 자식들이 그분과 나 사이에
인연을 맺어주었을 것이오. 이런 연유로 나는
내 친아버지의 일인 양 이 일을 위해 싸울 것이며,   265
살인범을 찾고자 무슨 일이든 다 할 작정이오.
옛적 아게노르의 아들인 먼 옛날의 카드모스, 그 아들인
폴뤼도로스, 그 아들인 랍다코스의 아들의 명예를 위해.

		내 명령을 이행하지 않는 자들에게 신들께서는
		대지의 수확도 여인들의 출산도 내려주지 마시고, 270
		지금의 이 재앙으로, 아니, 이보다 더 참혹한
		재앙으로 죽기를 나는 바라오.
		하지만 내 이런 처사를 기뻐하는 그대들 다른 카드모스의
		백성에게는 우리의 동맹자이신 디케와
		다른 신들께서 늘 함께하시며 축복을 내려주시기를! 275
코로스장		왕이여, 그대가 저주로 나를 묶으시니 말씀드립니다만,
		나는 살해하지도 않았고 살해자를 밝힐 수도 없나이다.
		그 문제라면 포이보스께서 내주셨으니
		바로 그분께서 범인이 누구인지 말씀해주셔야 하겠지요.
오이디푸스		옳은 말이오. 하지만 누구도 신들께서 원치 280
		않는 것을 신들께 강요할 수는 없을 것이오.
코로스장		그렇다면 두 번째로 좋다고 생각되는 바를 말씀드리지요.
오이디푸스		세 번째로 좋은 것이 있다면 그것도 버리지 말고 말해주오.
코로스장		내가 알기로, 테이레시아스 왕[24]만큼 포이보스 왕의
		의중을 잘 읽는 사람은 없습니다. 왕이여, 285
		그분에게 물어보시면 가장 확실히 알 수 있나이다.
오이디푸스		그 일에도 늑장을 부리지 않았소이다. 크레온이 권해서
		그를 데려오도록 두 차례나 사람을 보냈으니 말이오.
		한데 왜 그는 오지 않는지 아까부터 이상히 여기고 있다오.
코로스장		그렇다면 다른 이야기는 오래된 헛소문이었군요. 290
오이디푸스		어떤 소문 말이오? 나는 지푸라기라도 잡고 싶은 심정이라오.
코로스장		선왕께서는 길손들에게 살해되셨다고 하옵니다.
오이디푸스		나도 그렇게 들었소. 하지만 범인을 본 사람은 아무도 없소.
코로스장		그자가 두려움이 무엇인지 조금이라도 아는 자라면

	그대의 이런 저주를 듣고 오래 버티지는 못할 것이옵니다.	295
오이디푸스	행동을 두려워 않는 자는 말도 두려워 않는 법이오.	
코로스장	하지만 그자의 죄를 들춰낼 분이 계십니다. 저기 저들이	
	신과 같은 예언자를 이리 모셔 오고 있으니까요.	
	사람들 중에 오직 저분 안에만 진리가 살아 있답니다.	

(테이레시아스, 소년의 인도를 받으며 등장)

오이디푸스	가르칠 수 있는 것이든 말할 수 없는 것이든,	300
	하늘의 일이든 지상의 일이든 모든 것을 통찰하는	
	테이레시아스여, 그대 비록 눈으로는 보지 못하지만,	
	어떤 역병이 이 나라를 덮쳤는지 알 것이오.	
	우리를 이 역병에서 구해줄 보호자와 구원자는 오직	
	그대뿐이오, 왕이여! 그대도 사자들에게 들었겠지만,	305
	포이보스께서는 우리의 물음에 이런 답을 보내왔소.	
	우리가 라이오스를 살해한 자들을 알아내어	
	사형에 처하거나 나라에서 추방하기 전에는	
	이 역병에서 벗어날 길이 없을 것이라고.	
	그러니 그대는 새들의 목소리[25]나 그 밖에	310
	그대가 가진 다른 예언의 기술을 아끼지 말고	
	그대 자신과 나라를 구하고 나를 구하고	
	피살자로 인한 오욕을 모두 제거해주시오.	
	우리 운명이 그대에게 달렸소. 수단과 힘을 다해	
	남을 돕는 것보다 더 고상한 일이 어디 있겠소.	315
테이레시아스	아아, 슬프도다! 지혜가 아무 쓸모 없는 곳에서	
	지혜롭다는 것은 얼마나 괴로운 일인가! 잘 알면서 내가	
	왜 잊었던가! 그렇지 않았다면 예까지 오지 않았을 것을.	
오이디푸스	왜 그러시오? 그렇게 의기소침해서 들어오시니 말이오.	

테이레시아스	집으로 나를 돌려보내주시오. 그대의 짐은 그대가,	320
	내 짐은 내가 지는 것이 상책이오. 내 조언에 따르겠다면.	
오이디푸스	말해주지 않겠다니 그 무슨 소리요? 그것은 온당하지도	
	않거니와, 그대를 길러준 이 도시에 대한 불충(不忠)이외다.	
테이레시아스	보아하니, 그대의 말씀이 그대를 파멸로 인도하고 있소.	
	그래서 나도 같은 실수를 피하려고 말을 아니 하는 것이오.	325

(테이레시아스, 돌아서서 가려 한다)

오이디푸스	돌아서지 마시오. 알고 있거든, 제발 부탁이오.	
	우리 모두 탄원자로서 그대 앞에 무릎 꿇고 빌고 있소이다.	
테이레시아스	그대들은 다들 모르고 있다오. 나는 결코 내 불행을—그대의	
	불행이란 말을 않으려고 이리 부르오—드러내지 않을 거요.	
오이디푸스	무슨 말을 하는 거요? 알면서도 말하지 않겠다니,	330
	그대는 우리를 배반하고 도시를 파괴할 작정이시오?	
테이레시아스	나는 나 자신도 그대도 괴롭히고 싶지 않소. 왜 그런 것들을	
	물으며 헛수고하시오? 그대는 내게서 듣지 못할 것이오.	
오이디푸스	이 천하에 몹쓸 악당 같은 자여! 돌이라도 그대에게	
	화를 낼 수밖에. 그래, 끝내 말하지 못하겠단 말이오?	335
	이렇게 막무가내로 끝까지 고집을 부릴 작정이오?	
테이레시아스	그대는 내 성질을 나무라면서 그대와 동거하고 있는	
	그대의 것²⁶은 못 보시는군요. 그대가 나를 꾸짖다니.	
오이디푸스	그대가 지금 이 도시를 이렇게 모욕하는데,	
	그런 말을 듣고도 화내지 않을 사람이 어디 있겠소?	340
테이레시아스	내가 침묵으로 덮는다 해도 올 것은 제 발로 오지요.	
오이디푸스	기왕 올 것이라면 내게도 말해주어야 할 것 아니오?	
테이레시아스	나는 더이상 말하지 않을 것이오.	
	그러니 화가 난다면 실컷 화를 내시오.	

오이디푸스	암요, 화내고 말고. 그리고 기왕 화가 났으니, 남김없이	345
	내 생각을 말하겠소. 알아두시오. 그대는 내가 보기에	
	그대 손으로 죽이지 않았을 뿐 이 범행을 함께	
	모의하고 함께 실행했소. 그대가 장님만 아니었다면,	
	나는 그대 혼자서 이 범행을 저질렀다고 말했을 것이오.	
테이레시아스	진정이시오? 그렇다면 내 그대에게 이르노니,	350
	그대는 자신이 내린 명령에 따라 오늘부터	
	여기 이 사람들과 내게 한마디 말도 걸지 마시오.	
	그대가 이 나라를 오염시킨 범인이기 때문이오.	
오이디푸스	그따위 말을 입에 올리다니 어찌 저토록 뻔뻔스러울 수 있나!	
	그러고도 그 벌을 면하리라 생각하시오?	355
테이레시아스	벌써 면했소이다. 내 진리 안에 내 힘이 있기 때문이오.
오이디푸스	그건 누구에게 배웠소? 아무래도 그대의 재주는 아니오.
테이레시아스	그대에게 배웠지요. 싫다는데도 그대가 말하게 했으니까.
오이디푸스	무슨 말을? 제대로 알아듣도록 다시 말해보시오.
테이레시아스	알아듣지 못했다고? 아니면 말하도록 나를 부추기는 것이오?	360
오이디푸스	충분히 알아듣지 못했소. 그러니 다시 한번 말해보시오.
테이레시아스	그대가 찾고 있는 범인이 바로 그대란 말이오.
오이디푸스	그런 모함을 두 번씩이나 하다니 그대는 반드시 후회하리라.
테이레시아스	더 화나도록 다른 것도 말씀드릴까요?
오이디푸스	실컷 하시오. 그래봤자 다 허튼소리니까.	365
테이레시아스	그대는 부지중에 가장 가까운 핏줄과 가장 수치스럽게	
	동거하면서도, 어떤 불행에 빠졌는지 보지 못하고 있소.	
오이디푸스	그런 말을 하고도 언제까지나 무사하리라 믿는 게요?
테이레시아스	물론이오. 진리에 어떤 힘이 있다면 말이오.
오이디푸스	물론 있지, 그대가 아닌 다른 사람들에게는. 하지만	370

	그대에게는 없소. 그대는 귀도, 지혜도, 눈도 멀었으니까.
테이레시아스	가련한 분 같으니라고! 머지않아 여기 있는 모든 사람이 그대에게 퍼부을 그런 욕설을 내게 퍼붓고 있으니!
오이디푸스	그대 영원한 어둠 속에 사는 자여, 그대는 나든 다른 사람이든 햇빛 보는 자를 결코 해코지하지 못하리라.
테이레시아스	그대는 나로 인해 넘어질 운명이 아니니까요. 하지만 그런 일을 관장하시는 아폴론께서는 능히 그러실 수 있다오.
오이디푸스	그런 생각을 해낸 자는 크레온인가, 그대 자신인가?
테이레시아스	크레온이 아니라 그대, 그대가 그대의 재앙이라오.
오이디푸스	오오, 부여, 권력이여, 치열한 생존경쟁에서 온갖 재주를 능가하는 재주[27]여, 너희들에게 붙어 다니는 시기심은 이 얼마나 큰가! 내가 구하지도 않았는데 이 도시가 내 손에 쥐어준 이 권력 때문에 내 옛 친구인 크레온이 몰래 기어 들어와 나를 내쫓으려 했을 뿐 아니라, 이익에만 눈이 밝고 예언술에는 눈이 먼 저따위 음흉한 마법사를, 교활한 돌팔이 설교사를 부추겼으니 말이오. 자, 말해보시오. 대체 어디서 그대는 자신이 진정한 예언자임을 보여주었소? 저 어두운 노래를 부르는 암캐[28]가 이곳에 나타났을 때, 그대는 왜 이 나라 백성을 구하기 위해 아무 말도 하지 않았던 거요? 그 수수께끼로 말하자면 아무나 풀 수 있는 것이 아니어서 거기에는 예언술이 필요했소. 하지만 그대는 그런 예언술을 새들의 도움으로든 신의 계시로든 분명 갖고 있지 않았소.

375

380

385

390

395

그때 내가 나타났소, 이 무식한 오이디푸스가.
그리고 새들의 가르침이 아니라 내 자신의 재주로 맞혀
그녀를 침묵시켰소. 그러한 나를 그대가 내쫓으려 하고 있소.
크레온의 왕좌 옆에 바싹 붙어 있겠다는 생각에서. 400
그대와 그대의 공범은 나라를 정화하겠다는 스스로의 열성을
후회하게 될 것이오. 늙어 보이지만 않았다면 그것이
주제넘은 생각이었음을 그대는 고통을 통해 배웠을 텐데.

코로스장 보아하니, 저분의 말씀이나 그대의 말씀이나, 오이디푸스 님,
모두 노여움에서 나온 말씀 같습니다. 하지만 우리에게 405
필요한 것은 그런 말씀들이 아니라 어떻게 하면 신의 명령을
가장 잘 이행할 수 있겠는지 궁리하는 것이옵니다.

테이레시아스 그대 비록 왕이지만 답변할 권리만은 우리 두 사람에게
똑같이 주어져야 할 것이오. 나도 그럴 권리가 있어요.
나는 그대의 종이 아니라 록시아스[29]의 종으로 살아가니까요. 410
그러니 나는 크레온을 후견인[30]으로 삼거나 그 밑에 등록되지는
않을 것이오. 눈먼 것까지 그대가 조롱하니 하는 말이지만,
그대는 눈이 있어도 보지 못하오. 그대가 어떤 불행에
빠졌는지, 어디서 사는지, 누구와 사는지 말이오.
그대가 누구 자손인지 알고나 있소? 그대는 모르겠지만, 415
그대는 지하와 지상에 있는 그대의 혈족에게는 원수외다.
그러니 언젠가 어머니와 아버지의 저주라는 이중의 채찍이
무서운 발걸음으로 그대를 뒤쫓아 이 나라 밖으로 몰아낼
것이오. 지금은 제대로 보는 그 눈도 그때는 어둠만 보게
될 것이오. 그토록 순조로운 항해 끝에 저 집안에서 그대를 420
숙명의 항구로 인도해준 축혼가의 의미를 그대가 깨닫는
날에는, 어느 항구에 그대의 비명이 미치지 않을 것이며,

키타이론³¹ 산의 어느 구석에 그대의 비명이 메아리치지
않을 것인가! 그대는 또 그대와 그대의 자식들을 동등하게
해줄 또 다른 무리의 불행도 보지 못하고 있소이다. 425
그러니 크레온과 내 말을 실컷 조롱하시구려.
필멸의 인간들 가운데 앞으로 그대보다 더 비참하게
갈려서 사라져버릴 자는 그 누구도 없을 테니 말이오.

오이디푸스 저자에게 이런 말을 듣고도 참아야 한단 말인가?
파멸 속으로 꺼져버려라! 어서 빨리 뒤돌아서서 430
이 집에서 썩 물러가지 못할까!

테이레시아스 그대가 부르지 않았다면 자진해 오지는 않았을 것이오.

오이디푸스 그대가 바보 같은 소릴 지껄일 줄은 몰랐지. 그럴 줄 알았다면
그대를 부르러 사람들을 보내는 데 오랜 시간이 걸렸겠지.

테이레시아스 그대에게는 내가 그런 바보로 보이겠지만, 435
그대를 낳아준 부모에게는 현명한 사람이었소.

오이디푸스 어떤 부모 말인가? 게 섯거라. 인간들 중에 누가 나를 낳았지?

테이레시아스 바로 오늘이 그대를 낳고 그대를 죽일 것이오.

오이디푸스 온통 수수께끼 같은 모를 소리만 하는군.

테이레시아스 수수께끼를 푸는 데는 그대가 가장 능했잖소? 440

오이디푸스 내 위대함을 보여준 바로 그 일로 나를 조롱하다니.

테이레시아스 하지만 바로 그 재주³²가 그대를 파멸케 했소.

오이디푸스 나는 이 도시를 구했으니, 그런 것은 아무래도 좋아.

테이레시아스 그렇다면 나는 가겠소. 애야, 나를 데려가 다오.

오이디푸스 그 애가 그대를 데려가게 하라. 여기서 그대는 방해만 되고 445
성가시니까. 가고 나면 더이상 나를 괴롭히지 못하겠지.

테이레시아스 가긴 가되 내가 온 까닭을 말하고서 가겠소.
그대의 얼굴쯤은 두렵지 않소. 그대는 나를 파멸케

할 수 없으니. 단언하건대, 그대가 아까부터 위협적인 말로
라이오스의 피살 사건을 규명하겠다고 공언하며 450
찾던 그 사람은 바로 여기에 있소이다.
그는 이곳으로 이주해온 외지인으로 여겨지지만
머지않아 테바이 토박이임이 밝혀질 것이오.
하지만 그는 그런 행운을 달가워하지 않을 것이오.
앞 못 보는 장님이 되고 부자에서 거지가 되어 지팡이로 455
앞을 더듬으며 이국땅으로 길을 떠날 운명이니까요.
그리고 그는 함께 살고 있는 그의 자식들의 형이자
아버지이며, 자신을 낳아준 여인의 아들이자 남편이며,
아버지의 침대를 이어받은 자이자 자기 아버지의
살해자임이 밝혀질 것이오. 안으로 들어 그 일을 460
곰곰이 생각해보시오. 그러고도 내 말이 틀렸거든
그때부터는 예언에 관해 내가 무식하다고 말하시오.

(테이레시아스는 소년의 인도를 받아 퇴장하고, 오이디푸스는 궁전으로 퇴장한다)

코로스33 (좌 1) 대체 누구일까, 예언하는 델포이의
바위34가 이르기를, 형언할 수 없는
끔찍한 짓을 피 묻은 손으로 465
저질렀다고 하는 그는?
이제야말로 도주하기 위해 그는
폭풍처럼 날랜 말들보다 더 힘차게
발을 움직여야 할 때로구나.
제우스의 아드님35께서 불과 번개로
무장하고 그에게 덤벼드시고, 470
그분과 더불어 저 무시무시하고 피할 길 없는

복수의 여신들36이 뒤쫓고 있으니.

(우 1) 눈 덮인 파르낫소스 산으로부터

　　　　방금 주어진 그 목소리,

　　　　번쩍이며 나타나 드러나지 않은　　　　　　　　　　　475

　　　　그를 어떻게든 찾아내라 하시네.

　　　　야생의 수풀 속으로 숨어들어간

　　　　그는 동굴과 바위 사이에서

　　　　황소처럼 사납게 즐거움 없는 길을

　　　　불행 속에서 쓸쓸히 헤매고 있네.

　　　　대지의 배꼽37에서 나온 운명의 말씀을　　　　　　480

　　　　벗어나려 하지만 그 말씀 언제나

　　　　살아서 그의 주변을 맴돈다네.

(좌 2) 무섭도록, 정말 무섭도록 현명한 그 예언자

　　　　나를 뒤흔들건만, 나로서는 시인도 부인도　　　　485

　　　　할 수 없고 무슨 말을 해야 할지 모르겠구나.

　　　　불안한 예감에 안절부절못하는 이 마음

　　　　현재도 미래의 일도 보지 못하네.　　　　　　　　　490

　　　　랍다코스38의 아들과 폴뤼보스39의 아들 사이에

　　　　무슨 원한이 있었는지 예나 지금이나 들은 바 없으니,

　　　　그것을 증거로 내세워 백성들로부터 받는

　　　　오이디푸스의 명망을 공격할 수도 없고,　　　　　495

　　　　밝혀지지도 않은 죽음으로 랍다코스의

　　　　아들을 위해 복수하러 나설 수도 없구나.

(우2) 진실로 명철하신 제우스와 아폴론은 인간사를
모두 알고 계시도다. 하나 한낱 인간일 뿐인 예언자가   500
나보다 뛰어나다는 것은 옳은 판단일 수 없으리라.
누가 다른 사람보다 지혜가 뛰어날 수는 있겠지.
하나 그 말이 옳았다고 밝혀지기 전에는
사람들이 그분을 비난해도 나는 결코   505
동조하지 않으리. 만인이 보는 앞에서
저 날개 달린 소녀[40]가 그분에게 다가갔을 때
그분은 시험을 통하여 이 도시에 호의를
품은 현자임이 밝혀졌거늘, 내 어찌   510
마음속으로 그분에게 유죄판결을 내리겠는가!

(크레온 등장)

크레온 시민 여러분, 나는 오이디푸스 왕께서
나를 비난하는 끔찍한 말씀을 하셨다는 애기를 듣고
참다못해 이 자리로 나왔소이다. 지금 같은   515
어려운 시기에 그분께서 말로든 행동으로든
내게서 해코지를 당했다고 생각하신다면,
진실로 나는 그런 비난을 받으며 오래 살고
싶지 않소이다. 만약 내가 도시 안에서,
그리고 그대와 친구들에게 악당이라 불린다면,   520
이런 소문이 가져다줄 손실은 간단한 문제가 아니라,
실로 중대한 문제이기 때문이오.
코로스장 하지만 노여움을 이기지 못해 그런 비난의 말씀을
하신 것이지, 진심에서 그러신 것은 아닐 것이오.
크레온 아무튼 그런 말씀을 하신 것은 사실이오?   525

|코로스장| 내가 시켜서 예언자가 그런 거짓말을 했다고.
|코로스장| 그런 말씀을 하긴 하셨지요. 하지만 그 진의는 알지 못하오.
|크레온| 그렇다면 내게 그런 비난의 말씀을 퍼부을 때
눈썹 하나 까딱하지 않고 제정신으로 그러시던가요?
|코로스장| 모르겠소. 윗분들이 하는 일을 내가 어찌 알겠소? 530
저기 마침 그분께서 몸소 집에서 나오십니다.

(오이디푸스 등장)

|오이디푸스| 자네, 여긴 어인 일로 왔는가? 자네는 어찌 그리도
후안무치하단 말인가? 의심할 여지 없이
나를 살해하려 하고, 분명 내 권력까지
도둑질하려는 주제에 감히 내 집에 발을 들여놓다니! 535
자, 신들께 맹세하고 말해보게. 이런 음모를 꾸미다니,
자네 나를 겁쟁이나 바보로 알았나?
자네가 이렇게 몰래 기어 들어오면
내가 모르거나, 알더라도 막지 못할 줄 알았나?
돈도 친구도 없이 왕권을 쥐려 하다니, 540
그런 짓을 하는 자네야말로 어리석지 않은가!
왕권은 추종자 무리나 돈 없이는 쥘 수 없는 법이네.
|크레온| 내 말도 좀 들으세요. 말씀하셨으니 내 대답도
들으셔야지요. 그런 뒤에 판단하세요.
|오이디푸스| 말하는 데는 자네가 능하겠지만, 나는 자네 말을 알아들을 545
수 없네. 자네가 위험한 내 적임을 발견했으니까.
|크레온| 그럼 우선 이 설명부터 들어주세요.
|오이디푸스| 자네가 악당이 아니라는 설명만은 하지 말게.
|크레온| 그대가 지혜 없는 고집을 소중한 것으로
여기신다면, 그건 옳지 못한 생각이죠. 550

오이디푸스 자네가 친척에게 몹쓸 짓을 하고도 벌을 면할 수 있다고
 생각한다면, 그건 좋은 생각이 아닐세.
 크레온 옳은 말씀이고 동감입니다. 한데 그대가 내게
 어떤 해코지를 당하셨는지 가르쳐주세요.
오이디푸스 그 거룩한 체하는 예언자를 부르러 사람을 보내야   555
 한다고 자네가 나에게 권했나, 안 권했나?
 크레온 그 일이라면 나는 지금도 여전히 같은 생각입니다.
오이디푸스 그렇다면 얼마나 많은 세월이 지났지, 라이오스가…
 크레온 그분께서 뭘 하셨다는 거죠? 무슨 말씀인지 모르겠네요.
오이디푸스 치명적인 폭행을 당하고 사람들 눈앞에서 사라진 지?   560
 크레온 벌써 여러 해가 지났지요.
오이디푸스 그때도 그 예언자는 그 기술에 종사하고 있었는가?
 크레온 지금과 똑같이 현명했고 똑같이 존경받았지요.
오이디푸스 그럼 그때도 그가 나에 관해 무슨 말을 한 적이 있는가?
 크레온 없었어요. 적어도 내가 듣고 있을 때는.   565
오이디푸스 한데 자네들은 피살자를 위해 탐문을 했을 것 아닌가?
 크레온 물론 했지만 우리는 아무것도 알아내지 못했습니다.
오이디푸스 그렇다면 저 현자는 그때 왜 이런 이야기를 하지 않았지?
 크레온 모르겠습니다. 그리고 내가 모르는 일은 말하고 싶지 않아요.
오이디푸스 하지만 이 정도는 자네도 알고, 분명 말할 수도 있을 텐데.   570
 크레온 그게 뭐죠? 내가 아는 일이라면 부인하지 않겠습니다.
오이디푸스 그자가 자네와 결탁하지 않았다면 라이오스의 죽음이
 내 소행이라고 할 이유가 전혀 없다는 것 말일세.
 크레온 그가 그런 말을 한 건 그대가 알겠지요. 하지만 그대가 내게
 물으시는 만큼은 나도 그대에게 물을 권리가 있습니다.   575
오이디푸스 마음대로 묻게나. 그래도 내가 살인자로 밝혀지는 일은 없을 것이네.

크레온 말씀해주세요. 그대는 내 누이와 결혼하셨지요?
오이디푸스 그건 부인할 수 없는 사실이지.
크레온 그대는 내 누이와 동등한 권한으로 이 나라를 통치하시지요?
오이디푸스 그녀는 원하는 것은 무엇이든 내게서 얻고 있지. 580
크레온 그리고 나는 세 번째 영예를 차지하고 있으니,
그대들 두 분과 대등하지 않나요?
오이디푸스 그래서 자네가 사악한 친구로 드러난 것일세.
크레온 그렇지 않습니다. 그대도 나처럼 이치를 따져보면.
이 점을 먼저 숙고해보세요. 동등한 권력을 가질 수 있는데도,
두려움 없이 발 뻗고 자는 것을 포기하고 585
두려움 속에서 통치하기를 더 바랄 사람이 있을까요?
아무튼 나는 통치자로 행세하기보다 통치자가 되기를
열망하는 그런 사람으로 태어나지 않았으며,
현명한 사람이라면 누구나 그럴 겁니다.
나는 지금 그대에게서 두려움 없이 무엇이든 얻고 있어요. 590
하지만 내가 통치자가 된다면 싫은 일도 많이 해야겠지요.
그런데 어찌 고통 없는 통치와 권력보다
왕권을 쥐는 것이 내게 더 달콤할 수 있겠습니까?
아직은 이익이 되는 명예 대신 다른 명예를
바랄 만큼 나는 마음이 눈멀지 않았어요. 595
지금은 모두들 나를 축하하고, 내게 인사하며,
그대에게 청탁이 있는 이들이 나를 불러내지요.
그들에게는 모든 성공이 내 호의에 달렸으니까요.
그런데 내가 어찌 이것을 버리고 저것을 가지겠어요.
〔생각이 현명한 자는 결코 배신자가 될 수 없어요.〕 600
나는 원래 배신하기를 좋아하는 기질도 아니고,

남이 꾸민 음모에 가담하는 것도 딱 질색이에요.
증거가 필요하시면, 퓌토에 가서 내가 과연
신탁의 말씀을 그대에게 맞게 전했는지 물어보세요.
그런 다음 내가 예언자와 공모한 사실이 드러나거든, 605
그때는 한 사람이 아니라 두 사람의 판결에 따라,
즉 그대와 나의 판결에 따라 나를 잡아 죽이십시오.
하지만 증거 없이 혐의만으로 나를 죄인으로 몰지 마세요.
악당들을 덮어놓고 착한 사람으로 여기는 것도,
착한 사람들을 악당으로 여기는 것도 옳지 못해요. 610
단언하건대, 진정한 친구를 버리는 것은
가장 소중히 여기는 자기 목숨을 버리는 것과 같아요.
이것은 세월이 지나야만 확실히 알 수 있겠지요.
올바른 사람은 세월이 드러내 보여주지만,
악당은 단 하루면 알아볼 수 있는 법이니까요. 615

코로스장 왕이여, 넘어지지 않으려고 조심하는 자들을 위해 그는
좋은 말을 해주었나이다. 속단하는 자는 안전하지 못해요.

오이디푸스 은밀히 음모를 꾸미는 자가 빠르게 다가오고 있을 때는,
나도 빨리 대책을 세워야 하오.
내가 안일하게 지체한다면, 그자의 목적은 이뤄지고, 620
내 목적은 빗나가고 말 것이오.

크레온 어쩌시려고요? 나라 밖으로 나를 내쫓기라도 하실 겁니까?

오이디푸스 아니, 내가 원하는 것은 자네의 죽음이지 추방이 아닐세.

크레온 · · · · · · **41**

오이디푸스 시기하면 어떻게 되는지 자네가 보여줄 수 있을 테니까.

크레온 쇠고집이거나 믿지 않기로 작정하고 말씀하시는군요. 625

오이디푸스 · · · · · · **42**

크레온	내가 보기에, 그대는 제정신이 아니에요.
오이디푸스	내 일에는 제정신일세.
크레온	그렇다면 내 일에도 그러셔야지요.
오이디푸스	자네는 악당이야.
크레온	만약 그대가 잘못 생각하고 있다면?
오이디푸스	그래도 나는 통치해야 해.
크레온	잘못 통치할 바엔 통치하지 말아야죠.
오이디푸스	오오, 도시여, 도시여!
크레온	이 도시는 그대만의 도시가 아니라 나의 도시이기도 해요.
코로스장	나리님들, 그만두십시오. 마침 저기 그대들을 위해 이오카스테 마님이 집에서 나오는 것이 보입니다. 저분의 중재로 이 말다툼을 끝내도록 하십시오.

(이오카스테 등장)

이오카스테	오오, 딱하신 분들, 어쩌자고 이런 분별없는 말다툼을 벌이세요? 부끄럽지도 않으세요? 나라가 이렇듯 병들어 있는데, 사사로운 분쟁으로 소란을 피우시다니! 자, 당신은 집안으로 드세요. 크레온, 너도 네 집으로 가거라. 별일도 아닌 것을 크게 키우지 말고.
크레온	누님, 누님의 남편이신 오이디푸스께서 내게 끔찍한 짓을 저지르겠답니다. 나를 선조들의 나라에서 내쫓든지, 아니면 잡아 죽이든지 두 가지 불행 중 한 가지를 택하시겠대요.
오이디푸스	그렇소. 저자가 나쁜 꾀로 내 몸에 나쁜 짓을 하려다가 내게 붙잡혔기 때문이오, 여보.
크레온	그대가 내게 뒤집어씌우는 이런 짓을 내가 조금이라도 했다면, 행운은커녕 당장 저주받아 죽어도 좋아요.
이오카스테	제발 부탁이니 그의 말을 믿으세요, 오이디푸스 님.

방금 신들의 이름으로 행한 그의 맹세를 존중해서라도,
그리고 나와 여기 그대 옆에 서 있는 분들을 봐서라도.

애탄가 (좌)

코로스　제발 너그러이 자비를 베푸소서, 왕이여!
오이디푸스　그대는 내가 무엇을 양보하기를 원하시오? 650
코로스　전에도 어리석지 않았지만, 지금은 맹세를 통해
　　　　강력해진 저분을 존중하소서.
오이디푸스　그대가 요구하는 것이 무엇인지 알고나 있소?
코로스　알고 있나이다.
오이디푸스　그렇다면 말해보시오. 655
코로스　맹세까지 한 그대의 친구를 불확실한 추측만으로
　　　　불명예스런 죄를 뒤집어씌우지 말라는 것이옵니다.
오이디푸스　그렇다면 잘 알아두시오. 그대가 그것을 요구한다면 이는
　　　　내가 죽거나 이 나라에서 추방되기를 원하는 것이오.
코로스　모든 신의 우두머리인 태양신에 맹세코 660
　　　　그렇지 않사옵니다. 내 만일 그런 생각을 품고 있다면
　　　　신의 축복도, 친구도 없이 죽어도 좋사옵니다.
　　　　가련한 내 마음은 지칠 대로 지쳤나이다. 665
　　　　나라는 망해가는데 이전 재앙에 설상가상으로
　　　　그대들 두 분으로 인한 재앙이 겹치니 말이옵니다.

오이디푸스　그렇다면 그가 가게 내버려두시오. 내가 살해되거나,
　　　　불명예스럽게 추방될 것이 확실하지만 말이오. 670
　　　　그의 입이 아니라 애처로운 그대 입이 나를 움직였소.
　　　　하지만 어디 있든 이자는 내게 미움 받을 것이오.

| 크레온 | 그대는 화가 나서 노발대발하더니 양보할 때도
미움을 품는군요. 그런 기질들은, 당연한 일이지만,
자기자신이 가장 견디기 어려운 법이지요. | 675 |
| 오이디푸스 | 나 좀 가만히 내버려두고 썩 꺼지지 못할까? | |
| 크레온 | 갈 겁니다. 나는 그대에게는
오해받았지만, 이 사람들 눈에는 옳아요. | |

(크레온 퇴장)

(우)

코로스	마님, 어째서 이분을 집안으로 모시지 않으세요?	
이오카스테	그러기 전에 먼저 무슨 일이 있었는지 알아야겠어요.	680
코로스	의심하여 함부로 말했는데, 부당한 말도 찌르지요.	
이오카스테	양쪽이 서로 싸움을 걸었나요?	
코로스	네.	
이오카스테	둘이서 어떤 이야기를 했지요?	
코로스	더는 묻지 말아주세요. 나라가 고통 받는 이 마당에
그 이야기는 멈춘 곳에 그대로 머물게 하는 것이 좋겠어요.	685
오이디푸스	그대는 좋은 의도로 그랬겠지만 내 마음을 느슨하고 무디게
하려다가 스스로 어떤 처지가 되었는지 알고나 있소?[43]	
코로스	오오, 왕이여, 내 이미 누차 말씀드렸거니와,
믿어주소서. 만일 사랑하는 내 조국이 괴로워
정신을 잃었을 때 바른 길로 인도하셨고
지금도 우리의 훌륭한 길라잡이로 밝혀지실
그대를 멀리한다면, 나야말로 분명 미치광이요
올바른 생각을 할 줄 모르는 자일 것이옵니다. | 690

695 |

| 이오카스테 | 제발 부탁이니 내게도 말씀해주세요, 왕이여.
무슨 일로 당신이 그토록 화가 나셨는지요? |
|---|---|
| 오이디푸스 | 말하리다. 여보, 나는 이 사람들보다 당신을 더 존중하오. 700
그건 크레온이 내게 음모를 꾸몄기 때문이오. |
| 이오카스테 | 말다툼이 어떻게 시작되었는지 자세히 말씀해주세요. |
| 오이디푸스 | 크레온은 내가 라이오스의 살해자라고 말하고 있소. |
| 이오카스테 | 그가 알고 하는 말인가요, 남에게 듣고 하는 말인가요? |
| 오이디푸스 | 그게 아니라, 그는 사악한 예언자를 부추겼다오. 705
그 자신은 의심받을 말을 입 밖에 내지 않도록 말이오. |
| 이오카스테 | 그런 일이라면 조금도 염려 마세요. 그대는
내 말을 듣고 명심해두세요. 필멸의 인간은
어느 누구도 미래사를 예언할 수 없어요.
이에 대해 내가 간단한 증거를 보여드리지요. 710
전에 라이오스에게 신탁이 내린 적이 있었어요.
아폴론 자신이 아니라 그분의 사제로부터 말예요.
그 신탁이란 운명이 그를 따라잡아 그이와 나 사이에서
태어난 아들의 손에 그이가 죽게 되리라는 것이었어요.
그런데 소문대로라면, 라이오스는 마차가 다닐 수 있는 715
세 길이 만나는 곳에서 어느 날 다른 나라 도적들 손에
살해당했다는 거예요. 그리고 아들은 태어난 지
사흘도 안 돼 라이오스가 두 발⁴⁴을 함께 묶은 뒤
하인을 시켜 인적 없는 산에다 내다 버렸어요.
그리하여 아폴론께서는 아이가 아버지를 살해하고 720
라이오스는 아들의 손에 죽는다는, 그이가 두려워한
끔찍한 일이 일어나지 않게 해주셨답니다.
그렇게 되도록 신탁이 미리 정해놓았던 거예요. |

그러니 신탁이라면 염려하지 마세요. 신께서 필요해서
구하시는 것이라면 몸소 쉬이 밝히실 거예요.

오이디푸스 여보, 이제 당신에게 그런 말을 듣고 나니,
내 마음 갈피를 못 잡고 이리저리 흔들리는구려.

이오카스테 무엇이 그리 불안하고 두렵단 말예요?

오이디푸스 나는 마차가 다니는 세 길이 만나는 곳에서
라이오스가 살해되었다는 말을 당신에게 들은 것 같구려.

이오카스테 그런 말이 떠돌았고, 지금도 떠돌고 있어요.

오이디푸스 그 사건이 일어난 곳이 대체 어디요?

이오카스테 그 나라는 포키스라고 불리며, 델포이에서 오는 길과
다울리아에서 오는 길이 서로 만나는 곳이지요.

오이디푸스 그 일이 있고 얼마나 많은 세월이 지났소?

이오카스테 당신이 이 나라의 통치자가 되기 직전에
그 소식이 도시에 알려졌지요.

오이디푸스 오오, 제우스여, 그대는 내게 어떤 운명을 정해놓으셨나요?

이오카스테 오이디푸스 님, 어째서 그 일이 당신 마음에 걸리는 거죠?

오이디푸스 아직은 묻지 마시오. 말해보시오. 라이오스가
어떻게 생겼으며, 나이는 얼마쯤 되었는지.

이오카스테 키는 큰 편이고 흰머리가 나기 시작했으며,
생김새는 당신과 별로 다르지 않았어요.

오이디푸스 아아, 가련한 내 신세! 나는 그런 줄도 모르고 방금
나 자신에게 끔찍한 저주를 퍼부었구나!

이오카스테 무슨 말씀이세요? 당신을 보고 있자니 떨려요, 왕이여!

오이디푸스 그 예언자가 장님이 아니지 않았나 몹시 두려워요.
한 가지만 더 말해준다면 내게 더 많은 것을 보여줄 것이오.

이오카스테 몹시 떨리지만, 당신이 묻는 말에 아는 대로 대답할게요.

오이디푸스	그분이 길을 떠날 때 소수의 수행원만 데려갔나요,	750
	아니면 국왕답게 무장한 호위병을 많이 거느리고 갔나요?	
이오카스테	모두 다섯이었는데, 그중 한 명은 전령이었어요.	
	그리고 마차는 라이오스를 태운 것 한 대뿐이었어요.	
오이디푸스	아아, 이미 백일하에 드러났구나! 한데 여보,	
	대체 이 소식을 누가 그대들에게 전해주었소?	755
이오카스테	하인이요. 그자만이 살아서 돌아왔지요.	
오이디푸스	그러면 그자는 지금 집에 있겠구려.	
이오카스테	아녜요. 그자는 그곳에서 돌아온 뒤 당신이	
	권력을 쥐고 라이오스가 죽은 것을 보고는	
	내 손을 잡으며, 이 도시에서 보이지 않는	760
	되도록 멀리 떨어져 있는 들판으로,	
	양 떼들의 목장으로 자기를 보내달라 간청했어요.	
	그래서 내가 그자를 보내주었지요. 노예였지만	
	그자는 더 큰 호의를 누릴 만했으니까요.	
오이디푸스	그자는 당장이라도 우리에게 돌아올 수 있겠구려?	765
이오카스테	그럴 수 있지요. 그런데 왜 그가 오기를 원하시죠?	
오이디푸스	여보, 내가 말을 너무 많이 하지 않았나 두렵소.	
	그래서 그자를 만나 물어보고 싶은 거요.	
이오카스테	그자는 올 거예요. 하지만 당신을 괴롭히는 것이	
	무엇인지 나도 알 권리가 있다고 생각해요, 왕이여.	770
오이디푸스	내 불길한 예감이 이 지경에 이르렀는데, 내 어찌	
	그대의 청을 거절하겠소? 이런 시련을 통과하며	
	내가 믿고 말할 사람이 당신 말고 또 누가 있겠소.	
	내 아버지는 코린토스 왕 폴뤼보스였고,	
	내 어머니는 도리에이스족인 메로페였소. 그리고 나는	775

그곳 코린토스에서 으뜸가는 시민으로 여겨졌소.
그런데 하루는 이상한 일이 일어났소. 이상한 일이긴 했지만,
내가 열의를 보일 만한 그런 일은 아니었소.
연회석에서 술을 잔뜩 마시고 곤드레만드레 취한 어떤 사내가,
내가 내 아버지의 아들이 아니라고 말했다오. 780
나는 화가 났지만 그날은 꾹 참았소.
하지만 이튿날 나는 어머니와 아버지께 가서 물어보았소.
그러자 그분들은 내게 그런 모욕적인 말을 한
그자에게 노발대발하셨소. 그래서 나는
두 분에 관한 한 마음이 놓였소. 하지만 그 일은 계속 785
내 마음을 괴롭혔소. 그 소문이 좍 퍼졌기 때문이오.
그래서 어머니와 아버지 몰래 퓌토에 갔다오.
한데 포이보스께서는 내가 찾아간 용건에는
대답조차 않고 나를 내보내며, 대신 슬픔과 공포와
고통으로 가득 찬 다른 일들을 알려주셨소. 말하자면 나는 790
내 어머니와 살을 섞을 운명이고, 차마 눈 뜨고 볼 수 없는
자식들을 사람들에게 보여주게 될 것이며,
나를 낳아준 아버지를 죽이게 되리라는 것이었소.
이 말을 듣고 난 뒤 나는 코린토스로 돌아가지 않고
별들을 보고 멀리서 그곳의 위치를 재면서 795
내 사악한 신탁이 정해준 치욕이 이루어지는 것을
보지 않게 될 곳으로 줄곧 떠돌아다녔다오.
그렇게 방황하던 차에 나는 왕이 살해당했다고
당신이 말하는 바로 그곳에 이르렀소.
내 이제 당신에게 사실대로 말하겠소, 여보. 800
내가 걸어가다가 세 길이 만나는 곳에 이르렀을 때,

나는 전령과, 조랑말들이 끄는 마차와 마주쳤는데,
마차에는 당신이 말한 것과 같은 남자가 타고 있었소.
그러자 그 길라잡이⁴⁵와 늙수그레한 남자가
나를 억지로 길 밖으로 밀쳐내려 했소.   805
나는 그래서 나를 옆으로 밀쳐낸 마부를
화가 나서 때렸소. 그러자 이것을 본 늙수그레한 남자가
내가 지나가기를 기다렸다가 마차에서 끝에 침이
둘 박힌 몰이 막대기⁴⁶로 내 머리를 사정없이 내리쳤소.
하지만 늙수그레한 그 남자는 똑같은 벌을 받은 것이 아니라,   810
내 이 손이 잽싸게 휘두르는 지팡이에 얻어맞고는
마차에서 굴러떨어져 뒤로 벌렁 나자빠졌소.
그리고 나는 그들을 모조리 죽여버렸소.
하지만 그 낯선 남자가 혹시 라이오스와 친척간이라면,
〔세상에 나보다 더 비참한 자가 어디 있을 것이며,〕   815
나보다 더 신에게 미움 받는 자가 어디 있겠소?
어떤 외지인도, 어떤 시민도 나를 집안에 받아들여서는
안 되고, 아무도 내게 말을 걸어서는 안 되며,
모두들 나를 집 밖으로 내쫓아야 하니 말이오. 그리고 나를
그렇게 저주한 것은 다른 사람도 아닌 나 자신이었소.   820
한데 나는 내가 죽인 사람의 침대를 그를 죽인
이 두 손으로 더럽히고 있소. 나야말로 사악하지 않소?
또한 아주 불결하지 않소? 나는 추방되어야 하고,
추방자로서 내 가족을 만나보아서도 안 되고,
내 조국에 발을 들여놓아서도 안 된다면 말이오.   825
그러지 않으면 나는 내 어머니와 결혼하고,
나를 낳아 길러주신 아버지 폴뤼보스를 죽일 운명이니까요.

무정하신 신들께서 이런 일들을 내게 보내주신 것으로
누군가 판단한다면, 그는 옳은 말을 하는 게 아닐까요?
오오, 정결하고 두려우신 신들이여, 결코, 830
결코 내가 그날을 보지 않게 해주소서! 내가 그런
오욕으로 더럽혀지는 것을 보기 전에,
내가 이 세상에서 흔적 없이 사라지게 해주소서!

코로스   왕이여, 우리도 그 일이 걱정스러워요. 하지만 현장에
있었던 자에게 경위를 알아보기 전에는 희망을 가지소서. 835

오이디푸스   아닌 게 아니라 내게 남은 희망이라곤 그것뿐이오.
어디, 그자를, 그 목자를 기다려봅시다.

이오카스테   그자가 나타나면 어떡하실 생각이세요?

오이디푸스   당신에게 말하리다. 그자 말이 당신 말과
일치하는 것으로 드러나면 나는 재앙을 면할 것이오. 840

이오카스테   내게서 무슨 특별한 말이라도 들으셨나요?

오이디푸스   당신 말에 따르면, 그자는 라이오스가 도적들 손에
살해되었다고 고했소. 만일 그자가 여전히
같은 수를 말하면, 살해자는 내가 아니오.
한 사람은 여럿과 같을 수 없으니까. 845
하지만 외톨이 길손이 그랬다고 그자가 말한다면,
그때는 분명 내가 유죄판결을 받을 것이오.

이오카스테   그자는 분명 도적들이라고 말했어요. 믿으세요.
그자가 자기 말을 뒤집는다는 것은 불가능해요.
나 혼자만이 아니라, 온 도시가 다 들었으니까요. 850
설사 그자의 말이 전에 한 말과 다소 어긋난다 해도,
왕이여, 라이오스의 죽음이 예언대로 되었음을
결코 보여줄 수 없을 거예요. 록시아스께서는 라이오스가

	아들의 손에 죽을 운명이라고 말씀하셨으니까요.	
	그런데 불쌍한 그 아이는 라이오스를 죽이기는커녕	855
	그러기 전에 제가 먼저 죽어버렸어요.	
	그러니 신탁 때문이라면 앞으로 내가	
	좌고우면하는 일은 결코 없을 거예요.	
오이디푸스	옳은 생각이오. 그럼에도 불구하고 사람을 보내	
	그 목자를 데려오되, 이 일도 소홀히 하지 마시오.	860
이오카스테	당장 사람을 보내겠어요. 하지만 우리는 집안으로 들어요.	
	나는 당신이 싫다는 짓은 아무것도 하지 않을 거예요.	

(오이디푸스와 이오카스테, 궁전으로 퇴장)

코로스47 (좌 1)	오오, 법도에 맞는 말과	
	행동 가운데서 경건한 정결을	
	지키는 것이 내 운명이라면!	865
	저 높은 곳을 거니는 법도는	
	태어나자마자 밝고 높은 하늘에	
	가득 차고, 올륌포스만이 법도의 아버지이고	
	필멸의 인간 본성이 그를 낳지 않아	
	망각이 그를 결코 잠재우지 못할 것이거늘,	870
	그 법도 속에서 신은 위대하시고 늙지 않으신다네.	

(우 1)	오만은 폭군을 낳는 법. 오만은 시의 적절하지도	
	유익하지도 않은 부(富)로	
	헛되이 자신을 가득 채우고는	875
	꼭대기로 기어 올라갔다가	
	가파른 파멸 속으로 굴러떨어진다네.	

거기서는 두 발도 무용지물.
하지만 나라에 유익한 경쟁일랑 결코
없애지 마시길 내 신께 비나이다.   880
나 항상 신을 보호자로 여기겠노니.

(좌 2) 정의의 여신을 두려워하지 않고,
신상(神像)들을 경외하지 않고
행동이나 말에서 교만의 길을   885
걷는 자가 있다면, 불운한 교만 때문에
사악한 운명이 그를 잡아갈지어다.
이익을 정당하게 얻지 않고,
불경한 짓을 삼가지 않고,
신성한 것들에 더러운 손을 얹는 자가 있다면.   890
누가 감히 그런 짓을 하고도
신들의 화살로부터 목숨을
지킬 수 있다고 호언장담하리?
그런 짓들이 존경받을진대,   895
왜 내가 춤을 추어야만 하는가?[48]

(우 2) 대지의 배꼽과 범할 수 없는
성소(聖所)도, 아바이[49]에 있는
신전도, 올륌피아[50]도 내 다시는
경건한 마음으로 찾지 않으리.   900
모두가 손가락으로 가리켜 보일 만큼
이 일들[51]이 서로 부합하지 않는다면!
제우스여, 그대를 그렇게 부르는 것이 옳다면,

만물을 다스리는 통치자여, 그것[52]이 그대와
그대의 불멸하는 권세에서 벗어나지 못하게 하소서! 905
라이오스의 오래된 신탁은 시들어져
사람들은 이제 그것을 업신여기니,
아폴론은 어디서도 영광 속에서 나타나지 못하고,
신들에 대한 공경도 사라져가고 있나이다. 910

(이오카스테가 화관과 향을 든 시녀 한 명을 데리고 궁전에서 등장)

이오카스테   이 나라의 어르신들, 나는 이 나뭇가지와
향의 제물을 손에 들고 신들의 신전을
찾아가기로 결심했어요. 오이디푸스 님이
온갖 괴로움으로 자기 마음을 지나치게 자책하고
있으니까요. 그이는 분별 있는 사람처럼 915
과거의 일로 미래사를 판단하려 하지 않고,
무서운 말을 하는 아무에게나 자신을 내맡겨요.
내가 어떤 조언을 해도 아무 소용 없기에, 뤼케이오스
아폴론이여, 여기 가장 가까이[53] 계시는 그대를
이런 탄원자의 제물을 들고 찾아왔나이다. 그대가 920
우리를 위해 오욕에서 벗어날 길을 찾아주실까 해서.
배의 키잡이인 그이가 겁에 질린 것을 보고
우리는 지금 모두 불안에 떨고 있나이다.

(이오카스테가 화관을 제단에 올려놓고 향을 피우는 사이, 코린토스의 사자 등장)

사자   오오, 외지인들이여, 그대들은 오이디푸스 왕의 궁전이
어디 있는지 내게 가르쳐줄 수 있겠소? 아니, 그보다도 925
그분 자신이 어디 계신지 말해주시오. 알고 있다면.

코로스장   외지인이여, 이곳이 그분의 궁전이고 그분은 안에 계시오.

사자	그리고 이 부인은 그분 자녀들의 어머니라오.
사자	그렇다면 마님은 그분의 완전한 아내이시니
	행복한 가정에서 언제까지나 행복하시기를! 930
이오카스테	그대도 그러하기를, 외지인이여. 이것은 그대의
	호의적인 인사에 대한 당연한 보답이오. 말해보시오,
	그대는 무엇을 구하러 왔고, 무엇을 전하러 왔는지.
사자	마님의 집안과 마님의 남편께 좋은 소식이옵니다, 마님.
이오카스테	무슨 소식인가요? 누가 그대를 이리로 보냈나요? 935
사자	저는 코린토스에서 왔고, 곧 전해드릴 소식을 들으면 마님도
	기뻐하실 것이옵니다. 틀림없이. 좀 섭섭하기도 하겠지만요.
이오카스테	대체 뭐죠? 어째서 그것은 두 가지 상반된 힘을 갖고 있지요?
사자	이스트모스[54] 땅의 주민들이 그분을 그곳 왕으로
	모시려 하옵니다. 그곳에서는 그렇게들 말하고 있사옵니다. 940
이오카스테	뭐라 했죠? 연로하신 폴뤼보스가 더이상 왕이 아니란 말이오?
사자	그렇사옵니다. 죽음이 그분을 무덤에 붙들어두고 있으니까요.
이오카스테	무슨 말이오? 폴뤼보스가 세상을 떠나셨다 했나요, 노인장?
사자	내 말이 사실이 아니라면 저는 죽어 마땅하겠지요.
이오카스테	시녀야, 너는 당장 네 주인에게 달려가 이 소식을 945
	전하도록 하라. 신들의 신탁들이여, 너희는 지금
	어디 있는가? 오이디푸스 님은 바로 그분을 죽이게
	되지 않을까 두려워 오랫동안 피해 다녔는데,
	이제 그분은 그이 손이 아니라 자연에 의해 죽음에 드셨구려.

(오이디푸스, 궁전에서 등장)

오이디푸스	오오, 세상에서 가장 사랑하는 내 아내 이오카스테여, 950
	무슨 일로 당신은 집에 있는 나를 이리로 불러냈소?
이오카스테	여기 이 사람 말을 들어보세요. 그리고 신의 엄숙한

	신탁이 어디로 갔는지 살펴보도록 하세요.
오이디푸스	이자는 대체 누구며, 무엇을 내게 전하겠다는 것이오?
이오카스테	코린토스에서 온 사람이에요. 당신 아버지 폴뤼보스가 더는 살아 계시지 않고 세상을 떠나셨다는 소식을 전하러 왔대요.	955
오이디푸스	무슨 말을 하는 게요, 이방인이여? 그대가 직접 말해보오.
사자	먼저 이 소식부터 확실히 전해드려야 한다면, 잘 알아두소서. 폴뤼보스께서 세상을 떠나셨나이다.
오이디푸스	음모에 의해? 아니면 병에 걸려?	960
사자	노인은 사소한 일에도 몸져눕는 법이지요.
오이디푸스	가련하게도 병으로 돌아가신 것 같구려.
사자	그리고 그분의 연세가 많은 탓이기도 하고요.
오이디푸스	아아! 이렇다면 퓌토의 예언자의 화로나 머리 위에서 지저귀는 새들을 거들떠볼 까닭이 어디 있겠소, 여보? 새들의 가르침에 따르면, 나는 내 아버지를 죽일 운명이라더니. 그분은 고인이 되어 이미 땅속에 누워 계시고 이곳에 있는 나는 창에 손을 댄 적도 없으니 말이오. 혹시 그분께서 내가 그리워 세상을 떠나셨다면 또 몰라도. 그렇다면 나 때문에 돌아가셨다고 할 수도 있겠지. 하지만 그 예언은 지금 폴뤼보스께서 함께 지고 가 하데스에 누워 계시니 일고의 가치도 없소이다.	965 970
이오카스테	그렇다고 내 당신에게 아까 말하지 않던가요?
오이디푸스	그랬지요. 하지만 나는 두려워 갈피를 잡지 못했소.
이오카스테	앞으로 이런 일에는 조금도 신경 쓰지 마세요.	975
오이디푸스	하지만 내 어찌 어머니의 침대를 두려워하지 않을 수 있겠소?
이오카스테	인간은 우연의 지배를 받으며 아무것도 확실히 내다볼 수 없거늘, 인간이 두려워한들 무슨 소용이 있겠어요?

	되는 대로 그날그날 살아가는 것이 상책이지요.	
	그러니 당신은 어머니와의 결혼을 두려워 마세요.	980
	이미 많은 남자들이 그 신탁에서처럼 꿈속에서도	
	어머니와 동침했으니까요. 그런 일을 아무렇지도 않게	
	여기는 사람이라야, 인생을 가장 편안하게 살아가지요.	
오이디푸스	내 어머니가 살아 계시지 않다면 당신 말이 모두	
	맞다고 할 거요. 하지만 어머니가 살아 계시니	985
	당신 말이 옳기는 해도 내 어찌 두렵지 않겠소?	
이오카스테	하지만 당신 아버지의 죽음은 큰 위안이 아닐 수 없어요.	
오이디푸스	큰 위안이지요. 나도 알아요. 하지만 살아 있는 그 여인이 두렵소.	
사자	그대가 두렵다는 그 여인이 대체 누구지요?	
오이디푸스	폴뤼보스의 아내 메로페 말이외다, 노인장.	990
사자	그 여인의 무엇이 그대들에게 두렵단 말씀이옵니까?	
오이디푸스	신께서 보내주신 무서운 신탁 때문이지요, 외지인이여.	
사자	그 신탁은 제가 알아도 괜찮은가요, 남이 알아선 안 되나요?	
오이디푸스	물론 괜찮지. 록시아스께서 일찍이 말씀하시기를,	
	나는 내 어머니와 살을 섞고 내 손으로	995
	아버지의 피를 흘리게 할 운명이라 하셨소.	
	그래서 나는 오랫동안 코린토스에 있는 내 집을	
	멀리한 것이오. 그동안 행복하게 지냈지만,	
	그래도 역시 부모님 얼굴을 보는 것이 가장 즐거운 일이오.	
사자	그것이 두려워 코린토스를 멀리 떠나 계신다는 말씀인가요?	1000
오이디푸스	그리고 내 아버지를 죽이고 싶지 않았기 때문이오, 노인장.	
사자	그렇다면 제가 좋은 의도로 왔는데도, 왕이여,	
	그대는 어째서 그런 두려움에서 벗어나지 못하시나이까.	
오이디푸스	그대는 내게서 반드시 응분의 보답을 받을 것이오.	

| 사자 | 실은 저도 무엇보다도 그 때문에 이리로 온 것이옵니다. 1005
그대가 고향에 돌아가면 제게 좋은 일이 있을까 해서 말예요.
| 오이디푸스 | 하지만 나는 절대로 부모님 곁으로는 가지 않을 것이오.
| 사자 | 오오, 아들이여, 그대는 분명 자신이 뭘 하는지 모르고 있군요.
| 오이디푸스 | 그게 대체 무슨 뜻이오, 노인장? 제발 말해주시오.
| 사자 | 만일 그 일 때문에 그대가 고향에 돌아가기를 꺼린다면. 1010
| 오이디푸스 | 포이보스의 신탁이 이루어질까봐 두렵기 때문이오.
| 사자 | 부모님 때문에 죄인이 될까 두렵다는 말씀인가요?
| 오이디푸스 | 그렇소. 바로 그거요, 노인장. 나는 그게 늘 두려웠소.
| 사자 | 그렇다면 그대의 두려움이 전혀 근거 없음을 알고 있나요?
| 오이디푸스 | 어째서요? 나는 그분들 아들이고 그분들은 내 부모님인데. 1015
| 사자 | 폴뤼보스 님은 결코 그대와는 한 핏줄이 아니니까요.
| 오이디푸스 | 무슨 말이오? 폴뤼보스께서 내 아버지가 아니란 말이오?
| 사자 | 저보다 더는 아니옵니다. 저만큼이라면 또 몰라도.
| 오이디푸스 | 아버지가 남과 어떻게 같다는 게요?
| 사자 | 그분이나 나나 그대를 낳지 않기는 마찬가지니까요. 1020
| 오이디푸스 | 그렇다면 왜 그분께서는 나를 아들이라 불렀지요?
| 사자 | 알아두소서. 그분은 그대를 제 손에서 선물로 받으셨습니다.
| 오이디푸스 | 남의 손에서 받으셨는데도 나를 그토록 사랑하셨단 말이오?
| 사자 | 그때까지 슬하에 자식이 없어 그리 하기로 결심하신 것이지요.
| 오이디푸스 | 그대는 나를 사서 그분에게 주었소, 아니면 우연히 주웠소? 1025
| 사자 | 수풀이 우거진 키타이론의 골짜기에서 그대를 주웠습니다.
| 오이디푸스 | 무슨 일로 그대는 그 지역에 가게 되었소?
| 사자 | 저는 그곳에서 산중의 가축 떼를 돌보고 있었습니다.
| 오이디푸스 | 그러니까 그대는 목자였고 품삯을 찾아다니는 떠돌이였구먼.
| 사자 | 그리고 그때는 그대의 구원자였사옵니다, 내 아들이여. 1030

오이디푸스	그대가 품에 안았을 때, 내가 어떤 고통을 당하고 있었다는 거요?	
사자	그대의 두 발이 증언해줄 것입니다.	
오이디푸스	아아, 어쩌자고 그대는 해묵은 나의 고통을 들먹이는 것이오?	
사자	그대의 두 발이 한데 묶여 있기에 내가 풀어드렸습니다.	
오이디푸스	나는 요람에서부터 끔찍한 흉을 타고났구나!	1035
사자	그래서 그대는 지금의 이름으로 불리게 된 것입니다.	
오이디푸스	어머니의 소행이오, 아버지의 소행이오? 제발 말해주시오.	
사자	모르옵니다. 그것은 그대를 제게 준 자가 더 잘 알 것입니다.	
오이디푸스	그러면 나를 남에게서 받았고, 그대가 주운 것이 아니란 말이오?	
사자	그러하옵니다. 다른 목자가 제게 그대를 주었습니다.	1040
오이디푸스	그자가 누구요? 내게 분명히 말해줄 수 있소?	
사자	라이오스 님의 신하라고 하는 것 같았습니다.	
오이디푸스	오래전에 이 나라를 다스리셨던 왕 말이오?	
사자	그러하옵니다. 그자는 그분의 목자였습니다.	
오이디푸스	그자는 아직 살아 있소, 내가 볼 수 있게?	1045
사자	이곳 주민인 그대들이 가장 잘 알고 있겠지요.	
오이디푸스	여기 서 있는 여러분 가운데 이 사람이 말하는 목자를 아는 사람이 있소? 그자를 혹시 들판이나 이곳 시내(市內)에서 본 사람이 있소? 대답하시오. 드디어 이 일이 밝혀질 때가 되었소.	1050
코로스장	다른 사람이 아니라 잠시 전에 그대가 보고 싶어하던 목자, 바로 그 사람을 두고 하는 말인 듯하옵니다. 그 일이라면 여기 계신 이오카스테 마님이 가장 잘 말씀해주실 수 있겠지요.	
오이디푸스	여보, 당신은 방금 우리가 사람을 보내 불러오게 한 그자를 알고 있소? 이 사람이 말하는 자가 바로 그자요?	1055
이오카스테	이 사람이 말하는 자가 누구면 어때요? 조금도 신경 쓸 것

	없어요. 그따위 말은 일고의 가치도 없어요. 다 허튼소리예요.	
오이디푸스	이런 단서를 잡고도 내 출생의 비밀을	
	밝히지 못한대서야 말이 되지 않소.	
이오카스테	당신 목숨이 소중하다면, 제발 이 일은	1060
	따지지 마세요. 나는 괴로워 못 견디겠어요.	
오이디푸스	염려 마시오. 내 어머니가 노예고 내가 삼대째 노예로	
	밝혀지더라도, 당신이 천민으로 드러나지는 않을 테니 말이오.	
이오카스테	제발 내 말 들으세요. 부탁이에요. 더는 따지지 마세요.	
오이디푸스	진실을 분명히 밝히지 말라는 당신 부탁은 들어줄 수 없소.	1065
이오카스테	나는 좋은 뜻에서 당신에게 최선의 조언을 하는 거예요.	
오이디푸스	당신의 '최선의 조언'이 아까부터 나를 괴롭히고 있소.	
이오카스테	오오, 불운하신 분. 당신 자신이 누군지 알지 못하기를!	
오이디푸스	누가 가서 그 목자를 이리 데려오고, 이 여인은	
	자신의 부유한 가문을 자랑하게 내버려두시오.	1070
이오카스테	아아, 가여운 분. 이것이 내가 당신에게 할 수 있는	
	유일한 말이며, 다른 말은 이후에도 듣지 못할 거예요.	

(이오카스테, 궁전으로 퇴장)

코로스장	오이디푸스 님, 어째서 마님께서는 격렬한 슬픔에	
	사로잡혀 달려가실까요? 저 침묵으로부터	
	재앙이 터져 나오지 않을까 두렵습니다.	1075
오이디푸스	터질 테면 터지라고 둡시다. 설령 내 혈통이	
	미천하다 하더라도 나는 그것을 알아내기로 결심했소이다.	
	저 여인은, 여인들이 그러하듯, 자존심이 강하니까	
	아마도 비천한 내 출생을 창피하게 여기겠지요.	
	하지만 나는 나를, 좋은 선물을 주시는 행운의 여신의	1080
	아들로 여기는 터라 창피 당하는 일은 없을 것이오.	

행운의 여신이 내 어머니요. 그리고 내 형제인 달(月)들은
내가 때로는 미천하도록, 때로는 위대하도록 정해놓았소.
그런 자로 태어난 나는 앞으로 결코 다른 사람으로 드러나지
않을 것이니, 내 가문을 밝히지 못할 까닭이 어디 있겠소!   1085

코로스55(좌) 내가 만일 예언의 능력이 있고
생각이 지혜로운 자라면,
키타이론 산이여, 올륌포스에 맹세코
너는 내일 둥근 달이 뜰 때 반드시
알게 되리라. 오이디푸스께서 너를   1090
동향인으로, 유모와 어머니로
공경하고, 우리가 춤과 노래로 너를
칭송하는 것을. 네가 우리 왕에게 호의를
베풀었음이라. 어려울 때 도와주시는   1095
아폴론이여, 이 일이 마음에 드시기를!

(우) 내 아들이여, 대체 누가, 오래 사는
요정들 가운데 누가 산중을 돌아다니는
아버지 판 신에게 다가가서 그대를   1100
낳았는가? 아니면 그대를 낳은 것은
록시아스의 애인인가? 그분께서는
고원의 모든 목장이 즐거움이니까.
아니면 퀼레네의 지배자56인가, 아니면 산마루에   1105
사는 박코스인가, 헬리콘 산의 어느 요정에게서
그대를 새로 태어난 기쁨으로 받으신 분은?
그분은 요정들과 놀기를 가장 좋아하시니까.

오이디푸스	노인장들, 내 아직 만나본 적은 없지만,	1110
	짐작건대, 저기 보이는 저 사람이 아까부터	
	우리가 찾던 그 목자인 듯싶소. 나이가	
	많아 보이는 것이 여기 이 외지인과 비슷한 데다	
	그를 데려오는 자들이 내 하인들이오.	
	하지만 그대가 아마 나보다 더 잘 알아볼 것이오.	1115
	전에 저 목자를 본 적이 있으니.	
코로스장	알고말고요. 그자가 틀림없어요. 그는 라이오스 님의	
	목자로, 둘도 없이 충직한 사람이었지요.	

(늙은 목자 등장)

오이디푸스	먼저 그대에게 묻겠소, 코린토스에서 온 외지인이여.	
	그대가 말하는 사람이 바로 이 사람이오?	
사자	그대가 보고 계시는 바로 이 사람이옵니다.	1120
오이디푸스	*(목자에게)* 이봐요, 할아범. 이쪽을 보고 묻는 말에 대답하시오.	
	그대는 전에 라이오스 왕의 신하였는가?	
목자	네. 팔려 온 노예가 아니라, 그분 집에서 자랐습니다.	
오이디푸스	어떤 일에, 또는 어떤 생업에 종사했는가?	
목자	거의 평생 가축 떼를 돌보았사옵니다.	1125
오이디푸스	주로 어느 지역에서 가축 떼와 함께 지냈는가?	
목자	때로는 키타이론 산에서, 때로는 그 주변 지역에서요.	
오이디푸스	그렇다면 그곳에서 만난 이 사람을 알고 있겠구먼.	
목자	그가 어떤 일을 했다고요? 대체 어떤 사람 말씀이옵니까?	
오이디푸스	여기 이 사람 말이다. 전에 그와 무슨 거래가 있었는가?	1130
목자	글쎄요. 당장 말씀드릴 만큼 기억이 나지 않습니다.	
사자	조금도 놀랄 일이 아니옵니다, 주인님. 하지만 그가	
	잊어버렸다면 내가 그 기억을 분명히 일깨우겠습니다.	

우리가 키타이론 지역에 머물던 때를 그가 알고
있을 것이라 확신하니까요. 그때 이 사람은 두 무리의　　　　1135
가축을, 나는 한 무리의 가축을 치며, 꼬박 삼 년 동안
봄부터 가을까지 6개월을 그곳에서 함께 지냈습니다.
그러다가 겨울이 되면 저는 제 가축 떼를 제 우리로,
이 사람은 라이오스의 우리로 몰고 갔지요.
내 말이 맞소? 아니면 있지도 않은 거짓말을 하고 있소?　　　1140

목자　그대의 말은 사실이오. 오래전 일이긴 하지만.

사자　자, 그럼 말해주오. 그때 그대가 내게 어린애를 준 일이
생각나오? 나더러 양자로 기르라고 말이오.

목자　무슨 말을 하는 게요? 무엇 때문에 그런 것을 묻는 게요?

사자　이 친구야, 그때의 그 어린애가 바로 이분이시다.　　　　1145

목자　이 뒈질 놈, 당장 그 입 닥치지 못해!

오이디푸스　허허, 이 사람을 꾸짖을 일이 아니오, 할아범. 이 사람
말보다는 그대의 말에 꾸지람이 필요한 것 같군 그래.

목자　가장 훌륭하신 주인님, 제가 무슨 잘못을 저질렀나요?

오이디푸스　그대는 이 사람이 묻고 있는 아이에 관해 말하지 않았다.　　1150

목자　그는 아무것도 모르면서 허튼소리를 하고 있습니다.

오이디푸스　그대가 흔쾌히 말하지 않으면 울면서 말하게 되리라.

목자　제발 부탁이오니, 저 같은 늙은이를 학대하지 마옵소서.

오이디푸스　누가 당장 저자의 두 팔을 뒤로 묶지 못할까!

목자　왜 이러세요? 불운한 내 신세! 알고 싶으신 것이 무엇입니까?　　1155

오이디푸스　이 사람이 묻고 있는 그 아이를 그대가 이 사람에게 주었느냐?

목자　주었습니다. 그날 내가 죽어버렸더라면 좋았을 것을!

오이디푸스　그러잖아도 바른 대로 말하지 않으면 그렇게 될 것이다.

목자　하지만 말씀드리면 저는 더 확실히 죽게 될 것입니다.

오이디푸스 　보아하니, 이자가 더 꾸물댈 작정인 게로구나.　　　　　　　　1160

목자 　아니옵니다. 제가 주었다고 이미 말씀드리지 않았습니까.

오이디푸스 　어디서 났느냐? 그대의 아이냐, 아니면 다른 사람의 아이냐?

목자 　제 아이가 아니라, 누군가에게서 받았습니다.

오이디푸스 　여기 있는 시민들 중 누구한테서? 어느 집에서?

목자 　더는, 제발 부탁이니, 주인님, 더는 묻지 말아주소서.　　　　　1165

오이디푸스 　나로 하여금 다시 묻게 한다면, 그때 그대는 끝장이다.

목자 　그러시다면, 그 애는 라이오스 집안의 아이였습니다.

오이디푸스 　노예였냐, 아니면 그분의 핏줄로 태어났냐?

목자 　아아, 이제야말로 끔찍한 말을 하지 않을 수 없구나!

오이디푸스 　그리고 나는 듣지 않을 수 없고. 그래도 기어이 들어야겠다.　1170

목자 　그분의 아들이라 했습니다만, 안에 계신 마님께서
　　　 　그 사연을 가장 잘 말씀해주실 수 있을 것입니다.

오이디푸스 　그녀가 그 아이를 그대에게 주었는가?

목자 　그러하옵니다, 왕이여.

오이디푸스 　무엇 때문에?

목자 　저더러 그 아이를 죽여 없애라 했습니다.

오이디푸스 　제가 낳은 자식에게 어찌 감히 그럴 수가?

목자 　사악한 신탁이 두려워서였습니다.　　　　　　　　　　　　　1175

오이디푸스 　어떤 신탁이었지?

목자 　그 아이가 부모를 죽일 것이라는 말씀이었습니다.

오이디푸스 　그렇다면 어째서 그대는 그 아이를, 이 노인에게 주었는가?

목자 　그 아이가 가여워서였습니다, 주인님. 저는 그가
　　　 　그 아이를 자기 나라로 데려갈 줄 알았는데, 그 아이를 구해
　　　 　가장 큰 불행을 가져왔나이다. 만일 그대가 이자가 말하는　　1180
　　　 　그 사람이라면, 알아두소서, 그대는 불운하게 태어났사옵니다.

오이디푸스 아아, 모든 것이 이루어졌고, 모든 것이 사실이었구나!
오오, 햇빛이여, 내가 너를 보는 것도 이것이 마지막이기를!
나야말로 태어나서는 안 될 사람에게서 태어나, 결혼해서는
안 될 사람과 결혼하여, 죽여서는 안 될 사람을 죽였구나! 1185

코로스57 (좌 1) 아아, 그대들 인간 종족이여,
헤아리건대, 그대들 삶은
한낱 그림자에 지나지 않는구나.
누가 대체 행복으로부터,
잠시 어른거리다 사라져버리는 1190
행복의 그림자보다
더 많은 것을 얻는가?
그러니 불행한 오이디푸스여,
내 그대의 운명을 거울 삼아
인간들 중 어느 누구도
행복하다고 기리지 않으리라! 1195

(우 1) 제우스여, 그분은 비길 데 없는
솜씨로 쏘아 맞혀, 만사형통하는
행운을 손에 넣었으니,
신탁을 노래하던 발굽 굽은 처녀58를
죽이고 이 나라를 위해 1200
죽음을 막아주는 성탑으로
일어섰던 것입니다.
그때부터 그대는 우리의 왕이라
불리었고, 위대한 테바이를

다스리며 가장 높은

명예를 차지했나이다.

(좌2) 하나 지금 누구 이야기가 이보다

더 비참할까? 누가 삶의 소용돌이에서   1205

이보다 더 잔혹한 재앙과 고통의 동거인이

될 수 있을까? 명성이 자자한 오이디푸스여,

그대에게는 단 하나의 항구⁵⁹가

어찌나 넓었던지 아들과 아버지가

신랑으로서 들어갈 수 있었노라.

아아, 어찌하여 그대의 아버지가

씨 뿌리던 밭이 아무 말 없이,   1210

가련한 자여, 그대를

그토록 오래 견딜 수 있었을까?

(우2) 모든 것을 보는 시간은

그대도 모르는 사이에

그대를 찾아내어 오래전부터   1215

아들을 아버지로 만드는

결혼 아닌 결혼을 심판하신다네.

아아, 그대 라이오스의 아들이여,

내 그대를 보지 않았더라면 좋았을 것을!

입에서 만가(輓歌)를 쏟아내는 사람처럼

내 그대를 위해 우나이다.

하지만 바른대로 말하자면, 내 그대 덕택에   1220

숨을 돌리고 단잠을 잘 수 있었나이다.⁶⁰

(사자2, 궁전에서 등장)

사자 2 이 나라에서 언제나 가장 존경받는 분들이여,
여러분은 어떤 일을 듣고, 어떤 일을 보고,
얼마나 큰 슬픔의 짐을 지게 될 것인가! 1225
여러분이 여전히 친족처럼 랍다코스 가문을 염려하신다면.
이스트로스나 파시스의 강물도 아마 이 집을 깨끗이
씻어내지 못할 겁니다. 이 집은 그만큼 많은 재앙을
숨기고 있고, 그 일부는 곧 햇빛에 드러날 거예요.
그 재앙들은 의외의 것이 아니라 계획된 것인데, 1230
스스로 가한 것으로 보이는 고통이 가장 안쓰럽지요.

코로스장 이미 알고 있는 것만으로도 쓰라린 비탄을 금할 수
없거늘 설상가상으로 자네는 또 무엇을 알리려는가?

사자 2 여러분이 빨리 알도록 가장 간단히 말씀드리자면,
이오카스테 왕비님이 세상을 떠나셨어요. 1235

코로스장 아아, 불운하신 분! 어떻게 세상을 떠나셨지?

사자 2 자살하셨어요. 하지만 여러분은 그 광경을
보지 못하셨으니, 그 참상이 가늠이 안 될 거예요.
그래도 저 불쌍하신 마님이 겪은 고통을
기억나는 대로 여러분에게 들려드리지요. 1240
마님은 미친 듯 현관에 들어서더니
두 손 끝으로 머리털을 쥐어뜯으며 곧장
결혼침대로 달려가셨어요. 그리고 방안에
들어서자마자 안에서 문을 쾅 하고 닫으셨어요.
그러고는 벌써 오래전에 고인이 된 라이오스 님의 1245
이름을 부르시며, 오래전에 낳은 아들을 생각하셨으니,

바로 이 아들로 말미암아 그분은 죽고, 어머니는 뒤에 남아
그분의 자식과 저주스런 자식들을 낳았기 때문이죠.
마님은 이렇듯 남편에게서 남편을, 자식에게서 자식을
낳게 한 이중의 혼인을 슬퍼하셨어요. 하지만 마님이   1250
그다음 어떻게 세상을 떠나셨는지는 저도 몰라요.
오이디푸스 왕께서 비명을 지르며 뛰어 들어오시는 바람에
우리는 마님의 고통을 끝까지 지켜보지 못하고
주위를 뛰어다니는 그분에게 시선을 떼지 못했으니까요.
그분은 우왕좌왕하며 우리에게 창을 달라 하셨고,   1255
아내는, 아니 아내가 아니라 자신과 자신의 자식들을 낳은
이중의 어머니는 어디 있느냐고 물으셨어요.
미쳐 날뛰시는 그분께 신들 가운데 한 분이 길을 가르쳐
주었어요. 가까이 있던 우리 중에는 아무도
가르쳐주는 사람이 없었으니까요. 마치 그분은 누가   1260
신호라도 하는 양 무섭게 고함을 지르며 이중의 문으로
달려들더니 걸쇠에서 빗장을 뜯어내며 방안으로
뛰어드셨어요. 그리고 그곳에서 우리는 흔들리는 밧줄의
꼬인 고에 목을 맨 마님을 보았어요.
마님을 보자 그분께서는 큰 소리로 무섭게 울부짖으며   1265
마님이 매달린 밧줄을 푸셨어요. 가련하신 마님이
바닥에 눕자, 이번에는 보기에도 끔찍한 일이 벌어졌어요.
그분께서 마님 옷에 꽂혀 있던 황금 브로치를 뽑아 들더니
자신의 두 눈알을 푹 찌르며 대략 이렇게 말씀하셨어요.
"이제 너희는 내가 겪고, 내가 저지른 끔찍한 일을   1270
다시는 보지 못하리라. 너희는 보아서는 안 될
사람들을 충분히 오랫동안 보면서도

내가 알고자 한 사람들을 알아보지 못했으니,
앞으로는 어둠 속에서 보거라!"
이런 노래를 부르며 그분께서는 손을 들어   1275
한 번이 아니라 여러 번 자기 눈을 찌르셨어요.
그때마다 피투성이가 된 눈알들이 그분의
수염을 적셨어요. 핏방울들이 드문드문 떨어지는 것이
아니라, 피의 검은 소나기가 한꺼번에 쏟아져 내렸어요.
이런 재앙이 두 분에게서 터져 나왔어요. 따로따로가   1280
아니라 남편과 아내를 위해 한데 뭉쳐서 말예요.
대대로 누려온 지난날 그분들의
행복은 과연 진정한 행복이었지요.
하지만 오늘은 비탄과 파멸과 죽음과 치욕과
온갖 이름의 재앙이 그분들 몫이에요.   1285

코로스장 불쌍하신 그분의 고통이 지금은 다소 진정되었는가?
사자 2 그분께서는 외치고 계세요, 누군가 문의 빗장을 벗기고
카드모스의 모든 자손에게 제 아비의 살해자를, 그리고
어미의…그것을 보여주라고. 차마 그 비속한 말은 입에
담을 수 없군요. 자신의 저주로 집안이 저주받는 일이 없도록   1290
아마도 더이상 머물지 않고 이 나라를 떠날 작정인 듯해요.
하지만 그분에게는 그럴 기운도 없고, 길라잡이도 없어요.
참고 견디기에는 그분의 상처가 워낙 깊기 때문이죠.
그대도 보게 될 거예요. *(궁전의 문이 열린다)* 저길 보세요.
문의 빗장이 열리고 있으니, 그분을 미워하는 적이라도   1295
동정할 그런 끔찍한 광경을 그대는 보게 될 거예요.

(눈먼 오이디푸스, 소년의 인도를 받으며 등장)

코로스61 차마 눈뜨고 볼 수 없는 무서운 광경이여!
    내 일찍이 이보다 끔찍한 광경은 본 적이 없구나.
    오오, 가여우신 분, 어떤 광기가
    그대를 덮쳤나이까? 대체 어떤 신께서   1300
    인간의 한계를 뛰어넘는 도약으로
    그대의 불운한 인생을 덮쳤나이까?
    아아, 슬프도다. 불운한 분이여,
    묻고 싶은 일, 알고 싶은 일, 보고 싶은 일 많건만,
    나는 차마 그대를 쳐다볼 수 없나이다.   1305
    그대를 보니 무서워 몸이 떨려요.

오이디푸스 아아, 슬프고 슬프도다! 가련한 내 신세.
    불쌍한 나는 대지 위 어디로 가고 있는가?
    내 목소리는 어디로 흩날려 가는가?   1310
    내 운명이여, 너는 얼마나 멀리 뛰었는가!

코로스 듣기도 끔찍하고, 보기도 끔찍한 무서운 곳으로 뛰었나이다.

(좌 1)

오이디푸스 암흑의 구름이여,
    사악한 바람을 타고 와 나를 에워싼
    형언할 수도, 저항할 수도 없는 적이여!   1315
    아아, 슬프고 슬프도다!
    이 몸이 막대기의 가시와 범행에 대한
    기억이 동시에 나를 찔러대는구나!

코로스 그토록 심한 고통을 당하시니, 그대가 이중의
    고통을 겪는다 해도 놀랄 일이 아니옵니다.   1320

(우 1)

오이디푸스 내 친구여,
그대는 아직도 내 곁에 있구려. 아직도
그대는 참을성 있게 이 장님을 돌보는구려.
아아, 슬프고 슬프도다!
그대가 여기 있음을 어찌 모르겠는가. 내 비록   1325
암흑 속에 있지만, 그대의 목소리는 듣고 있으니.

코로스 끔찍한 일을 저지른 분이여, 어찌 감히 스스로 눈을
멀게 하였나이까? 어떤 신이 그대를 부추겼나이까?

(좌 2)

오이디푸스 친구들이여, 아폴론, 아폴론, 바로 그분이시오,
내게 이 쓰라리고 쓰라린 일이 일어나게 한 분은.   1330
하지만 내 이 두 눈은 다른 사람이 아닌
가련한 내가 손수 찔렀소이다. 보아도
즐거운 것은 아무것도 보지 못할진대,
무엇 때문에 보고 있어야 한단 말이오!   1335

코로스 말씀하신 그대로입니다.

오이디푸스 친구들이여, 내가 무엇을 볼 수 있고,
내가 무엇을 사랑할 수 있으며,
어떤 인사가 내 귀에 반갑게 들리겠소?
나를 어서 나라 밖으로 데리고 나가시오.   1340
친구들이여, 나를 데리고 나가시오,
폭삭 몰락한, 가장 저주받고, 하늘의   1345
신들께 가장 미움 받는 인간인 나를!

코로스 그대는 자신의 운명과, 운명에 대한 통찰력 때문에

불행해졌사옵니다. 내 차라리 그대를 몰랐더라면 좋았을 것을!

(우 2)

오이디푸스　목장에서 내 발에 채워진 잔혹한 족쇄를 풀고
　　　　　죽음에서 나를 끌어내 도로　　　　　　　　　　　　　1350
　　　　　살려낸 자, 그자가 누구든 죽어 없어져라!
　　　　　조금도 고맙지 않은 짓을 했으니까.
　　　　　그때 내가 죽었더라면, 친구들과 나 자신에게
　　　　　이토록 번거로운 짐이 되지는 않았을 것을!　　　　　1355

코로스　　그것은 나의 바람이기도 하옵니다.

오이디푸스　그랬더라면 아버지를 죽이지 않았을 것이고,
　　　　　나를 낳아준 여인의 남편이라고 사람들이 나를
　　　　　부르지 않았겠지! 한데 나는 지금 신들에게
　　　　　버림받아, 부정한 여인의 아들이 되고　　　　　　　1360
　　　　　불쌍한 나를 낳아준 분의 결혼침대를 이어받았구나.
　　　　　모든 재앙을 능가하는 재앙이 있다면,　　　　　　　1365
　　　　　그것은 오이디푸스의 몫이로구나.

코로스　　그대의 선택이 옳았다고 말씀드릴 수는 없나이다.
　　　　　장님으로 사느니 죽는 것이 더 나으니까요.

오이디푸스　내가 한 일이 가장 잘한 일이라고
　　　　　가르치지도 말고, 더이상 조언하지도 마시오.　　　1370
　　　　　내 눈이 멀쩡하다면 저승에 가서 아버지와
　　　　　불쌍한 어머니를 무슨 낯으로 본단 말이오?
　　　　　두 분께 나는 목매달아 죽어도 씻을 수 없는 큰 죄를
　　　　　지었거늘. 아니면 자식들을 볼 때,

그렇게 태어난 그 애들이 내게 1375
사랑스러워 보이리라 생각하시오?
천만에. 내 눈에는 결코 사랑스럽지 않을 것이오.
이 도시도, 이 성탑과 성벽도, 신전 안의 신성한
신상(神像)들도 반갑지 않을 것이오. 한때는 테바이의
둘도 없이 고귀한 아들이었으나, 지금은 가장 불쌍한 1380
인간이 된 내가, 신들에 의해 부정하다고 밝혀진 자는
라이오스의 친족이라도 모두들 그 불경한 자를
내쫓아야 한다고 나 스스로 명령함으로써, 그런 것들을
내게서 손수 빼앗았으니 말이오. 이런 오욕을 스스로
뒤집어쓰고도 내 어찌 이 백성을 똑바로 쳐다보겠소? 1385
천부당만부당한 일이오. 그건 안 될 말이오. 거기에 덧붙여
청각의 근원도 막을 수 있다면, 서슴지 않고
내 이 비참한 육신을 닫아버려 아무것도 보지도
듣지도 못하게 만들었을 것이오. 우리의 생각이
슬픔의 영역 바깥에 머문다는 것은 감미로운 일이니까. 1390
아아, 키타이론이여, 어쩌자고 너는 나를 받아주었더냐?
내가 네게 주어졌을 때 너는 왜 당장 죽이지 않았더냐?
그랬으면 내 출생을 사람들에게 밝히지 않아도 되었건만!
폴뤼보스여, 코린토스여, 그리고 조상대대로 내려왔다던
내 선조들의 집이여, 얼마나 번드르르하게 너희가 1395
나를 길러주었던가! 속으로는 재앙에 곪고 있으면서.
지금 나는 사악한 것에서 태어난 사악한 자로 밝혀졌으니
말이오. 오오, 삼거리여, 그리고 후미진 골짜기여,
잡목 덤불과 세 갈래 길이 만나는 좁은 길목이여,
너희는 내 손에서 내 자신의 피인 내 아버지의 1400

피를 마셨으니, 아마 기억하리라.
너희가 보는 앞에서 내가 어떤 일을 저질렀으며,
그러고 또 이곳에 와서 어떤 일을 저질렀는지!
오오, 결혼이여, 결혼이여, 너는 나를 낳고는 다시
네 자식에게 자식들을 낳아줌으로써 아버지와 형제와   1405
아들 사이에, 그리고 신부와 아내와
어머니 사이에 근친상간의 혈연을 맺어주었으니,
이는 인간들 사이에 일어난 가장 수치스러운 치욕이로다.
하지만 해서 안 좋은 일은 말하는 것도 좋지 못하니,
그대들은 제발 되도록 빨리 나를 나라 밖 어딘가에   1410
숨기든지, 죽이든지, 아니면 바다에 던져버리시오.
그곳에서라면 내가 다시는 그대들 눈에 띄지 않을 것이오.
자, 가까이 다가와 비참한 이 사람을 붙들어주시오.
두려워하지 말고 내 말 들으시오. 내 고통을 감당할 사람은
세상에 나 말고는 아무도 없을 테니 말이오.   1415

코로스 그대가 간청하는 것이 행동이든 조언이든, 저기 마침
크레온 님이 오고 계셔요. 그대를 대신하여 이 나라를
지켜줄 분은 그분뿐이니까.

오이디푸스 아아, 내가 그에게 무슨 할 말이 있겠소?
내 전에 그에게 전적으로 잘못했음이 드러났는데,   1420
어찌 나를 믿어달라고 요구할 수 있겠소?

(크레온 등장)

크레온 오이디푸스 님, 내 그대를 비웃거나 지난날의 잘못을
들어 그대를 비난하러 온 것이 아닙니다.
(하인들에게) 너희가 비록 필멸의 인간 족속을 더이상
존경하지 않는다 해도 적어도 우리 주인이신   1425

태양신의 만물을 길러주는 화염만은 존중하여,
대지도, 신성한 비도, 햇빛도 반기지 않는
저런 오욕을 태양신에게 이렇듯 적나라하게
드러내지 마라. 어서 이분을 집안으로 모셔라.
집안사람들의 불행은 집안사람들끼리만   1430
보고 듣는 것이 온당하도다.

오이디푸스 자네는 가장 사악한 인간인 나에게 예상과는 다르게
가장 고귀한 인간으로 다가왔으니, 제발 내 청을 하나
들어주게. 나를 위해서가 아니라 자네를 위해 말일세.

크레온 대체 무슨 청이 있어서 나에게 이러십니까?   1435

오이디푸스 되도록 속히 나를 이 나라에서 내쫓아,
아무도 내게 인사하지 않는 곳으로 데려다주게!

크레온 알아두세요. 나도 그리 했겠지만
어떻게 해야 할지 먼저 신께 묻고 싶습니다.

오이디푸스 하지만 그분의 신탁은 모두 밝혀졌네.   1440
아버지를 죽인 죄인인 나를 죽여 없애라고 하셨네.

크레온 신탁은 그랬지요. 하지만 지금과 같은 난국에는
우리가 어찌해야 할지 분명히 알아보는 것이 더 낫습니다.

오이디푸스 이런 비참한 인간을 위해 자네가 대답을 구하겠다는 것인가?

크레온 이번에는 그대도 신을 믿겠지요.   1445

오이디푸스 믿겠네. 그리고 자네에게 간절한 부탁이 있네. 저 궁전에
누워 있는 여인을, 자네가 원하는 대로 묻어주게. 그녀는
자네 친족이니 자네가 장례를 치르는 것이 온당하네.
그리고 내가 살아 있는 동안에는 내 아버지의 이 도성이
결코 나를 시민으로 받아들이는 일이 없도록 하게.   1450
대신 산에서 살게 해주게. 내 산이라 불리는

저기 저 키타이론에서 말일세. 그곳은 어머니와 아버지께서
살아 계실 적에 내 무덤으로 정한 곳이니, 나를 죽이려 한
그분들 뜻에 따라 나는 거기서 죽고 싶네.
하지만 이것만은 나도 알고 있네. 나는 결코 병이나   1455
다른 일로는 죽지 않네. 끔찍한 불행을 위해서가 아니라면,
나는 결코 죽음에서 구원받지 못했을 테니까.
그러니 내 운명은 제멋대로 가게 내버려두게.
내 자식들 가운데, 크레온, 내 아들들은 자네가
염려하지 않아도 되네. 그 애들은 사내라 어디로 가든   1460
제 힘으로 생계를 꾸려나갈 것이네.
그러나 불쌍하고 가여운 내 두 딸들은
밥상을 따로 차리지 않고 늘 이 아비와
함께하면서 무엇이든 내가 먹는 것을
나눠 먹었으니, 그 애들은 자네가 잘 돌봐주게.   1465
그리고 가능하다면 내 이 두 손으로 그 애들을
만져보고 내 불행을 실컷 슬퍼하도록 허락해주게,
왕이여! 허락해주게, 마음이 고상한 자여. 내 이 두 손으로
그 애들을 만지면, 내 눈이 보이던 때처럼
그 애들이 나와 함께 있다고 생각할 수 있으련만!   1470

(안티고네와 이스메네 등장)

이게 무슨 소리지? 맙소사!
내 귀에 들리는 것은 내 귀여운 두 딸이
흐느끼는 소리가 아닌가? 크레온이 나를 동정하여
내 귀염둥이 두 딸을 보내주었단 말인가?
내 말이 맞지?   1475

크레온 맞습니다. 내가 이 애들을 데려오도록 시켰어요.

	전에 기뻐하셨던 대로 이번에도 그러실 줄 알고.

오이디푸스 자네에게 축복이 함께하기를! 그리고 이 호의에 대한 보답으로
신께서 나를 지켜주신 것보다 자네를 더 잘 지켜주시기를!
애들아, 너희는 어디 있느냐? 자, 이리 오너라, 1480
같은 어머니에게서 태어난 이 나의 손들이 닿는
곳으로! 한때는 밝던 너희 아비의 두 눈을
이렇듯 보지 못하도록 만들어놓은 이 손들에게로.
애들아, 아비는 보지도 알지도 못하고
제가 태어난 바로 그곳에서 너희 아비가 되었구나. 1485
너희를 위해서도 나는 울고 있다. 내 비록 너희를
보지는 못하지만 너희가 장차 사람들 사이에서
강요받을 쓰라린 삶을 생각하면서.
시민들의 어떤 모임에 가든, 어떤 축제에 가든
너희는 축제 행렬에 휩쓸리기는커녕 1490
눈물을 떨구며 집으로 돌아오겠지.
그리고 너희가 시집갈 나이가 되면, 애들아,
내 자식들과 너희 자식들에게 치명적인 비난이
쏟아질 텐데, 어떤 사내가 위험을 무릅쓰고
감히 그런 비난을 감수하려 하겠느냐? 1495
재앙이 빠짐없이 갖추어지지 않았느냐!
"너희 아비는 제 아비를 죽이고, 저를 낳아준 여인에게
씨를 뿌려 제가 태어난 바로 그 밭에서 너희를
거두었지." 이런 비난이 너희에게 쏟아지겠지.
그러니 누가 너희와 결혼하겠느냐? 천만에. 1500
그럴 사내는 없지. 애들아, 필시 너희는 자식도
못 낳고 처녀의 몸으로 시들어가겠구나.

메노이케우스의 아들[62]이여, 이 애들의 어버이인
우리가 둘 다 없어졌으니, 이 애들에게는 자네가
단 한 사람의 아버지로 남은 셈이네. 자네 친족인 1505
이 애들이 결혼도 못하고 가난하게 떠돌아다니도록
버려두지 말고, 이 애들이 나만큼 비참해지지 않게 해주게.
이 애들을 동정해주게. 보다시피 이 애들은 이런 어린 나이에
모든 것을 잃었네. 자네가 주는 것 말고는. 고상한 이여,
약속의 표시로 자네 손으로 이 애들을 어루만져주게. 1510
애들아, 너희가 벌써 철이 들었다면, 내 너희에게
충고해줄 것이 많다만 지금은 이렇게만 기도해다오.
이 아비는 그때그때 형편에 따라 살아갈 것이나, 너희는
이 아비보다는 나은 삶을 살게 해달라고 말이다.

크레온 눈물도 흘릴 만큼 흘렸으니, 이제 궁으로 드시죠. 1515

오이디푸스 싫어도 자네 말을 따라야겠지.

크레온 무슨 일이든 시의 적절해야 좋은 법이죠.

오이디푸스 내가 어떤 조건으로 가는지 자네도 알고 있겠지?

크레온 말씀해보세요. 나도 들어야 알 것 아닌가요.

오이디푸스 나를 나라 밖으로 내보내주게.

크레온 신께서 주실 것을 나에게 요구하시는군요.

오이디푸스 하지만 나는 신들께 가장 미움 받는 자일세.

크레온 그러시다면 곧 소원이 이루어지겠지요.

오이디푸스 승낙하는 겐가?

크레온 나는 마음에 없는 빈말은 하지 않아요. 1520

오이디푸스 그렇다면 나를 여기서 데려가게.

크레온 자, 이리 오세요. 애들은 놓아주시고.

오이디푸스 내게서 이 애들은 빼앗지 말게.

크레온 모든 일을 지배하려 들지 마세요.

그대가 지배한 것들도 평생토록 그대를 따르지는 않았어요.

(크레온과 오이디푸스, 퇴장)

코로스 〔내 조국 테바이 주민들이여, 보시오. 저분이 유명한

수수께끼를 풀고는 더없이 권세가 컸던 오이디푸스요. 1525

그의 행운을 선망의 눈길로 바라보지 않은 시민이 있었던가!

보시오, 그런 그가 얼마나 무서운 불운의 풍파에 휩쓸렸는지!

그러니 항상 생의 마지막 날이 다가오기를 지켜보며 기다리되,

필멸의 인간은 어느 누구도 행복하다고 기리지 마시오,

그가 드디어 고통에서 해방되어 삶의 종말에 이르기 전에는.〕 1530

안티고네
Antigone

작품 소개

『안티고네』는 기원전 441년경에 쓰여진 것으로 추정된다. 오이디푸스의 두 아들 에테오클레스와 폴뤼네이케스가 골육상잔 끝에 일대일 결투에서 서로 죽이고 죽자, 새로 테바이의 왕이 된 크레온은 다른 나라 군대를 이끌고 조국을 공격한 폴뤼네이케스의 시신을 매장하지 못하게 한다. 그러나 안티고네는 그의 명령을 어기고 오라비를 위해 장례를 치러주다가 잡혀 크레온 앞에 끌려온다. 안티고네는 죽은 혈족의 장례를 치러주는 것은 천륜, 이른바 '신들의 불문율'이라고 주장하지만 크레온은 가차 없이 그녀에게 사형을 선고하고 석굴에 가둔다. 크레온의 아들로 안티고네의 약혼자인 하이몬이 와서 아버지를 말려보지만 크레온의 생각은 확고하다. 예언자 테이레시아스가 와서 천륜을 어기면 큰 낭패를 볼 것이라고 하자 불안한 마음으로 석굴로 간 크레온은 아들 하이몬이 목매달아 죽은 안티고네를 붙들고 있는 것을 보게 된다. 하이몬은 크레온을 칼로 찌르려다 실패하자 스스로 목숨을 끊는다. 궁전으로 돌아온 크레온은 설상가상으로 아내 에우뤼디케가 절망하여 자살했다는 비보를 접하게 된다.

등장인물

안티고네 오이디푸스의 딸
이스메네 오이디푸스의 딸
크레온 테바이의 왕
에우뤼디케 크레온의 아내
하이몬 크레온의 아들
테이레시아스 눈먼 예언자
파수꾼
사자
사자 2
코로스 테바이의 원로들로 구성된

이 작품의 대본은 Sophocles, *Antigone* edited by M. Griffith, Cambridge University Press 1999의 그리스어 텍스트다. 주석은 위 M. Griffith의 것과 R. Jebb (Cambridge University Press 1957)의 것을 참고했다. 현대어역 중에서는 R. Jebb (Cambridge 1957), H. D. F. Kitto (Oxford 1962), D. Grene (University of Chicago Press 1992), R. Fagles (Penguin Books 1984)의 영역과 W. Willige (München/Zürich 1995), W. Schadewaldt (Zürich 1968)의 독역을 참고했다.

장소 테바이의 궁전 앞.

안티고네   오오, 내 친아우인 사랑하는 이스메네야,
          오이디푸스에게서 비롯된 수많은 재앙 가운데
          제우스께서 우리 생전에 이루시지 않은 것을
          너는 한 가지라도 알고 있니? 고통과 재앙,
          치욕과 불명예 가운데 내가 너와 나의 불행에서   5
          보지 못한 것은 한 가지도 없으니 말이다.
          하거늘 방금 또 장군[1]님께서 도시의 모든
          백성들에게 무슨 포고를 내리셨다는 거니?
          알고 있니? 아니면 너는 적들이 받아야 할 재앙이
          우리 친구들을 위협하고 있는 것도 모르고 있니?   10
이스메네   우리 친구들에 관해서는, 안티고네 언니, 기쁜 소식이든
          슬픈 소식이든 나는 아무것도 듣지 못했어요.
          우리 두 자매가 이중의 가격[2]에 의해 한날한시에
          세상을 떠나신 두 오라버니를 잃은 뒤로는 말예요.
          그리고 간밤에 아르고스군이 퇴각한 뒤로   15
          내 처지가 더 나아진 것인지 아니면 더 나빠진
          것인지, 나는 아무것도 더 아는 것이 없어요.
안티고네   내 그럴 줄 알았지. 그래서 너만 들으라고 내가
          사람을 보내 너를 궁전의 문 앞으로 불러낸 거야.
이스메네   무슨 말이죠? 분명 뭔가 궁리하고 있는 것처럼 들려요.   20

안티고네	크레온 님이 우리 두 오라버니 중 한 분은 후히
	장사지내되 한 분은 장사지내지 못하게 하셨단다.
	사람들이 말하기를, 에테오클레스 오라버니는
	사자(死者)들 사이에서 명예를 누리시도록
	그분이 바른 법도와 관습에 따라 땅에 묻어주셨으나, 25
	비참하게 돌아가신 폴뤼네이케스 오라버니의 시신은
	아무도 무덤 안에 감추지도, 애도하지도 말고,
	애도해주는 사람도 무덤도 없이
	진수성찬을 노리는 새 떼의 반가운 먹이가
	되게 버려두라고 시민들에게 명령하셨대. 30
	어진 크레온 님은 그런 명령을 너와 나에게도
	내리셨대. 그래, 나에게도 말이야.
	그리고 모르는 이들에게 똑똑히 알려주려고
	그분이 이리로 오신다는데, 이 일을 그분은
	가볍게 여기시지 않고, 조금이라도 그 명령을 35
	어기는 자는 시민들이 돌로 쳐서 죽이게 하셨대.
	네 처지가 이러하니, 이제 곧 보여주게 되겠지.
	네가 네 가문에 걸맞은지, 걸맞지 않은지를.
이스메네	가여운 언니, 사태가 그러하다면, 내가 풀거나
	맺는다고 해서³ 거기에 무엇을 보탤 수 있겠어요? 40
안티고네	힘든 일이라도 나와 행동을 같이할 것인지를 결정해!
이스메네	무슨 모험을 하려고요? 대체 무슨 생각을 하는 거예요?
안티고네	시신을 들어 올리도록 네가 내 이 손을 도와주지 않겠니?
이스메네	도시에 금령이 내려졌는데도 그분을 묻어주려는 거예요?
안티고네	그분은 내 오라버니고, 네가 원치 않더라도 네 오라버니야. 45
	내가 그분을 배신했다는 말은 아무도 할 수 없게 할 거야.

이스메네 크레온 님이 금하셨는데 고집을 부리겠다고요?

안티고네 나를 내 가족에게서 떼어놓을 권리가 그분에게는 없어.

이스메네 아아, 곰곰이 생각해보세요, 언니.
아버지께서 어떻게 자신의 죄과들을 들춰내시고는   50
자신의 손으로 손수 자신의 두 눈을 치신 다음
증오와 멸시 속에서 세상을 떠나셨는지. 그리고 어떻게 그 뒤
동시에 두 가지 이름을 가지신, 그분의 어머니이시자
아내께서 올가미에 목매달아 스스로 목숨을 거두셨는지.
그리고 세 번째로 어떻게 두 오라버니께서 한날한시에   55
불행하게도 저마다 혈족의 피를 쏟음으로써 서로
상대방의 손을 빌려 같은 운명을 마련하셨는지 말예요.
그리고 지금, 잘 생각해보세요, 유일하게 살아남은
우리 두 자매도 법을 무시하고 왕의 명령이나
권력에 맞서다가는 가장 비참하게 죽게 될 거예요.   60
우린 명심해야 해요. 첫째, 우리는 여자들이며,
남자들과 싸우도록 태어나지 않았어요.
다음, 우리는 더 강한 자의 지배를 받고 있는 만큼
이번 일은 물론이고 더 괴로운 일이라도 복종해야 해요.
그래서 이번 일은 달리 어쩔 도리가 없는 만큼   65
나는 지하에 계시는 분들⁴께 용서를 빌고
통치자들에게 복종할래요.
지나친 행동은 아무 의미도 없으니까요.

안티고네 내 너에게 요구하지 않겠다. 아니, 네가 그렇게
해주고 싶어해도, 나는 네 협조가 달갑지 않아.   70
너는 너 좋을 대로 생각해. 나는 그분을 묻겠어.
그러고 나서 죽는다면 얼마나 아름다우냐? 그분의

사랑을 받으며 나는 사랑하는 그분 곁에 눕겠지,

경건한 범행을 하고 나서. 내가 이 세상 사람들보다

지하에 계신 분들의 마음에 들어야 할 시간이 더 기니까. 75

나는 그곳에서 영원히 누워 있게 될 테니 말이야. 하지만

원한다면, 너는 신들께서도 존중하시는 것을 경멸하렴!

이스메네   내가 경멸하는 건 그런 것들이 아니에요.

도시의 뜻을 거역할 힘이 없을 뿐예요.

안티고네   너는 지금 핑계를 대고 있는 거야. 나는 가서 80

사랑하는 오라버니를 위해 무덤을 만들어드릴래.

이스메네   아아, 가엾어라. 나는 언니가 몹시 걱정돼요.

안티고네   내 걱정은 말고 네 운명이나 똑바로 인도해!

이스메네   아무튼 이 일은 누구에게도 말하지 말고

비밀로 하세요. 나도 그렇게 하겠어요. 85

안티고네   큰 소리로 알리지 그래. 네가 입 다물고 이 일을 세상

사람들에게 알리지 않으면, 나는 네가 더 미워질 거야.

이스메네   그토록 으스스한 일에 그토록 뜨겁게 마음이 달아오르다니!

안티고네   그래야만 내가 가장 기쁘게 해드려야 할 분의 마음에 들 테니까.

이스메네   그럴 수만 있다면. 하지만 언니는 지금 안 될 일을 하려 해요. 90

안티고네   힘에 부치면 그만두는 거야. 하지만 그전에는 그만두지 않아.

이스메네   안 될 일은 아예 시작하지 말아야죠.

안티고네   네가 그런 말을 하면, 너는 내게 미움을 사게 될 것이고,

돌아가신 분에게도 당연히 두고두고 미움을 받게 될 거야.

너는 생각이 모자란[5] 내가 그런 끔찍한 일[6]을 당하게 95

내버려둬. 나는 아무리 괴로운 일을 당하더라도

비열하게 죽고 싶지는 않으니까.

이스메네   언니 뜻이 정 그렇다면 가세요. 하지만 이것만은

알아두세요. 비록 언니가 길을 잘못 가고 있지만
친구들7은 진심으로 언니를 사랑하고 있다는 것을!

(안티고네와 이스메네, 각각 다른 방향으로 퇴장)

코로스8(좌 1) 햇살이여, 일찍이 일곱 성문의 100
테바이에 떠오른
가장 아름다운 햇빛이여,
드디어 네가 모습을 드러내어,
황금 같은 날의 눈이여,
디르케9의 강물 위를 거니는구나. 105
완전무장하고 아르고스에서 온
흰10 방패의 전사11를 네가 쫓아버리니,
그자가 전속력으로 말을 달려
허둥지둥 도망쳤구나.

말썽 많은 다툼 때문에 폴뤼네이케스가 110
그자를 우리나라로 인도하자,
그자는 날카로운 소리를 지르는
독수리처럼 이 나라에 날아들었다네.
눈처럼 흰 날개들에 덮인 채
수많은 무구(武具)들과 115
말총 장식의 투구들과 함께.

(무1) 그자는 우리 지붕들 위에 멈춰 서서
피에 굶주린 창들로
우리 일곱 성문의 입을 에워쌌다네.

하지만 그자는 이곳에서 물러갔다네. 120
우리의 피로 그자의 두 볼이 미어지고,
헤파이스토스[12]의 관솔불이
빙 둘러선 우리 성탑들을 붙들기 전에.
그만큼 격렬한 아레스[13]의 싸움이 그자의
등 뒤에서 일었으니, 용(龍)[14]과 싸우는 그자로서는 125
감당하기 어려운 것이었다네.

제우스께서는 요란한 호언장담을 진심으로
싫어하신다네. 그래서 그분께서는 그자가
소리도 요란한 황금[15]을 헛되이 뽐내며
거대한 밀물처럼 달려오는 것을 보시자, 130
어느새 목적지에 닿아 우리 성벽들의 꼭대기에서
승리의 환호성을 지르기 시작한 그[16]에게
불[17]을 내던져 그를 쓰러뜨리셨다네.

(좌2) 그러자 비틀거리며 쿵 하고 땅에
내던져졌다네, 횃불을 들고 광란하며 135
격렬한 증오의 광풍과 함께
우리에게 미친 듯이 덤벼들던 그는.
하지만 그의 위협은 뜻대로 되지 않았다네.
그리고 다른 적들에게도 다른 것을
나눠주시며 심히 치셨다네, 어려울 때의
구원자이신 위대한 아레스는. 140

일곱 장수들[18]이 일곱 성문 앞에서

대등하게 맞서다가 전세를 뒤집으시는
제우스에게 청동 무구를 공물로 남겼다네.
오직 한 아버지와 한 어머니에게서 태어난,
잔혹한 운명을 타고난 그 두 사람[19]만이   145
서로 덤벼들어 창을 휘두르다가,
둘 다 이긴 뒤에 둘이 함께 죽었다네.

(우2) 하지만 영광스런 이름의 승리의 여신[20]께서
전차(戰車)가 많은 테바이의 환희에
화답하여 이곳에 오셨으니, 전쟁도   150
끝난 터라 이제는 잊기로 하세.
그리고 모든 신전들을 찾아가
밤새도록 춤과 노래를 바치도록 하세.
또한 박코스[21]께서는 테바이 땅을 뒤흔드시며
우리의 길라잡이가 되어주소서!

저기 이 나라의 왕께서 이리로 오고 계시오.   155
메노이케우스의 아드님 크레온 님 말이오.
그분은 신들께서 보내주신 새 행운에 따라
이 나라의 새 왕이 되셨소이다.
대체 그분은 무슨 계획을 품고 계시기에
공적인 통고를 통하여 원로들의   160
이 특별회의를 소집하신 것일까요?

(크레온, 경호원들을 데리고 등장)

크레온   여러분들, 신들께서는 우리 도시를 심한 풍랑으로

뒤흔드셨다가 도로 안전하게 일으켜 세웠소이다.
내가 사람을 보내 모든 백성들 중에서 그대들을
이렇게 따로 부른 것은, 라이오스의 왕좌와 권력에 165
그대들이 변함없이 충성과 경의를 표했으며,
또 오이디푸스가 이 도시를 구했을 때도,
그리고 그분이 돌아가신 뒤에도 그분들의 자식들[22]에게
시종일관 충성을 다하였음을 내가 알고 있기 때문이오.
한데 그분의 아들들이 서로 치고받는 가운데 170
서로 형제의 피로 물든 채 죽고 죽이는
이중의 운명에 의해 한날한시에 죽은 까닭에,
이제는 내가 고인들의 가장 가까운 인척으로서
왕좌와 모든 권한을 갖게 되었소이다.
한데 통치와 입법으로 검증받기 전에 175
한 인간의 성격과 심성과 판단력을
완전히 안다는 것은 불가능한 일이오.[23]
왜냐하면 누군가 도시 전체를 통치하면서
도시를 위해 최선의 정책을 채택하지 않고
무엇인가를 두려워하여 함구한다면, 180
그런 자를 나는 예나 지금이나 가장 나쁜 자로
여기기 때문이오. 그리고 누구든 조국보다 친구를
소중히 여기는 자 역시 나는 경멸하오.
왜냐하면 나는—언제나 만물을 굽어보시는
제우스께서 내 증인이 되어주소서—시민들에게 185
안전 대신 파멸이 다가오는 것을 보게 되면
침묵하지 않을 것이며, 또 조국의 적을 내 친구로
여기지 않을 것이기 때문이오. 내가 알기로, 우리를

지켜주는 것은 조국 땅이며, 조국이 무사 항해해야만
우리가 진정한 친구를 사귈 수 있기 때문이오. 190
이런 원칙에 따라 나는 이 도시를 키워 나갈 것이오.
오이디푸스의 아들들과 관련하여 내가 시민들에게 내린
포고령도 이런 원칙에 부합되는 것이오.
에테오클레스는 우리 도시를 위해 싸우다가
모든 면에서 뛰어난 창수로서 전사했으니, 195
무덤에 묻어주고 지하에 있는 가장 훌륭한
사자들에게 걸맞은 온갖 의식을 베풀 것이오.
하지만 그와 형제간인 폴뤼네이케스로 말하자면
망명지에서 돌아와 조국 땅과 선조들의 신들을
화염으로 송두리째 불살라 없애고, 200
친족의 피를 마시고, 나머지는 노예로
끌고 가려 했으니 그와 관련하여 나는
도시에 알리게 했소이다. 아무도 그를 위해
장례를 치르거나 애도하지 말고, 그의 시신을
묻히지 않은 채 버려두어 새 떼와 개 떼의 205
밥이 되고 흉측한 몰골이 되게 하라고 말이오.
이것이 내 뜻이오. 내가 올바른 사람들보다
사악한 자를 더 존중하는 일은 절대로 없을 것이오.
하지만 누구든지 이 도시에 호의를 가진 자는
죽었든 살아 있든 똑같이 존경받게 될 것이오. 210

코로스장 메노이케우스의 아들 크레온 님, 이 도시의 적과 친구에게
그렇게 하는 것이 그대의 마음에 든다는 것이로군요.
물론 그대에게는 죽은 자들과 살아 있는 우리 모두에게
마음대로 어떤 법령이든 적용할 권한이 있기는 하지요.

| 크레온 | 여러분들은 내가 내린 명령의 수호자가 되어주시오. | 215 |

| 코로스장 | 그런 짐이라면 더 젊은 사람들에게 지우시지요.

| 크레온 | 시신을 지킬 감시자들을 이미 배치해두었소.

| 코로스장 | 그러시다면 또 무슨 명령을 내리시려는 거죠?

| 크레온 | 여러분들은 내 명령에 불복하는 자들 편이 되지 말라는 것이오.

| 코로스장 | 죽기를 원할 만큼 어리석은 자가 어디 있겠소? 220

| 크레온 | 아닌 게 아니라 불복종의 대가는 죽음이라오. 하지만
이익에 대한 기대가 종종 사람들을 파멸로 이끌지요.

(파수꾼 등장)

| 파수꾼 | 왕이시여, 저는 숨이 차도록 급히 달려왔다거나
발걸음도 가벼이 열심히 걸었다고 말씀드리지
않겠어요. 걱정이 앞서 도중에 저는 여러 번 225
멈춰 섰고, 되돌아갈까 하고 돌아서곤 했으니까요.
제 마음이 제게 여러 가지 경고를 했기 때문이지요.
'어리석긴, 벌 받을 게 뻔한데 뭐하러 그리 급히 가지?'
'불쌍한 녀석, 또 꾸물대는 거야? 크레온 님께서 이 소식을
다른 사람에게서 들으시면 뒷감당은 어떻게 하려고?' 230
이런 일들을 생각하며 저는 느릿느릿 걸어왔고,
그러다 보니 가까운 길이 먼 길이 되어버렸네요.
하지만 결국 여기 그대 앞에 나서기로 결심했어요.
그리고 제가 말씀드리는 것이 아무것도 아니라 해도
말씀드리겠어요. 타고난 운명 이상은 235
당할 수 없다는 희망에 꼭 매달려 이리로 왔으니까요.

| 크레온 | 대체 무슨 일이기에 네가 이토록 주눅이 들었느냐?

| 파수꾼 | 먼저 제 자신에 관해 말씀드리지만 그것은 제가
한 짓이 아니에요. 그리고 그렇게 한 자를 저는 보지도 못했어요.

	하오니 그로 말미암아 제가 화를 입는다면 억울해요.	240
크레온	너는 조심스럽게 과녁을 겨누며 비난을 막아줄 울타리부터 둘러 치는구나. 분명 너는 좋지 않은 소식을 전하러 왔구나.	
파수꾼	그래요. 무서운 소식은 오래 망설이게 하는 법이지요.	
크레온	어서 말하고 나서 이곳을 떠나지 못할까!	
파수꾼	그렇다면 말씀드리지요. 누군가 방금 시신을 묻어주고	245
	사라졌어요. 시신의 살갗에 목마른 먼지를 뿌리고,	
	그 밖에 다른 의식을 치르고서 말예요.	
크레온	무슨 말을 하는 게냐? 누가 감히 그런 짓을 했단 말이냐?	
파수꾼	모르겠어요. 그곳에 곡괭이로 치거나 삽으로 파낸	
	흔적은 없었으니까요. 땅은 단단하고 메마르고	250
	틈새가 없었으며, 수레의 바퀴 자국조차 없었어요.	
	범인은 아무 흔적도 남기지 않았어요.	
	첫 번째 낮 파수를 보는 자가 우리에게 보여주었을 때,	
	그것은 우리 모두에게 이해할 수 없는 기적이었어요.	
	시신이 없어졌으니까요. 물론 시신은 무덤에 묻힌 것은	255
	아니었지만, 저주를 면하기 위해서인 듯,[24] 먼지로	
	가볍게 덮여 있었어요. 들짐승이나 개가 와서	
	시신을 찢은 흔적도 보이지 않았어요.	
	그래서 욕설이 시끄럽게 오가는 가운데 파수꾼이	
	파수꾼에게 죄를 덮어씌우다가 자칫 주먹다짐이	260
	벌어질 뻔했지만 말리는 사람은 아무도 없었어요.	
	너나없이 모두가 범인이었고, 그러면서도 확실한	
	범인은 없고 모두들 모른다고 부인했으니까요.	
	우리는 발갛게 단 무쇠를 손에 쥐고는 불속을	
	지나가며, 그것은 우리가 한 짓이 아니며,	265

우리는 범행을 함께 모의하거나 실행한 적이 없다고
신들께 맹세하려고까지 했어요.
아무리 조사해보아도 결국 아무 소용 없자
누군가 한마디 했는데, 우리는 모두 그 말에
두려워 고개를 떨어뜨리고 말았어요. 우리는 270
그 말을 반박할 수도 없었고, 그 말을 따를 경우
어떻게 해야 화를 면할 수 있는지 알지 못했으니까요.
그 말이란 범행을 숨기지 말고 그대에게 알려야 한다는
것이었어요. 그렇게 하기로 결정하고 제비를 던진 결과
불행히도 제가 이런 행운을 받게 되었지요. 그래서 저는 275
환영받지 못할 줄 알면서도 마지못해 여기 서 있는 거예요.
나쁜 소식을 전하는 사람을 좋아할 사람이 어디 있겠어요?

코로스장 왕이시여, 이번 일은 신께서 하신 일이 아닐까
하는 생각이 아까부터 자꾸 마음에 떠오르는군요.

크레온 입 좀 닥치시오, 그대의 말에 내가 분통을 터뜨리기 전에. 280
그러지 않으면 그대는 노인네에다가 바보임이 드러나게 될
것이오. 그대가 신들께서 그 시신을 염려해주신다고
말하는 것이라면, 그건 도저히 참을 수 없는 말이니까요.
그래, 신들께서 기둥으로 둘러싸인 자신들의 신전들과
신성한 보물들을 불사르고, 자신들의 나라를 유린하고, 285
법규들을 말살하러 온 자를 선행을 베푼 자로
존중하실 거란 말인가요? 아니면 신들께서 사악한 자들을
존중하시는 것을 그대는 본 적이 있소?
천만에. 애당초 이 도시에는 은밀히 고개를 저으며
이번 포고령을 못마땅히 여기고 내게 불평하는 290
자들이 있어서, 그자들이 나를 존중하는 뜻에서

순순히 목에 멍에를 지려 하지 않는 것이오.
다름 아닌 그자들에게 속고 매수된 파수꾼들이
이런 짓을 저질렀다는 것을 나는 잘 알고 있소.
사람들 사이에서 유통되는 것 중에 돈만큼   295
해로운 것은 아무것도 없소. 돈은 도시도
약탈하고, 남자들을 그들의 집에서 몰아내지요.²⁵
돈은 정직한 마음씨를 변하게 하여
수치스런 짓들을 하도록 훈련시키지요.
돈은 또 악행을 저지르고, 온갖 불경한 짓을   300
다 알도록 사람들을 가르치지요.
하지만 누구든 돈에 팔려 이런 짓을
저지른 자는 언젠가는 벌 받기 마련이오.
(파수꾼에게) 나는 여전히 제우스를 경배하는 만큼,
내 제우스에 맹세코 말하노니 잘 들어두어라.   305
만약 너희들이 그렇게 매장 의식을 치른 장본인을
찾아내어 내 눈앞에 세우지 못한다면, 그 벌은
너희들이 죽는 것만으로는 충분치 않으리라.
너희들은 그 범행을 자백할 때까지 먼저 산 채로
매달릴 것이니라. 앞으로는 어디서 이익을 취해야 하는지   310
알고, 아무 데서나 이익을 취하기를 좋아해서는
안 된다는 것을 너희들이 배우도록 말이다.
수치스런 이익은 많은 사람들에게 행복보다는
파멸을 가져다준다는 것을 너는 보게 될 테니까.

파수꾼 말씀드려도 될까요? 아니면 돌아서서 물러갈까요?   315
크레온 모르겠느냐? 이제는 네 말소리도 듣기 싫다.
파수꾼 귀가 아프신가요, 마음이 아프신가요?

크레온	어찌하여 너는 내 아픈 곳을 따지려드는 게냐?
파수꾼	마음을 아프게 한 것은 범인이고, 저는 귀를 아프게 할 뿐이지요.
크레온	이제 보니, 너는 타고난 수다쟁이로구나.	320
파수꾼	아무튼 그 범행은 절대로 제가 한 짓이 아니에요.
크레온	아니긴. 게다가 돈을 받고 목숨까지 팔았지.
파수꾼	아아, 슬프도다! 판단해야 할 사람이 잘못 판단한다는 것은 얼마나 무서운 일인가!
크레온	그 '판단'이란 말을 네 멋대로 생각하려무나. 아무튼 너희들이 이 사건의 범인을 데려오지 못하면 부정한 이익은 손해만 가져다준다는 것을 고백하게 해주겠다.	325

(크레온, 궁전으로 퇴장)

| 파수꾼 | 범인을 찾을 수 있다면야 가장 좋겠지요.
하지만 범인이 잡히든 말든―그건 운수 소관이오―
그대는 내가 이곳에 돌아오는 것을 다시는 보지
못할 것이오. 이번에도 나는 신들께서 크게
염려해주신 덕택에 천만뜻밖으로 살아났으니까. | 330 |

(파수꾼 퇴장)

| 코로스26 (좌 1) | 세상에 무서운 것27이 많다 하여도
사람보다 더 무서운 것은 없다네.
사람은 사나운 겨울 남풍 속에서도
잿빛 바다를 건너며 내리 덮치는
파도 아래로 길을 연다네.
그리고 신들 가운데 가장 신성하고
무진장하며 지칠 줄 모르는 대지를
사람은 말[馬]의 후손28으로 | 335 |

갈아엎으며 해마다, 앞으로 갔다가 340
뒤로 돌아서는 쟁기로 못살게 군다네.

(우1) 그리고 마음이 가벼운 새의
부족들과 야수의 종족들과
심해 속의 바다 족속들을
촘촘한 그물코 안으로 유인하여 345
잡아간다네, 총명한 사람은.
사람은 또 산속을 헤매는 들짐승들을
책략으로 제압하고,
갈기가 텁수룩한 말을 길들여 350
그 목에 멍에를 얹는가 하면,
지칠 줄 모르는 산(山)소를 길들인다네.

(좌2) 또한 언어와 바람처럼 날랜 생각과,
도시에 질서를 부여하는 심성을 사람은 독학으로
배웠다네, 그리고 맑은 하늘 아래서 노숙하기가 355
싫어지자 서리와 폭우의 화살을 피하는 법도.
사람이 대비할 수 없는 것은 아무것도 없으며,
아무 대비 없이 사람이 미래사를 맞이하는 일은
결코 없다네. 다만 죽음 앞에서 도망치는 360
수단을 손에 넣지 못했을 뿐이라네.
하지만 사람은 고통스런 질병에서
도망치는 방법은 이미 궁리해냈다네.

(우2) 발명의 재능에서 365

기대 이상으로 영리한 사람은

때로는 악의 길을 가고,

때로는 선의 길을 간다네.

그가 국법과, 신들께 맹세한 정의를

존중한다면 그의 도시는 융성할 것이나, 370

무모하게도 불미스런 것과 함께하는 자는

도시를 갖지 못하는 법이라네.²⁹ 그런 짓을

하는 자는 결코 내 화롯가에 앉지 말기를!

나는 그런 자와는 생각을 같이하고 싶지 않노라. 375

코로스장 저기 저것이 무슨 해괴한 환영(幻影)인가?

저 소녀가 안티고네임을 내 어찌

눈으로 보면서 부인할 수 있겠는가?

아아, 가여운지고! 가여운 아버지

오이디푸스의 따님이여! 380

어인 일이오? 설마 그대가 왕의

포고령을 어기고 어리석은 짓을 하다가

붙잡혀 끌려오는 것은 아니겠지요?

(파수꾼, 안티고네를 데리고 등장)

파수꾼 여기 이 여인이 범인이오. 그분을 매장하고 있을 때³⁰

우리가 붙잡았어요. 크레온 님은 어디 계시죠? 385

코로스장 때맞춰 저기 궁전에서 나오고 계시는군.

크레온 무슨 일이오? 내가 무슨 일에 때맞춰 왔다는 것이오?

파수꾼 왕이시여, 인간들은 어떤 일이든 결코 아니 하겠다고

맹세할 일이 아니에요. 나중 생각이 처음 의도를 거짓말로

만드니까요. 저는 잠시 전 그대의 심한 으름장에 390

주눅이 들어 다시는 이곳에 서둘러 돌아오지 않겠다고
장담했지요. 하지만 예기치 않은 뜻밖의 기쁨은
그 크기에서 다른 어떤 행복도 능가하는 까닭에,
저는 오지 않겠다고 맹세했음에도 돌아왔어요,
장례를 치르다가 발각된 이 여인을 데리고 말예요.   395
이번에는 제비도 던지지 않았어요. 이번 행운은
제 것이고 다른 누구의 것도 아니니까요.
왕이시여, 이제는 직접 이 여인을 붙잡고 실컷 묻고
심문하세요. 하지만 저는 당연히 자유의 몸이 되어
이 성가시고 귀찮은 사건에서 벗어나도 되겠지요.   400

크레온 너는 여기 이 여인을 어디서 어떻게 붙잡아 왔느냐?
파수꾼 이 여인이 그분을 매장하고 있었어요. 이젠 다 아셨죠.
크레온 알고 하는 말인가? 그 말이 사실인가?
파수꾼 매장하지 못하게 하신 그 시신을 매장하는 이 여인을
제가 보았어요. 이젠 제 답변이 분명해졌나요?   405
크레온 어떻게 발각되고, 어떻게 현장에서 붙잡혔느냐?
파수꾼 그 경위는 이러해요. 우리는 그대에게서 그토록
심한 위협의 말씀을 듣게 되자, 그리로 가서
시신을 덮고 있던 먼지를 말끔히 쓸어내고
썩어가던 시신을 완전히 드러낸 다음,   410
시신의 악취가 우리 쪽으로 불어 오지 못하도록
바람이 불어오는 쪽 언덕 위에 앉았지요.
그리고 우리는 서로를 깨우며 누군가 맡은 바
임무를 게을리 하면 욕설로 위협하곤 했지요.
그런 상태가 계속되었고, 마침내 밝고 둥근 해가   415
중천에 떠오르며 찌는 듯한 더위가 시작되었지요.

그때 갑자기 회오리바람이 땅에서 하늘의 재앙인

먼지바람을 일으켜 들판을 가득 채웠고,

들숲의 머리카락을 마구 헝클어뜨렸어요.

넓은 하늘은 먼지바람으로 꽉 찼고, 우리는 눈을   420

감은 채 신께서 보내신 역병을 참고 있었어요.

그리고 한참 뒤 그 역병에서 벗어났을 때

여기 이 소녀가 눈에 띄었는데, 마치 새끼들을 빼앗기고

둥지가 비어 있는 것을 보게 된 새처럼

날카로운 목소리로 비통하게 울고 있었지요.   425

꼭 그처럼 이 여인도 시신이 드러난 것을 보자

소리 높여 통곡하며 그런 짓을 한 사람들에게

심한 저주의 말을 퍼부어댔어요. 그러더니

곧 두 손에 목마른 먼지를 가져왔고,

잘 만든 청동 물 항아리를 들어 올려   430

시신 주위에 세 번 제주를 부었어요.**31**

그것을 보자마자 우리는 달려가 당장 붙잡았으나,

그녀는 전혀 놀라지 않았어요.

그리고 먼저의 일과 이번 일을 그녀의 소행이라고

우리가 나무랐으나, 그녀는 전혀 부인하지 않았어요.   435

그래서 저는 기쁘기도 하고 괴롭기도 해요.

자신이 곤경에서 벗어났다는 것은 더없이

기쁜 일이지만, 친구들을 곤경에 빠뜨린다는 것은

괴로운 일이니까요. 하지만 그 모든 것**32**도

제게는 저 자신의 안전만큼 중요하지는 않아요.   440

크레온 *(안티고네에게)* 이번에는 거기 고개 숙이고 있는 너에게 묻겠다.

네 소행이라고 시인하느냐, 아니면 부인하느냐?

안티고네	내 소행이라고 시인해요. 부인하지 않겠어요.
크레온	*(파수꾼에게)* 너는 무거운 혐의를 벗고 자유의 몸이 되었으니,
	어디든지 네가 원하는 곳으로 가도록 하라! 445
	(안티고네에게) 너는 긴말 말고 짤막하게 말해보아라.
	너는 그러지 말라는 포고령이 내려졌음을 알고 있었느냐?
안티고네	알고 있었어요. 공지 사항인데 어찌 모를 리 있겠어요?
크레온	그런데도 너는 감히 포고령을 어겼단 말이더냐?
안티고네	내게 그런 포고령을 내린 것은 제우스가 아니었으며, 450

하계의 신들과 함께 사시는 정의의 여신께서도
사람들 사이에 그런 법을 세우지 않았으니까요.
나 또한 한낱 인간에 불과한 그대의 포고령이
신들의 변함없는 불문율(不文律)들을 무시할 수
있을 만큼 강력하다고는 생각지 않았어요. 455
그 불문율들은 어제 오늘에 생긴 게 아니라
영원히 살아 있고, 어디서 왔는지 아무도 모르니까요.
나는 한 인간의 의지가 두려워 그 불문율들을
어김으로써 신들 앞에서 벌 받고 싶지 않았어요.
나는 언젠가는 죽을 것임을 잘 알고 있었어요. 460
어찌 모르겠어요? 그대의 포고령이 없었다 해도 말예요.
하지만 때가 되기도 전에 죽는다면, 나는 그것을
이득이라고 생각해요. 나처럼 수많은 불행 속에서
살아가는 사람이 어찌 죽음을 이득이라 생각지 않겠어요?
이런 운명을 맞는다는 것은 내게 전혀 465
고통스럽지 않아요. 내 어머니의 아들이 묻히지 못한
시신으로 밖에 누워 있도록 버려두었더라면 내게
고통이 되었을 거예요. 내게 이것[33]은 전혀 고통스럽지 않아요.

	지금 그대 눈에 내가 어리석어 보인다면, 나를
	어리석다고 나무라는 자야말로 어리석은 자일 거예요. 470
코로스장	이 소녀는 자신이 성미 급한 아버지의 성미 급한 딸임을
	보여주는구려. 불행 앞에 굽힐 줄 모르니 말이오.
크레온	잘 알아두어라. 지나치게 완고한 마음이
	가장 쉬이 꺾인다는 것을. 불에 지나치게 달군
	가장 단단한 쇠가 가장 쉬이 부러지거나 475
	부서지는 것을 너는 보지 못하였느냐!
	고집 센 말들도 짧은 고삐 하나로 길들인다는 것을
	나는 잘 알고 있다. 누구든 이웃사람의 노예라면
	제가 잘났다고 생각하는 것은 어울리지 않는 일이다.
	이 계집은 공표된 포고령을 어겼을 때 480
	반항에는 이미 이골이 날 대로 나 있었고,
	설상가상으로 범행을 저지르고서 제 소행임을
	자랑하며 우리를 비웃는 것은 두 번째 반항이오.
	만일 이번 일에 그녀가 이기고 그 대가를 치르지
	않는다면, 내가 아니라 그녀가 남자일 것이오. 485
	그녀가 비록 내 누이의 딸이고, 우리 집에서
	제우스의 보호를 받고 있는 그 누구보다 나와 가까운
	인척이기는 하지만, 그녀와 그녀의 아우는
	극형을 면치 못하리라. 그녀의 아우도 이번
	장례 음모에 똑같이 가담했다고 나는 고발하오. 490
	그녀의 아우를 불러오라. 나는 방금 그녀의 아우가
	안에서 정신 못 차리고 미쳐 날뛰는 것을 보았다.
	사람이 어둠 속에서 옳지 못한 범행을 꾀하면,
	그의 마음이 먼저 그가 도둑임을 드러내는 법이지.

하지만 나쁜 짓을 하다가 붙잡히자 나쁜 짓을 495
미화하려 드는 자도 나는 역시 미워하오.

안티고네 나를 잡아 죽이는 것보다 더 많은 것을 원하시나요?

크레온 아니. 나는 그것만 가지면 다 가지는 셈이니까.

안티고네 그럼 왜 지체하세요? 그대의 말씀들 가운데 나를
기쁘게 해주는 것은 아무것도 없고, 또 없을 거예요. 500
내가 하는 말 역시 그대의 마음에 들지 않을 거예요.
하지만 나로서는 친오라버니를 무덤에 묻어드리는 것보다
더 큰 영광을 어디서 얻을 수 있겠어요?
여기 계신 분들도 모두 그것이 마음에 든다고 말할 거예요.
공포가 그분들의 입을 막지 않는다면 말예요. 505
왕권에는 여러 가지 혜택이 따르기 마련인데
마음대로 행동하고 말할 수 있는 것도 그중 하나지요.

크레온 테바이인들 가운데 너만이 그렇게 생각하고 있어.

안티고네 그대 앞에서 입을 다물고 있을 뿐 그들도 그렇게 보고 있어요.

크레온 너는 그들과 달리 생각하는 것이 부끄럽지도 않느냐? 510

안티고네 제 혈족을 존중하는 것은 결코 수치스런 일이 아니에요.

크레온 그자와 맞서 싸우다가 전사한 분[34]도 네 혈족이 아니더냐?

안티고네 같은 어머니와 같은 아버지에게서 태어난 혈족이지요.

크레온 그렇다면 너는 왜 그자에게 호의를 베풀어 그분을 모욕하지?

안티고네 세상을 떠나신 분[35]은 그렇다고 시인하지 않을 거예요. 515

크레온 네가 그 불경한 자를 그분과 똑같이 존중하는데도?

안티고네 세상을 떠나신 분[36]은 그분의 노예가 아니라 아우예요.

크레온 그자는 이 나라를 유린하다가, 그분은 지키다가 전사했다.

안티고네 아무튼 하데스[37]는 그런 의식을 요구해요.

크레온 그래도 착한 이에게 나쁜 자와 같은 몫이 주어져서는 안 되지. 520

안티고네	하계에서는 그것이 신성한 규칙인지 누가 알아요?	
크레온	적(敵)은 죽어도 친구가 안 되는 법이지.	
안티고네	나는 서로 미워하기 위해서가 아니라, 서로 사랑하려고 태어났어요.**38**	
크레온	사랑해야겠다면 하계로 내려가 사자들을 사랑하려무나.	
	내가 살아 있는 한, 여인이 나를 지배하지는 못할 것이다.	525

(이스메네, 궁전에서 끌려나온다)

코로스장	보시오. 저기 이스메네가 문밖으로 나오는구려.	
	자매의 정을 이기지 못해 눈물을 흘리면서 말이오.	
	이마에 깃든 구름이 그녀의 발갛게 단	
	얼굴을 일그러뜨리며 비가 되어	
	고운 볼 위로 흘러내리고 있구려!	530
크레온	너는 독사처럼 내 집에 숨어들어 은밀히 내 피를	
	빨아먹었구나. 그런데도 나는 내 왕좌에 거역하도록	
	두 재앙을 기르고 있는 줄도 모르고 있었구나.	
	자, 이실직고하여라. 네가 이번 장례에 가담했다고	
	시인하느냐, 전혀 모르는 일이라고 부인하겠느냐?	535
이스메네	언니만 동의하신다면, 나도 거기에 가담했으니	
	함께 벌을 받겠어요.	
안티고네	안 돼. 그렇게 하는 것은 정의가 용납치 않아.	
	너는 원치 않았고, 나는 너를 참여시키지 않았으니까.	
이스메네	지금은 언니가 곤경에 처했으니, 나는 언니와 함께	540
	고난의 바다를 항해하는 것이 부끄럽지 않아요.	
안티고네	그것이 누구의 소행인지는 하데스와 사자들이 알고 계셔.	
	나는 말로 사랑하는 친구는 사랑하지 않아.	
이스메네	언니, 내가 언니와 함께 죽어 고인을	
	공경할 수 없을 것이라고 나를 무시하지 마세요.	545

안티고네	너는 나와 함께 죽어서는 안 돼. 너와 무관한 일을
	네 것으로 삼지 마. 내 죽음으로 족해.
이스메네	언니가 없으면 내가 무슨 낙으로 살지요?
안티고네	크레온 님께 물어보아라. 너를 보살피는 것은 그분 몫이니까.
이스메네	왜 나를 괴롭히는 거죠? 아무 도움도 안 될 텐데. 550
안티고네	너를 비웃어야 한다면 나도 괴로워.
이스메네	어떻게 해야 내가 지금 언니를 도울 수 있을까요?
안티고네	너 자신부터 구하렴. 네가 회피해도 나는 원망하지 않아.
이스메네	아아, 가련한 내 신세. 언니와 운명을 같이할 수 없다니!
안티고네	너는 살기를 택했고, 나는 죽기를 택했지. 555
이스메네	하지만 나도 할말을 안 한 것은 아니에요.[39]
안티고네	*(손가락으로 주위와 아래를 가리키며)*
	너는 이분들에게, 나는 그분들에게 옳아 보였지.[40]
이스메네	그래도 죄를 짓기는 우리 둘 다 마찬가지예요.[41]
안티고네	안심해. 너는 살아 있어. 하지만 내 목숨은
	죽은 지 이미 오래야. 내가 고인들을 섬기도록 말이야. 560
크레온	단언하건대, 이 두 소녀 가운데 한 명은 방금
	미쳤고,[42] 다른 한 명은 날 때부터 미쳤어.
이스메네	왕이시여, 타고난 총기(聰氣)도 불행해진 자와는
	함께하지 않고 떠나는 법이에요.
크레온	네 경우에는 못된 자들과 못된 짓을 꾀하다가 그렇게 됐지. 565
이스메네	언니 없이 나 혼자서 어떻게 살아요?
크레온	'언니'란 말은 하지 마라. 언니는 더 이상 없으니까.
이스메네	그대는 친아드님의 약혼녀를 정녕 죽일 작정이세요?
크레온	그 애가 씨 뿌릴 밭은 그것 말고도 얼마든지 있으니까.
이스메네	하지만 그분과 언니처럼 서로 잘 맞는 경우는 일찍이 없었어요. 570

크레온   나는 아들에게 악처를 원치 않아.

이스메네   사랑하는 하이몬, 그대가 아버지에게 이런 모욕을 당하다니!

크레온   이젠 귀찮다. 너도, 네 결혼 이야기도.

이스메네   정말로 아드님에게서 언니를 빼앗을 작정이신가요?

크레온   이 결혼은 하데스가 막아줄 것이다.   575

이스메네   언니를 죽이기로 결심하신 것 같군요.

크레온   너와 나를 위해서. *(경호원들에게)* 너희들 하인들은
더 이상 지체 말고 이들을 안으로 데려가도록 하라.
이 여인들이 앞으로 제 멋대로 나돌아 다니지 않게
집 안에 머물게 하라. 대담한 자들도 자신에게 죽음이   580
다가오는 것을 보면 달아나려 하는 법이니까.

(경호원들이 소녀들을 궁전 안으로 데리고 들어간다)

코로스43(좌1)   행복하도다, 평생토록 고통을 맛보지 않은 자들은.
신에 의해 한번 집안이 흔들리게 되면, 그에게는
재앙이 그치지 않고 대대로 이어지나까.   585
마치 파도가 트라케에서 불어오는
바람의 거센 입김에 쫓겨
검은 심연 위를 굴러가며
바닥에서 검은 모래를 파헤쳐 올리고,   590
바람에 시달리는 해안들이
폭풍의 매질에 울부짖을 때와도 같이.

(우1)   오래전부터 랍다코스44 가(家)에서는 죽은 자들45의
슬픔에 또 다른 슬픔이 쌓이는 것을 나는 보고 있노라.   595
한 세대가 다른 세대를 구하지 못하고, 어떤 신께서

그들을 허물어뜨리시니 이 가문에 구원은 없도다.
오이디푸스 가의 마지막 뿌리에
비쳤던 희망[46]의 빛마저　　　　　　　　　　　　　　600
지하의 신들의 피투성이 먼지[47]와
어리석은 말과 광란하는 마음이
베어 넘기는구나!

(좌 2)　제우스시여, 그대의 힘은 막강하거늘
　　　　대체 어떤 사람이 감히 제한할 수　　　　　　605
　　　　있겠나이까? 모든 것을 제압하는 잠도,
　　　　신들의 지칠 줄 모르는 시간도
　　　　그대의 힘을 제압하지 못하니,
　　　　그대는 올륌포스의 번쩍이는
　　　　광채 속에서 사시나이다.　　　　　　　　　　610
　　　　가깝고 먼 미래에도,
　　　　과거에도 유효하리라,
　　　　인간의 성공에는 재앙이
　　　　따르기 마련이라는 법은.

(우 2)　멀리 헤매는 희망은　　　　　　　　　　　　615
　　　　많은 사람들에게 위안이 되어도,
　　　　많은 사람들에게는 허욕의 미끼라네.
　　　　그래서 더러 아무 영문도 모르고 있다가
　　　　뜨거운 불에 발을 데게 된다네.
　　　　누군가 현명하게도　　　　　　　　　　　　　620
　　　　이런 유명한 말을 했지.

신께서 그 마음을 재앙으로

인도하시는 자에게는 언젠가

악이 선으로 보인다고. 하지만 그가

재앙에서 자유로운 것은 한순간뿐이라네.　　　　　　　　　　625

코로스장　보시오. 저기 그대의 막내아들

하이몬이 오고 있어요.

그는 약혼녀 안티고네의 운명에 속이 상해서,

그리고 결혼이 좌절된 것이

괴로워 오는 것일까요?　　　　　　　　　　　　　　　　630

(하이몬 등장)

크레온　우리는 곧 예언자보다 더 확실히 알게 될 것이오.

내 아들아, 너는 설마 네 약혼녀에 대한 결정을 듣고

이 아비에게 화가 나서 오는 것은 아니겠지?

내가 어떻게 행동하든, 너는 내게 늘 호의적이겠지?

하이몬　아버지, 저는 아버지 자식이에요. 아버지께서 저를 위해　　635

지혜롭게 규칙을 정해주시니 저는 거기에 따를 거예요.

저는 어떤 결혼도 아버지의 훌륭한 지도보다

제게 더 큰 이익이 되리라 생각지 않을 테니까요.

크레온　그래야지, 내 아들아. 너는 마음속에 명심해두어라,

매사를 아버지 뜻에 따라야 한다고 말이다.　　　　　　　640

그래서 사람들은 집 안에 순종하는 자식들이

자라나게 해달라고 기도하는 것이지. 자식들이

아버지의 적에게는 악을 악으로 갚고, 아버지가 그러하듯,

아버지의 친구에게는 경의를 표하도록.

하지만 쓸모없는 자식들을 낳은 사람은 자신에게는　　　　645

걱정거리 말고, 적들에게는 많은 웃음거리 말고
달리 무슨 씨를 뿌렸다고 생각하느냐?
그러니 내 아들아, 너는 향락에 끌려
한 여인 때문에 이성을 잃어서는 안 된다.
막상 한집에 살며 악녀와 잠자리를 같이하게 되면 650
품안에서 금세 식어버린다는 것을 알아두어라.
나쁜 친구보다 우리에게 더 큰 상처를 주는 것은
없을 테니까. 그러니 너는 그 소녀를 원수처럼 미워하고
그녀가 하데스의 집에서 남편을 구하도록
내버려두어라. 유독 그녀만이 온 도시에서 공공연히 655
내 명령을 어기다 잡혔는데, 그녀 때문에 나는 자신을
시민들 앞에서 거짓말쟁이로 만들고 싶지 않다.
아니, 나는 그녀를 죽일 것이다. 그녀더러 친족의
보호자이신 제우스께 호소하라 그래! 내가 내 친척을
버릇없이 기른다면 밖에서도 버릇없는 짓을 660
참아야 할 것이다. 자기 가정도 제대로 다스리지 못하는
사람은 도시도 제대로 다스리지 못할 것이다.
누군가 월권하여 법을 짓밟고
자신의 통치자들에게 명령하려 든다면,
나는 결코 그런 자를 칭찬할 수 없다. 665
도시가 임명한 자가 명령하면 크고 작고,
옳고 그르고를 떠나 반드시 복종해야 한다.
장담하건대, 그런 사람이야말로 제대로 통치하고,
제대로 통치받으려 할 것이며, 창의 폭풍 속에
서 있어도 물러서지 않고 믿음직하고 용감한 전우로서 670
꿋꿋하게 옆에 버티고 서 있을 것이다.

불복종보다 더 큰 악은 없다. 불복종은

도시를 파괴하고, 집들을 쑥대밭으로 만든다.

불복종은 또 동맹군의 전열을 무너뜨려

도망치게 한다. 하지만 번영을 누리는 사람들에게는 675

대개 복종이 안전을 보장해주지.

따라서 우리는 법질서를 옹호해야 하고,

결코 한낱 계집에게 져서는 안 된다. 꼭 져야 한다면

우리가 한낱 계집에게 졌다는 말을 듣느니

남자에게 지는 편이 더 나을 것이다. 680

코로스장 우리가 노망이 든 것이 아니라면,

그대는 현명한 말씀을 하신 것 같아요.

하이몬 아버지, 신들께서는 인간들에게 이성을 심어주시는데,

이성은 인간이 가진 것 중에 최고의 재산이지요.

저는 아버지 말씀이 옳지 않다고 말씀드릴 수도 없고, 685

또 말씀드릴 수 있기를 바라지도 않아요.

하지만 남들도 쓸 만한 생각을 할 수 있을 거예요.

저는 아버지의 아들인 만큼 남들이 말하고 행동하고

비난하는 것을 일일이 감시하는 것은 타고난 제 임무예요.

보통 시민들은 아버지의 눈초리에 주눅이 들어 690

아버지 면전에서는 귀에 거슬릴 말은 입 밖에 내지

못하니까요. 하지만 저는 그 소녀를 위해 이렇게

애통해하는 소리를 어둠속에서 들을 수 있어요.

"모든 여인들 중에서 가장 죄 없는 그녀가 가장

영광스런 행위 때문에 가장 비참하게 죽어야 하다니! 695

친오라비가 피비린내 나는 전투에서 쓰러졌을 때,

날고기를 먹는 개 떼나 어떤 새가 먹어치우도록

묻히지 않은 채 내버려두지 않았으니,
그녀야말로 황금 같은 명예를 받아 마땅하지 않아?"
이런 소문이 어둠속을 은밀히 떠돌고 있어요.   700
아버지, 제게는 아버지의 성공보다 더 소중한 재물은
아무것도 없어요. 자식들에게 성공하는 아버지의 영광보다
더 자랑스러운 게 어디 있으며, 아버지들에게
성공하는 자식들보다 더 자랑스러운 게 어디 있겠어요?
하오니 앞으로는 아버지 말씀만 옳고 다른 것은 다   705
틀렸다는 한 가지 생각만 마음속에 품지 마세요.
누군가 자기만 현명하고, 언변과 조언에서 자기만 한
사람이 없다고 여긴다면, 그런 사람이야말로
막상 검증해보면 속이 비어 있음이 드러나지요.
현명한 사람이라 하더라도 많은 것을 배우고   710
때로는 양보할 줄 아는 것은 수치가 아니에요.
아시다시피, 겨울철 급류 가에서 굽힐 줄 아는 나무들은
그 가지들을 온전히 보존하지만,
반항하는 나무들은 뿌리째 넘어지고 말지요.
마찬가지로 돛의 아딧줄을 당기기만 하고   715
늦춰주지 않는 사람은 배와 함께 넘어져
용골을 타고 항해를 계속하게 될 거예요.[48]
하오니 노여움을 푸시고 생각을 바꿔보세요.
저 같은 젊은이도 의견을 말씀드릴 수 있다면,
다 알고 태어나는 것이 단연코 최선이라고   720
저는 말씀드리겠어요. 하지만 그렇게 되기란
쉬운 일이 아니니까, 좋은 조언을 해주는
사람에게 배우는 것도 좋은 일이겠지요.

코로스장	왕이시여, 그의 말이 적절하다면 그대는 그에게 배워야 하오.	
	도련님도 아버지에게 배우시오. 두 분 말씀이 다 옳으니까요.	725
크레온	내가 이 나이에 이런 애송이한테	
	사리를 배워야 한단 말이오?	
하이몬	옳지 않은 것은 배우지 마세요. 제가 아직	
	젊다면 제 나이가 아니라 제 행위를 보세요.	
크레온	그 행위란 반역자들을 존중하는 것이냐?	730
하이몬	저는 범법자들을 존중하라고 권하지는 않아요.	
크레온	그녀가 범법자가 아니란 말이냐?	
하이몬	테바이 백성들이 하나같이 그렇지 않다고 말하고 있어요.	
크레온	내가 어떻게 통치해야 하는지 백성들이 지시해야 하나?	
하이몬	거 보세요. 이제는 아버지께서 애송이처럼 말씀하시네요.	735
크레온	이 나라를 내가 아닌 남의 뜻에 따라 다스려야 한다고?	
하이몬	한 사람만의 국가는 국가가 아니지요.	
크레온	국가를 통치하는 자가 곧 국가의 임자가 아니란 말이냐?	
하이몬	사막에서라면 멋있게 독재하실 수 있겠지요.	
크레온	*(코로스장에게)* 보아하니, 이 애는 여자들 편인 것 같소이다.	740
하이몬	아버지께서 여자시라면. 제가 염려하는 것은 아버지시니까요.	
크레온	이 천하에 고약한 녀석! 아버지와 시비하려 들다니.	
하이몬	제가 보기에, 아버지의 행동이 잘못되고 부당하기 때문이죠.	
크레온	내 자신의 통치권을 존중하는 것도 잘못된 것이냐?	
하이몬	존중하신다고요? 신들의 명예를 짓밟으시면서?	745
크레온	못난 녀석! 한낱 계집에게 굴복하다니!	
하이몬	하지만 제가 치욕에 굴복하는 것은 보지 못하실 거예요.	
크레온	아무튼 네 말은 모두 그 계집을 위한 것이다.	
하이몬	아버지와 저와 지하의 신들을 위한 것이기도 하고요.

크레온	그녀가 살아 있는 동안에는, 너는 절대로 그녀와 결혼 못해.	750
하이몬	그러면 그녀는 죽게 되고, 죽으면서 누군가를 데려가겠지요.	
크레온	뻔뻔스럽게 이젠 위협까지 하는 게냐?	
하이몬	어리석은 결심에 항의하는 것도 위협인가요?	
크레온	정신 나간 주제에 나를 가르치려 들다니! 후회하게 되리라.	
하이몬	제 아버지만 아니셨다면, 정신 나간 분이라고 했을 거예요.	755
크레온	계집년의 노예인 주제에 감언이설로 나를 속이려 들지 마라.	
하이몬	말씀을 하시기만 할 뿐 대답은 듣지 않으시겠다는 건가요?

크레온 그래? 그렇다면 올림포스 산에 걸고 맹세하겠으니,
알아두어라. 네가 나를 조롱한 것을 후회하게 해주겠다.
(경호원들에게) 그 가증스런 것을 끌어내 오라. 그녀가 지금 당장   760
약혼자의 면전에서 죽임을 당하도록 말이다.

하이몬 천만에. 그녀는 결코 제 곁에서 죽지 않아요.
그런 일은 꿈도 꾸지 마세요. 아버지께서는 다시는
저를 보지 못하실 거예요. 친구들 중에서 아버지를
견뎌낼 수 있는 자들 앞에서나 날뛰세요.   765

(하이몬 퇴장)

코로스장 왕이시여, 도련님은 화가 나서 급히 가버렸어요.
저런 젊은이는 속상하면 독한 마음을 먹는 법이지요.

크레온 그래, 인간의 한계를 넘어서는 것을 추구해보라지.
그래도 그는 두 소녀를 죽음에서 구출하지 못할 것이오.

코로스장 진정 둘 다 죽일 작정이신가요?   770

크레온 죄 없는 여인은 죽이지 않겠소. 말 잘해주었소.

코로스장 다른 여인은 어떻게 죽일 작정이신가요?

크레온 사람의 발길이 닿지 않는 곳으로 그녀를
데려가 산 채로 석굴(石窟)에 가두되,

온 도시가 더럽혀지는 일이 없도록 우리가 775
죄받지 않을 만큼의 음식을 넣어줄 것이오.⁴⁹
그녀더러 그녀가 유일하게 존중하는 하데스⁵⁰에게
그곳에서 기도하라 하시오. 그녀는 아마
죽음에서 벗어나게 되거나, 사자들을 존중하는 것은
헛수고라는 것을 뒤늦게 깨닫게 되겠지요. 780

코로스⁵¹ (좌 1) 사랑이여, 싸움에 지지 않는 자여,
사랑이여, 재물을 결딴내는 자여,
너는 처녀의 부드러운 볼 위에서 밤을
지새우는가 하면, 바다와
들판의 농가들 사이를 헤매는구나. 785
불멸의 신들 가운데 어느 누구도,
하루살이 인간들 가운데 어느 누구도
너에게서 벗어나지 못하며,
네게 잡힌 자는 미쳐 날뛰는구나. 790

(우 1) 의로운 자들의 마음을 불의로,
치욕으로 인도하는 것도 너이며,
여기 이 남자들에게 집안싸움을
불러일으킨 것도 너로구나.
하지만 고운 신부의 두 눈썹 아래 795
환히 비쳐 나오는 매력이,
위대한 법규들과 나란히 지배하는 힘이
승리를 거두니, 이는 불패의 여신
아프로디테가 유희하고 있음이로다. 800

(안티고네가 포박되어 끌려온다)

코로스장 나도 이제 이 광경을 보니,
왕명을 어기고 눈물을
흘리지 않을 수 없구나. 나는 지금
모든 것을 잠재우는 신방으로
안티고네가 가는 것을 보고 있소. 805

(좌 1)**52**

안티고네 나를 보세요, 내 조국의 동포들이여,
나는 마지막 길을 가며
마지막 햇빛을 보고 있어요.
나는 이제 다시는 햇빛을 보지 못하겠지요.
모든 것을 잠재우는 하데스가 810
살아 있는 나를
아케론**53** 강변으로 인도하고 있어요.
나를 위하여 결혼식장으로 갈 때의,
그리고 신방 앞에서의 축혼가도
울려 퍼지지 않는군요. 나는 이제 815
아케론의 신부가 될 거예요.**54**

코로스 그대는 영광스럽게, 칭찬받으며
사자들의 깊숙한 처소로 내려가는 것이오.
그대는 병에 걸려 쇠진한 것도,
죄를 짓고 칼을 맞은 것도 아니오. 820
그대는 뜻대로 살다가 인간들 중에 유일하게
산 채로 하데스로 내려가는 것이오.

(우 1)

안티고네 듣자하니, 프뤼기아 출신의 이방 여인인,
탄탈로스의 딸 니오베도 시퓔로스 산의
봉우리에서 더없이 비참하게 죽었다 하더이다. 825
달라붙는 담쟁이덩굴처럼
돌이 자라서 그녀를 제압했다지요.[55]
슬픔에 기진해가는 그녀의 곁을,
전하는 말에 따르면, 비도 눈도 떠나는
일이 없으며, 하염없이 울고 있는 830
그녀의 눈썹 밑에서 눈물이 솟아나와
가슴을 적신다 하더이다. 꼭 그녀처럼
신께서 나를 저 아래에 눕히시는구려!

코로스 하나 그녀는 여신이고, 신에게서 태어났지만,[56]
우리는 필멸의 존재이고 인간에게서 태어났지요. 835
하지만 살아서, 그리고 나중에 죽어서
신과 같은 자들과 같은 운명을 공유한다는 것은
죽은 여인에게는 큰 영광이 되겠지요.

(좌 2)

안티고네 아아, 나는 조롱당하고 있구나.
선조들이 모시던 신들의 이름으로 이르노니, 840
어째서 그대는 아직 죽지 않고
살아 있는 나를 조롱하는 거예요?
오오, 도시여! 오오, 도시의 부유한
남자들이여! 오오, 디르케의 샘들이여![57]

전차가 많은 **58** 테바이의 성역(聖域)**59**이여!   845
그대들은 내 증인이 되어주세요,
사랑하는 이들의 애도도 받지 못한 채 나는
어떤 포고령에 의해 돌무더기로 막은
감옥이라는 전대미문의 무덤으로 내려가는지!
아아, 가여운 내 신세. 나는 이승에서도   850
저승에서도, 살아 있는 이들 곁에서도
죽은 이들 곁에서도 함께 살지 못하는구나.

코로스 그대는 앞뒤 가리지 않고 너무 담대하다가
정의의 여신**60**의 우뚝한 왕좌에 세차게
부딪친 것이오, 내 딸이여. 그대는 아마도   855
아버지의 죗값을 치르고 있는 것일 게요.

(우 2)

안티고네 그대는 내 가장 아픈 곳을 찌르는군요.
아버지의 악명 높은 파멸을,
이름난 랍다코스 가(家) 출신인   860
우리 모두의 운명을!
아아, 어머니의 침상에서 비롯된
재앙이여, 친자식인 내 아버지와
불행하신 어머니의 동침이여!
그분들에게서 가련한 나는 전에 태어났고,   865
그분들에게로 나는 지금
저주받고 결혼도 하지 못한 채
내려가고 있어요, 함께 살기 위해.

	아아, 불행한 혼인을 하신 오라버니,[61]	
	당신은 당신의 죽음으로	870
	아직 살아 있는 나를 죽이셨어요!	

코로스 경건한 행위는 나름대로 칭찬받아 마땅하오.
     하지만 권력은, 그것을 누가 쥐든,
     침범당하는 것을 용납지 않소. 그대를
     망친 것은 그대의 자의적 기질이외다. 875

(종가)

안티고네 울어주는 이 없이 친구도 없이,
     그리고 축혼가도 없이 가련한 나는
     예비되어 있는 이 길로 이끌려 가고 있어요.
     가련한 나에게는 이 햇빛의 신성한 눈을
     쳐다보는 것이 더 이상 허용되지 않건만, 880
     내 운명을 위하여 울어줄 눈물도,
     슬퍼해줄 친구도 없구나!

(그사이 크레온이 궁전에서 등장)

크레온 *(경호원들에게)* 죽기 전의 비탄과 곡소리는, 그렇게 해서 죽음이
     연기된다면, 아무도 그치지 않을 것이라는 것을
     너희들은 왜 모르느냐? 어서 데려가지 못할까! 885
     그리고 내가 말한 대로 그녀를 천장이 있는 무덤에 가두고
     혼자 있게 내버려두어라, 죽기를 원하든 아니면
     그런 거처에서 무덤에 묻힌 삶을 살아가기를 원하든.
     그러면 이 소녀에 관한 한 우리 손은 깨끗하니까.

	아무튼 그녀는 이 위에서 우리와 함께 살 수 없어.	890
안티고네	아아, 무덤이여, 신방이여, 석굴 속	

영원한 감옥이여! 그리로 나는 내 가족들을
찾으러 가고 있어요. 그들은 대부분 죽어,
페르세포네**62**가 사자들의 나라에 받아들였고,
나는 맨 마지막으로 누구보다 가장 비참하게 그리로   895
내려가고 있어요. 타고난 수명을 다 채우기도 전에.
하지만 나는 희망을 품고 가고 있어요. 내가 그리로
가면 아버지께서 반겨주시고, 어머니, 당신께서도,
그리고 오라버니여, 당신도 역시 나를 반겨주실 거라고.
당신들께서 세상을 떠나셨을 때 내가 손수 씻어드리고,   900
옷을 입혀드리고, 무덤에 제주를 부어드렸으니까요.
그리고 지금, 폴뤼네이케스 오라버니, 내가 당신의
장례를 치렀다 하여 이런 보답을 받고 있어요.
하지만 현명한 사람은 오라버니를 존중하는 내 행동이
옳다고 할 거예요. 내가 아이들의 어머니였거나   905
내 남편이 죽어 썩어갔더라면, 나는 결코 시민들의 뜻을
거슬러 이런 노고의 짐을 짊어지지 않았을 거예요.
어떤 법에 근거하여 내가 이런 말을 하느냐고요?
남편이 죽으면 다른 남편을 구할 수 있을 것이며,
아이가 죽으면 다른 남자에게서 또 태어날 수 있을 거예요.   910
하지만 어머니도 아버지도 모두 하데스에 가 계시니,
내게 오라비는 다시는 태어나지 않겠지요.
그런 법에 따라 나는 당신을 누구보다 존중했건만,
그것이 크레온 님에게는 범죄 행위로, 무서운 반역 행위로
보였던 것이지요. 사랑하는 오라버니! 그래서 지금   915

크레온 님이 나를 이렇게 완력으로 붙잡아 끌고 가고 있어요.

신부의 침대도 없이, 축혼가도 없이,

결혼의 행복도 아이를 기르는 재미도 모른 채

이렇게 친구들에게 버림받은 이 불운한 여인은

살아서 죽은 이들의 무덤으로 내려가고 있어요. 920

대체 신들의 어떤 법을 내가 어겼다는 거죠?

어째서 불운한 나는 여전히 신들을 쳐다보아야만 하죠?[63]

누구에게 나는 도움을 청해야 하죠?

경건한 행동을 한 까닭에 불경한 자라 불리니 말예요.

하지만 그렇게 하는 것이 신들의 마음에 드신다면, 925

나는 고통당하며 내가 죄를 지었음을 시인하겠어요.

하지만 저들이 죄를 지었다면, 저들이 내게 부당하게

저지른 것보다 더 큰 고통을 당하지 않게 되기를!

코로스   여전히 같은 폭풍이 같은 기세로

이 소녀의 마음을 뒤흔들고 있구려. 930

크레온   그러니 그녀를 끌고 가는 자들은

늑장을 부리다가는 경을 치게 되리라.

안티고네   아아, 그 말씀은

죽음에 바싹 다가섰군요.[64]

크레온   충고하겠는데, 그렇게 되지 않을 935

것이라고는 꿈에도 생각지 마라.

안티고네   내 선조들께서 사시던 테바이의 도성이여,

그대들 우리 집안의 오래된 신들이시여,

저들이 나를 끌고 가니, 더는 지체할 수 없어요.

보세요, 테바이의 지배자들이여! 940

왕가의 마지막 남은 하나밖에 없는
딸인 내가 신성한 것을 신성시했다 하여
어떤 자들에게 어떤 봉변을 당하고 있는지!

(안티고네, 끌려간다)

코로스[65]

(좌 1) 아리따운 다나에[66]도 꾹 참고
   하늘의 햇빛을 청동 벽으로 둘러싸인   945
   거처와 바꾸어, 무덤과도 같은 그 방에
   아무도 모르게 갇혀 있었소.
   하지만 그녀는, 내 딸이여, 고귀한 혈통으로
   황금 비 속에서 떨어진 제우스의 씨를   950
   간직하고 있었소. 운명의 힘은
   무서운 것이오. 부(富)도, 아레스도,
   성탑도, 격랑 속의 검은 배들도
   그로부터 벗어나지 못한다오.[67]

(우 1) 드뤼아스의 성미 급한 아들로   955
   에도노이족의 왕인 뤼쿠르고스도
   미쳐서 디오뉘소스 신을 모독하다가
   사슬에 묶여 바위에 갇혔소.
   그곳에서 그자는 격렬한 광기가
   서서히 사라지자, 자신이 미쳐서   960
   신을 모독했음을 알게 되었소.
   그자는 신에 씐 여인들과 디오뉘소스의
   횃불을 제지하고, 피리를 좋아하시는

　　　　　무사 여신[68]들을 모독했던 것이오.[69]

(좌 2)[70]　검푸른 암벽들[71] 옆, 두 바다 사이에는
　　　　　보스포로스의 해안들과 트라케인들의
　　　　　해안 도시 살뮈뎃소스[72]가 있어,
　　　　　그곳에서 이 도시의 이웃인 아레스[73]가
　　　　　보았소, 피네우스의 두 아들에게 그의 잔혹한
　　　　　아내가 안겨준 눈멀게 하는 저주받은 상처를!
　　　　　그녀는 칼 대신 피투성이가 된 두 손과
　　　　　베틀 북으로 찔러 복수심에 불타던
　　　　　눈에서 눈알을 빼버렸던 것이오.

(우 2)　　그리하여 불행한 결혼을 한 어머니의
　　　　　이 아들들은 자신들의 불행 속에 갇혀
　　　　　자신들의 잔혹한 운명을 슬퍼했소.
　　　　　그녀의 어머니는 에렉테우스[74] 가(家)라는
　　　　　유서 깊은 가문의 후손이었으나,
　　　　　보레아스의 딸로 말처럼 날랜 그녀는 멀리
　　　　　떨어진 동굴들에서, 아버지의 폭풍들 사이에서,
　　　　　가파른 언덕에서 자랐소. 그녀에게도,
　　　　　내 딸이여, 시간을 초월하는 운명이 덮쳤소.

　　　　　(테이레시아스, 소년에게 인도되어 등장)

테이레시아스　테바이의 어르신들이여, 우리 두 사람은
　　　　　한 사람의 눈으로 보며 함께 길을 걸어왔소이다.
　　　　　장님은 이렇듯 길라잡이와 함께 걸어야 하니까요.

크레온	어인 일이시오, 테이레시아스 노인장?
테이레시아스	내가 설명할 테니, 그대는 예언자의 말에 따르시오.
크레온	전에도 나는 그대의 조언을 멀리하지 않았소이다.
테이레시아스	그래서 그대는 도시를 바르게 인도했던 것이오.
크레온	아닌 게 아니라 나는 그대 덕을 많이 보았소이다. 995
테이레시아스	지금 또 그대가 운명의 칼날 위에 서 있음을 알아두시오.
크레온	그게 무슨 뜻이오? 그대의 말씀을 들으니 몹시 떨리오.
테이레시아스	내 예언술이 내게 알려준 것을 들으시면 아시게 될 것이오.

내가 새점(─占)을 보는 오래된 장소로 나가
온갖 새들이 모여드는 그곳에 앉아 있는데, 1000
새들 사이에서 이상한 소리가 들려왔소. 새들이
괴로워하며 알아들을 수 없는 비명을 지르는 것이었소.
나는 새들이 발톱으로 서로 찢어 죽인다는 것을
알 수 있었소. 새들이 활개 치는 소리를 듣고 말이오.
그래서 나는 깜짝 놀라 당장 제단들에 불을 활활 1005
피우고는 구운 제물로 시험해보았지요. 하지만
제물들로부터 불길이 환히 비쳐 나오지 않고,
넓적다리 살점들⁷⁵에서 나오는 육즙이 재에 떨어져
바지직 소리를 내며 연기를 내뿜는 것이었소.
쓸개는 부풀더니 터져버리고, 넓적다리들은 녹아내리며 1010
그것들을 쌌던 기름조각을 벗고 그대로 드러나 있었소.
이처럼 제물들이 전조를 보여주지 않아 내 점은 실패하고
말았지요. 그 모든 것을 나는 이 소년을 통해 알았소.
내가 남들의 인도자이듯, 그는 내 인도자이니까요.
도시가 이런 병을 앓는 것은 전적으로 그대의 계획 탓이오. 1015
왜냐하면 제단들과 신성한 화로들이 모두

새 떼와 개 떼가 오이디푸스의 불행하게 전사한
아들들에게서 뜯어낸 먹이로 더럽혀졌기 때문이오.
그래서 신들께서는 이제 더 이상 우리한테서 제물도,
기도도, 넓적다리의 불길도 받지 않으시는 것이며, 1020
새도 맑은 목소리로 분명한 전조를 주지 않는 것이오.
새들이 죽은 사람의 피에서 기름기를 맛보았으니까요.
그러니 그대는 이런 일들에 관해 심사숙고하시오,
내 아들이여! 인간은 누구나 실수할 수 있으니까요.
하지만 실수를 하더라도 자기가 저지른 실수를 1025
고칠 줄 알고 고집을 부리지 않는 자는 더 이상
행복으로부터 버림받은 어리석은 사람이 아니오.
다름 아닌 고집이 어리석음의 죄를 짓게 하는 것이오.
그대는 죽은 자에게 양보하시오. 죽은 자를 찌르지 마시오.
죽은 자를 죽이는 것이 무슨 용기가 되겠소? 1030
그대를 위해 조언하는 것이오. 덕이 되는 좋은 조언을
해주는 이에게 배우는 것이야말로 가장 즐거운 일이지요.

크레온 노인장, 마치 궁수(弓手)가 과녁을 향하여 쏘듯이
그대들은 모두 나를 향하여 쏘고 있고, 예언술로도
나를 떠보고 있구려. 이미 오래전부터 이들 무리들은 1035
나를 가지고 거래(去來)하며 나를 배신해왔소.
이득을 챙기며 원한다면 그대들은 사르데이스의
은금(銀金)[76]과 인디아[77]의 순금을 사들이시구려.
하지만 그자를 그대들은 무덤에 안치하지 못할 것이오.
설사 제우스의 독수리들이 그자를 먹이로 낚아채어 1040
제우스의 왕좌로 가져가려 해도, 나는 부정(不淨)이 두려워
그자를 매장하도록 내버려두지 않을 것이오.

왜냐하면 신들을 더럽히는 일은 어떤 인간도
할 수 없다는 것을 내가 알고 있기 때문이오.
테이레시아스 노인장, 인간들은 가장 강력한 자들도   1045
수치스럽게 넘어지는 법이오. 이익이 된다고 하여
수치스런 생각들을 번지르르한 말로 포장한다면.

테이레시아스 아아, 인간들 중 누가 알고 있으며, 누가 생각하고 있는가…

크레온 무엇을 말이오? 무슨 보편적 진리를 말하려고?

테이레시아스 올바른 생각이 얼마나 값진 재산인지를!   1050

크레온 생각건대, 어리석음이 가장 큰 손실인 그만큼이겠지요.

테이레시아스 그대는 바로 그 병에 걸렸소.

크레온 예언자에게 나는 나쁜 말로 대꾸하고 싶지 않소이다.

테이레시아스 내 예언을 거짓이라고 한다면, 결국 그렇게 한 셈이오.

크레온 그래요. 예언자들은 다들 돈을 너무 밝히니까요.   1055

테이레시아스 그리고 참주(僭主)들은 야비한 이익을 밝히지요.

크레온 알고 있소? 그대는 그대의 왕에게 그런 말을 하고 있는 것이오.

테이레시아스 알고말고요. 하지만 그대는 내 덕택에 이 도시를 구했소이다.[78]

크레온 그대는 현명한 예언자이긴 하나 불의를 좋아하지요.

테이레시아스 그대는 내 가슴속 비밀을 털어놓도록 나를 부추기는구려.   1060

크레온 털어놓으시구려. 다만 이익을 위해서라면 말하지 마시오.

테이레시아스 생각건대, 그대에게는 조금도 이익이 되지 않을 것이오.

크레온 알아두시오. 내 결심은 흥정의 대상이 아니라는 것을.

테이레시아스 그렇다면 잘 알아두시오. 지금으로부터 태양의 날랜 수레가
채 몇 바퀴 돌기도 전에 그대는 살인한 죗값으로   1065
그대의 혈육 중 한 사람을 시신으로 바치게 될 것이오.
그대는 지상(地上)에 속하는 자들 가운데 한 명을 아래로
밀어내고, 살아 있는 자를 무자비하게도 무덤 속에서

살게 하는가 하면, 하계(下界)의 신들에게 속하는 시신을
장례도 치르지 않고, 매장도 않은 채 욕보이며 지상에   1070
붙들고 있기 때문이오. 시신들에 대해서는 그대에게도,
상계(上界)의 신들에게도 아무 권한이 없소이다. 그대가
그렇게 하는 것은 하계의 신들[79]에 대한 횡포요.
그래서 나중에라도 반드시 복수하는 악령들이,
신들께서 보내시는 복수의 여신들이 그대를 노리고 있으며,   1075
그대를 똑같은 재앙으로 엄습할 것이오. 그대는 잘
생각해보시오. 과연 내가 매수되어 이런 말을 하는 것인지.
그대의 집 안에서 머지않아 남자들과 여자들의
울음소리가 일 것인즉 그때는 밝혀지겠지요.
그리고 개 떼나 짐승 떼나, 또는 불경한 악취를   1080
도시와 그 전사들의 화로로 나르는 날개 달린 새가
갈기갈기 찢긴 시신으로 장례를 치르게 되면,
모든 도시들이 증오심을 품고 일어서게 될 것이오.[80]
그대가 나를 모욕하기에 나는 화가 나 이런 화살들을
궁수처럼 그대의 가슴에 쏘았지만, 정통으로 맞히는   1085
화살들이 안겨주는 고통을 그대는 피하지 못하리라.
애야, 너는 나를 집으로 인도해다오.
그러면 저분은 더 젊은 사람들에게 분통을 터뜨리되,
더 입조심하고, 지금까지보다 더 착한
마음씨를 지니는 법을 배우게 되겠지.   1090

(테이레시아스, 소년에게 인도되어 퇴장)

코로스장 왕이시여, 저분이 무서운 예언을 하고 가버리는군요.
내가 알기로, 한때는 검었던 그의 머리털이
하얘진 뒤로 그는 한 번도 이 도시에서

	거짓을 말한 적이 없었소이다.
크레온	알고 있소. 그래서 나는 마음에 충격을 받았소. 1095
	굴복한다는 것은 비참한 일이오. 하지만 반항하다가
	재앙을 만나는 것은 더 비참한 일이오.
코로스장	지금이야말로 지혜가 필요하오, 메노이케우스의 아드님이시여!
크레온	어쩌면 좋겠소? 내가 따를 테니, 말해보시오.
코로스장	가셔서 소녀를 석실(石室)에서 놓아주시고, 1100
	누워 있는 자에게 무덤을 만들어주시오!
크레온	그렇게 하기를 권하시오? 내가 굴복하기를 바라시오?
코로스장	왕이시여, 되도록 빨리요. 신들께서 보내시는 해악들은
	어리석은 생각을 하는 자들을 빠른 발로 따라잡으니까요.
크레온	아아, 괴롭구나! 내 생각을 버리고 그렇게 하겠소이다. 1105
	필연(必然)에 대항해 싸울 수는 없는 법이니까.
코로스장	지금 가셔서 그렇게 하시고, 남들에게 맡기지 마시오.
크레온	지금 이대로 가겠소이다. 자, 너희들 하인들은
	지금 이 자리에 있는 자든, 없는 자든 모두
	손에 도끼를 들고 저기 저 언덕 위로 달려가도록 하라. 1110
	이제 나는 그렇게 결심을 번복했으니,
	내가 손수 묶은 그녀를 내가 가서 손수 풀어주리라.[81]
	하지만 나는 신들께서 정하신 법들을 죽을 때까지
	준수하는 것이 과연 최선인지 의구심이 드는구나.

(크레온 퇴장)

코로스[82](좌 1) 많은 이름을 가지신 분[83]이시여, 카드모스의 따님의 1115
영광이자, 크게 천둥을 치시는 제우스의 자식이시여,
이름난 이탈리아[84]를 지켜주시고,

모든 손님을 반겨주는, 데메테르의 들판⁸⁵을,
엘레우시스⁸⁶ 만을 다스리시는 분이시여!   1120
오오, 박코스시여, 이스메노스⁸⁷의
흐르는 물가, 사나운 용의 이빨들이
뿌려진 곳,⁸⁸ 박코스 신도들의
어머니 도시인 테바이⁸⁹에
거주하시는 분이시여!   1125

(우 1) 쌍둥이 바위 봉우리⁹⁰ 위,
박코스 여신도들인
코뤼키온 동굴⁹¹ 주위의 요정들이
거니는 곳에서 횃불의 그을음이,   1130
카스탈리아 샘⁹²이 그대를 보곤 했나이다.⁹³
그리고 그대가 불사의 수행원들의
환호성 속에서 테바이의 거리들을
찾으실 때면, 담쟁이덩굴에 덮인
뉘사⁹⁴의 비탈들이, 포도 송이가 주렁주렁 달린   1135
초록빛 해안이 그대를 전송하나이다.

(좌 2) 테바이를 모든 도시들 가운데
가장 존중하시나이다, 그대도,
벼락을 맞으신 그대의 어머니⁹⁵께서도.
하오니 도시와 백성들이 모두   1140
무서운 병⁹⁶에 걸린 지금 정화하는
발걸음으로 오소서. 파르낫소스 산의
기슭을 넘어, 신음하는 해협⁹⁷을 건너.   1145

(우 2) 그대 불을 숨 쉬는 별들의
합창가무단의 지휘자⁹⁸시여,
밤의 환호성의 주인이시여,
제우스의 친아드님이시여, 나타나소서,
오오! 왕이시여, 복을 가져다주는   1150
이악코스⁹⁹ 앞에서 밤새도록 미친 듯 춤추는,
그대의 시녀들인 튀이아이들¹⁰⁰을 이끄시고!

(사자 등장)

사자 카드모스와 암피온¹⁰¹의 궁전 주위에 사시는   1155
여러분, 어떤 상태의 인간의 삶도 나는
항구적이라고 찬양하거나 비난하지 않을래요.
운명은 행복한 사람도 불행한 사람도 끊임없이
세우는가 하면 넘어뜨리기도 하여, 정해진 일을
인간들에게 예언해줄 사람은 아무도 없으니까요.   1160
사실 나는 전에는 크레온 님이 부러워 보였어요.
그분께서는 이 카드모스의 땅을 적들에게서 구하셨고,
무제한인 이 나라의 통치권을 손에 넣으셨으며,
자식들이 번성하는 가운데 이 나라를 다스리셨어요.
그러나 이제 그분께서는 모든 것을 잃으셨어요.   1165
한 인간이 사는 낙(樂)을 잃어버렸다면, 나는 그를
살아 있다고 생각지 않고 산송장으로 여기니까요.
원하신다면 집에 큰 재물을 쌓아두고 왕처럼
화려하게 살아보세요. 하지만 거기에 아무런 낙이 없다면,
행복이 아닌 그 밖의 다른 모든 것을 위해   1170
나는 동전 한 푼 지불하지 않을래요.

코로스장	자네는 대체 왕가의 어떤 소식을 전하러 왔는가?
사자	그분들이 죽었어요. 살아 있는 분들이 그 죽음에 책임이 있어요.
코로스장	누가 죽였는가? 죽은 자가 누구지? 말해보아라.
사자	하이몬 도련님이 죽었어요. 남의 손에 죽지는 않았어요. 1175
코로스장	그러면 아버지의 손에, 아니면 제 손에 죽었는가?
사자	도련님은 아버지의 살인에 화가 치밀어 제 손에 죽었어요.
코로스장	오오, 예언자여! 이제 그대의 말이 진실임이 드러났구려.
사자	사태가 이러하니, 여러분들은 뒷일을 처리하세요.
코로스장	저기 크레온 님의 부인이신 가여운 에우뤼디케 마님이 1180
	오고 있는 게 보이는군. 그녀가 집에서 나오는 것은
	우연이거나, 아들의 소식을 들었기 때문이겠지.

(에우뤼디케 등장)

에우뤼디케	도성에 사시는 모든 시민 여러분들,
	나는 팔라스¹⁰² 여신께 기도드리고 간청하려고
	문밖으로 나오다가 여러분들의 말을 들었어요. 1185
	내가 막 문을 열려고 빗장을 벗기는데,
	집안의 재앙을 이야기하는 목소리가 내 귀에
	들려왔어요. 나는 놀란 나머지 뒤로 넘어져
	하녀들의 팔에 안겼고, 정신을 잃어버렸어요.
	어떤 소식인지 여러분들이 다시 한 번 말해주세요. 1190
	나는 불행에는 이골이 났으니 들을 수 있을 거예요.
사자	마님, 그 자리에 있었던 사람으로 말씀드리되,
	저는 사실을 하나도 빼지 않고 그대로 고하겠어요.
	금세 거짓말쟁이라고 탄로 날 텐데, 제가 왜 줄여서
	말씀드리겠어요? 진실만이 언제나 옳은 법이지요. 1195

저는 길라잡이로서 마님의 부군(夫君)을 모시고 들판
끝까지 갔는데, 그곳에는 여전히 폴뤼네이케스의 시신이
개 떼에게 찢긴 채 애도받지 못하고 누워 있었어요.
우리는 길의 여신[103]과 플루톤[104]에게 자비를 베풀어
노여움을 푸시라고 기도드리고 나서,   1200
그분을 신성한 물로 씻어드리고는 그분의 남은
부분이나마 갓 꺾은 나뭇가지들로 태워드렸어요.
그분을 위해 우리는 고향땅에 높다란 무덤을
쌓고 나서, 돌을 깐 소녀의 신방(新房)으로,
죽음의 신부의 속이 빈 방으로 갔어요.   1205
그때 우리들 가운데 한 명이 저 멀리
의식을 치르지 않은 신방 근처에서 날카로운 비명이
들려오는 것을 듣고는 와서 통치자 크레온 님께
알렸지요. 그러자 그분께서도 다가가시는 동안
이상한 신음소리가 주위에서 들려오자 신음하시며   1210
비탄의 말씀을 내뱉으셨지요. "나야말로 가련하구나!
내 예감이 맞는 건가? 나는 지금 내가 걸었던
가장 비참한 길을 걷고 있는 건가? 나를 맞아주는 것은
내 아들의 목소리로구나. 자, 하인들아, 너희들은
가까이 다가가거라. 그리고 무덤에 이르거든   1215
돌무더기를 헐어낸 틈새[105]를 지나 무덤 입구로 들어가
내가 들은 것이 과연 하이몬의 목소리인지,
아니면 신들께서 나를 속이시는 것인지 살펴보아라."
그래서 우리는 안절부절못하시는 통치자의 명령대로
정황을 알아보러 갔지요. 그리고 우리는 무덤의   1220
맨 안쪽에서 목을 매단 소녀를 보았는데,

입고 있던 고운 리넨 천을 찢어 올가미를 만들었더군요.
한편 하이몬 도련님은 두 팔로 그녀의 허리를
끌어안고 쓰러진 채 세상을 떠난 신부의 죽음과 아버지의
행위들과 자신의 불운한 사랑을 슬퍼하고 있었어요.   1225
크레온 님께서는 도련님을 보시자 무섭게 소리 지르며
안으로 들어가시더니 울면서 도련님을 부르셨어요.
"불쌍한 녀석, 무슨 짓이냐? 이게 무슨 미친 짓이냔 말이다.
대체 무슨 재앙이 너를 이렇게 망쳐놓았느냐?
제발 나오너라, 내 아들아. 내 간절한 부탁이다."   1230
하지만 도련님은 무섭게 노려보더니 크레온 님의 얼굴에
침을 뱉고는 한마디 대답도 없이 열십 자
손잡이의 칼을 뺐지만, 도망쳐 나오는 아버지를
맞히지는 못했어요. 그러자 불운한 도련님은
자기 자신에게 화가 나 지체 없이 칼에 몸을 기대며   1235
칼을 옆구리 안으로 반쯤 밀어 넣었어요.
그러고 나서 도련님은 아직 정신이 있는 동안
축 늘어진 팔로 처녀를 끌어안고는 숨을 헐떡이며
처녀의 창백한 얼굴에다 피를 콸콸 쏟았어요.
그리하여 도련님은 시신으로서 시신 곁에 눕게 되었어요.   1240
가련하게도 도련님은 이곳이 아닌 하데스의 집에서
결혼식을 올렸으며, 인간에게는 어리석음이
가장 큰 재앙임을 세상 사람들에게 보여주었어요.

(에우뤼디케 퇴장)

코로스장 자네 생각은 어떤가? 마님께서 좋다 궂다
한마디 말 없이 도로 안으로 들어가셨으니 말일세.   1245

사자 나도 깜짝 놀랐어요. 그래도 나는 마님께서 아드님에 관한

비보를 들으시고는 세상 사람들 앞에서 통곡하실 수 없어,
집 안에서 하녀들을 시켜 집안의 슬픔을 애도하게
하시리라는 희망을 버릴 수가 없어요. 마님께서는
어리석은 짓을 할 만큼 분별없는 분은 아니시니까. 1250

코로스장 나는 모르겠네. 하지만 내가 보기에 너무 조용한 것도
무익하고 시끄러운 비탄 못지않게 위험한 것 같네그려.

사자 그러시다면 내가 안으로 들어가, 혹시 마님께서
격앙된 가슴속 깊숙한 곳에 어떤 속셈을 억누른 채
은밀히 감추고 계신 것이 아닌지 알아볼게요. 그 말씀이 1255
옳아요. 너무 조용한 것도 사실 위험할 수 있는 법이지요.

(사자는 궁전 안으로 들어가고, 크레온은 하인들과 함께 하이몬의 시신을 들고 등장한다)

코로스 저기 왕께서 몸소 이리로 오고 계시오.
너무나도 분명한 기념비를 손에 들고.
하지만 이것은, 이런 말을 해도 좋다면,
남의 미망이 아니라 그분 자신의 실수 탓이오. 1260

(좌 1)**106**

크레온 아아!
분별없는 생각의 가혹하고도
치명적인 실수여!
그대들은 보시구려,
한 핏줄에서 나온 살해자와 피살자를!
아아, 슬프도다, 불행한 내 결정이여! 1265
아아, 내 아들아, 이런 젊은 나이에,
아아, 슬프고 슬프도다!

죽어서 세상을 떠나다니!
네 어리석음이 아니라 내 어리석음 때문에.

코로스 그대는 정의가 무엇인지 너무 늦게 깨달은 것 같소이다. 1270

(좌 2)

크레온 아아!
정의가 무엇인지 나는 불행을 통해 배웠소. 하지만
그 순간 어떤 신께서 엄청난 무게로 내 머리를
내리치시며 나를 그릇된 길로 내동댕이쳤소.
내 행복을 넘어뜨리고 발로 짓밟으시며. 1275
아아, 인간들의 힘들고 괴로운 노고여!

(궁전에서 사자 2 등장)

사자 2 주인님, 주인님께서는 지금도 슬픔의 짐을
양손 가득 들고 계시지만, 집 안에 드시면,
새로운 재앙을 당장 맞닥뜨리시게 될 거예요. 1280
크레온 이런 재앙들에 또 무슨 재앙이 잇따른단 말인가?
사자 2 여기 이 시신의 친어머니이신 불운하신 왕비님께서
세상을 떠나셨어요, 잠시 전의 충격으로 인하여.

(우 1)

크레온 아아!
달랠 길 없는 하데스[107]의 항구여,
너는 왜 나를 망쳐놓는가? 1285
내게 비보를 전해준 재앙의 사자여,

그게 대체 무슨 말인가?

너는 죽은 사람을 두 번 죽이는구나.

그게 무슨 말이며, 무슨 소식인가, 내 아들[108]아?

아아, 슬프고 슬프도다! 1290

말해보아라, 내 아들이 죽은 지금

설상가상으로 내 아내마저 죽었단 말이더냐?

사자 2   보세요. 마님의 시신이 궁전 밖으로 운구되고 있어요.

(에우뤼디케의 시신이 들것에 운반되어 나온다)

(우 2)

크레온   아아!

저기 두 번째 재앙이 보이는구나, 기구한 내 팔자! 1295

다음에는 어떤 운명이 나를 기다리고 있는 것이냐?

지금 손에 내 아들을 안고 있는데, 저기 다른 시신이

또 내 눈앞에 나타나다니, 나야말로 불행하구나!

아아, 슬프도다! 가여운 어미, 아아, 내 아들! 1300

사자 2   마님께서는 저기 저 제단 옆에서 예리한 칼로

자신을 찌르시고는 어두워져가는 두 눈을 감으시며

먼저, 죽은 메가레우스[109]의 고귀한 운명을 위해, 이어서

여기 누워 있는 도련님의 운명을 위해 우시더니

끝으로 아드님들을 죽이신 주인님께 악운을 비셨어요. 1305

(좌 3)

크레온   아아, 슬프고 슬프도다!

무서워서 못 살겠구나. 쌍날 칼로 앞에서
내 가슴을 찔러줄 자 아무도 없느냐?
비참한 내 신세! 아아, 비참한   1310
파멸과 혼연일체가 되다니!

사자   그래요. 이 도련님의 죽음도, 저 도련님[110]의 죽음도
       세상을 떠나신 마님께서는 주인님 탓으로 돌리셨어요.
크레온 그녀는 어떻게 죽어 세상을 떠나셨느냐?
사자   마님께서는 도련님의 비참한 운명을 들으시고는   1315
       당신 손으로 당신 가슴을 찌르셨어요.

(좌 4)

크레온 아아, 슬프고 슬프도다! 이 죄는 내 곁을 떠나
       다른 어떤 사람에게도 전가되지 않을 것이다.
       다름 아닌 내가 당신을 죽였으니까. 아아, 괴롭구나!
       내가 저지른 짓이야. 정말이야. 하인들아, 어서 빨리   1320
       나를 데려가거라. 눈에 보이지 않는 곳으로
       데려가다오, 산송장이나 다름없는 나를.   1325

코로스장 유익한 조언을 해주시는군요. 아직도 무엇인가가 유익할 수
       있다면 말이오. 재앙이 닥칠 때는 짧을수록 좋으니까요.

(우 3)

크레온 오게 하라, 오게 하라!
       내 운명 가운데 가장 아름다운 것이 나타나
       나에게 마지막 날을 가져다주게 하라!   1330

최고의 운명이 오게 하라, 오게 하라,
내가 더 이상 다른 날을 보지 않도록!

코로스장 그건 나중 일이오. 우리는 당면한 일들부터 처리해야 하오.
나중 일들은 염려해야 할 자들이 염려하게 될 것이오. 1335
크레온 내가 바라는 것들을 기도해봤을 뿐이오.
코로스장 그렇다면 앞으로 더 이상 기도하지 마시오.
인간은 정해진 운명에서 벗어날 수 없으니까요.

(우 4)

크레온 보이지 않는 곳으로 데려가다오, 이 못난 인간을!
나는 본의 아니게 너를 죽였구나, 내 아들아. 1340
그리고 당신마저, 여보! 아아, 기구한 내 신세!
어디로 시선을 돌리고, 어디로 향해야 할지
모르겠구나. 내가 손대는 일마다 잘못되고, 1345
감당할 수 없는 운명이 나를 덮쳤구나.

코로스 지혜야말로 으뜸가는 행복이라네.
그리고 신들에 대한 경의는
모독되어서는 안 되는 법. 1350
오만한 자들의 큰소리는 그 벌로
큰 타격을 받게 되어,
늘그막에 지혜가 무엇인지 알게 해준다네.

콜로노스의 오이디푸스
Oidipous epi Kolonoi

작품 소개

『콜로노스의 오이디푸스』는 소포클레스가 죽기 직전에 쓴 비극으로 사후인 기원전 401년에 그와 이름이 같은 손자에 의해 공연되었다. 테바이에서 추방된 눈먼 오이디푸스는 아폴론에게서 아테나이 근교 콜로노스에 있는 복수의 여신들, 일명 '자비로운 여신들'의 성역에 이르러서야 마침내 평화를 얻고 고통스러운 생을 마감하게 될 것이라는 신탁을 받는다. 『오이디푸스 왕』에서처럼 드라마의 첫머리에 신탁이 나오지만, 이번에는 파멸이 아닌 구원으로 신탁이 제시된다. 그러나 이런 구원이 실현되기 위해서는, 우선 콜로노스의 주민들과 그들의 왕인 테세우스에게 망명자로 인정받아야 한다. 다음에는 자신들의 안녕이 그가 살아 있을 때에도 죽은 뒤에도 오이디푸스에게 달려 있다는 신탁에 따라 오이디푸스 일행을 잡아가려는 테바이 측 위협에도 대처해야 한다. 『오이디푸스 왕』에서 신들은 인간들이 예견할 수 없는 불가사의한 존재임을 인식하고 오이디푸스가 제 손으로 제 눈을 멀게 하지만, 『콜로노스의 오이디푸스』에서는 신과 인간의 대립이 지양되어, 신은 수많은 시련을 겪게 한 뒤 오이디푸스를 마침내 초월적 존재로 격상시켜 신비한 종말을 일종의 은총으로 내려준다.

등장인물

오이디푸스
안티고네 오이디푸스의 딸
이스메네 오이디푸스의 딸
콜로노스의 주민
테세우스 아테나이의 왕
크레온 테바이의 왕
폴뤼네이케스 오이디푸스의 장남
사자
코로스 콜로노스의 원로들로 구성된

이 작품의 대본은 Sophocles, *Oedipus Coloneus* edited with a Commentary by R. Jebb, Cambridge University Press 1955의 그리스어 텍스트를 사용하고, 코로스의 노래들의 행수 배분에 있어서는 Sophokles, *Dramen* hrsg. und übers. von W. Willige, München/Zürich 1995를 참고했다. 주석은 위 R. Jebb의 것을 참고했다. 현대어역 중에서는 R. Jebb (Cambridge 1957), Grene (University of Chicago Press 1992), R. Fagles (Penguin Books 1984)의 영역과 위 W. Willige, W. Schadewaldt (Zürich 1968)의 독역을 참고했다.

장소 콜로노스에 있는 자비로운 여신들의 성역 앞.

오이디푸스 눈먼 노인의 딸 안티고네야, 우리가 대체
어떤 곳, 어떤 사람들의 도시에 온 것이냐?
오늘은 또 누가 떠돌아다니는 오이디푸스를
보잘것없는 동냥으로 맞아줄 것인가?
나는 조금밖에 청하지 않고, 그것보다   5
더 적은 것밖에 얻지 못하지만 그것으로도 족하단다.
고생과, 내가 살아온 긴 세월과,
세 번째로 고상한 품성이 참을성을 가르쳐주니까.
애야, 세속적인 장소든 신들의 원림(園林)이든
쉴 만한 곳이 있다면 나를 세워 앉혀다오.   10
우리가 어디에 와 있는지 물어볼 수 있도록.
우리는 외지에서 왔으므로 이곳 주민들에게
배워야 하고 그들 지시에 따라야 하니까.

안티고네 불쌍하신 아버지 오이디푸스 님이여, 이 도시를
지켜주는 성탑들은 제 시야에서 멀리 떨어져 있어요.   15
하지만 이곳은 분명 신성한 장소 같아요.
월계수와 올리브나무와 포도덩굴이 우거지고,
그 안에서 깃털 많은 꾀꼬리들이 고운 목소리로
노래하고 있어요. 여기 자르고 다듬지 않은 돌에
앉으세요. 노구(老軀)를 이끌고 먼 길을 오셨어요.   20

오이디푸스	그렇다면 나를 앉히고 이 장님을 지켜다오.
안티고네	늘 해온 일이라 가르쳐주시지 않아도 잘 알아요.
오이디푸스	그렇다면 우리가 어디 와 있는지 가르쳐줄 수 있겠니?
안티고네	아테나이라는 것은 알겠는데, 여기가 어딘지는 모르겠어요.
오이디푸스	그것은 지나가는 길손마다 우리에게 말해준 것 아니냐? 25
안티고네	여기가 어떤 곳인지 제가 가서 알아볼까요?
오이디푸스	그래라 얘야, 이곳에 사람이 살고 있다면.
안티고네	사람이 분명 살고 있어요. 하지만 알아보려고 찾아다닐
	필요는 없을 것 같네요. 저기 행인이 보이니까요.
오이디푸스	그 사람이 이리 오고 있느냐? 30
안티고네	벌써 우리 옆에 와 있어요. 하고 싶은 말씀이
	있으시면 하세요. 그 사람이 여기 있으니까요.

(콜로노스의 주민, 등장)

오이디푸스	이방인이여, 나를 위해 스스로를 위해 보아야 하는
	이 소녀에게 들었소이다. 그대가 우리 궁금증을
	풀어주기 위해 때맞춰 여기 오셨다는 것을. 35
콜로노스의 주민	더 물어보기 전에 이 자리를 뜨시오.
	그대는 밟아서는 안 되는 곳에 와 있소이다.
오이디푸스	여기가 어떤 곳이오? 어느 신께 바쳐진 곳이오?
콜로노스의 주민	침범해서도, 살아서도 안 되는 곳이오. 이곳은 대지와
	어둠의 딸들인 무서운 여신들[1]의 소유지올시다. 40
오이디푸스	내가 기도할 수 있도록 그분들의 엄숙한 이름을 말해주시오.
콜로노스의 주민	이곳 백성은 그분들을 만사를 보시는 '자비로운 여신들'이라
	부르오. 하지만 다른 곳에서는 다른 이름이 마음에 들겠지요.
오이디푸스	그렇다면 그분들은 탄원자를 자비롭게 받아주시겠군요.
	나는 이제 여기 이 자리를 절대로 뜨지 않겠소이다. 45

콜로노스의 주민	대체 그게 무슨 뜻이오?
오이디푸스	그것은 내 운명의 암호올시다.
콜로노스의 주민	그리 나오니 도시의 재가도 받지 않고 그대를 여기서
	내쫓기가 무엇하구려. 먼저 내가 뭘 하는지 보고해야겠소.
오이디푸스	이방인이여, 제발 나를 떠돌이라 무시하지 말고,
	내가 알고 싶어하는 것을 말해주시오. 50
콜로노스의 주민	말하시오. 나는 결코 그대를 무시하지 않소.
오이디푸스	그렇다면 우리가 발을 들여놓은 이곳은 어떤 곳이오?
콜로노스의 주민	그대는 내가 아는 것은 다 나에게 들어 알게
	될 것이오. 이곳은 전체가 신성한 곳이오. 이곳은
	존엄하신 포세이돈의 소유지며, 불을 가져다준 티탄 신족 55
	프로메테우스도 이 안에 계시오. 그대가 밟고 있는 곳은
	이 나라의 청동 문턱, 아테나이의 지주(支柱)라 불리는 곳이오.
	그리고 인근 마을들은 기사(騎士) 콜로노스가
	자기들 선조라 자랑하고 있고,
	모든 주민이 그분 이름으로 자신들을 부르며, 60
	그분의 이름을 공동으로 쓰고 있다오.² 이곳은
	그런 곳이오, 나그네여. 이곳은 전설 속에서가 아니라
	이곳과 함께하는 생활 속에서 칭송받고 있소이다.
오이디푸스	그러니까 이곳에는 사람들이 살고 있는 거로구먼.
콜로노스의 주민	물론이오. 그리고 그들은 그 신³의 이름으로 불리지요. 65
오이디푸스	그들의 왕은 뉘신가요? 아니면 발언권이 민중에게 있나요?
콜로노스의 주민	이 고장은 도성에 계시는 왕의 통치를 받고 있소.
오이디푸스	말과 권력으로 통치하시는 그분은 대체 어떤 분이시오?
콜로노스의 주민	테세우스라 불리시며, 선왕 아이게우스의 아드님이시오.
오이디푸스	그대들 중 한 명이 그분께 사자로 갈 수는 없을까요? 70

콜로노스의 주민	뭣 때문에요? 전할 것이 있어서, 아니면 그분을 모셔 오라고?
오이디푸스	그분께서 조금 도와주시고 큰 이득을 보실 수 있도록.
콜로노스의 주민	앞 못 보는 사람한테 무슨 이득을 본단 말이오?
오이디푸스	내가 무슨 말을 하든 그것은 내가 보고 하는 말이오.
콜로노스의 주민	나그네여, 그대는 어떻게 해야 다치지 않을지 알고 있겠지요? 75
	운수가 비색한 것 말고는 고귀한 분 같으니 말이오.
	내가 그대를 처음 본 이곳에 머물러 있구려.
	내가 도성이 아니라 이곳 주민들에게 가서 이 사실을
	알릴 때까지. 그대가 여기 머물러야 할지,
	아니면 길을 떠나야 할지 그들이 결정해야 하니 말이오. 80

(콜로노스의 주민, 퇴장)

오이디푸스	얘야, 그 이방인은 갔느냐?
안티고네	갔어요, 아버지. 이제 가까이에는 저밖에 없으니
	염려 마시고 무엇이든 말씀하세요.
오이디푸스	무서운 얼굴을 하신 여왕님들⁴이여, 나 이제 비로소
	그대들 땅에 무릎을 구부리고 휴식을 취했사오니, 85
	포이보스⁵와 나에게 불친절하게 대하지 마옵소서.
	내게 그 많은 불행을 예언하신 포이보스께서는
	내가 종착지에 도착해 존엄하신 여신들의
	거처에서 피난처를 발견하게 되면 훗날
	이런 안식을 얻게 되리라 말씀하셨나이다. 90
	그분께서는 또 내가 그곳에서 고달픈 인생을 마감하되
	나를 받아주는 자에게는 이익을, 나를
	내쫓는 자들에게는 재앙을 가져다줄 것이라 하셨나이다.
	그리고 그 징표들이 지진이나 천둥이나 제우스의
	번개로 올 것이라고 말씀해주셨나이다. 95

이제 나는 알게 되었나이다. 이번 여행길에서
그대들의 확실한 전조가 이 원림으로 나를 인도했음을.
그렇지 않다면 내가 그대들을,
취하지 않은 내가 술을 즐기지 않는 그대들[6]을
이 방랑길에서 맨 먼저 만나지 않았을 것이고, 100
자르고 다듬지 않은 이 엄숙한 자리에 앉지 않았겠지요.
하오니 여신들이여, 아폴론의 예언에 따라 어떻게든
내가 드디어 내 인생을 끝맺고 마감할 수 있게 해주소서.
언제나 세상에서 가장 비참한 불행의 노예인 내가
그대들에게 그럴 가치가 없는 자로 보이지 않는다면. 105
들어주소서, 태곳적의 어둠[7]의 상냥하신 따님들이여,
들어주소서, 위대한 팔라스[8]의 도시라 불리는 아테나이여,
모든 도시 중에서 가장 존경받는 그대여,
오이디푸스의 이 가련한 환영(幻影)을 불쌍히 여기소서!
지금의 오이디푸스는 예전의 오이디푸스가 아니랍니다. 110

안티고네 조용히 하세요. 저기 노인 몇 명이 아버지께서
쉬시는 자리를 살피러 오고 있어요.

오이디푸스 조용히 하마. 나를 길 밖으로 데리고 가
원림 안에 숨겨다오. 저들이 무슨 말을 하려는지
내가 알게 될 때까지. 그걸 알아야 115
우리가 하려는 일에 만전을 기할 수 있을 게다.

(오이디푸스와 안티고네, 원림 안으로 들어간다.)

코로스[9](좌 1) 살펴보시오. 그자가 누구였지? 어디 머물러 있지?
그자가 여기서 어디로 달아나버렸지?
세상에서 가장 뻔뻔스런 자 같으니라고! 120

앞을 보시오. 잘 살펴보시오.

사방을 둘러보시오!

떠돌이야. 그 노인은 떠돌이가 분명해.

이 고장 사람은 아니었소.

그러지 않고서는 125

누구도 다툴 수 없는 소녀들[10]의

금지된 원림으로 들어가지 않았을 것이오.

우리는 그분들 이름조차 말하기 두려워

시선을 돌린 채 함구무언하고 130

입술만 꼼지락거리며 조용히 경건하게

그분들 옆을 지나가니 말이오.

그런데 지금 아무것도 존중하지 않는 자가

나타났다는 소문이 나돌기에,

내가 온 성역 안을 두루 살펴도 135

그자가 어디 머물러 있는지

알 수가 없구려.

(오이디푸스와 안티고네, 숨어 있던 곳에서 앞으로 나온다)

오이디푸스 내가 바로 그 사람이올시다.

사람들 말마따나, 나는 소리로 보니까 말이오.

코로스 아아! 140

보기도 끔찍하지만, 듣는 것도 끔찍하구려!

오이디푸스 부탁이오, 나를 무도한 자로 보지 마시오.

코로스 맙소사! 대체 저 노인이 뉘실까?

오이디푸스 그대들이 부러워할 만큼 최고의 행운을 타고난

사람은 아니라오. 이 나라의 보호자들이여! 145

그야 뻔하지요. 그러지 않다면 강자인 내가

약자에게 의지하며 이렇게 남의 눈으로

걸어 다니지는 않을 테니 말이오.

코로스(우 1) 아아, 날 때부터 그대는 장님이었나요?　　　　　　　　150

보아하니, 그대는 불행 속에서

오래 산 것 같네요.

하지만 그대가 내 말을 듣는다면,

거기에 새 재앙을 덧붙이지는 않을 것이오.

그대는 너무 멀리 들어갔소이다.　　　　　　　　　　　　　　155

너무 멀리. 거기 조용한 숲 속의

풀밭으로 함부로 밟고

들어가지 마시오.

그곳은 샘에서 길어 온 신성한 물에

꿀을 섞어 제주로 부어드리는 곳이랍니다.　　　　　　　　　160

그러니 불운한 나그네여, 조심하고

물러나시오. 밖으로 나오시오!

우리와는 멀리 떨어져 있는데,

우리가 하는 말이 들리시오,　　　　　　　　　　　　　　　165

고생께나 한 나그네여?

우리에게 할 말이 있다면

그 금지된 장소에서 나와

누구에게나 허용된 이곳에서 말하시오.

오이디푸스 애야, 어떻게 하면 좋겠느냐?　　　　　　　　　　　　　170

안티고네 아버지, 우리는 이 나라의 관습에 따라야 하며,

		정당한 일에는 반항하지 말고 복종해야 해요.
오이디푸스	그렇다면 네 손을 다오!	
안티고네	여기요.	
오이디푸스	이방인들이여, 내가 그대들을 믿고 이곳을 뜰 테니	
	내게 부당한 일이 일어나지 않게 해주시오.	175

(좌 2)

코로스	노인장, 아무도 그대를 억지로	
	이 자리에서 내쫓지 않을 것이오.	
오이디푸스	*(조금씩 앞으로 나오다가 멈춰 서서)* 더 나갈까요?	
코로스	더 앞으로 나오시오.	
오이디푸스	더?	
코로스	소녀여, 그대가 저분을 앞으로 인도하시오.	180
	그대는 알아들으니까.	
	. . . .	
	. . . .	
	 11	
안티고네	자, 아버지, 제가 인도하는 대로	
	이쪽으로 눈먼 발걸음을 옮기세요.	
	 12	
코로스	이국땅의 이방인이여,	
	가련한 자여, 그대는 이 도시가	185
	싫어하는 것을 싫어하고,	
	이 도시가 좋아하는 것은 존중하시오.	
오이디푸스	자, 애야. 너는 내가 정당하게	
	말할 수도 있고 들을 수도 있는	

	신성한 곳으로 인도하여라.	190
	필연(必然)과는 싸우지 말자꾸나.	

(오이디푸스가 앞으로 나오다가 원림의 가장자리에 있는 바위에 한 발을 올려놓는다)

(우 2)

코로스	거기, 평평한 자연석 너머로는 발을 내밀지 마시오.
오이디푸스	이쯤이면 괜찮나요?
코로스	됐소이다. 됐다니까요.
오이디푸스	앉아도 되겠소?
코로스	그러시오. 한쪽으로 가서
	바위 끝에 쪼그리고 앉으시오.
안티고네	아버지, 그것은 제가 할 일이에요.
	차분히 발걸음에 발걸음을 맞추시고…
오이디푸스	아야, 아야!
안티고네	늙으신 몸을
	사랑하는 제 팔에 기대세요.
오이디푸스	아아, 적의에 찬 내 운명이여!

(안티고네가 오이디푸스를 바위에 앉힌다)

코로스	가련한 자여, 이제 좀 편안해진 듯하니
	말하시오. 그대는 인간들 중에 뉘시오?
	뉘시기에 이렇게 고달프게 이끌려 왔소?
	내가 어느 나라를 그대의 고향이라 부르리까?
오이디푸스	이방인들이여, 나는 고향이 없소. 그러니 그만 하시오…
코로스	무엇을 그만 하란 말이오, 노인장?
오이디푸스	내가 누군지 제발 묻지 말아달란 말이오.

　　　　　　더는 캐물으려 하지 마시오.

코로스 그건 왜인가요?

오이디푸스 내 출생은 끔찍하다오.

코로스 말해보시오!

오이디푸스 (안티고네에게) 아아, 괴롭구나! 얘야, 뭐라고 할까?

코로스 어떤 가문에서 그대는 태어났소이까?
　　　　　말하시오, 나그네여. 아버지가 뉘시오?　　　　　　　　215

오이디푸스 아아, 괴롭구나! 얘야, 나는 어떻게 되는 거지?

안티고네 말씀하세요. 갈 데까지 갔으니까요.

오이디푸스 말하겠소. 더이상 감출 길이 없으니까요.

코로스 그대들은 너무 꾸물대는구려. 자, 어서요.

오이디푸스 그대들은 라이오스[13]의 아들을 아시오?

코로스 아니, 뭐라 했소!　　　　　　　　　　　　　　　　　220

오이디푸스 랍다코스[14]의 가문도?

코로스 맙소사!

오이디푸스 그리고 가련한 오이디푸스도?

코로스 그대가 그 사람인가요?

오이디푸스 내가 무슨 말을 하든 두려워하지 마시오.

코로스 이럴 수가!

오이디푸스 불운한 사람이었지요.

코로스 원, 세상에!

오이디푸스 내 딸아, 그들이 지금 내게 무슨 짓을 하려는 게냐?　　225

코로스 나가시오. 그대들은 이 나라를 떠나란 말이오.

오이디푸스 그리 되면 그대의 약속은 어찌할 셈이오?

코로스 당한 대로 갚는 자는 누구도
　　　　　운명에게 벌 받지 않는 법이오.　　　　　　　　　　　230

	한쪽의 기만이 다른 쪽 기만에 맞서 그 대가로
	이익이 아닌 고통을 가져다주는 것이니까.
	그대는 그 자리에서 물러나
	우리 나라를 서둘러 떠나시오.
	그대가 우리 도시에 더 큰 짐을 235
	지우기 전에 말이오.
안티고네	오오, 경외심을 가진[15] 이방인들이여,
	그대들은 내 늙으신 아버지의 본의 아닌
	행적에 관한 소문을 들으시고
	그분을 용납하려 하시지 않는군요. 240
	그렇다면 제발 부탁이에요. 이 불쌍한
	소녀에게라도 동정을 베푸세요, 이방인들이여!
	나는 아버지를 위해 탄원하는 거예요.
	그대들의 혈육이라도 되는 양 나는 아직도
	앞을 볼 수 있는 눈으로 그대들의 눈을 응시하며 245
	탄원하고 있어요. 이 비참한 분을 그대들이
	동정해주실까 해서. 불쌍한 우리는 신께 의지하듯
	그대들에게 의지하고 있어요. 그러니 그대들은 우리에게
	바라기 어려운 은혜를 베풀어주세요. 그대들에게서
	비롯되고 그대들에게 소중한 자식이나 아내나 250
	재물이나 신들의 이름으로 나는 탄원해요. 신께서
	강요하시는데 제 운명에서 벗어날 수 있는 사람을
	그대들은 세상에서 한 명도 발견할 수 없을 테니까요.
코로스장	알아두시오, 오이디푸스의 따님이여. 우리는 그대의
	불행에도, 그대 아버지의 불행에도 동정을 느끼오. 255

하지만 신들의 심판이 두려워 우리는 이미 뱉은 말 이상은
더 할 말이 없소. 그대들은 서둘러 떠나시오.

오이디푸스 훌륭한 명성이나 평판이 헛되이 흘러가버리기만 한다면,
대체 무슨 쓸모가 있단 말이오?
사람들이 말하기를, 아테나이는 가장 신을 두려워하는　　　　260
도시로, 이 도시만이 핍박받는 이방인을 보호하며
이 도시만이 그런 사람을 돕는다 하였소.
그런데 내게는 그런 호의들이 어디로 갔단 말이오?
만약 그대들이 단지 내 이름만 듣고 두려워 나를
이 자리에서 일으켜 세워 내쫓으려 하신다면 말이오.　　　　265
그대들이 두려워하는 것은 분명 나 자신도, 내 행위도 아니오.
그 행위들은 내가 행한 것이라기보다 당한 것이란 말이오.
나는 그대들을 확신시킬 수도 있소.
그대들을 경악시킨 내 부모님 이야기를 그대들에게 굳이
꺼낸다면 말이오. 내가 어떻게 본성이 나쁜 사람일 수　　　　270
있겠소? 당했기에 갚았을 뿐인데. 그러니 알고 행했다 해도,
그 때문에 나를 나쁜 사람이라 할 수는 없을 것이오.
한데 나는 영문도 모르고 내가 갔던 곳으로 가고 있었소.
반면에 나를 해코지한 그들은 알면서도 나를 죽이려 했소.
그러니 이방인들이여, 신들의 이름으로 간청하건대　　　　275
그대들은 나를 내 자리에서 일으켜 세운 만큼 나를
구해주시오. 그리고 그대들은 신들을 존중하신다면서
신들께 합당한 몫을 바치기를 거절하지 마시오.
그리고 신들께서는 경건한 사람도 굽어보시고,
경건하지 못한 자도 굽어보시니, 불경한 자는　　　　280
여태 아무도 신들에게서 도망칠 수 없었음을 명심하시오.

그대들은 신들 편이 되고, 불경한 짓을 도움으로써
아테나이의 밝은 명성을 흐리는 일이 없도록 하시오.
아니, 그대들은 언질을 주며 탄원자를 받아들인 만큼[16]
나를 구해주시고 끝까지 지켜주시오. 그대들은 285
보기 흉한 얼굴을 보고 나를 멸시하지 마시오.
나는 신성하고,[17] 경건하고, 이곳 시민들에게 복을
가져다주는 자로 왔기 때문이오. 그대들을
통치하시는 분이 뉘시든 그대들 주인이 나타나면,
그때는 그대들도 듣고 자초지종을 알게 될 것이오. 290
그동안에는 결코 내게 나쁜 사람들이 되지 마시오.

코로스장 노인장, 그대가 방금 말한 그 생각을 우리는
존중하지 않을 수 없구려. 경박하지 않은 말로
그 생각이 표현되었기 때문이오. 이 일은 이 나라의 왕께서
판결하시는 것으로 나는 만족하겠소이다. 295

오이디푸스 이방인들이여, 이 나라의 왕은 어디 계시오?

코로스장 그분은 아버지께 물려받은 이 나라의 도성에 계시오.
그리고 우리를 이리로 보낸 그 사자가 그분을 모시러 갔소.

오이디푸스 그대들은 그분께서 이리로 몸소 오실 만큼 장님에게
관심을 쏟거나 염려해주실 거라고 생각하시오? 300

코로스장 물론이오. 그분께서 그대 이름을 들으신다면.

오이디푸스 하지만 누가 그분께 내 이름을 전하지요?[18]

코로스장 길이 먼 만큼 행인들한테서 이런저런 소문이 퍼지기
마련이고, 그분께서 소문을 들으시면 이리로 곧장
오실 것이오. 안심하시오, 노인장. 그대의 이름은 세상에 305
알려져 있어, 설사 그분께서 쉬고 계시고 움직이실 뜻이
없다 해도 그대 소문을 들으시면 급히 오실 것이오.

오이디푸스	그분께서 이 도시를 위해, 나를 위해 복을 가져오셨으면!
	남을 돕는 것은 자신을 돕는 것이니까요.[19]
안티고네	이럴 수가! 뭐라 해야 하죠? 아버지, 어떻게 생각해야 하나요? 310
오이디푸스	그게 무슨 말이냐, 내 딸 안티고네야?
안티고네	어떤 여인이 우리를 향해 접근해오고
	있어요. 아이트네[20] 산(産)
	망아지를 타고, 머리에는 햇빛을 가리려고
	텟살리아 산 모자[21]를 썼어요.
	뭐라 할까요? 그 애일까요? 그 애가 315
	아닐까요? 내가 착각하는 것일까요?
	그렇다고도, 아니라고도 할 수가 없어요.
	아아, 괴로워! 다른 여자가 아녜요.
	가까이 다가오며 환하게 눈인사를 해요.
	그 모습을 보니 이제 확실히 알겠어요. 320
	저건 다름 아닌 내 아우 이스메네예요.
오이디푸스	애야, 너 지금 무슨 말을 하는 게냐?
안티고네	아버지의 딸이자 제 아우인 그 애를 보고 있다고요.
	이제 곧 목소리를 듣고 아시게 될 거예요.
이스메네	*(말에서 내려)*
	아버지! 그리고 언니! 둘 다 저에게는 얼마나
	그리운 이름인지 몰라요. 이제 간신히 두 분을 325
	찾았는데 눈물이 앞을 가려 보이지가 않네요.
오이디푸스	내 딸아, 정말로 네가 온 것이냐?
이스메네	네. 하지만 힘든 여행길이었어요.
오이디푸스	나를 만져보아라, 애야.
이스메네	두 분 다 만져볼게요.

오이디푸스	아아, 내 딸들이자 내 누이들이여!
이스메네	아아, 이 궁핍한 생활! 330
오이디푸스	언니와 내 생활 말이냐?
이스메네	그리고 세 번째로 불행한 제 생활도요.
오이디푸스	애야, 어인 일로 여기까지 왔느냐?
이스메네	아버지, 아버지가 염려되어서요.
오이디푸스	내가 보고 싶어서라고?
이스메네	네. 그리고 제 입으로 직접 전해드리려고 하나뿐인 충실한 하인을 데리고 왔어요.
오이디푸스	우리가 이렇게 어려울 때 네 젊은 오라비들은 어디 있느냐? 335
이스메네	있는 곳에 있지요. 지금 그분들은 큰일 났어요.
오이디푸스	그 녀석들은 둘 다 마음가짐도 생활 태도도 매사에 아이귑토스²² 방식을 따르는구나. 그곳 남정네들은 집안 베틀가에 앉아 일하고, 아낙네들이 밖으로 일용할 양식을 구하러 340 나가니 말이다. 애들아, 너희들의 경우에도, 마땅히 이런 수고를 해야 할 그 녀석들은 계집애들처럼 집안에서 집이나 지키고 있고, 그 녀석들 대신 너희 둘이 이 불운한 아비의 짐을 지고 있구나. 둘 중 한 명은 양육이 필요한 어린 나이를 벗어나 345 체력이 강해지기 시작한 그때부터 줄곧 고달픈 방랑길에서 이 늙은이의 길라잡이가 되어주며 때로는 먹지도 못한 채 맨발로 험한 숲 속을 헤매고, 때로는 억수 같은 비와 타는 듯한 햇볕에 심한 고생을 350 하기도 했지. 그런데도 아비만 부양할 수 있다면

집 안의 안락함 따위는 대수롭지 않게 여겼지.
애야, 너는 나와 관련된 모든 신탁들[23]을
카드모스의 자손들[24] 몰래 이 아비에게 와서
알려주었고, 내가 나라에서 쫓겨나 있을 때도
내 충실한 파수꾼 노릇을 해주었지. 이번에는
이 아비에게 무슨 소식을 가져왔느냐, 이스메네야?
무슨 임무를 띠고 집을 떠나온 것이냐? 분명
빈손으로 오지는 않았어. 내가 모를 줄 알고.
너는 내게 끔찍한 소식을 전하러 온 거야.

이스메네 아버지, 아버지께서 살고 계신 곳을 찾느라
제가 고생한 이야기는 하지 않겠어요.
당하면서, 또 그것을 이야기하면서
두 번씩 고통당하고 싶지는 않으니까요.
이번에는 아버지의 불운한 두 아드님에게
재앙이 닥쳤음을 전해드리러 온 거예요.
처음 그들의 소망은 크레온 님에게 왕위를 넘겨주고
도시를 부정(不淨)에서 구하는 것이었어요.
가문의 오랜 저주와, 그 저주가 어떻게 아버지의
불행한 집을 덮쳤는지 차분하게 생각해본 것이지요.
하지만 지금은 어떤 신, 또는 자신들의 죄 많은 마음에
이끌려 세 배나 불행해진 그들은 사악한 경쟁심에
사로잡혀 통치권과 왕권을 장악하려고 다투고 있어요.
그리하여 나중에 태어난 혈기왕성한 아우가
먼저 태어난[25] 폴뤼네이케스의 왕위를 빼앗고
조국에서 추방했어요. 하지만 그[26]는,
저희들 사이에 파다한 소문에 따르면, 언덕에 둘러싸인

아르고스로 망명해 그곳에서 장가들어
새 인척들을 얻고 장수들을 친구로 삼았대요.
아르고스가 당장 카드모스의 자손들의 나라를 차지하거나, 380
아니면 테바이의 명성이 하늘에 닿도록 하겠다고요.
아버지, 이것은 빈말이 아니라, 고통스런 현실이에요.
언제쯤 아버지의 시련을 신들께서
불쌍히 여겨주실지 저는 도무지 알 수가 없네요.

오이디푸스 신들께서 나를 굽어보고 계시며, 언젠가는 나도 385
구원받는다는 희망을 너는 정말로 품고 있었더냐?

이스메네 네, 아버지. 최근의 신탁을 듣고 말예요.

오이디푸스 그건 어떤 신탁이냐? 어떤 예언이었지, 애야?

이스메네 아버지께서 살아 계시든 돌아가셨든, 언젠가는 테바이인들이
자신들의 행복을 위해 아버지를 찾게 된다고 했어요. 390

오이디푸스 나 같은 사람에 의해 누가 행복해질 수 있겠느냐?

이스메네 신탁에 따르면, 그들의 안녕은 아버지에게 달려 있대요.

오이디푸스 내가 아무것도 아닐 때 비로소 영웅이 된다는 말이냐?

이스메네 아버지를 넘어뜨린 신들께서 지금은 일으켜 세우시는 거죠.

오이디푸스 젊어서 넘어진 노인을 일으켜 세운다는 것은 쓸데없는 짓이다. 395

이스메네 알아두세요. 바로 그 일 때문에 크레온 님이
아버지를 찾아올 거예요. 나중이 아니라 이제 곧.

오이디푸스 어떻게 하려고, 애야? 설명해다오.

이스메네 카드모스 나라 근처에 아버지를 모시려고. 아버지를 손에 넣되,
아버지는 그들 국경 안에 들어오지 못하도록 말예요. 400

오이디푸스 내가 그들 문 밖에 누워 있으면 그들에게 무슨 이익이 되지?

이스메네 아버지의 무덤을 돌보지 않으면 그들에게 재앙이 된대요.

오이디푸스 그쯤은 신들의 도움 없이 분별력으로도 알 수 있겠구나.

이스메네	그래서 아버지를 동맹자로 자기들 나라 가까이 모시려는 거예요. 아버지께서 자신의 주인이 되지 못하실 곳에.	405
오이디푸스	나중에 테바이의 먼지로 나를 덮어준다고 하더냐?	
이스메네	아버지, 그것은 아버지께서 혈족에게 죄를 지어서 안 돼요.	
오이디푸스	그렇다면 그들은 결코 내 주인이 되지 못할 것이다.	
이스메네	그렇다면 그것은 언젠가 카드모스 자손에게 재앙이 될 거예요.	
오이디푸스	애야, 어떻게 얽히고설켜 그런 일이 일어난다고 하더냐?	410
이스메네	그들이 아버지 무덤에 접근하면 아버지의 노여움이 그리 한대요.²⁷	
오이디푸스	애야, 누구에게서 듣고 너는 이런 말을 하는 게냐?	
이스메네	델포이의 화로에서 돌아온 사절단한테요.	
오이디푸스	포이보스께서 나에 관해 정말로 그렇게 말씀하셨을까?	
이스메네	사절단이 테바이에서 돌아와 그렇게 말하고 있어요.	415
오이디푸스	내 아들들 가운데 누가 그 말을 들었느냐?	
이스메네	둘 다 들었고, 둘 다 잘 알고 있어요.	
오이디푸스	천하에 고약한 녀석들은 그 말을 듣고도 나를 그리워하기보다 왕권을 더 원한다더냐?	
이스메네	그런 말씀은 거북해도 참고 들을 수밖에 없네요.	420
오이디푸스	그렇다면 신들께서는 녀석들의 숙명적인 불화를 잠재우지 마시고, 지금 녀석들이 말려들어 서로 창으로 위협하는 이 싸움의 결말을 내게 맡겨주시기를! 그렇게 되면 지금 왕홀과 왕좌를 가진 녀석도 오래가지 못할 것이고, 추방된 녀석도 다시는 돌아오지 못할 것이다. 녀석들은 제 아비가 그렇게 불명예스럽게 조국에서 쫓겨날 때 나를 막아주지도 지켜주지도 않았어. 아니, 내가 집도 없이 쫓겨나는데	425

방관만 했고, 내가 추방자로 공포되어도 듣고만 있었지. 430
너는 말하겠지, 그 당시 그것은 내가 바라던 일이었고,
도시는 내게 적절히 그런 혜택을 베풀어주었다고.
그렇지 않아. 당일에는 화가 뜨겁게 치밀어 올라 죽는 것이,
그것도 돌에 맞아 죽는 것이 간절한
소망이었지만, 그때는 내 이러한 소원을 435
이루어줄 사람이 아무도 나타나지 않았어.
그러나 세월이 흘러 내 고통도 모두 가라앉고
내가 홧김에 지난날의 과오를 너무 지나치게
벌준다고 느끼기 시작할 무렵, 그때서야
비로소 도시가 나를 억지로 나라에서 내쫓으려 했지. 440
그렇게 많은 세월이 지난 뒤에 말이야.
하지만 나를 도울 수도 있었던 내 아들 녀석들은
도우려 하지 않았어. 아니, 그 녀석들이 한마디 말도
해주지 않은 까닭에 나는 쫓겨나 쉴 새 없이 거지로
떠돌아다녔어. 그래서 나는 아직 소녀인 445
이들에게서 이들의 힘 닿는 데까지 일용할 양식과
안전한 휴식처와 친족간의 도움을 받고 있는 거야.
그런데 녀석들은 둘 다 아버지 대신 왕좌와
왕홀과 나라의 최고 권력을 택했지. 녀석들은 결코
나를 전우로 삼지 못할 것이며, 카드모스 나라의 450
통치가 녀석들에게는 결코 이득이 되지 못할 것이다.
그쯤은 나도 알 수 있지. 이 애한테 이제
신탁을 듣고, 포이보스께서 드디어 나를 위해
이루어주신 옛 예언들을 마음속에 떠올려볼 때.
그러니 녀석들이 크레온이나 그 밖에 다른 힘 있는 455

유력자를 보내 나를 찾겠다면 찾아보라고 해!
이방인들이여, 그대들이 이 고장에 거하시는 준엄한
여신들과 함께 나를 보호해주겠다면, 나는 그대들
편이 되어 이 도시에는 위대한 구원자가 되고,
내 적들에게는 노고를 안겨줄 테니 말이오. 460

코로스장 오이디푸스여, 그대도 그대의 이 따님들도
진실로 동정받을 만하오. 방금 간청하며
그대가 이 나라에 구원자가 될 것이라고 덧붙이니,
나도 그대에게 덕이 될 조언을 해주고 싶소이다.

오이디푸스 소중한 친구여, 무엇이든 할 테니 부디 충고해주시오. 465

코로스장 이곳에 침입해 그대가 맨 먼저 찾아간
그 신들께 이제는 보상을 해드리시오.

오이디푸스 어떤 방법으로? 이방인들이여, 가르쳐주시오.

코로스장 먼저 끊임없이 샘솟는 샘에서 신성한 물을
길어 오되 깨끗한 손으로 길어 오시오. 470

오이디푸스 정결한 물을 길어 온 뒤에는?

코로스장 그곳에 동이들이 있소. 솜씨 좋은 사람의 작품이지요.
그것들의 가장자리와 양 손잡이를 장식하시오.

오이디푸스 나뭇가지로, 양털실로, 아니면 어떤 방법으로?

코로스장 갓 깎은 새끼 양의 양털을 가져다가. 475

오이디푸스 좋소. 그다음에는 또 어떻게 하나요?

코로스장 제주를 부어드리시오. 얼굴을 동쪽으로 향하고서.

오이디푸스 그대가 말한 그 동이들로 따라 드리나요?

코로스장 세 번 부어드리되 마지막 동이는 다 비우시오.

오이디푸스 그 동이를 뭘로 채워 가져가나요? 그것도 가르쳐주오. 480

코로스장 물과 꿀로. 거기에 술은 섞지 마시오.

오이디푸스	그리고 짙게 그늘진 대지가 그것을 마시고 나면?
코로스장	올리브나무 잔가지를 아홉 개씩 세 번
	두 손으로 그 위에 올려놓으며 이렇게 기도하시오.
오이디푸스	그 기도를 듣고 싶소. 가장 중요한 것이니 말이오.
코로스장	우리가 그분들을 '자비로운 여신들'이라 부르듯이,
	그분들께서 구원을 청하는 탄원자를 자비로운 마음으로
	받아주시라고. 그렇게 기도하시오, 그대 자신이든, 그대를
	위해 기도하는 사람이든. 들리지 않도록 말하고 목소리를
	높이지 마시오. 그러고는 물러나되 뒤돌아보지 마시오.
	그렇게만 하고 나면 나는 서슴지 않고 그대 편이 되겠소.
	그러지 않으면, 나그네여, 나는 그대가 염려스럽소.
오이디푸스	얘들아, 너희도 이 부근에 사는 이방인들 말을 들었니?
안티고네	들었어요. 우리가 어떻게 해야 할지 말씀해주세요.
오이디푸스	나는 갈 수가 없구나. 나는 힘도 없고
	앞을 볼 수가 없으니 이곳에 남아 있겠다.
	너희 중 누가 가서 이 일을 행하도록 해라.
	선의로써 다가간다면 단 한 사람이 만인을 위해
	능히 그런 빚을 갚을 수 있다고 나는 생각한다.
	속히 거행하거라. 다만 나를 혼자 내버려두지는
	말아다오. 인도자 없이 혼자서는
	움직일 힘도 없으니 말이다.
이스메네	제가 가서 하겠어요. 그런데 그 장소를
	어떻게 찾아낼 수 있을지 알았으면 좋겠어요.
코로스장	이 숲의 저쪽이오, 먼 곳에서 온 아가씨. 필요한 것이
	있으면 무엇이든 그곳을 지키는 자가 그대에게 가르쳐줄 것이오.
이스메네	그렇다면 제가 그 일을 하러 갈게요. 안티고네 언니,

485

490

495

500

505

언니는 여기서 아버지를 지키세요. 부모님을 위해서라면
힘들더라도 힘들다고 생각해서는 안 되니까요.

(이스메네 퇴장)

(좌 1)**28**

코로스 나그네여, 이미 오래전에 잠든   510
        지난 불행을 일깨운다는 것은 끔찍한 일이오.
        그래도 나는 알고 싶구려.
오이디푸스 무슨 말이오?
코로스 치유할 길 없이 그대를 엄습했던, 그래서 그대가
        씨름해야 했던 저 처참한 고통 말이오.
오이디푸스 내가 당한 치욕을 제발 벗기지 마시오.   515
        그게 손님에 대한 예의일 것이오.
코로스 널리 퍼져 그칠 줄 모르는 그 이야기,
        나그네여, 나는 제대로 들어보고 싶소이다.
오이디푸스 아아, 슬프도다!
코로스 참고 견디시오, 부탁이오.
오이디푸스 아아, 슬프고 슬프도다!
코로스 내 청을 들어주시오. 나도 그대 청을 들어주었잖소.**29**   520

(우 1)

오이디푸스 나는 최악의 재앙을 당했소, 이방인들이여. 본의 아닌
        행위들에 의해―신들께서는 내 증인이 되어주소서―
        당한 것이오. 그 어느 것도 내가 선택한 것은 아니었소.
코로스 어쩌다가요?
오이디푸스 도시**30**가 영문도 모르는 나를 사악한 결혼으로   525

	내 재앙이었던 신부(新婦)에게 묶였소.	
코로스	듣자하니, 그대는 불명예스럽게도 어머니를	
	잠자리 상대로 삼았다던데요?	
오이디푸스	이방인들이여, 내게는 그 말을 듣는 것이 죽음과도	
	같은 일이오. 저 두 소녀는 내가 낳은…	530
코로스	무슨 말을 하려는 거요?	
오이디푸스	두 딸이자, 두 저주외다.	
코로스	맙소사!	
오이디푸스	나와 한배에서 태어났지요.	

(좌 2)

코로스	그러니까 저들은 그대의 자식이자…	
오이디푸스	아비의 누이들이라오.³¹	535
코로스	맙소사!	
오이디푸스	아아, 수많은 고통들이 되돌아오는구나!	
코로스	그대는 당했구려…	
오이디푸스	참을 수 없는 고통을 당했지요.	
코로스	하지만 그대가 행했구려…	
오이디푸스	아무것도 행하지 않았소이다.	
코로스	어째서 그런가요?	
오이디푸스	선물을 받았을 뿐이오,	
	불쌍한 내가 봉사해준 대가로 도시로부터.	540
	그런 선물을 받지 않았다면 좋았을 것을!³²	

(우 2)

코로스	어째서죠, 가련한 자여? 그대는 살인을 했소이다…	

오이디푸스	무슨 말을 하는 것이오? 무엇이 알고 싶은 거요?
코로스	아버지를?
오이디푸스	아아, 그대는 묵은 상처를 긁어 새 상처를 내는구려.
코로스	하지만 그대가 죽였소.
오이디푸스	그렇소. 내가 죽였소이다. 하지만 내게도…
코로스	그게 무슨 뜻이오?
오이디푸스	정당한 이유가 있었소이다.
코로스	어째서 그렇다는 거요?
오이디푸스	말하리다. 내가 죽이지 않으면 그들이 나를 죽였을 것이오. 나는 법 앞에 결백하며[33] 영문도 모르고 그리한 것이오.

코로스	보시오. 저기 우리 국왕, 아이게우스의 아드님 테세우스께서 그대의 부름을 받고 이곳에 오셨소이다.
테세우스	라이오스의 아들이여, 눈이 피투성이가 되어 장님이 되었다는 말을 전에도 이미 여러 사람들에게 들었기에 나는 단박에 그대를 알아볼 수 있었소이다. 한데 지금 이리로 오면서 소문을 듣고는 더 확실히 알게 되었소이다. 그 의복과 비참한 얼굴이 그대가 누군지 분명히 보여주니 말이오. 그래서 내 그대를 동정하며 묻고 싶소이다. 가련한 오이디푸스여, 우리 도시와 내게 대체 무슨 용건이 있어 이곳에 서 있는 것이오? 그대도, 그리고 그대 곁의 소녀도 말이오. 말해보시오. 그대는 틀림없이 끔찍한 운명을 말할 것이오. 그래서 나는 거기서 떨어져 있고 싶소. 하지만 나도 그대처럼 이방인으로 자랐으며,[34] 혈혈단신으로 목숨을 걸고 이국땅에서 수많은 위험과

	싸웠음을 잊지 않고 있소이다. 그래서 나는 지금	
	그대 같은 이방인이라면 누구에게서도 돌아서거나	565
	보호해주기를 거절하지 않을 것이오. 나는 내가	
	한낱 인간임을, 그리고 내일이면 그대보다 나에게	
	더 큰 몫이 주어지지 않을 것임을 알고 있기 때문이오.	
오이디푸스	테세우스여, 너그러운 그대는 몇 마디 말로 내가	
	장황하게 이야기를 늘어놓지 않아도 되게 해주시는구려.**35**	570
	내가 누구며, 어떤 아버지에게서 태어났고,	
	어느 나라에서 왔는지 그대가 이미 말해주었으니까요.	
	그래서 내게는 내 용건을 말하는 것 말고는 아무것도	
	남은 게 없구려. 그것으로 이야기가 끝날 테니까요.	
테세우스	바로 그것을 말하시오. 내가 잘 알 수 있도록.	575
오이디푸스	내가 이리로 온 것은 이 비참한 육신을 그대에게	
	선물로 주기 위함이오. 볼품없어 보여도 거기서 생기는	
	이익은 아름다운 모습보다 더 클 것이오.	
테세우스	대체 어떤 이익을 주신다는 것이오?	
오이디푸스	때가 되면 아시게 될 것이오. 하지만 지금은 아닌 것 같소.	580
테세우스	그대의 그 혜택은 언제쯤 드러나게 되지요?	
오이디푸스	내가 죽어 그대가 장례를 치르고 나면.	
테세우스	그대는 인생의 마지막 혜택을 요구하시는구려. 그사이	
	것들은 모두 잊으셨거나, 아니면 무시하고서.	
오이디푸스	그 혜택과 더불어 나는 다른 것도 모두 얻게 될 테니까요.	585
테세우스	그렇다면 그대가 요구하시는 그 은혜는 사소한 것이로군요.	
오이디푸스	하지만 유념하시오. 결코 가벼운 문제는 아니외다.	
테세우스	그대의 아들들과 나 사이의 문제 말인가요?	
오이디푸스	그들은 억지로 나를 테바이로 데려가려 할 것이오.

테세우스	그것이 그대의 뜻이라면? 추방이란 좋은 것이 아니지요.	590
오이디푸스	하지만 내가 원했을 때 그들은 거절했소.	
테세우스	어리석은 분이군요. 불행할 때 화내는 것은 도움이 안 돼요.	
오이디푸스	이야기를 듣고 나서 비난하시오. 그때까지는 참으시오.	
테세우스	그렇다면 말하시오. 알지도 못하고 말해서는 안 되니까요.	
오이디푸스	테세우스여, 나는 끔찍한 불행을 잇달아 당했소.	595
테세우스	그대 집안의 오래된 환난을 이야기하려는 것인가요?	
오이디푸스	아니오. 그것은 모든 헬라스[36]인들이 떠들어대는 일이잖소.	
테세우스	그렇다면 인간의 한계를 넘어선 그대의 고통이란 대체 뭐요?	
오이디푸스	내 사정은 이러하오. 나는 내 나라에서	
	내 자식들에 의해 쫓겨났소이다. 그리고 나는	600
	친부 살해자로서 다시는 돌아가지 못할 운명이외다.	
테세우스	그대가 멀리 떨어져 살아야 한다면, 왜 그대를 불러오게 하지요?	
오이디푸스	신의 입이 그렇게 하도록 그들에게 강요할 것이오.	
테세우스	그 신탁에서 어떤 고통을 그들은 두려워하지요?	
오이디푸스	그들이 이 나라에게 얻어맞을 운명이라는 것이지요.	605
테세우스	그들과 나 사이에 어떻게 증오심이 생긴다는 거죠?	
오이디푸스	가장 사랑하는 아이게우스의 아드님이여,	
	오직 신들만이 늙지도 죽지도 않고,	
	나머지는 모두 전능한 시간이 파괴해버리지요.	
	대지의 힘도 쇠퇴하고 신체의 힘도 쇠퇴하며,	610
	신의는 죽고 불신이 생겨나지요.	
	그리하여 친구 사이에 변함없는 마음가짐도	
	오래 버티지 못하며, 도시와 도시 사이도 마찬가지요.	
	이 사람에게는 오늘, 저 사람에게는 내일	
	즐거움이 쓰라림으로, 그러다 다시 사랑으로	615

변하지요. 지금은 그대와 테바이 사이가
화창하지만, 다가오는 수많은 시간이
수많은 밤과 낮을 낳고 나면, 그 과정에서
오늘의 소중한 화목도 사소한 이유에서 창에 의해
깨지고 말 것이오. 그때는 무덤에 누워 잠들어 있는 620
싸늘한 내 시신이 그들의 뜨거운 피를 마시게 될 것이오.
제우스께서 여전히 제우스이시고, 제우스의
아드님 포이보스께서 진실을 말씀하신다면 말이오.
하지만 건드려서는 안 되는 일들은 언급하고 싶지 않으니,
내가 시작한 곳에서 내 말이 끝나게 해주시오. 625
약속만 지켜주신다면 그대는 결코 오이디푸스를 괜히
이곳 거주자로 받아들였다는 말은 하지 않게 될 것이오.
신들께서 나를 속이신 것이 아니라면.

코로스장 왕이시여, 저 사람은 처음부터 이 나라를 위해
그와 비슷한 일을 하겠다는 의향을 내비쳤어요. 630

테세우스 그렇다면 누가 저런 사람의 호의를 물리칠 수 있겠소?
첫째, 그에게는 상호간의 우의라는 원칙에 따라
우리 쪽에서도 동맹자의 화로가 늘 열려 있고,
다음, 그는 우리 신들에게 탄원하러 온 것이오.
이 나라와 나를 위해 적잖은 보답을 갖고 말이오. 635
이런 점들을 참작하여 나는 그의 호의를 물리치지 않고
그를 시민으로 이 나라에 받아들일 것이오.
이곳에 머무는 것이 나그네 마음에 든다면, 나는 그대[37]에게
명하여, 그를 지켜주게 할 것이오. 또는 나와 함께 가는 것이
마음에 든다면—어느 쪽을 선택하느냐는, 오이디푸스여, 640
그대 판단에 맡기겠소. 나는 거기에 따를 것이오.

오이디푸스 오오, 제우스시여, 이런 분들에게 복을 내리소서!
테세우스 그렇다면 어떻게 하시겠소? 내 집으로 가시겠소?
오이디푸스 그럴 수 있다면! 하지만 여기가 그 장소외다.
테세우스 여기서 어쩌시려고요? 막지는 않겠습니다만. 645
오이디푸스 여기서 나는 나를 내쫓은 자들을 쳐부술 것이오.
테세우스 그렇다면 그대와 함께함으로써 받는 혜택이 크다 하겠군요.
오이디푸스 그대가 그대의 언약을 굳게 지키신다면.
테세우스 나를 믿고 안심하시오. 나는 결코 그대를 배신하지 않을 것이오.
오이디푸스 나는 그대를 나쁜 사람인 양 맹세로 묶지는 않겠소이다. 650
테세우스 내가 맹세한다고 그대가 더 많은 것을 얻어내진 못할 것이오.
오이디푸스 어떻게 하실 참이오?
테세우스 그대가 가장 두려워하는 게 무엇이오?
오이디푸스 사람들이 와서…
테세우스 그 일이라면 여기 이분들이 염려해줄 것이오.
오이디푸스 조심하시오. 혹시 그대가 나를 두고 떠나시면…
테세우스 내 할 일을 내게 가르치려 하지 마시오.
오이디푸스 그래도 두려움에 그렇게 하지 않을 수 없군요.
테세우스 나는 마음에 두려움을 느끼지 못하오. 655
오이디푸스 그들의 위협을 그대는 알지 못하기 때문이지요.
테세우스 알고 있소. 아무도 내 뜻을 거슬러 그대를 이곳에서
　　　　 데려가지 못할 것이오. 화가 나면 허세를 부리며
　　　　 위협의 말을 마구 내뱉겠지요. 하지만 마음이
　　　　 자제력을 회복하면 위협은 소멸되기 마련이지요. 660
　　　　 설사 저들이 점점 대담해져 그대를 데려가겠다고
　　　　 으름장을 놓아도, 내가 알기로, 우리 사이의 바다는
　　　　 넓고 항해하기 어려운 것으로 드러날 것이오.

그러니 내 결심이 아니더라도 나는 안심하라고 권하고
싶습니다. 포이보스께서 그대를 이리로 보내신 것이 665
사실이라면. 내가 이곳에 없더라도, 내 이름이 그대를
위해로부터 지켜줄 것이라고 나는 확신하오.

(테세우스 퇴장)

코로스38

(좌1) 나그네여, 그대가 찾아온 이 준마(駿馬)의 나라는
　　 세상에서 가장 아름다운 고장이라오.
　　 이곳 백색39의 콜로노스에는 670
　　 꾀꼬리가 단골손님으로 날아와
　　 푸른 계곡의 덤불 속에서
　　 낭랑한 목소리로 노래한다오,
　　 포도주색 담쟁이덩굴과
　　 신40의 신성한 원림에, 675
　　 열매가 주렁주렁 매달리고
　　 햇빛에도 바람에도 시달리지 않는
　　 잎이 무성한 원림에 살면서.
　　 이곳에서는 주신 디오뉘소스께서
　　 자기를 길러준 요정들을 데리고 다니신다오. 680

(우1) 이곳에서는 또 아름다운 꽃송이의 수선화가
　　 날마다 하늘의 이슬을 먹고는
　　 쉴 새 없이 만발하여, 옛적부터 위대하신
　　 두 분 여신들41의 화환이 되어주고
　　 금빛 찬란한 크로커스도 만발한다오. 685

케피소스⁴² 강물이 발원하는
잠들지 않는 샘들은 마르는 일이 없고,
그 강은 날마다 쉴 새 없이
깨끗한 물줄기로 가슴 넓은
이 나라 들판 위를 내달리며   690
빠른 성장을 가져다준다오. 무사 여신들의
합창가무단도, 황금 고삐의 아프로디테⁴³도
이 나라를 싫어하지 않았다오.

(좌 2) 또 한 가지가 있는데, 나는 아시아 땅에도,   695
펠롭스의 큰 도리에이스족 섬⁴⁴에도
그것이 자란다는 말을 듣지 못했지만,
정복되지 않고 저절로 자라났으며⁴⁵
적군의 창들에게는 공포의 대상인 그 나무가
이 나라에서는 무럭무럭 자라나니 다름 아닌   700
우리 자식들을 길러주는 회색 잎의 올리브나무라오.
그 나무는 젊은이도 노령과 동거하는 자도
파괴의 손으로 망가뜨리지 못하니,
모리오스⁴⁶ 제우스께서도 빛나는 눈의
아테나께서도 잠들지 않는 눈으로   705
그 나무를 지켜보고 계시기 때문이라오.

(우 2) 또 다른 칭찬을 나는 우리 어머니 도시⁴⁷를
위해 말할 수 있다오. 위대한 신의 선물로서
그것은 다름 아닌 이 나라의 가장 큰 자랑거리인   710
좋은 말과 좋은 망아지와 항해술이라오.⁴⁸

크로노스의 아드님이신 포세이돈 왕이시여,
그대가 이 도시를 그러한 자랑거리 위에 앉히셨으니,
그대가 처음으로 이 길들에서
사나운 말들을 제어하는 고삐를 보여주셨기   715
때문이지요. 그리고 손에 맞는 잘 만든
노(櫓)는 바다 위를 놀랍도록 빨리
달린다오, 백 개의 발을 가진
네레우스의 딸들을 따라.**49**

안티고네 오오! 그대 극찬을 받은 나라여, 이제 그 빛나는   720
찬사를 행동으로 보여주는 것은 그대의 몫이에요.
오이디푸스 애야, 무슨 새로운 일이라도 생겼느냐?
안티고네 아버지, 저기 크레온 님이 우리 쪽으로
다가오고 있어요. 부하들을 거느리고서요.
오이디푸스 내 친구인 노인장들이여, 이제 그대들은
내가 안전하다는 마지막 증거를 보여주시오.   725
코로스장 안심하시오, 보여줄 테니. 나는 비록 노인이지만
이 나라의 힘은 노쇠하지 않았다오.
크레온 *(부하들을 데리고 등장하며)*
이 나라의 고귀한 주민 여러분, 여러분들의
눈빛을 보니, 내가 찾아온 것에 여러분들은
갑작스런 두려움에 사로잡히는 것 같은데,   730
나를 두려워하지 마시고 내게 나쁜 말을 하지 마시오.
나쁜 의도에서 내가 이곳에 온 것은 아니라오.
나는 노인이고, 헬라스의 어느 도시 못지않게
위대하고 힘 있는 도시에 와 있다는 것을 알고 있소.

천만에! 나는 여기 이 사람에게 나와 함께 카드모스의 735
나라로 돌아가자고 설득하러 이 나라에 파견되었소.
나는 단 한 사람에 의해 파견된 것이 아니라,
전 시민의 명령을 받고 왔소이다. 인척인 내가 도시의
누구보다도 그의 고통을 슬퍼하는 것이 도리이니까요.
자, 불행한 오이디푸스여, 그대는 내 말을 듣고 740
집으로 갑시다. 전 카드모스 백성들이, 그중에서도
특히 내가 그대를 소환하는 것은 당연한 일이오.⁵⁰
모든 사람들 가운데 내가 가장 사악한 자가 아닌 이상
그만큼 그대의 불행에 고통 받기 때문이오, 노인이여.
그대가 이렇게 영락하여 이방인으로, 745
끝없는 방랑자로 소녀 한 명에게 의지하여
생활수단도 없이 떠돌아다니는 것을 보면 말이오.
아아, 나는 그 애가 지금과 같은 비참한 처지가 될 줄은
생각도 못했소이다. 그 애는 비참하게도
구걸한 음식으로 그대와 그대의 그런 머리⁵¹를 750
돌보느라 이 나이가 되도록 시집도 못 가고,
누구든 먼저 덤벼드는 자의 밥이 되었구나. 가련하게도 나는
이로써 그대와 나와 우리 집안 전체에 심한 질책을 한
셈이 되겠군요. 하지만 드러난 것은 감출 수 없는 법이오.
우리 선조들이 모시던 신들의 이름으로 간청하노니, 755
오이디푸스여, 이제 내 말을 듣고 그대가
그것들을 감추시오. 그대가 도시와 조상들 집으로
돌아가기로 결심함으로써. 먼저 이 도시에 다정하게
작별인사를 하시오. 이 도시는 그럴 가치가 있소. 하지만
전에 그대의 유모였던 고향 도시는 더 존중받아 마땅하오. 760

오이디푸스 무슨 짓이든 할 수 있는 자여, 어떤 정당한
생각으로부터도 교활한 잔꾀를 끌어낼 줄 아는 자여,
자네는 왜 또 나를 붙잡으려 하는가?
붙잡히는 것이 내게는 가장 큰 고통인데도.
지난날 내가 스스로 자아낸 불행에 괴로워하며 765
나라에서 추방되기를 바랐을 때는,
자네는 내 소원을 들어주려 하지 않았지.
그러다가 어느새 내가 노여움에도 싫증이 나고
집에 은거하는 것이 즐거워졌을 때,
자네는 나를 집에서, 그리고 나라에서 내쫓았고, 770
그러한 인척관계는 자네에게 눈곱만큼도 소중하지 않았지.
이제 이 도시와 이 도시의 온 백성이 나를 호의로
받아들이는 것을 보고 자네는 도로 나를 끌고 가려 하는구려.
가혹한 말을 부드러운 말로 감싸면서.
하지만 원치 않는 친절이 무슨 즐거움이 될 수 있겠는가? 775
그것은 자네가 간절히 원할 때는
아무 선물도, 아무 도움도 주지 않던 사람이
자네 마음의 욕망이 채워져 더이상 친절이
친절일 수 없을 때 주겠다는 것과 같은 것이네.
자네는 그런 기쁨은 공허하다고 생각지 않는가? 780
한데 자네 역시 내게 그런 것을 제의하는구려,
말은 좋지만 실제로는 사악한 것들을. 이분들도
자네가 악당임을 알도록 내 이분들에게 말해두겠네.
자네가 나를 데리러 온 것은, 나를 집에 데려가려는
것이 아니라, 국경 가까운 곳에 데려다놓음으로써 785
자네 도시가 이 나라로부터 재앙을 피하려는 것이네.

그것은 자네에게 주어지지 않고, 대신 이것이
주어질 것이네. 내 복수의 정령이 자네 나라에 영원히
머무는 것 말일세. 그리고 내 아들들에게는 내 영토 중에서
죽는 데 필요한 만큼만 주어질 것이네. 테바이의 운명을   790
자네보다 내가 더 잘 알고 있는 것 같지 않는가? 아니, 훨씬 더
잘 알고 있지. 나는 더 확실한 분들, 즉 포이보스와
그분의 아버지이신 제우스에게 들어 알았으니까.
하지만 자네는 매수된 입으로 여기 왔네. 칼날보다
더 예리한 혀를 갖고. 하지만 자네가 하는 말은 자네에게   795
구원보다 오히려 재앙을 가져다줄 것이네. 어쨌든 이런
말이 자네를 설득하지 못한다는 것도 나는 알고 있네.
그러니 떠나게. 우리가 여기 사는 것을 방해하지 말고.
이래봬도 우리가 만족하는 한 우리 삶은 나쁘지 않다네.

크레온 그대의 처신과 관련하여 우리 둘 중 누가   800
더 불리할 것이라 생각하시오? 내가 아니면 그대가?

오이디푸스 내게 가장 즐거운 것은, 자네가 나도 그리고 여기
가까이 있는 이분들도 설득하지 못한다는 것이네.

크레온 가련한 자여, 그대는 그 나이가 되도록 철 들지 못한 것을
보여줄 참이오? 꼭 그렇게 노령을 욕 뵈며 살아가야 하겠소?   805

오이디푸스 무서운 혀로구나. 하지만 매사에 말 잘하는 사람치고
정직한 사람을 나는 알지 못하네.

크레온 말을 많이 하는 것과 적절한 말을 하는 것은 별개요.

오이디푸스 그래서 자네가 하는 말은 간결하지만 적절하다는 것인가?

크레온 물론 아니겠지요. 그대와 같이 분별력을 가진 사람에게는.   810

오이디푸스 떠나게. 이분들의 이름으로 말하겠네. 내가 머물도록
정해진 곳에 매복하여 나를 감시하지 말고.

크레온	인척들에 대한 그대의 답변에 관한 한, 나는 그대가 아니라 이분들을 증인으로 삼겠소. 언젠가 내가 그대를 붙잡는 날엔…
오이디푸스	이분들은 내 편인데, 누가 나를 붙잡는다고?
크레온	그것이 아니라도 곧 그대는 고통 받게 될 것이오.
오이디푸스	자네의 그 위협은 어떡하겠다는 뜻인가?
크레온	그대의 두 딸 중 한 명은 내가 방금 붙잡아 보냈고, 다른 딸도 곧 데려갈 것이오.
오이디푸스	이럴 수가!
크레온	비명을 지를 이유가 그대에게 곧 더 많이 생기게 될 것이오.
오이디푸스	내게서 딸을 빼앗아 갔다고?
크레온	이 애도 곧 빼앗겠소.
오이디푸스	이방인들이여, 어쩔 작정이오? 나를 버리는 것이오? 그대들은 이 불경한 자를 이 나라에서 내쫓지 않을 참이오?
코로스장	이방인이여, 어서 이곳에서 물러나시오! 그대의 현재 행위는 옳지 못하거니와, 그대가 이미 저지른 행위도 마찬가지요.
크레온	*(자기 부하들에게)* 이 소녀가 순순히 따라가지 않으면, 너희들이 억지로라도 끌고 갈 때가 된 것 같구나.
안티고네	가련한 내 신세! 나는 대체 어디로 달아나야 하나? 어디서 신들이나 인간들의 도움을 받을 수 있을까?
코로스장	*(크레온에게)* 어떡하겠다는 거요, 이방인이여?
크레온	이 사람은 손대지 않겠소. 하지만 이 애는 내 것이오.[52]
오이디푸스	이 나라의 원로들이여!
코로스장	이방인이여, 그대의 행동은 정당하지 못하오.
크레온	정당하오.
코로스장	어째서 정당하오?
크레온	내 것을 내가 데려가는 것이오.

(크레온이 안티고네를 붙잡는다)

(좌)53

오이디푸스	오오, 도시여!
코로스	(크레온에게)
	이게 무슨 짓이오, 이방인이여? 그녀를 놓지 못하겠소?
	그렇지 않으면 당장 주먹맛을 보여주겠소. 835
크레온	비키시오!
코로스	그대의 의도가 드러났으니 비키지 않겠소이다.
크레온	나를 해치면 그대는 우리 도시와 싸워야 하오.
오이디푸스	이렇게 될 것이라고 내 말하지 않았소?
코로스장	당장 놓아주시오,
	그 소녀를!
크레온	명령하지 마시오, 그대에게 권한이 없는 곳에서는.
코로스	내 그대에게 좋게 말할 때, 놓으시오!
크레온	(부하들 중 안티고네를 잡고 있는 자에게)
	내 너에게 좋게 말할 때, 떠나도록 하라! 840
코로스	이리 오시오, 오시오, 오시오, 다른 주민들이여!
	도시가, 우리 도시가 폭행을 당하고 있소이다.
	이리 와서 우리를 도와주시오!
안티고네	아아, 이들이 나를 끌고 가요, 이방인들이여, 이방인들이여.
오이디푸스	애야, 어디 있느냐?
안티고네	저는 강제로 끌려가고 있어요. 845
오이디푸스	애야, 내게 손을 내밀어 다오.
안티고네	아아, 그럴 수가 없어요.

크레온	*(부하들에게)* 너희들은 당장 끌고 가지 못하겠느냐?	
오이디푸스	아아, 나야말로 불쌍하고 가련하구나!	
	(크레온의 부하들, 안티고네를 데리고 퇴장)	
크레온	그대 다시는 저 두 지팡이에 의지해 길을 가지 못할 것이오.	
	하지만 그대가 그대의 조국과 친구들을 이기려 하니	
	─내 비록 왕이지만 그들의 명령을 받아 이렇게	850
	하는 것이오─어디 이겨보시오. 하지만 확신하건대,	
	시간이 흐르면 그대는 깨닫게 될 것이오, 그대가	
	이번에도 전처럼 친구들을 무시하고 언제나 그대에게	
	파멸을 안겨준 노여움에 자신을 맡겨[54]	
	그대 자신에게 좋은 일을 하지 않았다는 것을.	855
코로스장	게 서시오, 이방인이여!	
크레온	말해두겠는데, 내게 손대지 마시오!	
코로스장	저 두 소녀를 빼앗겼으니 내 그대를 놓아주지 않을 것이오.	
크레온	그러면 그대는 곧 우리 도시에 더 큰 담보를 잡히게 될 것이오.	
	나는 저 두 소녀를 잡는 것으로 그치지 않을 테니까.	
코로스장	대체 그대가 노리는 게 뭐요?	
크레온	여기 이 사람을 잡아가겠소이다.	860
코로스장	무서운 말씀을 하는구려.	
크레온	당장 해 보이겠소이다.	
코로스장	그러겠지, 이 나라의 통치자가 그대를 막지 않는다면.	
오이디푸스	아아, 뻔뻔스러운 목소리! 정말 나를 붙잡을 참인가?	
크레온	그 입 좀 닥치시오!	
오이디푸스	이곳 여신들께서는 내가 자네에게	
	이런 저주의 말을 하는 것을 허락해주시기를!	865
	극악무도한 자여, 자네는 눈먼 나에게서	

의지가지없는 내 눈⁵⁵을 빼앗아 갔어.

         그러니 만물을 보시는 태양신께서

         자네와 자네 집안에 내 만년과도

         같은 만년을 내려주시기를!   870

크레온   그대들은 보고 있겠지요, 이 나라의 주민들이여?

오이디푸스 그들은 나도 자네도 보고 있네. 그리고 그들은 알고 있네,

         내가 행동으로 당한 것을 말로 갚아주는 것을.

크레온   내 노여움을 더는 억제하지 않겠소. 내 비록 혼자이고

         나이 들어 느리지만 이 사람을 강제로라도 끌고 가겠소이다.   875

         (우)

오이디푸스 오오, 가련한 내 신세!

코로스   감히 이런 짓을 벌이다니, 이방인이여,

         그대야말로 정말 방약무인하구려.

크레온   나는 하겠소이다.

코로스   그렇게 된다면 나는 이 나라를 더는 국가로 여기지 않겠소.

크레온   약자도 옳으면 강자를 이기는 법이오.   880

오이디푸스 그대들은 그가 하는 소리를 듣고 있소?

코로스장   하지만 그렇게 되지는 않을 것이오.

         제우스께서 알고 계시오.

크레온   제우스께서는 알고 계시지만 그대는 알지 못하오.

코로스장   이런 모욕이 있나!

크레온   모욕이라도 그대는 참아내야 하오.

코로스   이리 모이시오. 모든 백성이여,

         이 나라의 통치자들이여, 어서 이리 오시오.   885

         저들이 국경을 넘으려 하고 있소.

(테세우스, 경호원들을 데리고 등장)

테세우스 웬 소란이오? 무슨 일이오? 그대들은 무엇이 두려워
콜로노스의 주인이신 해신의 제단에 제물을 바치던
나를 제지하는 것이오? 말하시오, 내가 알 수 있도록.
그래서 나는 발이 불편할 정도로 부리나케 이곳으로 달려왔소. 890

오이디푸스 가장 사랑하는 분이여—내 그대의 음성을 알겠구려—
방금 나는 저자에게 심한 봉변을 당했소이다.

테세우스 어떻게 말이오? 누가 가해자요? 말씀해보시오.

오이디푸스 그대가 보고 있는 크레온이 자식이라고는
그게 전부인[56] 내 두 딸을 내게서 빼앗아 갔소이다. 895

테세우스 그게 무슨 말씀이오?

오이디푸스 들으신 그대로 나는 봉변을 당했소이다.

테세우스 *(경호원들에게)* 그렇다면 너희 가운데 누가 되도록 빨리
저기 제단들이 있는 곳으로 가서
모든 백성이 제물 바치는 일은 중단하고 더러는 걸어서,
더러는 말을 타고 두 한길이 만나는 곳[57]으로 900
최대한 속력을 내어 달려가도록 재촉하라.
소녀들이 사라져, 내가 폭력에 졌다고
여기 이 나그네에게 웃음거리가 되지 않도록.
자, 어서 출발해라, 내가 명령한 대로. *(크레온 쪽을 향하여)*
여기 이 사람은 그에게 마땅한 정도로 내가 905
화를 낸다면 내 손에서 무사히 벗어나지 못하겠지만,
지금은 다른 법이 아니라 그 자신이
이곳에 가져온 법에 따라 교정받게 되리라.
(크레온에게) 그대는 그 소녀들을 여기 내 눈앞에
데려다놓기 전에는 이 나라를 떠나지 못하오. 910

그대는 나를, 그리고 그대의 가문과 그대의 나라를
망신시키는 짓을 했기 때문이오.
그대는 정의를 존중하고, 법 없이는 어떤 일도
재가하지 않는 도시에 들어왔건만, 이 나라의
확립된 권위를 무시하고 이렇게 쳐들어와서는　915
제멋대로 잡아가고 폭력으로 납치해 갔소.
내 도시에 사람은 없고 노예만 살고 있다고,
나는 있으나마나 하다고 그대는 생각한 것이오.
하지만 테바이가 그대를 그런 못된 인간이 되도록
가르치지는 않았을 것이오. 테바이는 무도한 자를 기르기를 920
좋아하지 않으며, 그대가 가련한 탄원자를
억지로 끌고 감으로써 내 것을, 아니 신들의 것을
빼앗았다는 말을 듣게 되면 그대를 칭찬하지 않을 것이오.
내가 만약 그대 나라에 발을 들여놓는다면,
설령 내게 그럴 만한 정당한 권리가 있다 해도, 925
그가 누구든 나라의 통치자 허락 없이는 끌고 가거나
잡아가지 않을 것이오. 오히려 이방인으로서 나는
그곳 시민들 사이에서 어떻게 처신해야 할지 알고자
할 것이오. 하지만 그대는 스스로 그대의 도시를
부당하게 망신시키고 있고, 게다가 그대의 연만한 930
나이는 그대를 주책없는 늙은이로 만들고 있소.
내 방금 말한 것을 다시 한번 일러두겠소,
누굴 시키든 그 소녀들을 되도록 빨리 이리 데려오게 하시오.
그대가 본의 아니게 이 나라의 거류민이
되기를 원치 않는다면 말이오. 나는 진심에서, 935
그리고 내 입으로 이렇게 말하고 있는 것이오.

코로스장	이방인이여, 그대가 얼마나 난처하게 됐는지 알겠소? 그대는	
	겉으로는 번듯한 척했지만 하는 짓은 개차반으로 드러났소이다.	
크레온	아이게우스의 아들이여, 나는 이 도시에 사람이 없다든가,	
	그대 말처럼 지혜가 없다고 생각해서	940
	이런 일을 한 것이 아니외다. 나는 여기 이분들이	
	내 의사에 반해 내 친척들을 부양할 만큼 그들에게	
	깊은 애정을 갖지는 않았으리라 믿었소.	
	나는 그대들이 아버지를 살해하고 어머니와 동거하는	
	가장 부정(不淨)한 결혼을 한 것으로 드러난	945
	불경한 자를 받아들이지 않을 줄 알았소.	
	나는 또 그대들의 나라에 지혜로운 아레이오스	
	파고스가 있어, 이런 부랑자들에게 시내에서	
	함께 사는 것을 허용치 않을 줄 알았소이다.	
	그렇게 믿고 나는 이번 포획에 나섰던 것이외다.	950
	그렇다 해도 그가 나와 내 집안에 심한 저주의 말을	
	하지 않았다면 내가 이렇게까지는 하지 않았을 거요.	
	그렇게 당했으니 이렇게 갚는 것은 당연하다	
	생각했소. 노여움이란 죽을 때까지 노쇠하지 않는	
	법이오. 죽은 자만이 고통을 느끼지 못하니까요. 그렇더라도	955
	그대 좋을 대로 하시구려. 아무리 내 말이 정당해도	
	나는 외톨이라 약할 수밖에 없으니까요.	
	그럼에도 불구하고 내 비록 늙기는 했어도	
	행동에는 행동으로 맞설 작정이외다.	
오이디푸스	후안무치한 자여, 자네의 그따위 너스레에 어느 쪽	960
	노인이 더 망신스러울까? 나일까, 자네일까? 자네는	
	자네 입으로 살인이니 근친상간이니 재앙이니 하는 말을	

내게 내뱉고 있지만, 나는 그 모든 것을 가련하게도
본의 아니게 참고 견뎠던 것이네. 옛날부터 우리 집안을
미워하신 신들에게는 그러는 것이 즐거웠으니 말일세. 965
사실 나만 떼어놓고 보면, 자네는 내게서 어떤 죄과도
발견할 수 없을 것이네. 그것을 갚기 위해 내가 이렇게
나 자신과 내 육친에게 죄를 지을 수밖에 없는 죄과 말일세.
자, 말해보게. 아들의 손에 죽을 운명이라는
어떤 신의 말씀이 신탁으로서 내 아버지께 다가왔기로서니, 970
그때는 아버지께서 낳으시지도 않고 어머니께서 잉태하시지도
않아 세상에 아직 태어나지도 않은 나를 자네가
그 일로 비난한다면, 그것이 정당하다고 할 수 있겠는가?
그리고 내가, 실제가 그렇듯, 불행하도록 태어나
누구에게 무엇을 행하는지 영문도 모른 채 내 아버지와 975
치고받다가 아버지를 죽였는데, 이 본의 아닌 행위를
자네가 나무란다면, 그것이 정당하다고 할 수 있겠는가?
어머니와의 결혼에 관해서도 말하겠네. 가련한 자여,
자네 누이였던 그분과의 결혼에 관해 말하도록
강요하다니 자네는 부끄럽지도 않은가! 그렇게까지 980
불경한 입을 놀렸으니 나도 잠자코 있을 수 없네.
그분은 어머니였어. 그래, 내 어머니였어. 이 무슨 불행이란
말인가! 하지만 나는 몰랐고, 그분도 모르셨어. 그리고 그분은
자신에게 치욕이 되도록 자신이 낳은 아들인 내게 자식을
낳아주셨어. 하지만 나는 이 한 가지만은 잘 알고 있네. 985
자네는 의도적으로 나와 그분을 헐뜯고 있지만, 나는
본의 아니게 그분과 결혼했고, 이런 말도 본의 아니게 하는 것이네.
그분과의 결혼에서도, 그리고 자네가

언제나 심한 욕설로 윽박지르는 친부 살해에서도
사람들은 나를 죄인이라 해서는 안 되네. 990
자네에게 묻겠는데, 이 한 가지만은 대답해보게.
지금 이 자리에서 누군가 다가와 올바른 사람인 자네를
죽이려 한다면, 자네 같으면 죽이려는 자가 자네
아버지인지를 묻겠는가, 아니면 당장 되갚아주겠는가?
살고 싶다면 자네는 아마 되갚아주고 정당한 이유를 찾으려고 995
주위를 둘러보지는 않을 것이네. 바로 그런 재앙 속으로
나는 빨려든 것이네. 신들에게 이끌려.
그리고 생각건대, 아버지의 혼백이 되살아난다 해도
내 말을 부인하지 못하실 것이네. 그런데도 자네는—
하긴 자네는 올바르지도 않고 할 말 안 할 말 가리지 않고 1000
무엇이든 말하는 것을 좋다고 여기니까—여기
이분들 면전에서 내게 이렇게 욕설을 퍼붓고 있으니.
자네는 테세우스의 명성을 찬양하고, 아테나이 시가
잘 다스려지고 있다고 아부하는 것을 시의 적절하다고
생각하는 것 같은데, 자네는 칭찬은 하면서도 이 점을 1005
잊고 있네. 그러니까 어떤 나라가 적절한 의식으로 신들을 공경할
줄 안다면, 이 나라는 그 점에서 그 나라를 능가한다는 것을.
하거늘 자네는 이 나라에서 탄원자이자 노인인
나를 빼돌리려 했고, 내 딸들을 빼앗아 가버렸어!
그래서 나는 지금 저기 저 여신들을 부르고 탄원하며 1010
열심히 기도드리고 있네. 나를 도와주시고
내 편이 되어달라고. 이 도시가 어떤 사람들에 의해
수호되고 있는지 자네도 알도록 말일세.

코로스장 왕이시여, 이 나그네는 착한 사람이네요. 운명은

	기구하지만 그는 우리가 구해줄 만한 사람이에요. 1015
테세우스	말은 그만하면 됐소이다. 범행을 저지른 자들은 부리나케 달아나는데, 당한 우리는 여기 서 있으니 말이오.
크레온	그러면 그대는 이 힘없는 사람더러 어떡하라는 거요?
테세우스	그리로 가는 길을 안내하시오. 내가 그대를 호송하겠소. 그대가 소녀들을 아직 이 고장에 붙들어두고 있다면, 1020 그대가 소녀들을 내게 보여줄 수 있을 것이오. 하지만 납치범들이 도주하고 있다면, 우리는 수고할 필요가 없소. 다른 사람들이 바로 뒤쫓고 있으니까. 그자들은 결코 신들께 이 나라에서 도주했다고 감사할 수 없을 것이오. 자, 앞장서시오. 그대는 알아두시오. 잡는 자가 잡히고, 1025 사냥꾼인 그대를 운명이 포획한 것을 말이오. 불의한 간지(奸智)로 얻은 재물은 오래가지 못하는 법. 그리고 그런 목적을 위해 그대는 조력자를 구하지 못할 것이오. 그대가 공모자 도움 없이는, 지금 드러났듯이 그토록 대담하게 난폭한 짓을 하지 않았으리라는 것을 잘 알기에 하는 말이오. 1030 누군가 믿는 사람이 있어 이런 짓을 했을 테고, 그 점을 나는 유의해야겠지요. 그리고 나는 이 도시를 단 한 사람보다 더 허약하게 만들어서는 안 될 것이오. 내 말뜻을 알아듣겠소? 아니면 지금 이 말도 그대가 이런 짓을 획책했을 때 그대에게 준 경고⁵⁸처럼 헛소리로 들리시오? 1035
크레온	여기 있는 동안 그대가 무슨 말을 해도 트집 잡지 않겠소. 하지만 집에서는 어떻게 행동해야 하는지 나도 알게 될 것이오.
테세우스	자, 출발하시오. 위협은 가면서 하고. 오이디푸스여, 그대는 이곳에 편안히 머물러 계시오. 내가 먼저 죽지 않는 한, 그대의 두 딸을 그대에게 1040

|오이디푸스| 데려다주기 전에는 결코 멈추지 않을 거라고 믿고.
테세우스여, 그대의 고상한 성품과 나를 위한
성실한 배려에 대한 보답으로 부디 축복 받으시기를!

(테세우스와 그의 경호원들, 크레온과 함께 퇴장)

코로스59

(좌1) 아아, 내가 그곳에 있다면!
      곧 적군이 되돌아서서   1045
      청동 소리 요란하게 전투를 벌이게 될 그곳에.
      그곳이 퓌토의 해안60이든
      횃불이 휘황찬란한 해안이든.
      그곳은 위대한 여신들61께서 인간들을 위해   1050
      엄숙한 의식을 행하시는 곳.
      그리고 사제들인 에우몰포스의 자손들62이
      사람들 입에 먼저 황금 자물쇠를 채우는 곳.63
      아마도 그곳에서 전투를 불러일으키는
      테세우스가 잡혀가는 두 소녀 자매를
      곧 만나게 되겠지요,   1055
      믿음직한 함성이 울려 퍼지는 가운데
      아직 우리 나라의 국경 안에서.

(우1) 아니면 그자들은 지금쯤
      오이아의 눈 덮인 바위64 서쪽에 있는   1060
      목초지로 다가가고 있겠지요,
      말을 타거나 전차를 타고 경주하듯 달아나며.

크레온이 지겠지요.
이 고장[65] 전사들은 무시무시하고, 1065
테세우스의 군사들도 무시무시하니까요.
모든 고삐가 번쩍이고,
모든 기사가 고삐를 늦추고는
전속력으로 말을 달리고,
그들은 또 마술(馬術)의 여신 아테나와, 1070
레아의 사랑하는 아들로
대지를 떠받치고 있는
해신[66]을 공경하니까요.

(좌 2) 그들은 싸우고 있을까요, 아니면
싸우려 하고 있을까요? 어쩐지 1075
그토록 심한 시련을 당한, 친척들의 손에
그토록 심한 고통을 당한 소녀들과
곧 대면하리라는 예감이 들어요.
제우스께서는 오늘도 큰일을 해내시겠지요.
전투에서 승리할 것 같은 예감이 들어요. 1080
아아, 돌풍처럼 사나운 힘을 가진 한 마리
비둘기가 되어 저 하늘 구름으로 올라가서
그들이 싸우는 장면을 내려다볼 수 있다면!

(우 2) 만물을 통치하시고, 만물을 굽어보시는 1085
신들의 왕 제우스시여,
이 나라의 수호자들이 승리를
가져다주는 힘으로 적을 무찔러

전리품을 손에 넣을 수 있게 해주소서!
당신의 따님이신 준엄하신 여신 팔라스 아테나도　　　　1090
그렇게 해주소서! 그리고 사냥꾼 아폴론과
잰 걸음의 얼룩무늬 사슴들을 뒤쫓으시는
그분의 누이[67]께서도 이중의 도움으로
이 나라와 이 백성들에게 다가와주시기를!　　　　1095

코로스장 방랑하는 나그네여, 이제 그대를 지키는 사람이
거짓 예언자라는 말은 못하겠지요. 저기 소녀들이
호위를 받으며 이쪽으로 오는 것이 보이니 말이오.

오이디푸스 어디, 어디? 무슨 말이오? 뭐라 했소?

(안티고네, 이스메네, 테세우스와 그의 경호원들 등장)

안티고네 아버지, 아버지!
이곳 아버지에게 우리를 데려다주신 더없이 고귀한　　　　1100
이분을 아버지도 보실 수 있게 신께서 허락해주신다면!

오이디푸스 내 딸아, 너희 둘이 정말로 여기 와 있는 게냐?

안티고네 테세우스와 그분의 충성스런 하인들의
팔이 우리를 구해주었어요.

오이디푸스 애들아, 이 아비에게로 오너라. 어디, 너희들을 한번
안아보자. 나는 너희가 돌아오지 못할 줄 알았다.　　　　1105

안티고네 소원이 이루어질 거예요. 그것은 우리 소망이기도 하니까요.

오이디푸스 어디 있느냐, 너희 둘이 어디 있느냐?

안티고네 우리 둘 다 가까이 다가왔어요.

오이디푸스 아아, 귀여운 것들!

안티고네 아버지에게 자식은 다 귀엽지요.

오이디푸스 아아, 내 지팡이들!

안티고네 불행한 아버지의 불행한 지팡이들이지요.

오이디푸스 나는 지금 내가 가진 사랑하는 것들을 붙잡고 있다. 1110
너희들이 내 옆에 있으니, 나는 지금 죽어도
완전히 망한 것은 아니다. 애들아, 너희들은
내 양 옆에 바싹 붙어 이 아비에게 꼭 안겨서
외롭고 비참했던 조금 전 방랑에서 쉬도록 해라.
그리고 겪은 일을 되도록 간단히 이야기해보아라. 1115
너희 또래 소녀들에게는 짧은 이야기면 충분하니까.[68]

안티고네 우릴 구해주신 분이 여기 계시니 그분에게 들으세요, 아버지.
그분이 하신 일이니까요. 그러시면 제 이야긴 짧아지겠지요.

오이디푸스 이방인이여, 뜻밖에도 애들이 돌아와 내가
지나치게 말이 길어졌으니 이상히 여기지는 마시오. 1120
애들과 관련한 내 기쁨은 바로
그대 덕분임을 나는 잘 알고 있소이다.
애들을 구해준 것은 그대고 다른 사람이 아니니까.
그러니 신들께서 그대와 이 나라에 내 소원대로
복을 내려주시기를! 나는 인간들 중에서 경건함과 1125
올곧은 품성과 거짓 없는 말을 오직 그대들에게서
발견했기 때문이오. 그것을 알고 나는 이런 말로
갚는 것이오. 내가 가진 것은 모두 바로
그대 덕분이라고. 그러니 왕이시여, 내게 오른손을
내밀어주시오. 내가 그 손을 만지고 그대 얼굴에 1130
입 맞출 수 있도록. 그것이 법도에 맞는다면 말이오.
그런데 내가 무슨 말을 하고 있는가? 이렇게 영락한 주제에
어찌 감히 죄의 오점이라고는 전혀 없으신 분을
만지기를 바랄 수 있겠소? 그렇게 해서도 안 되고,

　　　　　또 그것을 허용하지도 않을 것이오.　　　　　　　　　　1135
　　　　　내 집은 이미 거기에 말려든 사람만이 나누어 질 수
　　　　　있으니까. 그러니 지금 서 계신 곳에서 내 인사를 받으시오.
　　　　　그리고 앞으로도 종전처럼 나를 성실히 보살펴주시오.
테세우스　딸들이 반가워 그대 이야기가 더 길어졌다 해도,
　　　　　그대가 내 말보다 딸들의 말을 먼저 들었다 해도,　　　1140
　　　　　나는 조금도 이상히 여기지 않소. 그것은 조금도
　　　　　내 마음을 상하게 할 일이 아니니까요.
　　　　　하지만 나는 행동보다는 말로 인생에
　　　　　광휘(光輝)를 부여하고 싶지 않소이다.
　　　　　그 증거를 보여주겠소. 노인장, 그대에게 맹세한 것과　1145
　　　　　관련해 나는 전혀 거짓말을 하지 않았소이다.
　　　　　온갖 위협에도 소녀들을 무사히 산 채로 데려왔소.
　　　　　싸움에서 어떻게 이겼는지 내가 공연히
　　　　　자랑할 필요가 있겠소? 이 소녀들과 대화하며
　　　　　직접 듣게 되실 텐데. 한데 방금 이리로 오는 도중　　　1150
　　　　　내게 한 가지 일이 생겼는데, 그대의 지혜를 빌려주시오.
　　　　　사소한 일이지만 이상한 점이 있다오.
　　　　　인간은 어떤 일도 소홀히 해서는 안 되는 법이지요.
오이디푸스　무슨 일이지요, 아이게우스의 아들이여? 가르쳐주시오.
　　　　　그대가 묻는 것이 무엇인지 전혀 짐작할 수 없소이다.　1155
테세우스　사람들이 말하기를, 그대와 같은 도시 시민은 아니지만
　　　　　그대의 친척인 어떤 남자가 무슨 영문인지
　　　　　내가 처음에 이리로 올 때 제물을 바쳤던
　　　　　포세이돈 제단 앞에 쓰러져 탄원하고 있었다 하오.
오이디푸스　어느 나라 사람이오? 탄원으로 그가 얻고자 하는 것이 뭘까요?　1160

203　콜로노스의 오이디푸스

테세우스 내가 아는 것은 한 가지요. 사람들 말로는, 그대와 잠시
 별로 부담스럽지 않은 대화를 나누기를 청한다 하오.

오이디푸스 무엇에 관해서요? 그 자리로 미루어 하찮은 일은 아닌 것 같소.

테세우스 사람들 말로는, 그가 청하는 것은 그대와 대담하고 나서
 이곳 여행에서 무사히 돌아가는 것뿐이라 하오.

오이디푸스 대체 누가 그런 자리를 차지한 것일까요?

테세우스 그대에게 그런 것을 간청할 만한 이가 아르고스에
 누가 있는지 잘 생각해보시오.

오이디푸스 친구여, 더 말할 것 없소.

테세우스 왜 그러시오?

오이디푸스 묻지 마시오.

테세우스 무엇을 말이오? 말하시오.

오이디푸스 그대 말을 들으니 탄원자가 누군지 알겠소이다.

테세우스 대체 누군데 내가 그를 배척해야 하는 것이오?

오이디푸스 내 아들이올시다, 왕이시여. 그러나 미운 자식이라
 그의 말은 어느 누구의 말보다 내 귀에 거슬리오.

테세우스 뭐라 하셨소? 듣기만 하고 원치 않는 일은 하지 않으면
 될 것을, 어찌 듣기도 싫다는 것이오?

오이디푸스 왕이시여, 그의 목소리는 이 아비에게 가장 역겨운 목소리가
 되었소. 그러니 나더러 양보하라 강요하지 마시오.

테세우스 잘 생각해보시오. 제단 가에서의 탄원이 그대를 강요하는
 것인지 아닌지. 그대도 신을 존중할 의무는 있소.

안티고네 아버지, 나이는 어리지만 제 충고를 들으세요.
 여기 이분[69]께서 자신의 마음을 만족시키고,
 동시에 자신의 뜻대로 신을 만족시키도록 해드리세요.[70]
 그리고 우리 둘을 위해서 오라버니가 이리 오는 것을

허락해주세요. 안심하세요. 오라버니가 아버지에게
이롭지 못한 말을 하여 아버지의 결심을 억지로
바꿔놓지는 못할 테니까요. 말을 듣기만 하는 것이
무슨 해가 되겠어요? 사악한 흉계는 말에 드러나기
마련이지요. 아버지께서는 오라버니를 낳으셨어요.
그러니 아버지에게 아무리 악하고 불경한 짓을
하더라도 오라버니에게 악으로 되갚는 것은
아버지답지 않아요. 오라버니가 오게 하세요.
남들도 악한 자식들이 있고 성을 잘 내지만
친구들이 설득하고 달래면 타고난 본성이 순화되곤 하지요.
아버지께서는 지금이 아니라 지난날을, 부모님 때문에
당한 고통들을 생각하세요. 그 일들을 생각하시면,
사악한 분노의 종말이 얼마나 사악한 것인지
아시리라 확신해요. 아버지께서는 그것들에 관해
곰곰이 생각해보실 만한 여러 이유가 있어요.
눈을 잃으셔서 더이상 앞을 보지 못하시니 말예요.
자, 저희에게 양보하세요. 정당한 것을 오래 간청하고
있는 것은 아름답지 못해요. 그리고 선행을
받고도 보답할 줄 모르는 사람도 아름답지 못하고요.

오이디푸스 애야, 너희는 말로 나를 이겨 기쁘겠지만,
나는 괴롭구나. 하지만 너희 좋을 대로 하려무나!
다만, 친구여, 그 녀석이 이리로 오면, 어느 누구도
내 목숨을 제 마음대로 하지 못하게 해주시오.

테세우스 그런 말은 한 번으로 족하오. 두 번 들을 필요가 없소이다.
노인장, 알아두시오. 자랑이 아니라 그대 목숨은 안전하오.
신께서 내 목숨을 안전하게 지켜주시는 한 말이오.

(*테세우스, 경호원들과 함께 퇴장*)

코로스71

(좌) 적당한 몫에 만족하지 못하고
　　더 긴 수명을 바라는 자는,
　　내가 보기에, 어리석음에
　　집착하는 자가 분명하오.
　　긴긴 세월은 즐거움보다는　　　　　　　　　　1215
　　슬픔에 가까운 많은 것을 쌓기 마련이고,
　　적당한 몫 이상 지나치게 오래
　　살게 되면 즐거움은 더이상
　　아무 데서도 찾을 수 없을 테니까요.
　　그리고 종국에는 누구에게나 공평하게　　　　1220
　　구원자인 죽음이 찾아오지요.
　　하데스의 운명이 축혼가 없이,
　　뤼라도 춤도 없이 나타나면.

(우) 태어나지 않는 것이 더할 나위 없이
　　좋은 일이지만, 일단 태어났으면　　　　　　1225
　　되도록 빨리 왔던 곳으로 가는 것이
　　그다음으로 가장 좋은 일이라오.
　　경박하고 어리석은 청춘이 지나고 나면
　　누가 고생으로부터 자유로우며,
　　누가 노고(勞苦)에서　　　　　　　　　　　1230
　　벗어날 수 있단 말이오?
　　시기, 파쟁, 불화, 전투와 살인.

그리고 마지막으로 비난받는 노년이   1235
그의 몫으로 덧붙여진다오.
힘없고, 뻣세고, 친구 없고, 불행 중의
불행들이 빠짐없이 함께 사는 노년이.

(종가) 나만이 아니라 여기 이 불쌍한 사람도
그런 노년이 되었네. 북풍을 향한   1240
곶[岬]이 사방에서 겨울 파도에 매질을
당하듯, 여기 이 사람도 파도처럼 덮치는
무서운 재앙들에 심한 매질을 당하니,
그 재앙들은 더러는 해가 지는 곳에서,
더러는 해가 뜨는 곳에서,   1245
더러는 한낮의 햇빛 있는 곳에서,
또 더러는 어둠에 싸인
리파이 산들[72]에서 오는 것이라네.

안티고네 아버지, 저기 그 나그네가 오는 것 같아요.
수행원도 없이 홀로요. 그의 두 눈에는   1250
눈물이 비 오듯 흘러내리고 있어요.
오이디푸스 그게 누구지?
안티고네 아까부터 우리가 생각하는 사람요.
폴뤼네이케스 오라버니가 여기 왔어요.
폴뤼네이케스 *(등장하며)* 아아, 어떻게 할까? 누이들아, 먼저 내 자신의
불행을 위해 울까, 아니면 여기 계신 늙으신   1255
아버지의 불행을 위해 울까? 와서 보니,
아버지께서는 낯선 이 나라에 너희들과

함께 망명객으로 와 계시는구나. 입고 계신 옷은
옷만큼이나 오래된 더러운 때가 눌어붙어
살갗을 상하게 하고, 눈 없는 머리에는   1260
더벅머리만 바람에 나부끼는구나.
비참하게도 주린 배를 채우기 위해 들려 있는
음식도 이것들과 잘 어울리는 것 같구나.
불행히도 이 모든 것을 나는 너무 늦게 알게 되었다.
(오이디푸스에게) 아버지의 봉양에 관한 한 제가   1265
천하에 고약한 놈이라고 제 입으로 증언하겠어요.
하지만 제우스께서도 자비의 여신들을 왕좌 옆에
세워두시고 매사에 여신들과 함께하시거늘,
아버지, 여신께서 아버지 옆에도 다가오게 하세요.
허물은 고칠 수 있고, 더 나빠질 수는 없을 테니까요.**73**   1270
왜 말씀이 없으세요?
아버지, 말씀 좀 해주시고, 제게서 돌아서지 마세요.
제게는 대답조차 안 하실 거예요? 무언의 경멸로 저를
내치며, 왜 노여운지 말씀조차 안 하실 거예요?
(안티고네와 이스메네에게) 여기 계신 아버지의 딸들이여,   1275
내 누이들이여, 너희가 아버지의 무뚝뚝하고
달랠 길 없는 입을 열도록 힘을 모아다오.
아버지께서 신의 탄원자인 나를 불명예스럽게도 이런 식으로
한마디 대답 없이 돌려보내시지 않도록 말이다.

안티고네 가엾어라. 무슨 용건으로 오셨는지 직접 말씀드리세요.   1280
말을 많이 하다 보면, 기쁨을 주거나,
화나게 하거나, 아니면 동정심이 생겨
말수가 적은 사람도 말하게 만드는 수가 있으니까요.

폴뤼네이케스 그렇다면 다 털어놓으마. 네가 좋은 조언을 해주었다.
먼저 나는 신에게, 그분의 제단에서 이 나라의 국왕이   1285
나를 일으켜 세워 이리 오게 하신 그 신[74]에게 도움을
청하고 싶구나. 그때 왕께서 내게 말하고 들은 뒤
무사히 떠나게 해주겠다고 언질을 주셨소이다. 원컨대,
그런 언질이, 이방인들이여, 그대들에게서도, 그리고
여기 있는 내 누이들과 내 아버지에게서도 내게 주어지기를!   1290
아버지, 제가 찾아온 까닭을 아버지께 말씀드릴게요.
저는 추방자로서 조국에서 쫓겨났는데,
그것은 제가 장남으로서, 통치자가 비어 있던
아버지의 왕좌에 앉기를 요구했기 때문이지요.
그래서 에테오클레스가 차남인 주제에 저를 나라에서   1295
밀어냈어요. 하지만 말로 이긴 것도 아니고,
힘과 행동을 시험해본 것도 아니며, 다만 도시를
설득했을 뿐이었어요. 생각건대, 그 주된 이유는
아버지 집에 깃든 복수의 여신에게 있는 것 같아요.
나중에 예언자들에게서도 그렇게 들었어요.   1300
그래서 저는 도리에이스족의 아르고스로 갔어요.
아드라스토스를 장인으로 삼고는 아피아 땅에서
제일인자들이라 불리는 창 잘 쓰기로 명성이 자자한
사람들을 모두 맹세로써 제 편으로 만들었지요.
제가 그들과 함께 테바이를 공격할 일곱 부대의 창병을   1305
모아 정의로운 싸움에서 죽거나 아니면
그런 나쁜 짓을 한 자들을 나라에서 내쫓기 위해서죠.
그런데 제가 이곳을 찾아온 까닭이 무엇이냐고요?
아버지, 아버지께 간절한 부탁이 있어 왔어요.

그것은 제 부탁이자 제 동맹자의 부탁이기도 한데, 1310
그들은 지금 일곱 자루의 창으로 일곱 부대를 이끌며
테바이 들판을 완전히 포위하고 있어요. 그중에는
잽싼 창의 암피아라오스도 있는데, 창술도 뛰어나지만
새들이 날아가는 길을 보고 점치는 데도 으뜸이지요.
두 번째가 아이톨리아인, 오이네우스의 아들 튀데우스이고, 1315
세 번째가 아르고스 출신의 에테오클로스예요.
네 번째인 힙포메돈은 그의 아버지 탈라오스가 보냈고,
다섯 번째인 카파네우스는 테바이 시를 불태워 쑥대밭으로
만들겠다고 장담하고 있어요. 여섯 번째로 아르카디아인
파르테노파이오스가 전쟁을 향해 돌진하고 있는데, 1320
그는 아탈란테의 듬직한 아들로 오랫동안 처녀였던 그녀가
결국 어머니가 되어 그를 낳았기에 그렇게 불려요.
끝으로 아버지의 아들인 제가—아버지의 아들이 아니라면,
사악한 운명의 자식으로서 이름만은 아버지의 아들인 제가
두려움을 모르는 아르고스군을 테바이로 인도하고 있어요. 1325
아버지, 우리 모두가 아버지의 목숨과, 이곳에 있는
아버지의 자식들 이름으로 간곡히 부탁드려요.
저는 저를 내쫓고 조국을 빼앗은 제 아우를
응징하러 가는 길이오니, 부디 저에 대한 준엄한
노여움을 풀도록 하세요. 신탁[75]이 조금이라도 1330
믿을 수 있는 것이라면, 아버지께서 편드시는 쪽이
이길 것이라고 하니까요. 그래서 저는 지금
우리 샘들[76]과 우리 가문의 신들의 이름으로 간청하는
거예요. 아버지께서 들어주시고 양보해주시라고.
저는 거지며 추방자예요. 아버지께서도 추방자예요. 1335

아버지도 저도 남에게 아첨하며 살아가요.
우리는 같은 운명을 몫으로 받았지요.
한데 그는 집에서 왕이 되어, 아아, 가련하구나, 내 신세!
우리 두 사람을 모두 비웃으며 우쭐대고 있어요.
하지만 아버지께서 제 계획에 가담해주신다면   1340
저는 그를 적은 수고로 단기간에 박살낼 거예요. 그러면
저는 그를 강제로 내쫓은 다음 아버지를 모시고 가서
아버지 집에 앉혀드리고, 저도 앉겠어요. 아버지께서
저와 함께해주신다면 그렇게 자랑할 수 있을 거예요.
하지만 아버지 없이 저는 구원받을 길이 없어요.   1345

코로스장 오이디푸스여, 그를 이리 보내신 분77을 봐서라도
그를 돌려보내기 전에 옳다고 생각되는 바를 말하시오.

오이디푸스 친구들이여, 이 나라의 수호자들이여, 그가 내 대답을
듣는 것이 옳다는 생각에서 내가 있는 이곳으로 그를
보낸 분이 테세우스가 아니었다면, 그는 결코   1350
내 음성을 듣지 못했을 것이오. 하지만 그는 떠나기 전에
내 음성을 들을 가치가 있다고 여겨졌으니,
나에게서 그의 인생을 결코 즐겁게 해주지 않을
말들을 들을 것이오. 이 천하에 고약한 녀석아,
지금 네 아우가 테바이에서 쥐고 있는 왕홀과 왕권을   1355
네가 쥐고 있었을 때, 너는 네 아비인 나를 내쫓아
나를 고향 도시도 없는 사람으로 만들었고, 이 옷을
입도록 만들었다. 그런데 이제 와서 나와 똑같은 궁지에
빠지니 이 옷을 보며 눈물을 흘리는구나.
눈물이 무슨 소용이냐? 살아 있는 동안 나는   1360
이 짐을 져야 한다. 너를 내 살해자로 기억하면서.

누구도 아닌 바로 네가 이런 고난을 내게 안겨주었고,
네가 내쫓았으며, 네 덕분에 내가 떠돌아다니며
남에게 그날그날의 끼니를 구걸하니 말이다.
내게 이 딸애들이 태어나서 나를 부양해주지 않았다면 1365
나는 네 도움만으로는 벌써 죽었을 테지. 하지만 이 애들이
나를 지켜주었고, 이 애들이 나를 부양해주었어.
함께 고생해야 할 때 이 애들은 남자지 여자가 아니었어.
하지만 너희 둘은 남의 자식이지 내 자식이 아니야.
그래서 복수의 정령이 너를 노려보고 있어. 하나 아직은 1370
네 말처럼 그 군대가 테바이 시로 진군하면
당장 너에게 보내게 될 그런 눈길로 노려보고 있지는 않아.
너는 그 도시를 쓰러뜨리지 못해. 오히려 네가 먼저
피투성이가 되어 쓰러질 것이고, 네 아우도 마찬가지야.
아까도[78] 너희들에게 그런 저주의 말을 했거늘 1375
이번에도 나는 저주의 말들을 내 동맹자로 불러들이겠다.
너희가 어버이에게 효도하는 것을 가치 있는 일로 여기도록,
그리고 눈이 멀었다고 아버지를 무시하지 못하도록. 너희 같은
불효자들을 낳아준 아버지를 말이다. 이 딸애들은 그러지
않았다. 그래서 내 저주의 말은 네 탄원도 네 왕좌도 1380
제압하는 것이다. 옛날부터 일컬어져온 정의의 여신께서
영원한 법도에 의해 제우스와 자리를 함께하고 계신다면.[79]
꺼져라. 나에게 배척받고 아버지도 없이, 이 악당 중에
악당아, 내가 지금 너에게 퍼붓는 이 저주의
말들을 갖고서 말이다. 너는 결코 네 조상의 나라를 1385
창으로 이기지도 못하고, 언덕으로 둘러싸인 아르고스로
돌아가지도 못할 것이다. 오히려 너는 친족의 손에

죽고, 너를 내쫓은 자를 죽이게 될 것이다.

이렇게 나는 저주한다. 그리고 나는 너를 다른 거처로

데려가도록 아버지 타르타로스의 끔찍한 암흑[80]을 부르고, 1390

이곳 원림에 계신 여신들[81]을 부르며, 너희 둘 사이에

무서운 증오심을 불러일으킨 아레스[82]를 부른다.

내 말을 들었으니 가거라.

가서 전 카드모스의 자손들과 네 믿음직한

전우들에게 큰 소리로 알려라. 오이디푸스가 1395

제 아들들에게 이런 명예의 선물들을 나눠주었다고.

코로스장 폴뤼네이케스여, 나는 그대가 지나온 여정[83]이

마음에 들지 않소이다. 그러니 어서 돌아가시오!

폴뤼네이케스 아아, 내 여행이여, 좌절된 내 희망이여!

아아, 전우들이여! 우리가 아르고스를 출발했을 때, 그 길은 1400

어떤 결말로 끝나도록 되어 있었는가! 가여운 내 신세.

아아, 어떤 전우에게도 차마 입 밖에 낼 수 없는

그런 결말로 끝나게 되어 있었다니! 그렇다고 전우들을

되돌려 세울 수도 없으니 묵묵히 이 운명을 맞을 수밖에.

아아, 여기 계신 아버지의 딸들이자 내 누이들이여, 1405

너희는 아버지의 이런 가혹한 저주의 말씀을 들었으니,

내 너희에게 신들의 이름으로 부탁하노라.

여기 계신 아버지의 저주의 말씀이 이루어지고,

혹시 너희가 고향으로 돌아가게 되면,

나를 모욕하지 말고 나를 묻어주고 장례를 치러다오. 1410

그러면 너희는 지금 여기 계신 늙으신 아버지를 위해

수고한 까닭에 칭찬을 받는데다, 나를 위해

봉사한 까닭에 더 큰 칭찬을 또 받게 될 것이다.

안티고네	폴뤼네이케스 오라버니, 내 청도 한 가지 들어주세요!
폴뤼네이케스	가장 사랑하는 안티고네야, 그게 뭔지 말해보아라. 1415
안티고네	군대를 되도록 빨리 아르고스로 되돌리고 오라버니 자신과 우리 도시를 파괴하지 마세요.
폴뤼네이케스	그건 안 될 말이다. 내가 한번 도망치게 되면, 어떻게 같은 군대를 다시 지휘할 수 있겠니?
안티고네	하지만 오라버니, 왜 또다시 원한을 품어야 하는 거죠? 1420 조국을 파괴한다고 오라버니에게 무슨 덕이 되지요?
폴뤼네이케스	추방당하는 것은 치욕이야. 게다가 장남이면서 아우에게 이렇게 조롱당하는 것도.
안티고네	두 분 오라버니가 서로 죽일 것이라는 아버지의 예언을 오라버니가 이루고 있는 것도 보이지 않으세요? 1425
폴뤼네이케스	그게 그분의 소원인 걸. 하지만 난 물러설 수 없어.
안티고네	아아, 가련한 내 신세! 하지만 아버지께서 어떤 예언을 하셨는지 듣고 나면, 누가 감히 오라버니를 따르겠어요?
폴뤼네이케스	나쁜 소식은 전하지 않을 거야. 좋은 장수는 좋은 소식은 전해도 나쁜 소식은 전하지 않는 법이니까. 1430
안티고네	오라버니, 그렇게 하기로 정말 마음을 굳힌 거예요?
폴뤼네이케스	나를 붙잡지 마라. 나는 이 길을 가야 한다. 아버지와 복수의 여신에 의해 불길한 전조들로 가득 찬 이 사악한 운명의 길을 말이야. 하지만 너희 둘에게는 제우스께서 복을 내려주시기를! 1435 내가 죽은 뒤 너희들이 내 부탁대로 해준다면. 생전에는 너희들이 나를 위해 아무것도 해줄 수가 없으니까. 자, 나를 놓아다오. 잘 있거라! 살아 있는 내 모습을 너희들은 다시는 보지 못할 것이다.

안티고네	아아, 기구한 내 신세!
폴뤼네이케스	울지 마라!
안티고네	하지만 오라버니, 예견된 죽음을 향해 달려가는
	오라버니를 보고 울지 않을 사람이 어디 있겠어요?
폴뤼네이케스	죽어야 한다면, 죽어야지.
안티고네	그러지 말고 내 말 들으세요.
폴뤼네이케스	내가 해서는 안 되는 것은 요구하지 마라.
안티고네	오라버니를 잃게 되면 나는 끝장이에요.
폴뤼네이케스	그런 일들은 이렇게 되든 저렇게 되든,
	운명의 여신에게 달려 있다. 하지만 너희 둘은
	결코 불행을 당하지 않도록 신들께 빌겠다. 누가 봐도
	너희는 고통 받아 마땅하다고 할 수 없으니까.

1440

1445

(폴뤼네이케스 퇴장)

(좌 1)**84**

코로스	보라, 새로운 재앙들**85**이, 운명으로 무거워진
	재앙들이 새로이 닥치는구나, 눈먼 나그네로부터.
	아니면 혹시 운명이 무엇인가를 성취하는 것일까?
	신들의 포고는 공허한 것이라 할 수 없으니까.
	시간은 언제나 그 포고를 빠짐없이 지켜보고
	있다네, 어떤 것들은 넘어뜨리고,
	어떤 것들은 다음날 도로 높이 일으켜 세우며.

1450

1455

(천둥소리가 들린다)

하늘의 저 천둥소리! 오오, 제우스시여!

오이디푸스   애들아, 애들아, 누군가 심부름 보낼 사람 있으면, 가서

오이디푸스	가장 탁월한 테세우스를 이리 모시고 왔으면 좋겠구나.
안티고네	아버지, 무슨 청이 있어 그분을 부르시는 거예요?
오이디푸스	제우스의 날개 달린 저 천둥이 나를 곧 하데스로 　　　　1460
	인도할 것이다. 그러니 되도록 빨리 사람을 보내거라!

(우 1)

코로스	들어보라. 제우스께서 던지는 형언할 수 없는
	천둥이 요란한 굉음을 내며 무너져 내리니,
	나는 두려움에 머리카락이 곤두서는구나. 　　　　1465
	나는 주눅이 드는구나. 또다시 하늘에 번개를 치니.
	무슨 일이 벌어지려는 것일까?
	무섭구나. 번개는 결코 헛되이 돌진하지 않고,
	중대한 결과를 불러오기 마련이니까. 　　　　1470

　　(천둥소리가 들린다)

|| 오오, 위대한 하늘이여! 오오, 제우스여!

오이디푸스	애들아, 여기 있는 나에게 신께서 예언하신 인생의
	종말이 다가왔다. 이제 더이상 피할 수 없다.
안티고네	그걸 어떻게 아세요? 뭘 보고 그렇게 판단하세요?
오이디푸스	나는 잘 안다. 그러니 누군가 어서 가서 　　　　1475
	이 나라의 국왕을 모셔 오도록 해라!

　　(천둥소리 들린다)

(좌 2)

코로스	들어보라, 들어보라! 또다시 귀청이 터질 듯한
	천둥소리가 우리를 에워싸는구나! 자비를 베푸소서,

신이여, 자비를 베푸소서. 만약 그대가   1480
우리 어머니인 이 나라에 암흑 같은 것을 가져다주시는
것이라면. 나는 그대가 관대해지기를 바라며,
저주받은 사람을 만나보았다고 해서 내 몫으로
어떤 무익한 대가가 내리지 않기를 바라나이다.
제우스 왕이시여, 나는 그대에게 외치고 있나이다.   1485

오이디푸스 그분께서 가까이 오셨느냐? 애들아, 내가 아직 목숨이 붙어
정신이 맑은 동안 그분께서 나를 만나보시겠느냐?
안티고네 대체 그분에게 무엇을 은밀히 털어놓으시려는 거죠?
오이디푸스 내가 그분에게 받은 모든 선행에 대해, 내가 그것을
받았을 때 약속한 보답을 해주어야 하지 않겠느냐?   1490

(우 2)

코로스 자, 내 아들이여, 오십시오, 이리 오십시오!
혹시 그대가 골짜기의 가장 깊숙한 곳에서
해신 포세이돈을 위해 그분 제단을 제물로
축성(祝聖)해드리고 계시더라도, 오십시오!   1495
나그네가 그대와 도시와 친구들에게
자신이 받은 선행에 대해
응분의 보답을 하려 하네요.
어서 서두십시오, 왕이시여!

(테세우스 등장)

테세우스 또 어인 일로 똑똑히 들을 수 있도록 모두들 나를   1500
부르는 것이오, 내 백성도, 여기 이 나그네도?

	제우스의 벼락 때문이오, 아니면 억수같이 쏟아지는	
	우박 때문이오? 신께서 이런 폭풍우를 보내시면	
	별의별 예감이 다 드는 법이니까요.	
오이디푸스	왕이시여, 그대가 오시기를 고대하고 있었소. 그대가	1505
	오신 것에 어떤 신께서 큰 행운을 정해놓으셨소이다.	
테세우스	또 무슨 일이 생겼나요, 라이오스의 아들이여?	
오이디푸스	내 목숨의 저울이 기울었소. 나는 죽음을 앞둔 만큼	
	그대와 이 도시에 준 언질을 저버리고 싶지 않소이다.	
테세우스	그대의 죽음이 임박했다는 증거가 어디 있지요?	1510
오이디푸스	신들 자신이 전령으로서 내게 알려주시고 있소이다,	
	미리 정해놓은 증거들을 하나도 빼놓지 않으시며.	
테세우스	어떤 증거들 말이오? 말해주시오, 노인장!	
오이디푸스	저 끊임없는 천둥소리와, 아무도 이긴 적 없는 팔에서	
	던져지는 번쩍이는 번개가 그 증거들이오.	1515
테세우스	수긍이 가오. 나는 그대의 많은 예언에서 한 번도	
	거짓을 보지 못했소.⁸⁶ 어떻게 할지 말해주시오.	
오이디푸스	아이게우스의 아들이여, 내 그대에게 이 도시를 위하여	
	세월을 타지 않는 보물이 될 것을 가르쳐주겠소.	
	이제 곧 나는 인도자의 도움 없이 혼자서,	1520
	내가 죽을 장소로 가는 길을 그대에게 보여주겠소.	
	하지만 그대는 누구에게도 그 장소를 말하지 마시오.	
	그 장소가 어느 곳에 숨어 있는지도, 어느 지역에	
	위치하는지도. 그러면 그 장소는 수많은 방패보다	
	더 훌륭히, 도우러 온 이웃의 창보다 더 훌륭히 그대를	1525
	지켜줄 것이오. 말해서는 안 되는 신성한 것들은,	
	그대가 혼자 그곳에 가면 스스로 알게 될 것이오.	

이곳 시민 누구에게도, 사랑하는 자식이지만
내 딸들에게도 나는 그것들을 말할 수 없소이다.
그대는 그것들을 언제까지나 혼자서 간직하시다가   1530
인생의 종말에 이르면 장남에게만 알려주고,
장남은 또 계속 후계자에게 가르쳐주게 하시오.
그러면 그대는 스파르토이들[87]에게 해를 입지 않고
이 도시에서 살게 될 것이오. 이웃들이 올바로 살아가는 데도
수많은 도시들이 걸핏하면 이웃을 침범하니 말이오.   1535
사람들이 신의 뜻을 무시하고 미치기 시작하면,
어김없이 신들께서 늦게 벌주시기 때문이죠.
아이게우스의 아들이여, 그대에게 그런 일이 일어나지 않게
조심하시오. 그런 것들은 내가 가르쳐주지 않아도
그대는 알고 있을 것이오. 신의 지시[88]가 나를 재촉하니   1540
자, 우리 그 장소로 떠나고 더이상 지체하지 맙시다!
얘들아, 따라오너라! 이리로! 전에 너희가 이 아비의
길라잡이였듯이, 이번에는 기이하게도 내가 너희의
길라잡이가 되었으니 말이다. 자, 오너라. 내게
손대지 말고, 내가 이 나라에서 묻히게 되어 있는   1545
그 신성한 무덤을 나 혼자 찾아내게 해다오.
이 길로, 이쪽으로, 이 길로 오너라! 인도자[89] 헤르메스와
지하의 여신[90]께서 나를 이 길로 인도하시니까.
내게는 햇빛 아닌 햇빛이여, 전에는 네가 내 것이기도
했지만, 이제 마지막으로 내 육신이 너를 느끼는구나![91]   1550
나는 지금 내 인생의 마지막을 하데스에 숨기러 가는
길이니까. *(테세우스에게)* 하지만 가장 사랑하는 친구여,
그대와 이 나라와 그대의 백성들은 부디 행복하시오!

그리고 번영을 누리면서도 죽은 나를 생각하시오.

그대들의 영원한 행복을 위하여! 1555

(오이디푸스, 안티고네, 이스메네, 테세우스와 그의 경호원들 퇴장)

코로스[92]

(좌) 보이지 않는 여신[93]과

그대 밤의 자식들의 왕[94]을

기도로써 공경하는 것이 내게 허락된다면,

하데스여, 하데스여,

내 말을 들어주소서! 1560

저 나그네가 고통 당하지 않고,

통곡을 자아내는 운명도 맞지 않고,

모든 것을 안에 감추고 있는 하계(下界)로,

사자들의 들판과 스튁스[95]의 집으로 가게

해주소서! 수많은 슬픔이 까닭 없이 1565

그를 덮쳤으니, 그 보상으로

어떤 정의로운 신께서 그를 높여주시기를!

(우) 지하의 여신들[96]이여! 그리고 너

이길 수 없는 무서운 짐승[97]이여,

옛날부터 전해오는 이야기에 따르면, 1570

손님 많은 문간에 살며

동굴 밖으로 짖어댄다는,

하데스의 길들일 수 없는

파수꾼이여!

그대 대지와 타르타로스의 아들[98]이여,

　　　　청컨대, 부디 그 파수꾼이   1575
　　　　사자들의 들판으로 내려가는
　　　　저 나그네에게 길을 환히 열어주기를! 그대를
　　　　부르고 있나이다, 영원한 잠을 주시는 분이여!

　　　　(사자 등장)

사자　시민들이여, 가장 간단히 말하자면, 오이디푸스가
　　　　세상을 떠났어요. 하지만 일어난 일들에 관해   1580
　　　　말하자면, 그 이야기는 간단히 말할 수도 없고,
　　　　사건도 간단하지 않아요.
코로스장　그 불행한 사람이 세상을 떠났단 말인가?
사자　알아두세요.
　　　　그분은 영원히 인생을 떠났어요.
코로스장　어떻게? 신께서 보낸 운명에 의해 아무 고통 없이?   1585
사자　그래요. 그리고 그것은 정말 놀라운 일이었어요.
　　　　어떻게 그분이 이곳을 떠났는지는, 그대도 여기 있었으니
　　　　잘 아실 거예요. 그분은 어떤 친구에게도
　　　　이끌리지 않고, 자신이 우리 모두를 인도했어요.
　　　　그리하여 청동 계단들로 대지에 깊숙이   1590
　　　　뿌리내리고 있는 가파른 문턱[99]에 이르렀을 때,
　　　　그분은 여러 갈림길 중 한곳에 멈춰 섰는데,
　　　　그곳은 테세우스와 페이리토오스의 변함없이 굳은
　　　　맹약의 기념물[100]이 있는 움푹 팬 바위 옆이었어요.
　　　　그분은 그 움푹 파인 곳과 토리코스 바위[101] 중간에,   1595
　　　　그러니까 속이 빈 배나무와 대리석 무덤 중간에
　　　　멈춰 서더니 그곳에 앉아 옷을 벗더군요.

그러더니 딸들을 불러 샘에서 목욕할 물을 가져오고,
제주를 준비하게 했어요. 그러자 두 딸은
마주 보이는 어린 초목의 수호여신   1600
데메테르의 언덕[102]에 가서 아버지가 요구한 것들을
지체 없이 가져오더니, 격식에 따라
그분을 씻어주고 옷[103]을 입혀주더군요.
그분의 마음이 흡족하도록 모든 것이 행해지고
그분이 바라던 것이 빠진 것이 하나도 없었을 때,   1605
지하의 제우스[104]께서 천둥을 치셨고,
그러자 소녀들은 천둥소리를 듣고 놀라
아버지의 무릎에 쓰러져 울며 가슴을 치고
통곡하기를 그치지 않았어요. 하지만 그분은
딸들의 갑작스럽고 비통한 울음소리를 듣자마자   1610
두 팔로 딸들을 안으며 말했어요. "얘들아, 오늘로
너희에게 아버지는 더이상 존재하지 않는다.
이제 내 모든 것이 소멸하여, 너희는 더이상
나를 부양하는 수고를 하지 않게 된다.
힘든 수고였지. 알고 있다, 얘들아. 하지만 단 한마디 말이   1615
나를 위한 그 모든 수고를 보상해줄 것이다.
말하자면 나는 너희를 사랑했고, 어느 누구도
나보다 더 너희를 사랑할 수는 없을 것이다.
이제 너희는 나 없이 남은 생을 살아가야 할 것이다."
세 부녀(父女)가 이렇게 서로 꼭 껴안은 채   1620
흐느껴 울었어요. 그들이 마침내 비탄을 끝내고
다른 소리도 더이상 들리지 않아 적막감이
감돌았을 때, 느닷없이 누군가의 목소리가

그분을 불렀고, 그래서 모두들 놀랍고 두려워
갑자기 머리카락이 곤두섰어요. 신께서 몇 번이고   1625
되풀이해서 그분을 부르셨으니까요.
"오오, 거기 오이디푸스여, 왜 우리는 가지 않고
지체하는가? 그대가 너무 꾸물대는구나."
그분은 자신을 부르는 것이 신이라는 것을 알고
이 나라의 국왕인 테세우스를 가까이 오라고 불렀고,   1630
그래서 왕께서 다가가시자 이렇게 말했어요.
"친구여, 내 자식들에게 신의의 담보로 그대의 손을 주시오.
애들아, 너희들도 그렇게 해라. 그러고는 이 딸애들을
결코 자진하여 버리지 않을 것이며, 이 애들에게 유리한
것이면 언제라도 호의를 갖고 해주시겠다고 약속해주시오!"   1635
그래서 테세우스 님은 고매하신 분답게 비탄을 자제하며
나그네에게 그렇게 하겠다고 약속하고 맹세하셨어요.
테세우스 님이 그렇게 하시자, 오이디푸스는 즉시
보이지 않는 손으로 자기 자식들을 만지며 말했어요.
"애들아, 너희는 마음씨가 착해야 하며, 괴롭더라도   1640
여기 이 장소를 떠나고, 보아서는 안 될 것을 보거나,
들어서는 안 될 말을 들으려 해서는 안 된다.
그러니 너희는 되도록 빨리 떠나거라! 테세우스만이
그럴 권리가 있으니까 여기 남아 일어나는 일을 알게 하라!"
그분이 그렇게 말하자 우리는 너나없이 모두   1645
그분의 말에 따라, 하염없이 눈물을 흘리고 비탄하며
소녀들과 함께 그곳을 떠났어요. 그곳을 떠나고 잠시 후
우리가 뒤돌아보니, 오이디푸스 그분은
온데간데없고 왕께서 홀로, 마치 어느 누구도

차마 눈뜨고 볼 수 없는 무엇인가 끔찍한 것이 1650
나타나기라도 한 양, 눈을 가리려고
얼굴에 손을 갖다대고 계신 것이 보였어요.
그리고 조금 뒤 우리는 왕께서 대지와
올륌포스의 신들에게 잇달아 기도드리고
경배하시는 것을 보았어요. 하지만 오이디푸스가 1655
어떤 운명에 의해 세상을 떠났는지는 테세우스
그분 외에는 어떤 사람도 말할 수 없어요.
그때 오이디푸스를 사라지게 한 것은 불을 내뿜는
신의 번개도 아니고, 갑자기 바다에서 일기 시작한
폭풍도 아니니까요. 아니, 그것은 신들께서 보내신 1660
사자(使者)이거나, 아니면 사자(死者)들의 세계가,
대지의 견고한 토대가 그분이 고통당하지 않도록
호의에서 열렸던 것이오. 그분의 호송은 비탄도, 질병도,
고통도 수반되지 않고, 어떤 인간의 그것보다 더 경이로운
것이었어요. 내가 하는 말이 어리석어 보인다면, 1665
어리석게 보는 이들에게는 믿어달라고 하지 않겠소.

코로스장 한데 그 소녀들과 그들을 호위하던 친구들은 어디 갔는가?

사자 그리 멀리 있지 않아요. 곡소리가 들리는 걸
보니 그들은 분명 이리로 오고 있어요.

(좌 1)**105**

안티고네 아아, 슬프도다. 이제 가엾은 우리 두 자매, 1670
아버지에게서 물려받아 우리 것이 된
저주받은 피를 한꺼번에 비탄해야 하는구나.
아버지께서 살아 계시는 동안 우리는

아버지를 위해 그 큰 노고를 쉴 새 없이
참고 견뎠거늘, 종국에는 우리가 보고 당한 1675
형언할 수 없는 일들을 말해야 하다니!

코로스 그게 무엇이오?

안티고네 우리는 추측할 뿐이에요, 친구들이여.

코로스 그분이 가셨단 말이오?

안티고네 가장 바람직하게요.
어찌 그렇지 않겠어요? 아버지께서는
전쟁터나 바다에서 죽음을 맞으신 것이 아니라, 1680
어떤 알 수 없는 운명에 의해 보이지 않는
저승의 들판으로 낚아채어지셨는데!
(이스메네에게) 아아, 파멸의 밤이
우리 두 자매의 눈을 덮쳤구나.
어떻게 우리는 1685
머나먼 나라나
바다의 파도 위를 떠돌아다니며
힘든 생계를 꾸려나갈까?

이스메네 나도 몰라요. 저 무시무시한 하데스가
나를 늙으신 아버지와 함께 1690
죽게 해주었더라면!
아아, 가련한 내 신세!
나의 여생은 살 가치도 없어요.

코로스 그대들 착한 딸들이여, 두 자매여,
신께서 주신 운명은 참고 견뎌야 하오.
지나치게 슬퍼하지 마시오. 그대들은 1695
불평할 만한 일을 당한 것이 아니오.[106]

(우 1)

안티고네　불행에 대한 그리움 같은 것도 있나 봐요.
　　　　내가 이 손으로 아버지를 모시던 동안에는
　　　　즐거울 리가 없는 것도 즐거웠으니까요.
　　　　아아, 그리운 아버지,　　　　　　　　　　　　　1700
　　　　아버지께서는 영원히 지하의 어둠을 입으셨지만,
　　　　그곳에 계셔도 저와 이 아우에게
　　　　사랑받지 못하시는 일은 결코 없을 거예요.

코로스　그분은 결국…

안티고네　결국 원하시던 대로 되셨지요.

코로스　어떻게 말이오?

안티고네　아버지께서는 원하던 대로 이국땅에서 세상을　　1705
　　　　떠나셨어요. 아버지께서는 그늘진 무덤 속에
　　　　영원히 잠자리를 차지했고, 눈물 없는
　　　　비탄을 뒤로하지도 않았으니까요.[107]
　　　　아버지, 제가 두 눈에서 눈물을 쏟으며
　　　　아버지를 애도하고 있으니까요. 그리고 저는　　　1710
　　　　가련하게도 아버지로 인한 이 큰 슬픔을
　　　　어떻게 진정해야 할지 모르겠어요.
　　　　아아, 아버지께서는 이국땅에서 세상을
　　　　떠나기를 원하셨어요. 하지만 세상을 떠나실 때
　　　　저는 아무것도 해드리지 못했어요.

이스메네　아아, 슬프도다. 언니, 어떤 운명이　　　　　　1715
　　　　· · · · · ·
　　　　· · · · · · [108]
　　　　나와 언니를 기다리고 있을까요?

이렇게 아버지를 여의었으니 말예요.

코로스 사랑스런 소녀들이여, 그분은 1720
축복 속에서 생을 마감했으니
이렇게 슬퍼하지 마시오. 불운에
사로잡히지 않는 사람은 아무도 없어요.

(좌 2)

안티고네 아우야, 우리 돌아가자!
이스메네 무엇 하게요?
안티고네 그리움이 나를 사로잡는구나!
이스메네 어떤 그리움이? 1725
안티고네 지하의 안식처가 보고 싶구나.
이스메네 누구의?
안티고네 아버지의. 아아, 기구한 내 신세.
이스메네 하지만 그것이 어떻게 허용되겠어요?
언니는 모르세요?[109]
안티고네 왜 그렇게 질책을 하니? 1730
이스메네 그 밖에도…
안티고네 그 밖에 또 뭐가 있는데?
이스메네 아버지께서는 무덤 없이, 사람들과 떨어진 곳에서 돌아가셨어요.
안티고네 나를 그리로 데려가 나도 죽여다오!
이스메네 아아, 슬프도다. 그러면 나는
외톨이가 되어 의지가지없이 1735
어디서 비참하게 살아가라고요?

(우 2)

코로스	사랑스런 소녀들이여, 두려워하지 마시오.	
안티고네	하지만 나는 어디로 피하죠?	
코로스	그대들은 이미 피했소이다.	
안티고네	무엇을 말예요.	
코로스	그대들의 운이 나빠지는 것을.	1740
안티고네	그건 알고 있어요.	
코로스	그렇다면 무슨 생각을 하고 있는 것이오?	
안티고네	어떻게 집에 돌아가야 할지 모르겠어요.	
코로스	가려 하지 마시오.	
안티고네	궁핍이 우리를 괴롭히고 있어요.	
코로스	전에도 괴롭혔지요.	
안티고네	전에 절망적이었다면, 지금은 더 심해요.	1745
코로스	그대들은 재앙의 대해(大海)를 몫으로 받았으니까요.	
안티고네	아아, 우리는 어디로 가야 하나이까, 제우스여? 아직도 무슨 희망이 남아 있어 운명이 우리를 지금 그쪽으로 재촉한단 말예요?	1750

(테세우스 등장)

테세우스	지곡(止哭)하시오, 소녀들이여. 지하의 신들이 산 자와 죽은 자에게 똑같이 지속적인 혜택을 베푼 경우,**110** 슬퍼할 일이 아니오. 신께서 노여워하실지 모르니까요.	
안티고네	아이게우스의 아드님이여, 그대에게 부탁이 있어요.	
테세우스	내가 어떻게 해주면 되겠소, 소녀들이여?	1755
안티고네	우리는 우리 아버지의 무덤을 우리 눈으로 보고 싶어요.	

테세우스   그건 안 될 일이오.
안티고네   왜 안 된다는 거죠, 왕이시여, 아테나이의 통치자시여?
테세우스   소녀들이여, 그분이 내게 금지했소.   1760
　　　　　어떤 사람도 그 장소에 접근하거나, 그분이 누워 있는
　　　　　신성한 무덤을 목소리로 부르지 못하게 하라고 말이오.
　　　　　그분은 또 말하기를, 내가 그것을 잘 준수하면,
　　　　　내가 다스리는 나라가 언제까지나 해를
　　　　　입지 않을 것이라 했소. 그래서 내가 그러겠다고   1765
　　　　　약속하는 것을 신[111]도 들었고, 제우스의 시종으로
　　　　　만사를 굽어보는 맹세의 감시자[112]도 들었소이다.
안티고네   그것이 아버지의 뜻이라면,
　　　　　우리도 감수해야겠지요.
　　　　　하지만 우리를 오래된 테바이로 보내주세요.   1770
　　　　　혹시 우리가 우리 오라버니들의
　　　　　임박한 살육을 막을 수 있을는지.
테세우스   그렇게 하지요. 그 밖에도 내가 그대들에게
　　　　　도움이 되고, 방금 우리 곁을 떠나 지하에 가 있는
　　　　　그분을 즐겁게 해줄 수 있는 일이 있다면,
　　　　　나는 어떤 노고도 마다해서는 안 되겠지요.
코로스   　자, 이제 지곡하고, 더이상
　　　　　만가(輓歌)를 깨우지 마시오.
　　　　　이 일들은 확고부동하기 때문이오.[113]

아이아스
Aias

작품 소개

『아이아스』는 소포클레스의 현존 비극들 중 맨 먼저 쓰여진 것으로 추정된다. 텔라몬의 아들 아이아스는 죽은 아킬레우스의 무구들이 그리스 장군들의 투표에 의해 자기가 아닌 오뒷세우스에게 주어지자 자존심에 큰 타격을 입는다. 그리하여 밤에 그리스 장군들을 습격하지만, 아테나 여신이 그를 미치게 한 탓에 그들 대신 가축 떼를 도륙하고 돌아온다. 다시 정신이 든 아이아스는 부끄럽고 참담하여 위로하는 애첩과 전우들을 안심시키고 한적한 바닷가로 나가 적장 헥토르에게 선물받은 칼의 칼끝을 위로 가게 땅에 고정시키고 그 위에 엎어져 자살한다. 메넬라오스와 아가멤논이 그를 매장하지 못하게 하지만 오뒷세우스가 나서서 그를 매장하는 것을 허락하도록 설득한다.

등장인물

아테나 여신

오뒷세우스 그리스군 장수

아이아스 그리스군 장수

코로스 살라미스 섬의 선원들로 구성된

테크멧사 아이아스의 첩

사자(使者)

테우크로스 아이아스의 이복동생

메넬라오스 그리스군 장수. 아가멤논의 아우

아가멤논 그리스군 총사령관

무언배우

에우뤼사케스(아이아스와 테크멧사의 어린 아들), 가정교사, 전령 외.

이 작품의 대본은 Sophocles, *Ajax* edited with an Introduction, Translation and Notes by A. F. Garvie (Aris & Phillips Classical Texts 1998)의 그리스어 텍스트다. 주석은 위 A. F. Garvie와 Jebb (Cambridge University Press 1957)의 것을 참고했다. 현대어역 중에서는 위 A. F. Garvie, R. Jebb (Cambridge 1957), S. Dutta (Cambridge 2001), H. Golder/R. Pevear (Oxford 1999), J. Moore (University of Chicago Press 1991)의 영역과 W. Schadewaldt (Zürich 1968), E. Staiger (Frankfurt am Main 1963)의 독역을 참고했다.

장소 트로이아 해변의 그리스군 진영에 있는 아이아스의 막사 앞.
이른 아침에 오뒷세우스가 땅바닥을 살피고 있는 것이 보인다.
아테나가 기계장치를 타고 공중에 나타난다.

아테나 라에르테스[1]의 아들이여, 적들보다 우위를 확보하려고
그대가 동분서주하는 것을 나는 늘 보아왔다.
보아하니 지금도 그대는 진영의 맨 가에 줄 지어 선
아이아스의 함선들[2] 옆 막사들 사이에서
아까부터 그자의 새로 난 발자국들을 좇으며   5
세심하게 살펴보고 있구나. 혹시 그자가 안에 있는지
없는지 알아보려고. 그대는 후각이 예민한
라케다이몬[3] 산(産) 암캐처럼 제대로 목표에 도달했구나.
그자는 방금 처소로 들어갔고, 그자의 머리와
두 손은 칼로 도살하느라 땀범벅이 되었으니 말이다.   10
그대는 더 이상 그 문 안을 엿볼 필요가 없도다.
그대가 이런 수고를 하는 까닭을 내게 말하고,
사건의 전말을 알고 있는 나에게서 배워 알도록 하라.[4]

오뒷세우스 신들 가운데 나를 가장 아껴주시는 아테나 여신의 음성이여!
내 비록 그대를 눈으로는 볼 수 없으나 그대의 부름을   15
마치 주둥이가 청동으로 된 튀르레니아[5]의 나팔에서
울려오는 소리인 양 쉽게 알아듣고는 마음속에 새기나이다.
내가 어떤 적의, 말하자면 방패를 들고 다니는 아이아스의
발자국을 좇아 맴돌고 있다는 그대의 판단은 옳사옵니다.
아까부터 나는 다름 아닌 그를 뒤쫓고 있으니 말입니다.   20

간밤에 그는, 설사 그가 진범이라 하더라도
도무지 믿기지 않는 끔찍한 짓을 우리에게 저질렀으니까요.
하지만 우리는 확실히 알지 못해 어리둥절해하고 있고,
그래서 나는 자진하여 이 일을 떠맡게 되었습니다.
우리가 약탈해온 가축 떼가 그 가축 떼를 지키던   25
사람들과 함께 방금 어떤 사람의 손에 모두 도륙되어
죽어 있는 것을 발견했으니까요.
모두들 그 책임을 아이아스에게 돌리고 있나이다.
그리고 그가 방금 피투성이가 된 칼을 들고 혼자
들판 위를 뛰어가는 것을 본 정찰병이 내게   30
사실을 보고하고 확인해주었나이다. 그래서 나는 당장
그의 뒤를 밟아 발자국들을 일부 찾아내긴 했으나
그가 어디 있는지 몰라 어리둥절해하고 있나이다.
여신께서는 때맞추어 오셨나이다. 전에도 그랬듯이
앞으로도 나는 매사에 그대의 손에 인도될 것입니다.   35

아테나 알고 있다. 오뒷세우스. 그래서 나는 잠시 전에
길을 나선 것이다. 그대의 사람 사냥을 돕기 위해서 말이다.

오뒷세우스 나의 여주인이시여, 내가 노력한 보람이 있을까요?

아테나 물론이지. 그리고 그것이 그자의 소행임을 알아두어라.

오뒷세우스 하지만 그가 왜 그렇게 멍청하게 폭력을 휘둘렀을까요?   40

아테나 아킬레우스의 무구 때문에 원한을 품었던 것이다.[6]

오뒷세우스 그렇다면 그가 왜 가축 떼를 습격했지요?

아테나 그자는 그대들 피로 자기 손을 더럽히는 줄 알았던 거다.

오뒷세우스 그렇다면 그의 이 음모는 우리들, 아르고스인[7]들을 겨냥했나요?

아테나 그리고 그자는 목적을 달성했을 것이다. 내가 방심했더라면 말이다.   45

오뒷세우스 그가 무슨 억하심정으로 그런 무모한 짓을 감행했을까요?

아테나	그자는 그대들을 치려고 밤에 혼자 몰래 출격한 것이다.
오뒷세우스	그는 실제로 우리에게 접근했고, 목적지에 도달했나요?
아테나	그자는 이미 두 장군[8]의 막사 문 앞에 서 있었다.
오뒷세우스	그토록 피에 굶주린 손을 그가 어떻게 멈출 수 있었지요?
아테나	내가 그자의 눈에 제어하기 힘든 미망(迷妄)을 들이부어

그런 치유할 길 없는 살육의 환희를 제지했던 것이다.
가축 떼와 아직도 분배되지 않고 뒤섞인 채 목자들이
지키고 있던 전리품들로 내가 그자의 광기를 돌리자
그자는 뿔난 짐승들에게 달려들어 닥치는 대로
등뼈를 내리쳐 도륙하며 때로는 자신이 아트레우스의
두 아들을 붙잡아 제 손으로 죽인다고 생각하는가 하면,
때로는 이런저런 장수를 습격하여 죽인다고 생각했지.
그러나 나는 그자가 미쳐서 이리저리 날뛰는 동안
그자를 더욱 다그쳐 재앙의 함정으로 몰아넣었지.
그리고 나중에 이렇게 도륙하는 일에 지치자
그자는 아직도 살아 있는 소들을 노끈으로 묶더니
모든 양 떼들과 함께 숙소로 몰고 갔지. 그자의 손아귀에
들어간 것이 뿔난 가축 떼가 아니라 인간들인 양 말이다.
그리고 지금 그것들을 집 안에 묶어놓고 채찍질하고 있다.
그대에게도 내가 그자의 광기를 분명히 보여줄 터이니
그대는 보고 나서 모든 아르고스인들에게 알리도록 하라.
안심하고 기다리고, 그자에게 봉변을 당할까 두려워 마라.
나는 그자의 시선을 다른 데로 돌려
그자가 그대의 얼굴을 보지 못하게 할 것이다.

(막사 안쪽에 대고 소리친다)

이봐, 노끈으로 포로들의 손을 뒤로 묶고 있는 자여,

	내가 그대를 부르니 그대는 이리 나오도록 하라.
	내가 아이아스 그대를 부르니, 막사 앞으로 나오라.
오뒷세우스	아테나 여신이여, 이게 무슨 짓입니까? 제발 그를 불러내지 마십시오.
아테나	잠자코 버티고 서 있고, 겁쟁이란 비난을 듣지 않도록 하라. 75
오뒷세우스	제발 그러지 마시고, 그가 저 안에 있게 내버려두십시오.
아테나	뭣이 그리 두려운가? 그는 전에 사람이 아니었던가?
오뒷세우스	그래요. 그는 전에 제 적이었고 지금도 적이죠.
아테나	적들을 비웃어주는 것이야말로 가장 달콤한 웃음이 아닐까?
오뒷세우스	나는 그가 저 안에 머물러 있는 것으로 만족합니다. 80
아테나	그대는 미친 자를 똑바로 쳐다보기가 두려운가?
오뒷세우스	그의 정신이 온전하다면 나는 두려워 피하지 않았겠지요.
아테나	지금도 그자는 가까이 있는 그대를 보지 못할 것이다.
오뒷세우스	어째서죠? 그는 여전히 전과 똑같은 눈으로 보는데 말입니다.
아테나	설사 그자가 보더라도 내가 그자의 눈을 흐리게 만들 것이다. 85
오뒷세우스	신이 하려고 들면 못할 일이 없겠지요.
아테나	그렇다면 잠자코 거기 그대로 서 있도록 하라.
오뒷세우스	서 있지요. 하지만 여기서 멀리 떨어져 있었으면 좋겠어요.
아테나	이봐, 아이아스, 내가 두 번째로 그대를 부르고 있다.
	어째서 그대는 그대의 동맹자인 나를 이토록 홀대하는가? 90

(아이아스, 막사에서 등장)

아이아스	만세! 제우스의 따님이신 아테나 여신 만세!
	그대가 나를 잘 도와주셨으니 이번 사냥에 대한 보답으로 나는
	온통 황금으로 된 전리품들로 그대의 명예를 높여드리겠나이다.
아테나	좋은 말이구나. 하지만 이 점에 관해 말해주게나.
	그대는 그대의 칼을 아르고스인들의 군대에 푹 담갔던가? 95

아이아스	그렇다고 자랑할 수도 있지요. 부인할 필요가 없으니까요.	
아테나	그대는 아트레우스의 아들들에게 무기를 휘둘렀는가?	
아이아스	그래서 그들은 다시는 아이아스를 모욕하지 못할 것입니다.	
아테나	그들은 죽었구려. 내가 그대의 말뜻을 제대로 이해했다면 말일세.	
아이아스	어디 죽은 그들더러 내 무구들을 빼앗아보라고 하시죠.	100
아테나	그건 그렇고 라에르테스의 아들은 어떻게 되었는가? 어떤 처지에 놓여 있는가? 그는 그대에게서 벗어났는가?	
아이아스	그 약삭빠른 여우가 어디 있느냐고 물으시는 것인가요?	
아테나	그렇다네. 그대의 적대자 오뒷세우스 말이다.	
아이아스	여주인님, 그자는 내게 가장 반가운 포로로서 내 막사 안에 앉아 있습니다. 나는 그자가 아직은 죽지 않기를 바랍니다.	105
아테나	그대가 무엇을 행하거나 무엇인가 이득을 얻기 전에는 말인가?	
아이아스	그자가 내 막사의 기둥에 묶여…	
아테나	그 가련한 자를 그대는 어떻게 혼내줄 참인가?	
아이아스	그자는 채찍을 맞아 등이 뻘개진 뒤 죽어야지요.	110
아테나	그 가련한 사람을 그렇게 고문하지는 말게나.	
아이아스	아테나 여신이시여, 다른 일이라면 내 그대의 뜻을 따르겠나이다. 하지만 그자가 받을 벌은 다름 아닌 그런 벌이 될 것입니다.	
아테나	그렇게 하는 것이 정녕 그대의 낙이라면 그대는 착수하되 의도했던 그대로를 하나도 빠짐없이 실행에 옮기게나.	115
아이아스	돌아가 하던 일을 해야겠어요. 내 그대에게 청하건대, 그대는 늘 지금 같은 동맹자로서 나를 도와주십시오.	
	(아이아스, 막사 안으로 퇴장)	
아테나	오뒷세우스여, 신들의 힘이 얼마나 강한지 그대는 보고 있는가? 그대는 저자보다 더 선견지명이 있는 사람을, 또는 어떤 일을 해야 할 때 저자보다 더 민첩하게 행동하는 사람을 본 적 있는가?	120

오뒷세우스	그런 사람을 저는 아무도 알지 못합니다.
	그리고 비록 그가 내 적이긴 하지만 저는
	사악한 미망에 빠져든 그의 불행을 동정합니다.
	그의 운명이 내 운명으로 여겨지니까요.
	제가 보기에, 살아 있는 우리 모두가 환영이나 125
	실체 없는 그림자에 지나지 않기 때문이지요.
아테나	그대는 그런 통찰력을 지녔으니 신들에게
	절대로 주제넘은 말을 내뱉지 말고,
	체력과 재력에서 그대가 누군가를
	능가한다 하여 우쭐대며 뻐기지 마라. 130
	무릇 인간사란 하루아침에 넘어질 수도 있고,
	하루아침에 다시 일어설 수도 있느니라. 하지만 신들은
	신중한 자들을 사랑하고 사악한 자들은 싫어하지.

(아테나와 오뒷세우스 퇴장. 코로스 등장)

코로스	텔라몬[9]의 아들이여, 그대 바닷물에
	둘러싸인 살라미스 섬의 통치자여, 135
	그대가 잘나간다면 나는 마음이 흐뭇해요.
	하나 그대가 제우스에게 가격(加擊)당하거나
	다나오스 백성들[10]이 그대를 모함할 때면
	나는 몹시 속상하고 두려움에 휩싸여요,
	날개 달린 비둘기의 눈처럼. 140
	간밤에도 사람들이 요란스레 비난을
	퍼붓는 바람에 우리는 창피를 당했어요.
	그들의 말인즉, 그대는 말이 질주하는

들판으로 가서 다나오스 백성들이
창검으로 노획하였으나 아직은   145
분배되지 않은 소 떼와 가축 떼를
번쩍이는 칼로 도살했다는 거예요.
오뒷세우스가 그런 이야기를 지어내어
각자의 귀에 대고 속삭이고 있고,
그들은 그의 말에 귀가 솔깃해졌어요.   150
그대에 관한 그의 이야기는 그럴듯하여,
듣는 자가 말하는 자보다 그대의 고통을
조롱하기를 오히려 더 즐기고 있어요.
위대한 정신의 소유자들을 겨냥하는 자는
빗맞히는 일이 드물지만, 나 같은 사람에 관해   155
그런 말을 한다면 누가 그를 믿어주겠어요!
시기(猜忌)는 가진 자에게 몰래 다가드는 법이지요.
하지만 소인(小人)들은 대인(大人)들 없이는
성채의 믿지 못할 방어자들에 불과해요.
소인들은 대인들에 의하여 가장 잘 떠받쳐지고,   160
대인들은 소인들에 의하여 가장 잘 떠받들어져요.
하지만 지각없는 자들에게 이런 교훈들을
미리 가르쳐준다는 것은 불가능한 일이지요.
바로 그런 자들이 그대에게 비난을 퍼붓고 있어요.
그리고 우리는 그대 없이는 그런 비난에   165
대항할 힘이 전혀 없어요. 왕이시여!
그들은 그대의 시야에서 벗어나 있는
동안에는 새 떼처럼 지껄여대지만,
그대가 큰 독수리처럼 갑자기

　　　　나타나면 그들은 겁이 나서　　　　　　　　　　170
　　　　말없이 움츠러들 거예요.

(좌)**11**　제우스의 따님이신, 아르테미스 타우로폴로스**12**였을까요?
　　　　—오오 거창한 소문이여! 오오 내 치욕의 어머니여!—
　　　　여신께서 그대**13**를 부추겨 공동의 재산인 소 떼를
　　　　도륙하게 했던 것일까요? 여신에게 승리의 대가를　　175
　　　　지불하지 않았거나, 영광스런 전리품을
　　　　여신에게서 사취했거나, 사슴 사냥을 하고도 여신에게
　　　　선물을 바치지 않아 여신의 노여움을 산 까닭에.
　　　　아니면 청동 가슴받이를 댄 에뉘알리오스**14**가
　　　　자신이 창검으로 도와주었음에도 무시당하자　　　180
　　　　간밤의 음모로 분풀이를 한 것일까요?

(우)　텔라몬의 아들이여, 그대가 탈선하여
　　　　가축 떼를 습격했던 것은 결코
　　　　본심에서 그랬던 것은 아니에요.
　　　　그런 병(病)은 신이 보내신 것이지요.　　　　　　185
　　　　제우스와 포이보스**15**께서는 아르고스인들의
　　　　사악한 소문을 물리쳐주시기를! 하지만
　　　　강력한 장수들과 저 저주받을 시쉬포스의 자식**16**이
　　　　몰래 퍼뜨리는 소문이 사실이 아니라면,
　　　　왕이시여! 부디 바닷가 막사에 숨어 계심으로써　　190
　　　　겁쟁이란 평을 듣지 않도록 하세요.

(종가)

자, 그대가 전투를 멀리한 채 파멸의 불길을
하늘 높이 부채질하며 그토록 오랫동안
꼼짝 않고 앉아 있던 자리에서
부디 떨쳐 일어서세요.   195
그대의 적들은 바람 부는 골짜기들에서
겁 없이 오만불손한 짓을 하고 있고,
모두들 험담을 늘어놓으며
희희낙락하고 있건만
내 마음속 고통은 요지부동이에요.   200

테크멧사 *(아이아스의 막사에서 등장하며)*

아이아스의 함선의 선원들이여,
대지에서 태어난 에렉테우스[17]의 자손들이여,
멀리 떨어져서 텔라몬 가(家)를 염려하는
우리들에게 슬퍼할 일이 생겼어요.   205
무섭고 크고 힘이 절륜한 아이아스가
마음을 어지럽히는 폭풍에 휘말려
지금 몸져누워 있단 말예요.

코로스 어제 낮의 슬픔도 큰데 간밤에 또
무슨 불상사가 생겼단 말이오?
프뤼기아[18] 사람 텔레우타스의 따님이여,   210
말해주시오. 용감한 아이아스는 창검으로 얻은
신부인 그대에게 변함없는 애정을 보였으니,
그대는 설명해줄 수 있을 만큼 알고 있겠지요.

테크멧사 말할 수 없는 것을 내 어찌 말한단 말예요?
그대는 죽음 못지않은 불상사를 듣게 될 거예요.   215

우리의 이름난 아이아스가 광기에 사로잡혀
밤에 치욕을 당했어요. 그것이 그이의 막사
안에서 그대가 볼 수 있는 광경이에요.
그이가 제 손으로 죽여 제물로 바친
피투성이 제물들 말예요.   220

(좌)

코로스 불같은 전사에 관한
이 무슨 비보(悲報)란 말인가?
견딜 수도 없지만 피할 수도 없구려.
그리고 다나오스 백성들의 장수들이 퍼뜨린   225[19]
이야기를 요란한 소문이 크게 불리는구나.
아아, 슬프도다! 앞일이 더 걱정이구나.
그분은 광란하는 손으로 피투성이가 된 칼을   230
휘둘러 소 떼와 말 탄 목자들을 도륙했으니
뭇사람이 보는 가운데 죽게 되리라.[20]

테크멧사 아아, 슬프도다! 그이는 그곳에서,
그곳에서 가축 떼를 묶어서 끌고 오더니,
그중 일부는 막사 안 땅바닥에서 도륙하고,   235
나머지는 칼로 옆구리를 내리쳐 두 동강을 냈어요.
그리고 나서 발굽이 흰 숫양 두 마리를
붙잡더니 그중 한 마리의 머리와 혀를 잘라
내팽개쳤어요. 그리고 다른 한 마리는
곧추세워 기둥에 묶은 다음 기다란   240
말고삐를 가져오더니, 말고삐를 요란하게

울리는 이중의 채찍 삼아 후려치며

인간이 아니라 신이 가르쳐주었음에 틀림없는

악담을 늘어놓았어요.

(우)

| 코로스 | 이제는 얼굴을 가리고 | 245 |

걸어서 슬그머니 진영에서

내빼거나, 아니면 서둘러

배를 띄우고 노 젓는 자리에 앉아

바다를 항해할 때가 되었구나! 250

아트레우스의 두 통치자 아들이 우리를

그렇게 위협하는 소리가 자꾸 들리는 것 같구나.

나는 돌에 맞아 죽는 고통을 당하며, 무서운 운명에 255

꼼짝없이 붙들린 그분과 함께 쓰러질까 두렵구나.

테크멧사 더는 붙들지 않을 거예요.

번갯불이 그치면 날뛰던 남풍도 잦아들듯,

그이도 잠잠해졌어요. 이제 제정신이

돌아오면 그이는 새로운 고통을 당할 거예요. 260

남의 개입 없이 스스로 불러들인 고통을

본다는 것은 큰 고통을 안겨주는 법이니까요.

코로스장 그래도 그분이 잠잠해졌다니 천만다행이지 뭐요.

고통이 그친 만큼 악담도 줄어들 테니까.

테크멧사 만약 누군가 그대더러 선택하라면 그대는 어느 쪽을 265

선택하겠어요? 친구들을 괴롭히며 그대 혼자 즐기겠어요,

	아니면 친구들과 함께하며 그 고통을 함께하겠어요?
코로스장	이중의 고통은 더 괴롭겠지요, 부인!
테크멧사	지금 그이는 병이 나았는데도 우리는 고통당하고 있는 걸요.
코로스장	무슨 말씀이죠? 무슨 뜻인지 모르겠네요. 270
테크멧사	병이 들어 있는 동안 그이는 자신을
	꼭 붙들고 있던 재앙을 즐겼으나, 제정신인 우리는
	그이와 함께하는 것이 고통스러웠어요.
	그러나 그이가 잠잠해지고 병이 나은 지금
	그이는 깊은 슬픔에 푹 빠져 있고, 275
	우리도 이전 못지않게 슬퍼하고 있어요.
	그렇다면 한 고통이 이중의 고통이 된 셈 아닌가요?
코로스장	그대의 말에 동의하오. 그리고 이번 타격은 어떤 신이
	보내신 것이 아닌지 두려워요. 광기가 그친 지금 그분이
	병들었을 때보다 더 편치 못하다면 달리 어떻게 설명하죠? 280
테크멧사	그게 실상이니, 그대로 받아들이세요.
코로스장	도대체 이번 재앙이 처음에 그분을 어떻게 덮쳤지요?
	그대와 고통을 함께하는 우리들에게도 말해주시오!
테크멧사	그대도 무관하지 않으니 사건의 전말을
	듣게 될 거예요. 저녁에 켜둔 등불들이 이미 다 꺼진 285
	한밤중에 그이는 쌍날칼을 손에 집어 들더니
	까닭 없이 문밖으로 나가려고 했어요.
	나는 그이에게 잔소리를 좀 했지요. "뭐 하세요,
	아이아스? 누가 부르지도 않는데,
	전령이 부르거나 나팔 소리도 들리지 않는데 290
	왜 야단이세요? 지금은 모든 군사들이 자고 있단 말예요."
	그러자 그이는 퉁명스럽게 늘 하던 말을 했어요.

"여보, 여자란 잠자코 있을 때가 가장 예쁜 법이야."
내가 이 말을 듣고 입을 다물자 그이는 혼자 달려나갔어요.
밖에서 일어난 일은 들려줄 수가 없네요.   295
아무튼 그이는 소 떼와 목자들의 개 떼와 털북숭이 양 떼를
함께 묶어 몰고 들어왔어요. 그러더니 그중 몇 마리는
목을 베었고, 몇 마리는 목을 뒤로 젖히고 멱을 따거나
두 동강을 냈고, 또 아직도 묶여 있는 몇 마리는
학대하며, 마치 가축 떼가 사람인 양 덤벼들었어요.   300
이윽고 그이는 문밖으로 뛰어나가더니 어떤 환영에게
때로는 아트레우스의 아들들에 관해, 때로는
오뒷세우스에 관해 횡설수설하며 자기는 가서
그들에게 통쾌하게 복수했노라고 껄껄대고 웃었어요.
이어서 막사 안으로 도로 달려 들어오더니   305
그이는 천천히 그리고 간신히 정신이 들었어요.
그리고 집 안이 온통 사체들로 가득 차 있는 것을 보자
그이는 제 머리를 치며 울부짖었고, 죽어 쓰러진 양 떼의
사체 더미 위에 쓰러져 그곳에 퍼질러 앉더니
주먹을 꼭 쥔 채 손톱으로 머리털을 뜯고 있었어요.   310
그곳에 그이는 한참 동안 말없이 앉아 있더니
자기에게 일어난 일을 낱낱이 고하지 않으면
혼내주겠다고 무시무시한 말로 위협하며
대체 자기가 어떤 곤경에 처해 있는지 물었어요.
그래서 나는, 친구들이여, 겁이 나서 사건의 전말을   315
내가 아는 데까지 다 말해주었어요.
그러자 그이는 즉시 비통하게 울기 시작했는데,
전에는 그이가 그렇게 우는 것을 들어본 적이 없어요.

	그렇게 우는 것은 겁쟁이나 못난 사람한테나	
	어울리는 일이라고 그이는 늘 말하곤 했으니까요.	320
	그이는 새된 목소리로 엉엉 우는 게 아니라	
	울부짖는 황소처럼 저음으로 신음하곤 했지요.	
	그러나 지금 그이는 무거운 불운에 짓눌려	
	자신의 칼에 죽은 짐승들 한가운데	
	식음을 전폐한 채 말없이 웅크리고 앉아 있어요.	325
	그이는 분명 어떤 끔찍한 짓을 꾀하고 있어요.	
	그이의 말과 비탄이 그렇게 암시하고 있어요.	
	그러니 친구들이여, 안으로 들어가 그이를 도와주세요.	
	그대들에게 어떤 힘이 있다면. 이것이 내가 이리로 온	
	까닭이에요. 그런 사람들은 친구들의 말에 설득되니까요.	330
코로스장	테크멧사여, 텔레우타스의 따님이여, 그대는 끔찍한 소식을	
	전하는구려. 그분이 이번 재앙으로 실성하시다니!	

아이아스	*(막사 안에서)* 아아, 슬프고 슬프도다!	
테크멧사	이제 곧 사태가 더 악화될 것 같아요. 그대들은	
	아이아스의 저 고함 소리가 들리지 않으세요?	335
아이아스	아아, 슬프고 슬프도다!	
코로스장	저분은 아직도 병이 낫지 않았거나, 아니면 지나간 병이	
	저질러놓은 짓들을 보고 마음이 괴로우신가 봐요.	
아이아스	아아, 내 아들, 내 아들!	
테크멧사	기구한 내 팔자! 에우뤼사케스, 그이가 너를 부르고 있다.	340
	그이의 의도가 무엇일까? 너 어디 있니? 기구한 내 팔자!	
아이아스	이봐, 테우크로스! 테우크로스는 어디 있지? 그는 마냥	
	전리품을 몰고 올 참인가? 나는 이렇게 죽어가고 있는데.	

| 코로스장 | 제정신인 것 같아요. 하지만 문을 열어보세요.
| | 나를 보게 되면 혹시 더 정신이 들지 모르니까요. 345
| 테크멧사 | 자, 내가 문을 열게요. 그대는 그이가 저지른 짓과,
| | 그이가 어떤 곤경에 처해 있는지 볼 수 있을 거예요.

(테크멧사가 막사의 문을 열자 아이아스가 짐승들의 사체들 사이에 앉아 있는 것이 보인다)

(좌 1)

| 아이아스 | 아아!
| | 내 친구들 가운데 유일하게 내게 변함없는
| | 충성심을 보이고 있는 사랑하는 선원들이여, 350
| | 그대들은 피의 폭풍으로 일기 시작한
| | 큰 파도가 어떻게 나를 에워싸고
| | 소용돌이치고 있는지 보게나!
| 코로스장 | 아아, 그대의 증언이 너무 정확한 것 같아요.
| | 행위 자체가 그분이 제정신이 아님을 드러내는구나. 355

(우 1)

| 아이아스 | 아아!
| | 그대들 항해술에 밝은 자들이여, 배에 올라
| | 민첩하게 노로 바닷물을 가르던 자들이여,
| | 나는 그대들을 이 곤경에서 나를
| | 구해줄 유일한 구원자들로 본다네. 360
| | 힘을 모아 나를 죽여주게나.
| 코로스장 | 그런 불길한 말씀 마세요. 악을 악으로 치유하지 말고,
| | 잘못한 것보다 더 가혹하게 그대를 벌주지 마세요.

(좌 2)

아이아스 무시무시한 전투들에서 겁 없이 싸우던 용맹스럽고
대담무쌍한 전사가 온순한 짐승들 사이에서   365
어떻게 맹위를 떨쳤는지 그대는 보이지 않는가?
아아, 이 무슨 웃음거리며, 이 무슨 치욕인가!

테크멧사 내 주인이신 아이아스여, 제발 그런 말씀 마세요.

아이아스 여기서 꺼지시오! 밖으로 나가란 말이오.
아이고, 아이고!²¹   370

테크멧사 제발 말 좀 듣고 정신 좀 차리세요.

아이아스 아아, 나야말로 불운하구나.
저 저주받은 자들은
이 손아귀에서 놓쳐버리고
뿔난 소 떼와 착한 양 떼에게 덤벼들어   375
그것들의 검은 피를 쏟았으니.

코로스장 어찌하여 지난 일을 슬퍼하시는 거예요?
이번 일들은 없었던 것으로 할 수 없어요.

(우 2)

아이아스 모든 것을 엿보고 모든 것을 엿듣는
악의 하수인이여, 라에르테스의 아들이여,   380
전군에서 가장 교활한 악당이여,
그대는 좋아서 소리 내어 크게 웃고 있겠지.

코로스장 누구든지 웃느냐 우느냐는 신에게 달려 있지요.

아이아스 내 비록 이렇게 철저히 망했지만 그자를 볼 수 있다면!
아아, 슬프고 슬프도다!   385

코로스장 큰소리치지 마세요. 어떤 곤경에 처하셨는지 안 보이세요?

| 아이아스 | 오오, 제우스시여, 내 선조들의
아버지²²시여. 하지만 나는
저 가장 교활하고 가증스런 악당²³과,
그들 형제 왕들²⁴을 죽이고 싶어요. 390
마침내 나 자신이 죽기 전에 말예요.
| 테크멧사 | 그렇게 빌려거든 나를 위해서도 죽음을 빌어주세요.
당신이 죽고 나면 내가 살아 무엇 하겠어요?

(좌 3)

| 아이아스 | 아아, 슬프도다!
나의 유일한 빛인 어둠이여,
내게는 가장 찬란하게 빛나는 저승의 암흑이여, 395
받아다오, 나를 동거인으로 받아다오!
나를 받아다오! 나는 이제 더 이상
구원을 청하고자 신들의 종족이나
하루살이 인간들의 종족을 쳐다볼 400
자격도 면목도 없으니까.
제우스의 따님께서, 강력한 여신²⁵께서
나를 고문하여 죽이시는데,
대체 어디로 도망갈 수 있을 것이며,
어디서 피난처를 찾을 수 있단 말인가?
친구들이여, 여기 이 짐승들과 함께 405
내 업적들도 사라져버렸구나.
내 사냥은 정신 나간 짓이었으니까.
그러니 이제 전군이 칼을 빼어
높이 쳐들고 나를 죽이려 들겠지.

| 테크멧사 | 아아, 기구한 내 팔자! 저토록 고귀하신 분이 전에는 | 410 |
| | 입에 담을 가치도 없다고 여기던 저런 말씀을 하시다니. | |

(우 3)

아이아스	아아, 슬프도다!	
	너희들 바다의 물길들이여,	
	너희들 바닷가 동굴들과 해변의 작은 숲들이여!	
	오랫동안, 너무나 오랫동안 너희들은	
	나를 이곳 트로이아에 붙들고 있었구나.	415
	하지만 이제 더는 숨 쉬는 나를 붙들지 못할 것인즉,	
	아는 사람은 무슨 말인지 알리라.	
	아르고스인들에게 상냥했던	
	가까이 있는 스카만드로스[26]의	
	흘러가는 강물이여,	420
	이제 더 이상 너는	
	나를 보지 못하리라.	
	장담하건대, 트로이아는	
	나에 필적할 만한 전사가	
	헬라스 땅에서 오는 것을 아직은	425
	보지 못했으리라. 하지만 나는 지금	
	이렇게 불명예 속에 엎드려 있구나!	
코로스장	그대가 큰 재앙을 당했으니 내 그대의 말을 막을 수도	
	없지만, 그대가 하는 말을 그냥 들을 수도 없군요.	

| 아이아스 | 아이고, 아이고! 내 이름이 내 불운에 이렇게 | 430 |
| | 딱 들어맞으리라고 누가 생각이나 했던가? | |

이제 이런 재앙을 당했으니 나는 두 번 아니
세 번이라도 '아이고'를 연발하게 되었구나.
내 아버지께서는 이데[27] 산기슭에 있는 나라에서
무공을 세우시고 군대에서 일등상을 받으셨고　　　　　　435
귀향하실 때 온갖 영광 속에서 돌아오셨지.[28]
하거늘 그분의 아들로 똑같은 트로이아 땅에 온 나는
힘도 그분 못지않고 이 팔로 그분 못지않은
업적을 세웠건만 아르고스인들에게
이렇게 모욕당하고 죽어가야 하다니!　　　　　　　　　440
하지만 생각건대, 이 한 가지만은 확실해.
만약 아킬레우스가 살아 있어 누군가 승리한 자에게
자신의 무구들을 손수 상으로 수여하게 되었다면,
어느 누구도 나 대신 그 무구들을 거머쥐지 못했으리라.
한데 지금 아트레우스의 아들들이 마음씨가 음흉한 자에게　445
그 무구들을 넘겨주고 나에게서 승리를 가로챘어.
만약 내 이 눈과 마음이 뒤틀리어 내 의지에서
벗어나지 않았더라면, 그들 둘은 살아서 다시는
다른 사람에게 그런 판결을 내릴 수 없었을 텐데.
하지만 제우스의 따님으로 눈초리가 날카로운　　　　　　450
불패의 여신께서 내가 이미 그들을 치려고 손을 드는 순간
광기라는 질병을 보내 나를 속이셨고,
그래서 나는 이 소 떼의 피에 손을 담갔던 것이지.
그 둘은 도망쳐 나를 조롱하고 있겠지만
그들이 도망친 것은 내 뜻이 아니야. 하지만 신이　　　　　455
개입하면 겁쟁이도 더 강한 자를 피하는 법이지.
난 이제 어떡해야 하지? 신들에게도 나는 분명

미움 받고, 헬라스[29]인들의 군대도 나를 싫어하고,
온 트로이아 땅과 이 들판들조차 나를 미워하는데.
아트레우스의 아들들을 버리고 함선들이 정박해 있는 460
포구를 떠나 아이가이온 해[30]를 건너 고향으로 돌아가?
하지만 내 무슨 면목으로 아버지 텔라몬 앞에 모습을 드러내지?
그분은 위대한 영관(榮冠)을 차지하셨는데
나는 아무런 무훈의 상도 받지 못하고 빈손으로 돌아간다면,
그런 내 모습을 그분은 차마 눈 뜨고는 465
못 보실 거야. 그렇게는 못해. 아니면 트로이아의
성벽 밑으로 가서는 나 혼자서 다수를 상대로 결투를 벌여
무공을 세우고 난 뒤 마지막으로 전사한다면?
하지만 그것은 아트레우스의 아들들을 기쁘게 해줄 뿐이야.
그건 안 돼. 나는 아버지의 아들인 내가 470
타고난 겁쟁이가 아니라는 것을 늙으신 아버지에게
보여드릴 수 있는 그런 계획을 세워야 해.
불운에서 벗어날 가망이 없는 사람이
오래 살기를 바란다는 것은 수치스런 일이니까.
죽음에 다가가기도 하고 죽음에서 멀어지기도 하며 475
그날그날을 보낸다면 그게 대체 무슨 낙이란 말인가?
공허한 희망에 들떠 있는 자야말로
한 푼의 값어치도 없다고 나는 생각해.
고귀한 사람이라면 명예롭게 살거나,
명예롭게 죽어야 해. 내 할 말은 여기까지야. 480

코로스장 아이아스 님, 아무도 그대의 말씀이 틀렸다고 말하지
못할 거예요. 진심에서 우러나온 말씀이니까요.
하지만 그런 말씀은 그만두세요. 그대의 친구들의

뜻을 받아들여 그런 생각은 접도록 하세요.

테크멧사 내 주인이신 아이아스 님, 인간에게　　　　　　　　485
예속보다 더 큰 불행은 없어요.
나는 어느 프뤼기아인 못지않게 부유하고
권세 있는 자유인 아버지에게서 태어났어요.
하지만 지금은 노예예요. 그러는 것이 신들에게,
특히 당신의 손에 좋아 보였던 것이지요. 그리하여 나는　　490
당신과 잠자리를 같이하며 당신의 모든 것을 보살피고
있어요. 그래서 화로의 신이신 제우스와 우리가
살을 섞었던 당신의 침상에 걸고 내 당신에게 간청해요.
제발 내가 다른 사람의 손에 넘어가 당신의 적들에게
험담을 들어 마땅하다고 생각지 마세요.　　　　　　　　495
당신이 죽고, 죽으면서 나를 버리신다면,
알아두세요, 나는 그날로 당장 아르고스인들에게
끌려가 당신의 아들과 함께 종살이를 하게 될 거예요.
그러면 내 새 주인들 가운데 어떤 자는
이런 가시 돋친 말로 빈정대겠지요. "군대에서　　　　　　500
가장 힘이 세었던 아이아스의 여편네 좀 보시오.
남부럽잖게 살던 그녀가 어떤 종살이를
하고 있는지 보시란 말이오."[31] 그렇게 사람들은
말할 것이고, 그렇게 운명이 나를 핍박하겠지만,
그런 말은 당신과 당신 가문에도 치욕이 될 거예요.　　　　505
당신에게 버림받고 슬픈 노년을 보내시게 될 당신 아버지가,
그리고 당신이 살아서 귀향하게 해달라고
가끔 신들에게 기도하시는 이미 고령이
다 되신 당신 어머니가 불쌍하지도 않으세요!

그리고 왕이시여, 당신 아들을 불쌍히 여기세요. 510
그 애는 양육해줄 아버지인 당신을 잃고 나면
인정머리 없는 양부모 밑에서 살아가게 될 거예요.³²
당신이 죽고 나면 그 애와 나에게 얼마나 큰 불행을
안겨주실지 생각해보세요. 쳐다보고 살 것이
내게는 당신 말고는 더는 아무것도 남지 않았으니까요. 515
당신은 내 조국을 창으로 파괴했고, 내 부모님은 죽어서
하데스³³에서 살도록 다른 운명이 앗아 갔으니까요.³⁴
그러니 당신 말고 내게 무슨 조국이 있을 것이며,
무슨 재산이 있겠어요? 내가 구원받느냐는 전적으로
당신한테 달려 있어요. 내 생각도 좀 해주세요. 520
사람은 환대받으면 마땅히 마음속에 간직하고
있어야 해요. 호의는 언제나 호의를 낳는 법이니까요.
그러나 환대를 받고도 기억하지 못하는 자는
더는 고귀한 자로 간주될 수 없어요.

코로스장 아이아스 님, 그대도 나처럼 측은한 생각이 들었으면 좋겠군요. 525
그러시면 그대는 이 여인의 말에 동의하시게 될 테니까요.

아이아스 그래, 그녀는 적어도 나한테는 동의를 받게 될 걸세.
그녀가 용기를 내어 내가 시키는 대로 하기만 한다면 말일세.

테크멧사 사랑하는 아이아스 님, 무엇이든 당신 시키는 대로 할게요.

아이아스 그렇다면 내가 볼 수 있도록 지금 내 아들을 데려다주오. 530

테크멧사 나는 겁이 나서 그 애를 다른 곳으로 옮겨놓았는데요.

아이아스 이번 재앙 때? 아니면 무슨 뜻이지?

테크멧사 그 불쌍한 것이 당신과 마주쳤다가 죽을까 봐서.

아이아스 내 악령이 능히 그럴 수도 있었을 테지.

테크멧사 나는 그것만은 막으려고 조심했어요. 535

아이아스 　나는 당신의 행동과 당신이 보여준 선견지명을 칭찬하오.

테크멧사 　그렇다면 지금은 어떡해야 그대에게 도움이 될 수 있을까요?

아이아스 　내가 그 애와 대면하며 말을 걸 수 있게 해주구려.

테크멧사 　그 애는 이 근처에서 하인들의 보호를 받고 있어요.

아이아스 　그럼 금세 나타나지 않고 왜 이리 더디오? 540

테크멧사 　내 아들아, 아버지께서 너를 부르신다. 그 애를
안내하는 하인이 누구든, 그 애를 이리 데려오너라!

아이아스 　그가 오고 있소? 아님 당신이 부르는 소릴 듣지 못했소?

테크멧사 　저기 그 하인이 그 애를 데려오고 있어요.

　　　　　(에우뤼사케스, 하인의 손에 이끌려 등장)

아이아스 　그 애를 번쩍 들어 이리로 데려오너라. 그 애는 545
갓 흘린 이 피를 보더라도 놀라지 않을 것이다.
그 애가 진정 내 아들이고, 이 아비의 자식이라면.
그 애는 어려서부터 곧장 망아지처럼 길들여져
제 아비의 거친 생활방식에 적응해야 하니까.
내 아들아, 너는 네 아비보다 더 행복하되 다른 점에서는 550
닮도록 하라. 그러면 못난이는 되지 않을 것이다.
지금도 이 한 가지 때문에 나는 네가 부럽기만 하구나.
이 불행들에 관해 너는 아무것도 알지 못하니 말이다.
무엇이 기쁨이고, 무엇이 슬픔인지 네가 알게 될 때까지는
아무것도 모르고 사는 것이 가장 행복한 삶이니까. 555
하지만 일단 알게 되면 네 아비의 적들에게
너는 네가 누구며 누구의 자식인지 보여주어야 한다.
그때까지는 부드러운 미풍을 쐬고 네 어린 영혼을
가꾸며 여기 있는 네 어머니를 기쁘게 해드려라.
확신컨대, 아카이오이족[35] 가운데 어느 누구도 너에게 560

욕설을 퍼붓지 못할 것이다, 내가 없더라도 말이다.
그만큼 믿음직한 수호자를 내가 네게 남겨둘 것이다.
테우크로스 말이다. 그가 충실히 너를 돌봐줄 것이다.
지금은 비록 적군을 사냥하려고 멀리 떠나 있지만.
그대 방패를 든 전사들이여, 내 선원들이여! 565
청컨대, 그대들도 내게 호의를 베풀어주구려.
이 애를 내 고향으로 데려가 텔라몬과
내 어머니 에리보이아에게 보여드리라는 내 명령을
그대들이 테우크로스에게 전해달란 말일세.
〔그분들이 하계(下界)의 왕의 명부(冥府)에 이를 때까지.〕 570
이 애가 늘 그분들을 노후에 봉양하도록 말일세.
그리고 심판관들이나 나를 파멸시킨 자가 아카이오이족에게
내 무구들을 경기의 상으로 내놓아서는 안 될 것이야.
내 아들 에우뤼사케스[36]야, 네 이름의 출처가 된
일곱 겹 소가죽으로 된 뚫리지 않는 이 방패는 575
네가 지니되 단단히 꿰맨 손잡이를 쥐고 휘두르도록 하라.
그 밖에 다른 무구들은 나와 함께 묻힐 것이다.

(테크멧사에게)

당신은 되도록 빨리 이 애를 데려가되
문들을 걸어 잠그고 막사 앞에서 울지 마시오.
여인들이란 대개 울기를 좋아하는 편이지. 580
어서 문 닫아요. 칼로 수술해야 할 때
주문(呪文)을 왼다면 좋은 의사는 못 되오.

코로스장 그대가 서두르는 걸 보니 마음이 불안해지는군요.
나는 그대의 날 세운 말씀이 마음에 들지 않아요.

테크멧사 내 주인이신 아이아스 님, 대체 어떡하실 작정인가요? 585

아이아스 묻거나 조사하지 마시오. 신중한 게 좋을 거요.

테크멧사 아아, 미칠 것 같아요. 당신 아들과 신들의 이름으로
간청해요, 제발 우리를 버리지 마세요!

아이아스 당신 참 귀찮게 구는구려. 내 이제 더는 신들을
섬길 의무가 없다는 것을 당신은 모르겠소? 590

테크멧사 그런 불경한 말씀 마세요.³⁷

아이아스 듣는 사람들에게나 말하구려!

테크멧사 당신은 말을 안 들으시겠다는 거예요?

아이아스 당신은 이미 너무 말을 많이 했소.

테크멧사 그래요. 두려워서 그랬어요, 왕이시여!

아이아스 *(하인들에게)* 너희들, 어서 문 닫지 못할까!

테크멧사 제발 좀 부드러워지세요.

아이아스 지금 와서 내 본성을 개조할 요량이라면
당신은 어리석은 생각을 하고 있는 것이오. 595

(아이아스, 테크멧사, 에우뤼사케스, 막사 안으로 퇴장)

코로스³⁸(좌 1) 오오, 이름난 살라미스여,
모든 사람에게 늘 또렷이 모습을 드러내는
너는 부서지는 파도에 둘러싸여 행복하게
지내고 있겠구나. 하지만 가련한 나는 600
이곳 이데 산 밑 초원에
긴긴 세월을 죽치고 앉아
노고에 시달리고 있단다! 605
언젠가는 무자비한 파괴자 하데스의 집으로
내려가게 될 것이라는 서글픈 전망을 하며.

(우1) 설상가상으로 치유할 길 없는 아이아스가
 나와 함께하고 있으니, 아아 슬프도다!   610
 그분은 신이 보내신 광기에 사로잡혀 있구나.
 살라미스여, 너는 전에 그분을 용맹스런 전사로서
 내보냈건만, 그분은 지금 혼자 생각에 잠겨
 친구들에게 큰 근심거리가 되었구나.   615
 그분이 이전에 손수 이룩한 가장 위대한 업적들도
 사랑스럽지 못하고 어리석은 아트레우스의 아들들에게
 사랑받지 못한 채 사라져버리고 말았구나.   620

(좌2) 오래오래 살아 호호백발이 다 된
 그분의 어머니는 아들이 병에 걸려   625
 실성했다는 말을 들으면, 아마도
 아아, 슬프고 슬프도다!
 슬픔에 겨워 밤꾀꼬리처럼
 애처롭게 비탄하는 것이 아니라,   630
 새된 목소리로 비통하게
 곡하며 주먹을 쥐고 가슴을
 쾅쾅 치고 백발을 쥐어뜯으리라.

(우2) 제정신이 아닌 자는 저승에 감춰져 있는   635
 편이 더 나으니까. 그분은 오랜 노고에 시달리는
 아카이오이족 가운데 가장 고귀한 가문에서
 태어났건만 지금은 타고난 본성 안에
 머물지 않고 거기서 벗어나 있음이라.   640
 아아, 불쌍하신 아버지, 당신을 기다리는 것은

아들이 비참하게 파멸했다는 슬픈 소식이외다.
그런 변은 아이아코스의 자손들 가운데
그분 말고는 일찍이 아무도 당하지 않았는데. 645

(아이아스가 칼을 빼어 들고 막사에서 등장하고, 이어 테크멧사도 등장한다)

아이아스 헤아릴 수 없이 긴 세월은 감추어진 모든 것을
드러내고, 이미 드러난 것은 도로 감추는 법.
세상에 생각할 수 없는 것은 아무것도 없어.
엄숙한 맹세도 철석같은 마음도 스러지고 마니까.
전에는 그토록 굳건하고 담금질한 무쇠처럼 650
단단하던 나도 저 여인의 말에 날이 무뎌졌어.
그녀를 내 적들 사이에 과부로, 그리고 내 아들을
고아로 남겨두자니 측은한 생각이 드는구나.
하지만 나는 욕장(浴場)과 해변의 풀밭을
찾아가 이 더러운 것들을 정화할 참이야. 655
여신의 가혹한 노여움을 달래기 위해서 말이야.
그리고 사람의 발길이 닿지 않는 후미진 곳을 발견하면
나의 무기들 중에 내게 가장 적대적인 이 칼을
땅속 깊숙이 묻을 것인데, 그곳에서는 아무도 이 칼을
보지 못하고 밤과 하데스만이 저 밑에 간직하게 될 거야. 660
왜냐하면 가장 고약한 적이었던 헥토르에게서
이 칼을 선물로 손에 받은 뒤[39] 나는 여태 한 번도
아르고스인들 사이에서 재미를 보지 못했으니까.
그러고 보니 적의 선물은 선물이 아니라
해로울 뿐이라는 옛 속담이 옳았구나. 665

그래서 나는 앞으로 신들에게 복종할 줄 알게 되고,
아트레우스의 아들들을 존중하는 법을 배우게 되겠지.
그들은 통치자들이니 그들에게 복종해야지.
암, 그렇고 말고. 무시무시하고 가장 힘센 것들도
권위 앞에서는 굴복하니까. 그리하여 눈보라치는　　　　　　670
겨울은 풍성한 여름 앞에서 물러나고,
영원히 순환하는 밤은 세상에 빛을 비추라고
백마가 끄는 낮의 수레 앞에서 물러서는 법.
무시무시한 바람의 입김도 진정되며 으르렁거리던 바다를
잠재우고, 전능한 잠의 신도 묶은 것은 풀어주고　　　　　　675
일단 잡은 것이라도 언제까지나 붙잡지는 않는 법.
하거늘 우리는 왜 자제하는 법을 배우면 안 되지?
나는 배울래. 이제 와서 나는, 적을 미워하되
나중에는 친구가 될 수 있을 만큼 미워하고,
친구에 관해 말하자면 언제까지나 친구로 남지 않을 것처럼　680
베풀고 도와주어야 한다는 것을
깨닫게 되었으니 말이야. 대부분의 인간들에게
우정이란 믿음직한 항구가 못 되니까.
하지만 이 일들은 잘될 거야. *(테크멧사에게)*
여보, 당신은 안으로 들어가 내 마음이 원하는 바를　　　　　685
이루어주시라고 신들께 기도하시구려.

(테크멧사, 막사 안으로 퇴장)

그리고 전우들이여, 그대들도 그녀처럼 내 뜻을
존중해주게나. 그리고 테우크로스가 오거든 내 권리를
보살펴주되 그대들에게도 호의를 가지라고 일러주게나.
나는 내가 가야 하는 곳으로 가니, 그대들은　　　　　　　　690

내가 일러준 대로 하게나. 그러면 곧 내가 지금은
비록 불행하지만 구원받았다는 말을 듣게 되겠지.
(아이아스 퇴장)

코로스⁴⁰(좌) 나는 황홀하여 몸이 떨리고, 너무 기뻐서
날 것 같구나! 만만세! 판⁴¹ 신이시여!
오오, 판 신이시여, 신들에게   695
춤을 가르치는 판 신이시여, 왕이시여,
눈 덮인 퀼레네⁴²의 바위투성이 산등성이를
떠나 바다를 건너 이리로 오시어,
그대가 몸소 가르쳐주신 뉘사⁴³와
크노소스⁴⁴의 춤을 나와 함께 추어요.   700
내 오늘 진정 춤추고 싶구나. 〔···〕
그리고 아폴론 왕이시여,
델로스의 신이시여, 그대도 이카로스⁴⁵ 해의
파도를 건너오시어 나와 함께하시며
언제까지나 내게 호의를 보이소서!   705

(우) 아레스가 우리의 눈에서 무거운 근심의 짐을
걷어주셨도다! 만만세! 오오, 제우스시여,
이제야말로 행복한 날의 밝은 빛이
재빨리 바다를 건너는 날랜 함선들에게
다가올 수 있을 것 같아요.   710
아이아스가 드디어 고통을 이기고
전해오는 관습에 따라 엄격히 규범을 지키며
신들께 엄숙히 제물을 바치고 있으니까요.

오랜 세월은 모든 것을 지워 없애는 법.
그래서 나는 그 어떤 것도 믿기지 않는다고   715
단언하지 않으리라. 아이아스가 이렇게
천만뜻밖에도 아트레우스의 아들들에게 품었던
원한을 풀고 거창한 말다툼을 그만둔다면.

(사자 등장)

사자 친구들이여, 나는 먼저 테우크로스가 방금
뮈시아의 언덕들에서 돌아왔음을 그대들에게   720
전하고 싶소. 그러나 그는 진영의 중앙에 있는
사령부로 가다가 모든 아르고스인들에게
한꺼번에 욕을 들었소. 그들은 다가오는
그를 멀리서 알아보고는 그의 주위에 둘러서더니
이구동성으로 여기저기서 욕설을 퍼부었소.   725
그리고 그들은 그를 군대를 해치려고 음모를 꾸민
미치광이의 아우라고 부르며 그가 돌에 맞아
절명하더라도 막아줄 사람은 아무도
없을 것이라 했소. 그러다가 그들은 그예
칼집에서 칼을 빼어 손에 드는 지경에 이르렀소.   730
어느새 말다툼이 극에 달했으나
나이 든 분들의 중재로 중지되었소.
아이아스 님은 어디 계시오? 이 사실을 보고드려야겠소.
관계자들에게는 사건의 전말을 알려야 하니까요.

코로스장 그분은 안에 계시지 않고 방금 외출하셨소.   735
새로운 마음가짐으로 새로운 계획을 세우시려고.

사자 아뿔싸,

	나를 심부름 보낸 분이 너무 늦게
	보내셨거나, 내 걸음이 너무 느렸던 것 같소.
코로스장	제때에 이행하지 못했다는 그 용무란 게 대체 무엇이오? 740
사자	테우크로스 님이 말씀하시기를, 자기가 도착할 때까지
	아이아스 님은 막사 밖으로 나오시지 말라고 하셨소.
코로스장	그분이 나가신 것은, 신들의 노여움을 달래려고 하는
	좋은 방향으로 그분의 생각이 바뀌었기 때문이오.
사자	그대의 그 말은 어리석기 짝이 없소. 745
	칼카스⁴⁶가 현명한 예언자라면 말이오.
코로스장	무슨 예언 말이오? 그 예언에 관해 그대는 뭘 알고 있소?
사자	나는 마침 그 자리에 있었고, 내가 아는 것은 이것뿐이오.
	칼카스는 왕들이 모여 있는 회의장을 뒤로하고
	아트레우스의 아들들과 떨어져 다가오더니 750
	테우크로스의 손에 다정하게 자신의 오른손을 얹으며,
	만약 아이아스 님의 살아 있는 모습을
	다시 보고 싶다면 오늘 하루만은 무슨 수를 써서라도
	아이아스 님을 온종일 막사 안에 붙들어두고
	밖에 나가지 못하게 하라고 일렀소. 755
	예언자가 말하기를, 아테나 여신의 노여움이
	오늘 하루만 아이아스 님을 괴롭힐 것이라 했소.
	예언자의 말인즉, 사람이 사람으로 태어나
	사람으로서는 과도한 생각을 품게 되면,
	너무 웃자라 못 쓰게 된 그런 자들은 필시 760
	하늘이 보낸 재앙에 쓰러진다고 했소.
	한데 아이아스 님은 고향을 떠나며 아버지에게
	조언을 듣던 순간 생각이 모자라다는 것이 드러났소.

아버지는 그분에게 "내 아들아, 너는 창으로 승리하되
항상 신의 도움으로 승리하도록 하라."라고 말했소. 765
그러자 아이아스 님은 우쭐대며 생각 없이 대답했소.
"아버지, 신들의 도움을 받는다면 아무것도 아닌 자도
승리를 거둘 수 있지요. 그러나 저는 신들의
도움 없이도 그런 영광을 차지할 자신이 있어요."
그는 그렇게 큰소리를 쳤습니다. 또 한번은 770
아테나 여신이 그분을 격려하며 그분의 도륙하는
손을 적군 쪽으로 향하라고 지시하시자,
결코 입에 담아서는 안 될 끔찍한 말로 대답했소.
"여신이시여, 가서 다른 아르고스인들이나 도와드리세요.
내가 싸우는 곳에서 전열이 무너지는 일은 없을 거예요." 775
그런 말로 아이아스 님은 여신의 심한 노여움을 사셨던
거예요. 그분의 생각이 사람답지 않았기 때문이지요.
하지만 그분이 오늘 하루만 살아 계신다면 우리는 아마
신의 도움으로 그분의 구원자가 될 수 있을 거예요.
예언자가 그런 말을 하자, 테우크로스는 앉은 자리에서 780
지체 없이 나를 그대에게 보내 이 명령을 이행하게 한 것이오.
우리가 이 일을 해내지 못한다면 그분은
더 살지 못해요. 칼카스가 현명한 예언자라면 말이오.

코로스장 *(막사를 향하여)*

아아, 불쌍한 테크멧사, 불운한 집안에서 태어난 여인이여!
와서 이 사람이 하는 말 좀 들어보시오. 그것은 785
우리가 좋아하기에는 너무 깊숙이 살갗을 긁는군요.

(테크멧사, 막사에서 등장)

테크멧사	지칠 줄 모르는 고뇌에서 이제 겨우 쉬고 있는 이 가련한 여인을 그대들은 어인 일로 앉았던 자리에서 다시 일으키는 거예요?
코로스장	이 사람 말 좀 들어보시구려. 그는 아이아스에 관한 소식을 전하러 왔는데 내게는 참으로 가슴 아픈 소식이었소. 790
테크멧사	이봐요, 무슨 소식이죠? 설마 우리가 끝장난 것은 아니겠지요.
사자	그대의 처지가 어떤지 나는 몰라요. 하지만 아이아스 님에 관한 한, 만약 그분이 외출 중이시라면 나는 걱정되네요.
테크멧사	그래요. 그분은 외출 중이세요. 그대의 말을 들으니 괴롭네요.
사자	테우크로스 님이 이르시기를, 아이아스 님을 막사 안에 795 안전하게 붙들어두고 혼자 밖에 내보내지 말라 하셨어요.
테크멧사	테우크로스 님은 어디 계시며, 왜 그런 말씀을 하시는 거죠?
사자	그분은 방금 돌아오셨어요. 그리고 그분은 아이아스 님이 외출하시면 죽게 되실 것이라고 예견하고 있어요.
테크멧사	아아, 가여운 내 신세! 그분은 누구한테서 그걸 알아냈지요? 800
사자	테스토르의 아들 예언자 칼카스한테서요. 아이아스 님이 사느냐 죽느냐는 다름 아닌 오늘에 달려 있대요.
테크멧사	아아, 친구들이여, 이런 곤경에 처한 나를 도와주세요. 몇 사람은 급히 오도록 테우크로스 님을 재촉하시고, 다른 사람들 중 일부는 만의 서쪽으로, 일부는 동쪽으로 가서 805 내 남편의 불운한 발자취를 좇으세요. 이제야 나는 그분에게 속았고, 그분이 전에 늘 보여주시곤 하던 총애를 잃었음을 알게 되었어요. 아아, 내 아들아, 이 일을 어떡하지? 앉아 있어서는 안 돼. 나도 힘이 있는 한 어디든 가봐야겠어. 810 가요! 서둘러요! 앉아 있을 때가 아니에요. 죽으려고 서두는 사람을 우리가 구하기를 원한다면.

| 코로스장 | 나도 갈 각오가 되어 있어요. 말로만 입증하지 않겠어요.
빠른 행동과 빠른 발이 내 말을 뒤따를 테니까요.

(테크멧사와 사자 퇴장. 코로스는 두 패의 반(半) 코로스로 나뉘어 서로 다른 방향으로 퇴장한다.
무대가 해변의 후미진 곳으로 바뀌며 배경에 숲과 덤불이 보인다.
아이아스가 혼자 등장하여 칼끝이 위로 향하도록 칼을 고정한다)

| 아이아스 | 가장 효과적으로 벨 수 있도록 살인자가   815
서 있구나. 그런 생각을 할 여유가 있다면.
헥토르의 선물 말이야. 내 적들 가운데
나는 그자가 가장 미웠고 꼴도 보기 싫었지.
그런데 그것이 쇠를 갉아먹는 숫돌에 새로 갈린 채
적지(敵地)인 트로이아 땅에 고정되어 있구나.   820
내게 가장 큰 호의를 베풀어 내가 빨리 죽게
해주도록 내가 그것을 고정해놓았지.
이제 준비는 다 끝났어. 이어서 누구보다도 먼저,
제우스시여, 그대가 나를 도와주소서. 그래야 마땅해요.
어려운 부탁을 드리려는 것이 아니에요.   825
청컨대, 내가 피투성이가 될 이 칼 위에 쓰러지면
그대는 테우크로스에게 사자를 보내 흉보(凶報)를 알리시어,
그가 맨 먼저 나를 들어 올리게 해주소서.
내 적들 중에 누군가 먼저 나를 발견하고는
개 떼와 새 떼에게 먹이로 던져주지 않도록.   830
제우스시여, 이것이 내가 그대에게 드리는 부탁이에요.
나는 또 편히 잠들게 해달라고, 혼백을 저승으로
인도하는 헤르메스도 부르리라. 내가 한번 훌쩍 뛰어

이 칼로 내 옆구리를 결연히 찢고 나면 말이야.
나는 또 언제나 인간의 온갖 고통을 지켜보는   835
영원한 처녀들을, 큰 걸음으로 성큼성큼 걷는 준엄하신
복수의 여신들을 부르며 도움을 청할 거야. 가련하게도
내가 아트레우스의 아들들에 의해 망하는 것을 알도록.
〔그리고 그자들은 내가 내 손에 쓰러져 있는 모습을
보게 될 것인즉, 꼭 그처럼 복수의 여신들이 그 사악한   840
자들을 사악한 운명과 완전한 파멸 속으로 낚아채도록.
그리하여 그자들이 가장 사랑하는 자손들의 손에 죽도록.〕
신속하게 응징하는 복수의 여신들이여, 와서 실컷
노여워하시고, 전군에서 아무도 용서하지 마소서.
그리고 마차를 몰고 가파른 하늘로 오르는 그대여,   845
헬리오스[47]여, 내 조국 땅을 보거든 황금으로
장식한 고삐를 잡아당겨 마차를 세우고는
늙으신 내 아버지와 나를 낳아 길러주신 불행하신
여인에게 내 재앙과 내 죽음을 전해주시오.
그런 소식을 들으시면 불쌍하신 내 어머니께서는   850
온 도시가 떠나가도록 대성통곡을 하시겠지.
하지만 공연히 탄식해보았자 소용없는 짓.
지금은 신속히 일을 해치울 때야.
죽음이여, 죽음이여, 이제는 와서 나를 보라!
〔하지만 그대에게는 나중에 저승에 가서   855
말하리라. 지금은 찬란한 햇빛이여, 내 그대와,
마차를 모는 헬리오스에게 말하리라, 마지막으로.
그리고 다시는 말하지 않으리라.〕
오오, 햇빛이여, 내 조국 살라미스의 신성한

　　　　　땅이여! 내 아버지의 화로가 놓인 터전이여, 860
　　　　　이름난 아테나이여, 우리와 친척간인 도시여!
　　　　　이곳의 샘들과 강물들이여, 트로이아의 들판들이여,
　　　　　내 너희들에게 말하노라. 잘 있어라! 내 유모들이여!
　　　　　이것이 아이아스가 너희들에게 하는 마지막 말이다.
　　　　　나머지는 하데스의 집에 가 있는 자들에게 말하리라! 865

　　　　　(아이아스가 덤불에서 자신의 칼 위에 엎어진다. 반 코로스들이 서로 다른 문으로 등장한다)

반 코로스 1　애쓰고, 애쓰고 아무리 애써도 끝이 없구나.
　　　　　어디야, 어디야,
　　　　　내가 가보지 않은 곳이 어디야?
　　　　　내게 비밀을 알려주는 곳은 어디에도 없구나.
　　　　　들어봐, 들어봐! 870
　　　　　저기서 또다시 무슨 소리가 들리는군!

반 코로스 2　맞아. 우리는 그대들과 함께 배타고 온 전우들이라네.

반 코로스 1　무슨 새로운 소식이라도?

반 코로스 2　우리는 함선들의 서쪽을 샅샅이 뒤졌다네.

반 코로스 1　뭘 좀 찾아냈나? 875

반 코로스 2　고생만 죽도록 했지, 아무것도 보지 못했네.

반 코로스 1　해뜨는 동쪽으로 난 길에서도 역시
　　　　　어디서도 그분의 흔적을 찾을 수 없었네.

코로스(좌)　대체 누가, 고기를 잡으려고 잠도
　　　　　안 자고 애쓰는 어부들 가운데 누가, 880
　　　　　올륌포스[48] 산의 요정들 가운데 누가,
　　　　　보스포로스[49] 해협으로 흘러드는 강들의

요정들 가운데 어느 누가 성질 사나운   885
그분이 헤매는 것을 보고 내게 알려주려나?
이렇게 오랫동안 애쓰며 사방을
돌아다녀도 성공하기는커녕 헛걸음만 치고,
마음이 병든 그분의 행방을
찾아내지 못했다는 것은 괴로운 일이라네.   890

(테크멧사가 등장하여 시신을 발견한다)

테크멧사   아아, 슬프고 슬프도다!
코로스장   근처의 덤불에서 들려오는 저 소리는 누구의 비명이지?
테크멧사   오오, 가련한 내 신세!
코로스장   보아하니, 창검으로 얻은 불운한 신부인
        테크멧사가 눈물범벅이 되어 통곡하고 있구려.   895
테크멧사   친구들이여, 나는 끝장났고, 망했고, 산산이 무너졌어요.
코로스   대체 무슨 일이오?
테크멧사   여기 아이아스 님이 방금 살해되어 누워 있어요.
        보이지도 않는 칼을 몸으로 둘러싸고 말예요.
코로스   아아, 사라진 내 귀향이여!   900
        아아, 불쌍하신 왕이시여, 그대는
        같은 배를 타고 온 나를 죽였나이다.
        아아, 불운한 여인이여!
테크멧사   일이 이렇게 되다니, 통곡할 일만 남았네요.
코로스장   불운하신 그분은 대체 누구의 손에 이렇게 되셨지요?   905
테크멧사   자신의 손에 그렇게 되었음이 분명해요. 땅속에 박혀 있는
        칼이 말해주고 있어요. 그분은 그 위에 엎어지신 거예요.
코로스   아아, 내 착각이여. 그대는 친구들의 보호도

받지 못하고 혼자서 피를 쏟았구려. 910
아무것도 듣지 못하고, 아무것도 알지 못한
나는 주의를 소홀히 했어요.
어디, 어디 누워 계세요,
불운한 이름을 가지신 완고하신 아이아스 님은?

테크멧사 아무도 그분을 보지 마세요. 내가 이 외투로 915
그분을 완전히 가릴래요. 설사 그분의 친구라
하더라도 그분이 자해한 치명적인 상처에서
콧구멍까지 검은 피를 뿜어내는 모습을
눈 뜨고는 차마 볼 수 없을 테니까요.
아아, 어떡해요? 어느 친구가 당신을 들어 올리죠? 920
테우크로스 님은 어디 있죠? 그분이 온다면
죽은 형의 장례식에 맞춰 온 셈이 될 텐데.
아아, 불운한 아이아스 님! 전에는 그토록 위대했건만
지금은 적들도 당신을 불쌍히 여기겠어요.

코로스(우) 가련한 분이여, 완고하신 분이여, 925
그대는 종국에는, 종국에는
무한한 고통의 슬픈 운명에
이르게 되어 있었어요.
나는 그대가 마음이 사나워져 930
원한을 품고는 아트레우스의 아들들을
밤낮으로 원망하는 말을 들었으니까요.
그래요. 아킬레우스의 무구를 놓고
가장 용감한 전사들이 경합을 벌이던 935
그날 큰 고통은 시작되었던 거예요.

테크멧사	아아, 슬프고 슬프도다!
코로스장	그대의 고통은 진심에서 우러나온 것이오. 내 어찌 모르겠소.
테크멧사	아아, 슬프고 슬프도다!
코로스장	부인, 그대가 통곡하고 또 통곡해도 놀랄 일이 아니오. 940
	그대는 방금 사랑하는 분을 잃었으니 말이오.
테크멧사	그대는 생각할 수 있을 뿐이지만, 나는 뼈저리게 느껴야 해요.
코로스장	맞는 말이오.
테크멧사	아아, 내 아들아! 우리는 어떤 예속의 멍에를 지는
	것이며, 어떤 감독자가 지금 우리 둘을 감시하는가? 945
코로스	아아, 그대가 말한 그 고통은 아트레우스의
	무정한 두 아들이 저지르게 될 차마 입에
	담을 수 없는 소행들을 떠올리게 하는구려.
	신께서 그런 소행들을 막아주시기를!
테크멧사	신들의 뜻이 아니라면 일이 이렇게 되지는 않았을 거예요. 950
코로스장	하지만 신들께서 우리에게 너무 무거운 짐을 지우셨어요.
테크멧사	제우스의 무서운 따님이신 팔라스[50]가 오뒷세우스를
	기쁘게 해주려고 이런 고통을 가져다주신 거예요.
코로스	아마도 '참을성이 많은' 그자[51]는 955
	음흉하게도 그분을 조롱하며
	그분의 광란과 고통을 보고
	껄껄대고 웃겠지.
	아아, 그자와 함께 왕들인 아트레우스의
	두 아들도 보고를 받고는 웃겠지요. 960
테크멧사	그들더러 이분의 불운을 좋아하며 실컷 웃으라고 하세요.
	이분이 살아 계시는 동안에는 그들이 아쉽지 않았지만
	이분의 창이 필요하게 되면 이분의 죽음을 애도하게 되겠지요.

판단력이 부족한 자들은 좋은 것들을 손에 쥐고 있으면서도
그것들을 잃어버릴 때까지는 그걸 모르는 법이지요. 965
이분의 죽음은 내게 괴롭고 그들에게는 달콤하겠지만
이분 자신에게는 기쁜 일이에요. 바라던 것을
얻었으니까요. 원하던 죽음 말예요. 그렇다면 왜
그자들이 이분을 비웃어야 하는 거죠? 이분의 죽음과
관계가 있는 것은 신들이지, 그자들이 아닌데. 970
그러니 오뒷세우스더러 허풍 떨며 큰소리치라고 하세요.
아이아스 님은 그들에게는 더 이상 존재하지 않으니까.
하지만 그이는 나에게 절망과 비탄만 남겨두고 떠나가셨어요.

테우크로스 *(밖에서)* 아아, 슬프고 슬프도다!

코로스장 조용히들 하시오. 이 재앙에 맞는 목소리로 975
테우크로스가 호곡하는 소리가 들리는 것 같소이다.

테우크로스 아이아스 형님! 내 눈에 더없이 그리운 얼굴이여!
정말로 들리는 소문대로 되신 건가요?

코로스장 이분은 운명하셨습니다, 테우크로스 님! 믿어도 좋아요.

테우크로스 아아, 내게 이 무슨 가혹한 운명이란 말인가! 980

코로스장 일이 이렇게 되었으니…

테우크로스 아아, 처량하고 처량한 내 신세!

코로스장 우실 만도 하지요.

테우크로스 오오, 너무나 갑작스런 고통이여!

코로스장 그래요, 너무 갑작스러워요, 테우크로스 님.

테우크로스 슬프도다! 이분의 아드님은 어떻게 됐는가?
트로이아 땅 어디서 그 애를 찾을 수 있겠는가?

코로스장 혼자 막사 안에 있어요. 985

테우크로스 *(테크멧사에게)* 그렇다면 되도록 빨리 그 애를 이리로 데려오세요.

적들 가운데 누군가 집을 비운 암사자의 새끼인 양
그 애를 채어 가지 못하도록! 어서 가서 노고에
동참하세요. 사람은 누구나 죽어 누워 있는
이들을 조롱하기를 좋아하는 법이오.

(테크멧사 퇴장)

코로스장 테우크로스 님, 아닌 게 아니라 형님은 살아 계시는 동안 990
지금처럼 그 애를 돌봐주라고 그대에게 당부하셨어요.

테우크로스 이 광경이야말로 일찍이 내 눈으로 본 것
가운데 가장 고통스런 광경이로구나!
그리고 가장 사랑하는 아이아스 형님! 형님의
발자국을 찾아다니다가 형님이 어떻게 돌아가셨는지 995
듣고는 지금 형님 곁으로 돌아온 이 길이 내게는
모든 길 가운데 가장 슬픈 길이었어요.
형님이 세상을 떠나셨다는 소문이, 마치 어떤 신께서
보내신 양 아카이오이족의 온 진중에 좍 퍼졌으니까요.
나는 멀리서 그 소문을 듣고 괴로워 신음했으나, 1000
이렇게 눈으로 보니 죽을 것만 같아요.
아이고, 아이고!
자, 덮개를 벗겨주게나. 참상을 다 볼 수 있도록.

(덮개가 벗겨진다)

끔찍한 광경에 담대하고도 무모한 행동이로구나!
세상을 떠나시며 형님은 내게 슬픔의 씨앗을 얼마나 1005
뿌리신 거예요! 형님이 어려우실 때 도와드리지 못했으니
나는 어디로, 어떤 사람들에게로 가야 하나요? 형님의
아버지이시자 내 아버지이신 텔라몬께서 형님 없이 돌아온
나를 과연 반가이 맞아주실까요? 물론 맞아주시겠지요.

그분은 좋은 소식을 들으셔도 더 유쾌하게 웃지 못하시니까요.
그런 그분이 무엇을 숨기시겠어요? 그분은 "창검으로
얻은 종년이 낳아준 서자인 주제에 저 녀석이,
사랑하는 아이아스야, 비겁하고 남자답지 못하게
너를 배신한 거야. 아니, 네가 죽고 나면 네 집과 권력을
물려받을 요량으로 나를 속인 거야."라며
내게 아무 욕설이나 마구 퍼부어대실 거예요.
그분은 뚱해지시고, 노년이 되면서 괴팍해지시어
다툴 일도 아닌데 화내시며 그렇게 말씀하시겠지요.
결국 나는 그분의 말씀에 의해 자유민 대신
노예로 전락하여 고향에서 쫓겨나고 추방되겠지요.
고향 이야기는 그쯤 하지요. 이곳 트로이아에서
내게 적은 많고, 도움이 될 만한 것은 적어요.
그마저 형님이 세상을 떠나시자 사라져버렸어요.
아아, 어떡하지? 불쌍하신 형님, 형님이 그 위에 엎어져
마지막 숨을 거두신 이 번쩍이는 칼의 잔인한
칼끝에서 내가 형님을 어떻게 끌어내죠?
보세요, 헥토르는 죽었지만 결국 형님을 죽일 운명이었어요.

(코로스에게)

그대들은 제발 두 사람의 운명을 잘 살펴보구려!
헥토르는 여기 이분에게서 선물로 받은 혁대로
전차 난간에 묶여 질질 끌려가다가 결국에는
숨을 거두었소.⁵² 한편 이분은 헥토르한테서
이 칼을 선물로 받았다가 이 칼 위에 엎어져
숨을 거두고 말았소. 쇠를 불려 이 칼을 만든 것은
복수의 여신이고, 그 혁대를 만든 것은

	잔혹한 장인인 하데스가 아니었을까? 그래서	1035

잔혹한 장인인 하데스가 아니었을까? 그래서
나는 모든 일이 다 그렇듯이, 이 일들도 신들께서
인간들을 위해 생각해낸 것이라고 주장하고 싶구려.
이런 판단이 마음에 안 드는 자는 자신의 주장을
고수하구려. 나는 내 주장을 고수할 테니.

코로스장 긴 말씀 마시고, 여기 이분을 어떻게 매장하실지,
그리고 즉시 무슨 말씀을 하실지 생각해보세요.
적이 한 명 오는 것이 보이는데, 그는 아마 악당이
그러하듯, 우리의 불행을 비웃으러 오는 것 같네요.

테우크로스 그대의 눈에 보인다는 그 전사가 대체 누구란 말인가?

코로스장 그 때문에 우리가 이리로 항해해 온 메넬라오스요.

테우크로스 내 눈에도 보이오. 가까워지니 쉽게 식별이 되는군.

(메넬라오스, 한두 명의 시종을 데리고 등장)

메넬라오스 이봐, 자네 말일세. 내 자네에게 이르겠네.
자네는 이 시신을 묻지 말고 누워 있는 그대로 버려두게!

테우크로스 당신 대체 무슨 권리로 그렇게 큰소리치는 거요?

메넬라오스 그게 나의 결정일세. 군사령관의 결정이란 말일세.

테우크로스 그런 결정을 내린 이유가 무엇인지 말해주겠소?

메넬라오스 우리는 이자를 아카이오이족의 동맹자와 친구로서
고향에서 데려온 줄 알았는데, 막상 겪어보니
그가 프뤼기아인들보다 더 고약한 적임을 알게 되었네.
그는 전군(全軍)을 살해할 음모를 꾸며 가지고
창으로 우리를 도륙할 요량으로 밤에 출격했는데,
만일 어떤 신이 그의 시도를 무산시키시지 않았더라면
지금 이자가 당한 운명이 우리의 운명이 되어,
우리는 더없이 비참하게 죽어 누워 있고

이자는 살아 있겠지. 하지만 어떤 신이 개입하시어   1060
그의 폭행이 양 떼와 소 떼로 향하도록 해주셨네.
그런 연유로 그의 시신을 무덤에 묻어줄 권한이
어느 누구에게도 주어지지 않은 것이라네.
오히려 그는 황갈색 모래 위에 내던져져
해변에 사는 새들의 밥이 될 것이라네.   1065
그러니 자네는 성을 내며 위협하려 들지 말게.
그가 살아 있을 때는 우리가 그를 제어할 수 없었지만
그가 죽은 지금은, 자네가 원치 않더라도, 우리가 그를
지배하고 손을 좀 봐줄 참이네. 살아 있는 동안
그는 한 번도 내 말을 들으려 하지 않았으니까.   1070
부하인 주제에 윗사람 말을 듣지 않는 것이
옳다고 주장한다면, 그것은 나쁜 사람의 특징이지.
왜냐하면 경외심이라고는 찾아볼 수 없는
도시에서는 법이 잘 지켜지지 않으며,
두려움과 존경심이 보호막이 되어주지 않는   1075
군대는 잘 통솔될 수 없기 때문이라네.
그래서 기골이 장대한 사람이라도 사소한 불운으로
넘어질 수 있다는 생각을 해야 하는 거야.
존경심에다 경외심을 가진 자라야 늘
안전하다는 것을 자네는 명심해두게!   1080
하지만 불법을 저지르며 제 멋대로 행동하는 것이
허용되는 도시는 순풍에 돛 단 듯이 잘 나가더라도
조만간 심연 속으로 침몰할 것임을 알아두게.
필요할 때는 반드시 두려움을 느끼도록 해야 하네.
우리가 원하는 대로 행동해도 고통으로 그 대가를   1085

　　　　　지불하지 않으리라는 생각은 꿈에도 해서는 안 되지.
　　　　　좋은 일과 궂은일은 돌고 도는 법이지. 전에는 이자가
　　　　　열을 올리며 오만을 떨었다면, 지금은 내가 큰소리칠 차례야.
　　　　　그래서 내 자네에게 이르겠는데, 자네는 이자를 묻지 말게.
　　　　　이자를 묻다가 자네가 무덤에 들지 않도록.　　　　　　　1090
코로스장　메넬라오스 님, 현명한 말씀을 하시고 나서
　　　　　스스로 고인을 모욕하지는 마세요.
테우크로스　전우들이여, 한미한 집안에서 태어난 자가
　　　　　실수를 하더라도 나는 조금도 놀라지
　　　　　않을 것이네. 고귀한 가문에서 태어난 것으로　　　　　1095
　　　　　보이는 자들이 저런 망언을 하니 말일세.
　　　　　(메넬라오스에게)
　　　　　자, 처음부터 다시 시작해요. 동맹군으로서 이분을
　　　　　이리로 데려온 것은 당신이라고 했던가요? 이분은
　　　　　남의 지시를 받지 않고 자진하여 항해해 오지 않았던가요?
　　　　　어째서 당신이 이분의 장군이라는 거죠? 이분이 고향에서　1100
　　　　　인솔해 온 군대를 당신이 무슨 권리로 통솔한다는 거죠?
　　　　　당신은 스파르테의 통치자로 온 것이지 우리의 통치자로
　　　　　온 게 아니오. 이분에 대한 당신의 권세가 당신에 대한
　　　　　이분의 권세보다 더 크다는 규정은 어디에도 없어요.
　　　　　〔당신이 이리로 온 것은 다른 사람의 부장(副長)으로서지,　1105
　　　　　아이아스를 위시한 우리 모두의 장군으로서가 아니외다.〕
　　　　　당신이 통솔하는 자들이나 통솔하시고, 그들이나 건방진 말로
　　　　　질책하시구려. 여기 이분은 당신이나 다른 장군이
　　　　　금지하더라도 내가 당신의 협박을 무시하고 무덤에
　　　　　뉘어 드릴 것이오. 그것은 내 정당한 권리니까.　　　　　1110

이분이 원정에 참가한 것은, 당신을 위해 죽도록 애쓰는
당신 부하들처럼, 당신의 아내[53] 때문이 아니라, 이분이 맹세한
서약[54] 때문이었소. 결코 당신 때문이 아니었단 말이오.
이분은 하찮은 자들은 거들떠보지도 않으시니까.
그러니 다음번에는 더 많은 전령들과 사령관 자신을 1115
데려오시구려. 당신이 변하지 않고 지금 그대로라면
아무리 호통을 쳐도 나는 눈썹 하나 까닥하지 않을 테니.

코로스장 궁지에 처했더라도 나는 그런 말투는 싫어요.
거친 말은 아무리 옳다 해도 찌르는 법이니까요.

메넬라오스 이 궁수(弓手)[55]는, 보아하니 자부심이 대단한 것 같군. 1120

테우크로스 내가 익힌 솜씨는 하찮은 기술이 아니니까.

메넬라오스 방패라도 갖고 있다면 허풍이 대단하겠구려.[56]

테우크로스 나는 경무장해도 중무장한 당신의 적수가 될 걸요.

메넬라오스 자네 혀 안에는 참으로 무서운 용기가 들어 있구먼.

테우크로스 정의와 함께하는 사람은 자부심을 가질 자격이 있으니까. 1125

메넬라오스 나를 죽인 자가 존경받는 것이 정의란 말인가?

테우크로스 죽였다고? 당신이 죽고도 살아 있다면 이상한 일 아닌가!

메넬라오스 신이 나를 구해주셨으니 망정이지, 저자에게 나는 죽은 사람이지.

테우크로스 그렇다면 당신을 구해주신 신들을 모독하지 마시오.

메넬라오스 내가 신들의 법을 어기고 있단 말인가? 1130

테우크로스 당신이 여기 서서 죽은 자를 묻어주지 못하게 한다면.

메넬라오스 공공의 적을 묻어주는 것은 온당하지 못하니까.

테우크로스 아이아스가 일찍이 적으로서 당신과 맞선 적이 있나요?

메넬라오스 자네도 알다시피, 그는 나를 미워했어. 나도 그를 미워했고.

테우크로스 그건 개표할 때 당신이 이분을 속였기 때문이죠.[57] 1135

메넬라오스 그가 진 것은 판관들 탓이지 내 탓이 아니야.

테우크로스	당신은 은밀히 악행을 저지르는 데 능하지요.	
메넬라오스	누군가 그런 말을 하다가는 크게 봉변당하지.	
테우크로스	내가 안겨주려는 것보다 더 큰 봉변은 아니겠지.	
메넬라오스	한 가지만 일러두겠는데, 이자는 묻힐 수 없어.	1140
테우크로스	나도 한마디 하겠는데, 이분은 묻히게 될 거요.	
메넬라오스	내 전에 입심 좋은 어떤 사내가 폭풍이 부는데도	
	출항하라고 선원들을 들볶아대는 것을	
	본 적이 있지. 그러나 폭풍이 드세게 불자	
	그자의 목소리는 들리지 않았지. 외투를 덮어쓴	1145
	그자를 선원들이 실컷 짓밟아주었거든.	
	그와 같이 자네와 자네의 그 거친 입에도	
	작은 구름에서 큰 폭풍이 불어와서는	
	머지않아 자네의 고함 소리를 지워버리겠지.	
테우크로스	그리고 나는 어리석기 짝이 없는 어떤 사내가	1150
	이웃들의 불행에 기고만장하는 것을 보았지.	
	그러자 나와 비슷하고 나와 같은 기질을 타고난	
	어떤 사람이 그자를 보고 있다가 이렇게 말했지.	
	"이봐요, 죽은 사람들에게 못된 짓일랑 하지 마시오.	
	잘 알아두시오. 그러다간 후회하게 될 것이오."	1155
	그는 그 지각없는 자에게 다가가 그렇게 충고했지.	
	아니, 그자는 내 눈앞에 있군. 내가 생각하기에,	
	그자는 바로 당신이구려. 내가 수수께끼를 냈나?	
메넬라오스	나는 이만 가네. 힘으로 응징할 수 있는데도 내가 말로만	
	다툰다는 말을 누가 듣게 되면 모양이 말이 아니니까.	1160
	(메넬라오스 퇴장)	
테우크로스	이제 꺼지시구려. 허튼소리만 하는 멍청이의 말을	

듣고 있다는 것은 내게도 영 모양이 말이 아니니까.

코로스 이제 곧 대판거리로 싸움이 벌어질 것이오.
테우크로스 님, 되도록 빨리 서둘러
이분을 위해 빈 구덩이를 찾아보세요. 1165
사람들이 언제까지나 기억하게 될
눅눅한 무덤 안에 누워 쉬시도록 말이오.

(테크멧사와 에우뤼사케스 등장)

테우크로스 저길 보게. 이분의 아들과 아내가 때맞춰
이리로 오고 있구려. 나를 도와 이 불쌍한 고인의
장례를 치러주기 위해서 말이야. 1170
애야, 이리 와 가까이 서서 너를 낳아주신 아버지를
만져보도록 하라. 탄원자로서 말이다. 여기 앉아
머리털[58]을, 내 머리털과, 네 어머니의 머리털과,
세 번째로 너 자신의 머리털을 손에 들고 보호해달라고 빌어라.
머리털은 탄원자에게는 보물이다. 전사들 중 1175
누군가 너를 억지로 이분의 시신에서 떼어놓으려 한다면,
그 고약한 자는 고약하게 죽어 묻히지도 못한 채
고향에서 내던져지고, 온 가문이 뿌리째 잘리기를!
지금 내가 내 이 머리 타래를 자르듯이.

(아이에게 자신의 잘린 머리 타래를 건네며)

애야, 이것을 받아 간직하되 아무도 너를 내쫓지 1180
못하게 하라. 네 아버지 앞에 무릎 꿇고 꼭 매달려라.

(코로스의 대원들에게)

그리고 그대들은 여자들이 아니라 사내대장부들처럼

옆에 서서 이 애를 지켜주게나. 아무도 허용하지 않지만
내가 이분을 위해 무덤을 마련하고 나서 다시 올 때까지.

(테우크로스 퇴장)

코로스59(좌1) 아아, 언제 햇수가 다 채워져서 어느 때쯤 1185
끝나려나, 이 끝없이 이어지는 세월은?
넓은 트로이아 땅에서 내게는
언제나 전투의 노고를 지우고
헬라스인들에게는 슬픔과 치욕을 1190
안겨주는 이 세월은?

(우1) 헬라스인들에게 가증스런 무기를 들고
동맹군이 되어 싸우는 법을 처음 가르친
그자야말로 먼저 지상에서 넓은 하늘로, 1195
또는 만인을 수용하는 하데스로 사라져버렸으면!
아아, 전쟁은 또 새로운 전쟁을 낳는 법.
인류를 망친 것은 다름 아닌 그자로다.

(좌2) 그자는 나더러 축제 때 화관의
기쁨도, 넘치는 술잔의 기쁨도 1200
즐기지 못하게 하고, 가련하게도
나더러 감미로운 피리 소리도,
달콤한 밤잠도 즐기지 못하게 하는구나.
아아, 그자는 사랑도, 사랑도 못하게 하는구나. 1205
그래서 나는 이렇게 돌보는 이 없이 누워 있고,
내 머리털에는 언제나 이슬이

줄줄 쏟아져 내려, 기쁨 없는
트로이아를 생각나게 하는구나. 1210

(우 2) 용맹스런 아이아스 님은 지금까지
내게는 밤의 공포와 날아오는
무기를 막아주시는 요새였지.
하지만 그분은 지금 가증스런 운명에
넘겨졌다네. 내게 무슨 낙이, 무슨 낙이 있을까? 1215
내 지금 숲이 우거지고 파도가 부서지는
갑(岬)이 바다로 툭 튀어나온
수니온의 평평한 봉우리 밑에 1220
가 있었으면 좋으련만. 신성한
아테나이 시에 인사할 수 있도록!

(테우크로스 등장. 뒤따라 아가멤논과 그의 시종들 등장)

테우크로스 군사령관 아가멤논이 이리로 급히 오는 것을
보았기에 나는 서둘러 돌아왔소이다.
그는 틀림없이 허튼소리를 늘어놓을 것이오. 1225

아가멤논 듣자하니, 거기 자네가 감히 입을 놀려 벌도
받지 않고 우리에게 폭언과 욕설을 퍼부었다지?
그래, 포로로 잡힌 여인의 아들인 거기 자네 말일세.
좋은 집안에서 태어난 어머니에게 양육되었더라면
자네 틀림없이 큰소리께나 치고 거드름께나 빼며 걸었겠구먼. 1230
하찮은 자인 주제에 자네가 하찮은 자를 역성들며,
우리는 자네나 아카이오이족의 장군이나 제독으로서
온 것이 아니라고 공언하고, 아이아스는 남의 지시를

받지 않고 독자적으로 온 것이라고 주장한다고.
그런 말을 노예의 입에서 듣다니 이게 대체 무슨 창피람!   1235
자네가 방자하게도 소리 지르며 역성드는 그는 어떤
자였나? 그는 내가 가거나 서 있지 않은 어느 곳에 가
서 있었던가? 아카이오이족에게는 그 말고는 남자들이
없단 말인가? 그날 우리가 아킬레우스의 무구를 놓고
경합하라고 아르고스인들에게 공포한 것이 후회스럽네.   1240
테우크로스가 도처에서 우리를 악당이라고 비방하고,
자네들이 경쟁에 지고도 대부분의 판관들이 내린
결정에 아직도 승복하려 하지 않고 언제까지나
우리에게 욕설을 퍼부어대고 진 것에 원한을
품고는 음흉하게 우리를 찌르려 한다면 말일세.   1245
그런 일들이 관행화되면 어떤 법도 결코
제대로 확립되고 존속될 수 없을 것이네.
만일 우리가 정당하게 이긴 자들을 밀어내고
뒤에 처진 자들을 앞으로 밀어준다면 말일세.
그런 일은 막아야지. 우리에게 가장 신뢰감을   1250
주는 것은 힘세고 어깨 넓은 자들이 아니라,
어디서나 승리를 쟁취하는 현명한 사람들이네.
황소가 아무리 옆구리가 넓다 해도, 조그마한 채찍
하나면 똑바로 길을 걸어가게 할 수 있지.
자네에게도 그런 처방이 내려질 것일세,   1255
자네가 아직도 정신을 차리지 못하고,
이미 세상에 없는 그림자에 불과한 사람을 위해
건방지게 큰소리치고 허튼 수작을 부린다면 말이야.
정신 좀 차리게. 자네의 출신성분을 아는

다른 사람을, 자네 대신 자네 일을 대변해줄
자유민⁶⁰을 이리로 데려오도록 하게.
자네가 말을 하면 나는 무슨 뜻인지 모르겠네.
나는 야만족의 말은 할 줄 모르니까.

코로스장 두 분께서 정신을 차리시고 절제하셨으면 좋겠어요.
그보다 나은 조언을 두 분께 해드릴 수가 없군요.

테우크로스 아아, 고인에 대해 감사하는 마음은 배은망덕하게도
얼마나 빨리 사라져버리는 것인가! 아이아스 형님,
여기 이 사람을 위해 형님은 전투 때 목숨을 걸고
그토록 빈번히 애썼건만 이 사람은 형님을 더 이상,
아니 일언반구도 언급하지 않으니 말이오.
형님의 그 모든 노력이 잊혀지고 팽개쳐지는군요.
오오, 허튼소리를 그렇게 마구 쏟아내다니,
전세가 역전되어 당신들이 진영 안에 갇히고
더 이상 아무것도 아닌 존재들이 되었을 때,
이분 혼자서 당신들을 구원하러 왔던 일이
이제 더는 생각나지 않는단 말이오?
함선들의 고물들 주위에서는 불길이 활활 타오르고,
헥토르가 해자를 훌쩍 뛰어넘어 함선들의 갑판들에
달려들었을 때 누가 파멸을 막았던가요?
그런 일을 해낸 사람은, 당신이 없는 곳에는 어디에도
가 있지 않았다고 당신이 주장하는 이분이 아니었나요?
당신들 눈에 이분은 거기서 의무를 다했을 뿐인가요?⁶¹
그리고 또 이분은 누구의 명령을 받아서가 아니라
제비뽑기에 의해 헥토르와 일대일로 맞섰을 때,⁶²
자신이 뽑히지 않으려고 축축한⁶³ 흙덩이를 가운데

던져 넣지 않고, 훌륭한 깃털 장식이 달린 투구에서
가볍게 맨 먼저 튀어나올 제비를 던져 넣지 않았던가요?
그런 일을 해낸 것은 이분이었소. 그리고 이분 옆에는
야만족 어머니에게서 태어난 노예인 내가 서 있었소.
가련한 자여, 당신은 무슨 낯으로 그런 말을 하는 것이오? 1290
당신은 모르시오, 옛날에 당신 아버지의 아버지였던
펠롭스가 야만족이며 프뤼기아인이었던 것도?
또 당신을 낳아준 아버지 아트레우스가 아우⁶⁴의 아이들의
살점으로 가장 불경한 음식을 만들어 아우에게 내놓았던 것도?
당신 자신은 크레테 여인⁶⁵에게서 태어났는데, 1295
그녀가 남자와 놀아나다가 발각되자 그녀의 아버지는
그녀를 말 못하는 물고기들에게 먹이로 던져주라고 했지요.
그런 주제에 당신이 이 내 혈통을 모욕한단 말이오?
나를 낳아주신 아버지 텔라몬으로 말할 것 같으면,
군대에서 혁혁한 전공을 세우시고는 내 어머니를 1300
아내로 받으셨는데 어머니는 라오메돈의 따님으로
공주로 태어나신 몸이시오. 알크메네의 아드님⁶⁶이
그녀를 텔라몬께 정선된 선물로 주었던 것이오.
이렇듯 고귀한 부모에게서 고귀한 아들로 태어났거늘
내 어찌 내 골육지친(骨肉之親) 가운데 한 명이
치욕을 당하도록 내버려둘 수 있겠소? 이분이 지금 1305
이런 변을 당하고 누워 있어도 매장도 못하게 당신이
밀쳐내고, 그런 말을 부끄러운 줄 모르고 하고 있으니 말이오.
명심해두시오. 당신이 이분을 밀쳐낸다면
이분과 함께 우리 세 사람도 밀쳐내는 것이오.
나로서는 당신의 아내를—아니면 당신의 아우의 아내라고 1310

할까요? — 위하다가 죽는 것보다는 이분을 위하다가
만인이 보는 앞에서 죽는 편이 더 나을 테니까요.
그러니 내 걱정은 말고 당신 걱정이나 하시오.
당신이 나를 해코지하다가는, 머지않아 내게 횡포를
부리느니 차라리 겁쟁이였기를 바라게 될 테니까. 1315

(오뒷세우스 등장)

코로스장 오뒷세우스 왕이여, 알아두시오. 그대는 때맞춰 오셨소.
같이 다투기 위해서가 아니라 중재하러 오셨다면 말이오.

오뒷세우스 무슨 일이오, 전사들이여? 나는 아트레우스의 아들들이
이 사람의 시신 위에서 고함지르는 소리를 멀리서 들었소.

아가멤논 그렇소. 여기 이자한테서, 오뒷세우스 왕이여, 1320
우리는 방금 아주 험한 욕설을 들어야만 했으니까요.

오뒷세우스 어떤 욕설이었나요? 모욕적인 말을 듣고 모욕적인 말로
대응하는 사람이라면 나는 용서해줄 수가 있소이다.

아가멤논 그는 모욕적인 말을 듣긴 했소. 내게 모욕적인 행동을 했으니까.

오뒷세우스 그가 무슨 짓을 했기에 그대를 모욕했다는 것이오? 1325

아가멤논 그는 저 시신에게서 무덤을 빼앗도록 내버려두지
않을 것이며, 내 뜻을 거슬러 매장하겠다고 했소이다.

오뒷세우스 어떤 친구가 그대에게 진실을 말하고도 이전 못지않게
그대와 사이좋게 지낸다는 것이 가능할까요?

아가멤논 말해보시오. 그렇지 않으면 나는 지혜롭지 못한 사람이겠지요. 1330
그대를 나는 아르고스인들 중에서 가장 친한 친구로 여기니까.

오뒷세우스 그러시다면 들어보시구려. 그대는 제발 무모하게도
이 사람을 묻어주지도 않고 인정사정없이 내던지
마시오. 그리고 그대는 권세에 휘둘리어 정의를

짓밟을 정도로 이 사람을 미워해서는 아니 되오. 1335
한때 이 사람은 내게도 군대에서 가장 고약한 적이었소.
내가 아킬레우스의 무구를 손에 넣은 뒤로 말이오.
그가 나를 그렇게 대했지만, 나는 트로이아에 온
모든 아르고스인들 중에 아킬레우스 말고는
그만이 가장 탁월한 전사임을 부인할 만큼 1340
그의 명예를 실추시키고 싶지는 않았소이다.
그대는 그의 명예를 정당하게 실추시킬 수 없소이다.
그대는 이 사람이 아니라 하늘의 법도를 해코지하는
것이니까요. 용감한 사람이 죽었다고 해서 모욕하는 것은
옳지 못하오. 설사 그를 미워했다 하더라도 말이오. 1345

아가멤논 오뒷세우스, 그대는 나에 맞서 그를 두둔하는 게요?

오뒷세우스 그래요. 나는 그를 미워했소이다. 미워하는 것이 정당할 때는.

아가멤논 그가 죽었으니 그대가 그를 짓밟아서는 안 된다는 것인가요?

오뒷세우스 아트레우스의 아들이여, 정당하지 못한 이익을 기뻐하지 마시오.

아가멤논 통치자가 자비를 베푼다는 것은 쉬운 일이 아니오. 1350

오뒷세우스 하지만 좋은 조언을 해주는 친구를 존중하는 것은 쉬운 일이지요.

아가멤논 선량한 사람은 마땅히 윗사람의 말을 들어야 하오.

오뒷세우스 그쯤 해두시지요. 친구들에게 지는 것이 그대가 이기는 것이외다.

아가멤논 그대가 어떤 사람에게 이런 호의를 베풀려는 것인지 숙고해보시오.

오뒷세우스 그는 내 적이었소. 하지만 고매한 사람이었소이다. 1355

아가멤논 어쩌자는 것이오? 죽은 적을 존경하겠다는 것인가요?

오뒷세우스 나에게는 그의 탁월함이 그의 적대감보다 더 우세하니까요.

아가멤논 하지만 그건 변덕스런 사람들이나 하는 짓이지요.

오뒷세우스 숱한 사람들이 오늘은 친구지만 내일은 적이지요.

아가멤논 그대는 그런 사람들을 친구로 삼으라고 권하는 것이오? 1360

오뒷세우스	나는 마음이 완고한 사람은 권하고 싶지 않아요.	
아가멤논	하지만 그대는 오늘 우리를 겁쟁이처럼 보이게 할 것이오.	
오뒷세우스	모든 헬라스인들에게 정의를 존중하는 사람들로 보이게 하겠지요.	
아가멤논	그래서 그대는 나더러 시신의 매장을 허용하라고 명령하는 것이오?	
오뒷세우스	그래요. 나도 결국 그랬을 테니까요.	1365
아가멤논	매사가 한 가지로군요. 누구나 자신을 위하니 말이오.	
오뒷세우스	나를 위하는 것보다 누구를 위하는 것이 더 옳지요?	
아가멤논	그렇다면 이것은 내 소행이 아니라 그대의 소행이라 불리게 하시오.	
오뒷세우스	어떻게 하시든 그대는 아무튼 잘하신 셈이 될 것이오.	
아가멤논	하지만 이 점은 잘 알아두시오. 나는 그대에게 이보다 더 큰 호의도 기꺼이 베풀고 싶소이다. 하더라도 나는 이 사람을 이승에서나 저승에서나 가장 미워할 것이오. 그대가 원하는 대로 하시구려!	1370

(아가멤논 퇴장)

코로스장	오뒷세우스 님, 이런 분인 그대를 지혜를 타고나지 못한 사람이라고 말하는 자가 있다면 그는 바보겠지요.	1375
오뒷세우스	그리고 이제는 테우크로스에게 선언해두겠소. 전에 내가 그에게 적이었던 그만큼 지금은 친구라고 말이오. 그래서 나는 여기 이 고인을 묻는 데 협조하고 함께 애쓰며 사람들이 가장 고귀한 인물들에게 당연히 해드려야 할 것을 한 가지도 빠뜨리고 싶지 않소이다.	1380
테우크로스	가장 훌륭한 오뒷세우스여, 나는 그대에게 칭찬밖에는 할 말이 없소이다. 내 예상을 그대는 완전히 벗어났소. 그대는 아르고스인들 중에서 이분에게 가장 가증스런 적이었지만 그대만이 이분을 도우러 와주었고, 이분은 죽고	

그대는 살아 있는데도 횡포를 부리지 않았소이다. 1385
정신 나간 장군과 그의 아우는 이리로 와서
둘이서 이분의 시신을 모욕하고 이분을
무덤도 없이 내팽개치기를 원했지만 말이오.
그러니 올륌포스의 존엄하신 아버지[67]와 두고두고
기억하는 복수의 여신과 끝장을 보는 정의의 여신께서는 1390
그 수치스런 자들을 수치스럽게 멸하소서.
그들이 부당하게도 이분을 수치스럽게 내팽개치려 했듯이.
하지만 용서하시오, 연로하신 라에르테스의 아들이여,
나는 그대가 무덤에 손대는 것을 허용하기가 무엇하오.
그러는 것을 고인이 언짢아할 것 같으니 말이오. 1395
그 밖에 다른 일들이라면 참여해주시오. 그리고 그대가
군대에서 다른 사람들을 데려오시더라도 개의치 않겠소.
그 밖에 다른 일은 모두 내가 주선할 것이오.
하지만 그대는 우리에게 훌륭하게 처신했음을 알아두시오.

오뒷세우스 나는 그러고 싶었소. 하지만 내 도움이 그대의 마음에 1400
들지 않는다면 나는 그대의 뜻에 따라 떠나겠소이다.

(오뒷세우스 퇴장)

테우크로스 그쯤하고, 이야기하느라 벌써 시간이 많이
경과했구려. 자, 그대들 중 일부는 재빨리
손을 놀려 빈 구덩이를 파고, 일부는
신성한 목욕을 위해 높다란 세발솥을 걸고 1405
그 밑에 불을 지피도록 하게나.
그리고 한 무리는 이분이 방패 아래 입고
다니시던 갑옷을 막사에서 내오게나.

(에우뤼사케스에게)

　　　　애야, 너는 있는 힘을 다해 아버지의 시신을
　　　　사랑하는 마음으로 꼭 잡고 나와 함께　　　　　　　　　　1410
　　　　들어 올리도록 해라. 이분의 따뜻한 혈관에서는
　　　　아직도 검은 피가 솟아오르고 있으니 말이다.
　　　　자, 이분의 친구라고 주장하는 사람은
　　　　모두 재빨리 앞으로 나와 모든 면에서
　　　　훌륭했던 분을 위한 노고에 동참하시오.　　　　　　　　1415
　　　　단언하건대, 우리는 아이아스보다 더 훌륭한 분을
　　　　모실 수는 없었을 것이오. 그분이 살아 계시는 동안에는.
코로스　사람들은 일단 보고 나면 많은 것을
　　　　헤아릴 수 있으나, 보기 전에는 아무도
　　　　자신에게 다가올 운명을 예언할 수 없지요.　　　　　　1420

트라키스 여인들
Trachiniai

작품 소개

『트라키스 여인들』의 공연 연대는 확실치 않으나 『아이아스』, 『안티고네』와 더불어 초기작으로 추정된다. 헤라클레스는 에우뤼토스의 아들 이피토스를 죽인 까닭에 가족과 함께 트라키스로 추방된다. 극이 시작되면 헤라클레스는 15개월째 출타 중인데, 떠나기 전 아내 데이아네이라에게 그 기간이 경과하면 자기가 죽든지 아니면 살아서 앞으로는 행복하게 살게 되리라는 말을 남긴다. 데이아네이라는 아들 휠로스를 보내 아버지의 행방을 수소문하게 한다. 이어서 전령이 한 무리의 여자 포로를 끌고 나타나 헤라클레스가 에우보이아 섬에 도착했음을 알린다. 포로 중에는 에우뤼토스의 딸 이올레도 있었는데, 데이아네이라는 남편이 그녀를 첩으로 데려왔음을 알아내고는 남편의 사랑을 되찾기 위해 반인반마의 켄타우로스 넷소스의 피를 미약인 줄 알고 남편이 입을 윗옷에 발라 보낸다. 그 피를 칠하던 양털 뭉치가 햇볕에 오그라드는 것을 보고 일이 잘못되었음을 알게 되지만 때는 이미 늦어, 휠로스가 돌아와 헤라클레스가 그 옷을 입자 옷이 살을 파고들어 극심한 고통을 호소하고 있다며 어머니를 살인자라고 나무란다. 데이아네이라가 말없이 퇴장한 후 곧 유모가 나타나 그녀의 자살을 알린다. 헤라클레스는 모든 것이 신의 뜻임을 알고 아들에게 자기를 오이테 산으로 운반하여 화장하고 나서 이올레와 결혼하라고 이르자, 휠로스는 마지못해 승낙하며 자기 아버지를 그렇게 만든 신들을 원망한다.

등장인물

데이아네이라 헤라클레스의 아내
유모
휠로스 헤라클레스와 데이아네이라의 아들
코로스 트라키스 시의 소녀들로 구성된
사자(使者)
리카스 헤라클레스의 전령
헤라클레스
노인

이 작품의 대본은 Sophocles, *Trachiniae* edited P. E. Easterling, Cambridge University Press 1982의 그리스어 텍스트다. 주석은 위 P. E. Easterling과 Jebb (Cambridge University Press 1957)의 것을 참고했다. 현대어역 중에서는 R. Jebb (Cambridge 1957), E. F. Watling (Penguin Classics 1953), M. Jameson (University of Chicago Press 1991)의 영역과 E. Buschor (Zürich 1968), E. Staiger (Frankfurt am Main 1963)의 독역을 참고했다.

장소 트라키스 시에 있는 헤라클레스의 집 앞.
데이아네이라가 집에서 등장하고 유모가 뒤따른다.

데이아네이라 옛날부터 사람들 사이에 이런 말이 있었지요.
누군가 죽기 전에는 그 사람의 인생이
행복한지 불행한지 알 수 없다고.
하지만 나는 저승에 가기도 전에 지금 벌써
잘 알고 있어요, 내 인생이 불운하고 괴롭다는 것을.   5
플레우론[1]에 있던 아버지 오이네우스[2]의 집에서
살 때부터 나는 아이톨리아 지방의 어느 여인
못지않게 결혼이 더없이 괴롭고 두려웠어요.
내 구혼자는 하신(河神)이었으니까요. 아켈로오스[3] 말예요.
하신은 세 가지 모습으로 나타나 아버지에게 나를   10
달라고 했지요. 한번은 영락없는 황소의 모습으로,
한번은 번쩍번쩍 똬리를 튼 뱀으로, 또 한번은
사람의 몸통에 황소 머리를 달고 왔는데,
텁수룩한 턱수염에서는 샘물이 줄줄 흘러내렸지요.
그런 구혼자가 자꾸 나타나자 한심한 생각이 들어   15
나는 그런 결혼 침대에 가까이 다가가기 전에
차라리 죽게 해달라고 기도하곤 했어요.
하지만 늦게나마 나에게는 다행히도
알크메네와 제우스의 이름난 아들[4]이 나타나
그자와 격투를 벌인 끝에 나를 구해주었지요.   20

격투가 어떻게 진행되었는지 나는 말해줄
수 없어요. 나는 모르니까요. 두려움 없이
그 광경을 지켜본 사람이나 말할 수 있겠지요.
내 미모가 결국 내게 고통을 안겨주는 게 아닐까 하고
나는 두려움에 넋이 나가 거기 앉아 있었으니 말예요. 25
하지만 마침내 싸움을 주관하시는 제우스께서 좋게
정리해주셨지요. 그게 좋은 것이라면. 헤라클레스의 아내로
선택된 뒤로 나는 자꾸만 그이가 걱정이 되어 애를
태우고 있으니 말예요. 한 밤이 괴로움을 가져다주면
다른 밤은 그 괴로움을 도로 몰아내곤 하니까요. 30
그 뒤 우리 둘 사이에 아이들도 태어났지만,
그이는 그 애들 보기를, 마치 농부가 멀리 떨어진 밭을
파종 때 한 번, 수확 때 한 번 보듯 하지 뭐예요.
그이는 그런 생활을 하며 잠시 집에 들렀다가
금세 길을 떠나곤 하지요. 남의 밑에서 봉사하려고. 35
하지만 그이가 모든 시련을 극복한 지금 나는
안절부절못하고 마음이 더없이 불안하기만 해요.
그이가 강력한 이피토스를 죽인 뒤로
우리는 망명객으로 이곳 트라키스에 있는 친구 집에
살고 있지만, 그이가 어디로 갔는지 40
아무도 모르니까요. 그이가 떠나가며 내게
쓰라린 고통만 남겨놓았다는 것 말고는 말예요.
그이는 분명 무슨 사고를 당한 거예요.
그이한테서 소식이 끊긴 지가 엊그제가 아니라
열 달하고도 다섯 달이 되었으니 말예요. 45
무서운 사고가 난 거예요. 그이는 이 서판(書板)을

	남기고 떠났는데, 나는 가끔 신들에게 빌곤 해요,	
	이 서판을 받은 것이 화근이 되지 않게 해달라고요.	
유모	데이아네이라 마님, 저는 마님께서 쓰라린	
	눈물을 흘리시며 헤라클레스 님께서 집에서	50
	나가신 것을 애통해하시는 것을 종종 보았어요.	
	노예가 조언으로 자유민을 돕는 것이	
	온당한 일이라면 지금 제 말을 들어보세요.	
	마님께서는 아드님이 많으신데 왜 그중 한 명을	
	내보내 나리를 찾아보게 하시지 않으세요?	55
	휠로스 도련님을 내보내시는 게 가장 좋겠어요.	
	아버지의 안부를 알아내는 일이라면 말예요.	
	마침 도련님이 잰 걸음으로 몸소 집으로 오고 있네요.	
	제 말이 적절하다고 생각되신다면, 마님께서는 제 조언과	
	저기 저 도련님을 동시에 이용하실 수 있을 거예요.	60

(휠로스 등장)

데이아네이라	애야, 내 아들아, 신분이 낮은 사람들도	
	좋은 조언을 해주는 것 같구나. 이 여인은	
	노예지만 자유민다운 말을 해주었으니 말이다.	
휠로스	어떤 말이죠? 제가 알아도 된다면 알려주세요, 어머니!	
데이아네이라	그토록 오래전에 실종된 아버지께서 어디 계신지	65
	알려고 하지 않는 것은 수치스런 일이라고 했어.	
휠로스	모르긴요. 알고 있어요. 소문이란 게 믿을 만한 것이라면.	
데이아네이라	애야, 그이가 대체 세상 어느 곳에 계신다고 하더냐?	
휠로스	사람들 말이, 지난해 아버지께서는 일 년 내내	
	뤼디아 여인[5] 밑에서 종살이를 하셨다더군요.	70
데이아네이라	그이가 그것을 참아내셨다면, 어떤 소식이든 각오해야겠구나.	

휠로스	하지만 듣자하니 아버지께서는 거기서 벗어나셨대요.	
데이아네이라	그이는 지금 어디 계신대? 살아 계신다니, 돌아가셨다니?	
휠로스	아버지께서는 에우보이아 땅에 있는 에우뤼토스 왕의 도시와 전쟁을 하고 계시거나 계획 중이시래요.	75
데이아네이라	얘야, 그렇다면 너는 네 아버지께서 이 나라에 관해 내게 확실한 예언을 남기고 가신 것도 알고 있느냐?	
휠로스	어떤 예언이죠, 어머니? 제게는 금시초문인데요.	
데이아네이라	그이는 그곳에서 죽음의 종말에 이르시거나, 이번 임무를 완수하시고 나서 여생을 편히 보내실 것이라는 예언이었어. 그이가 운명의 전환점에 서 계시니, 얘야, 너는 그이를 도우러 가지 않겠느냐? 그이가 살면 우리도 살고 〔네 아버지가 죽으면 우리도 망하고〕 아니면 우리는 죽게 될 테니 말이다.	80
휠로스	가고말고요, 어머니. 이런 예언이 있는 줄 진작 알았더라면 이미 오래전에 그곳에 가 있었을 거예요. 한데도 저는 아버지의 승리에 익숙해진 나머지 아버지를 위해 염려하거나 불안해하지 않았어요. 하지만 이제라도 알게 되었으니, 진실이 모두 밝혀질 때까지 저는 노고를 아끼지 않을 거예요.	85
데이아네이라	그래, 가거라, 얘야! 잘 지내고 있다는 것을 늦게 알게 되더라도, 그것은 역시 이익이니까.	90

(휠로스 퇴장. 코로스 등장)

코로스[6] (좌 1)	별이 반짝이는 밤이 빛을 잃어가며 낳는 그대여, 화염이 꺼지면 밤이 흔들어 재우는 그대 헬리오스[7]여, 헬리오스여, 말해주세요,	95

알크메네의 아들이 대체 이 세상
어디에, 어디에 머물고 있는지.
그대 번쩍이는 빛의 주인이여,
그분은 해협을 밟고 있나요, 100
아니면 어느 대륙에 거처를 정하셨나요?
말해주소서, 만물을 굽어보시는 이여!

(우1) 들자하니, 데이아네이라 마님께서
옛날에는 구혼을 많이 받으셨으나
지금은 짝 잃은 기러기 신세가 되어 105
마음이 괴로우시대요. 마님께서는
그리움에 하염없이 눈물을 지으시며,
오래전에 출타한 남편 때문에
노심초사하시며 독수공방으로
여위어가세요. 무슨 불상사가 110
일어날 것 같은 예감 때문에.

(좌2) 넓은 바다에서 지칠 줄 모르게
불어대는 남풍이나 북풍에
파도가 수없이 가라앉았다가
다시 솟구치는 것이 보이듯이, 115
꼭 그처럼 파란만장한 인생은
카드모스[8]의 자손을 크레테 해의 파도처럼
아래로 내동댕이쳤다가 다시
높이 들어 올리누나. 하지만 매번 어떤 신이
그분을 하데스의 집에서 구해주시며 120

그분이 실수하지 않게 해주신다네.

(우 2) 그래서 내 존경심은 갖되 질책하는
마음으로 그대를 대할래요.
내 이르노니, 그대는 결코
희망을 버리지 마세요. 만물을   125
다스리시는 왕이신 크로노스의
아드님9께서는 필멸의 인간들에게
고통 없는 운명을 주시진 않았어요.
우리 모두에게 슬픔과 기쁨은
돌고 도는 법이지요. 마치 큰곰이   130
운행 주기에 따라 돌고 돌듯이 말예요.

(종가) 인간들에게는 낮도 밤도
지속되지 않으며, 재앙도 부(富)도
지속되지 않아요. 그것들은
순식간에 지나가고 같은 사람에게   135
기쁨과 궁핍이 되풀이되지요.
그래서 마님께 말씀드리거니와, 늘 희망을
잃지 마소서. 제우스께서 제 자식들을
외면하시는 것을 누가 본 적이 있나요?   140

데이아네이라 그대들은 내가 괴로워한다는 말을 듣고
이리 온 것 같은데, 아직은 나를 애타게 하는
번민을 모르고 있어요. 그리고 그런 것은
겪지 않았으면 좋겠어요. 청춘은 안전한

곳에서 자라며 추위에도 따가운 햇볕에도,
비에도 폭풍에도 시달리지 않지요.
그렇게 고생 없이 즐거운 세월을 보내다가
처녀가 어느 날 갑자기 부인이라고 불리며
밤이면 밤마다 제 몫의 근심을 갖게 되어
남편 걱정에 자식 걱정에 안절부절못하지요.
그때는 어떤 불행이 나를 짓누르는지 알게 되겠죠.
제 불행으로 내 불행을 판단할 수 있을 테니까요.
나는 여태 수많은 고통으로 눈물을 흘렸지만
그 어떤 것보다 더 쓰라린 고통을 지금 말하려고 해요.
내 주인이신 헤라클레스 님이 지난번에 출타하실 때
집에다 오래된 서판 하나를 두고 가셨는데,
거기에는 지시가 잔뜩 적혀 있었어요.
하지만 그이는 여러 차례 출정(出征)하시면서도
내게 한 번도 그런 지시들을 내보이지 않으셨어요.
행동만 생각하셨지, 죽음은 생각지 않으셨으니까요.
하지만 지난번에는 마치 죽으러 가시는 양,
내가 무엇을 미망인의 상속분으로 받을 것이며,
아버지의 땅을 아들들이 어떻게 나눠 갖기를
원하시는지 말씀해주셨어요. 날짜도 정확히
말씀해주셨고요. 그이가 나라를 떠난 지
일 년하고도 석 달이 지나면, 그때는 그이가
죽을 운명이거나, 이 기한을 넘기고 나서
행복한 여생을 보낼 운명이라는 것이었어요.
그이의 말씀인즉, 헤라클레스의 노고들은 그렇게
끝나도록 옛날부터 신들이 정해두셨는 바,

도도네[10]의 오래된 참나무가 산비둘기[11]
두 마리의 입을 빌어 그렇게 예언했대요.
이제 기한이 다 찼으니, 이제야말로 이 예언이
사실인지 드러나 결판이 날 때가 되었어요.
그래서 나는, 사랑하는 친구들이여,   175
세상에서 가장 훌륭한 남편을 영영 빼앗길까
겁에 질려 단잠을 자다가도 벌떡 일어나곤 해요.

코로스장 불길한 말씀 마세요. 기쁜 소식을 전하려는 듯 저기
한 남자가 화관을 쓰고 다가오고 있는 것이 보이니까요.

사자 데이아네이라 마님, 전령들 중 제가 맨 먼저 마님을   180
두려움에서 벗어나게 해드리겠어요. 알크메네의
아드님께서는 살아 계실 뿐 아니라, 승리를 거두시고는
신들을 위해 싸움터에서 만물을 이끌고 돌아오고 계세요.

데이아네이라 노인장, 나를 위해 대체 어떤 소식을 가져왔다는 거죠?

사자 만인의 추앙을 받으시는 마님의 남편께서 곧 승리의 영관을   185
쓰시고 위풍당당하게 집으로 돌아오실 것이라는 소식이지요.

데이아네이라 어떤 시민 또는 이방인한테서 듣고 그런 말을 하는 거요?

사자 전령 리카스가 소 떼를 먹이는 목초지에서 많은 사람들이
모인 앞에서 큰 소리로 외치고 있어요. 저는 그에게서
듣고 달려왔지요. 제가 맨 먼저 마님께 이 소식을   190
전해드리고 마님에게 포상을 받고 호감을 사려고요.

데이아네이라 좋은 소식이라면 왜 그가 직접 와서 전하지 않는 거죠?

사자 그는 몸을 움직이기가 쉽지 않아요, 마님.
멜리스[12]인들이 모두 그의 주위에 빙 둘러서서는
질문을 해대며 그가 앞으로 나아가지 못하게   195
하니까요. 저마다 궁금한 것을 알고 싶어하고

	실컷 듣기 전에는 놓아주지 않으니 말예요.	
	그래서 그는 원하는 자들 곁에 어쩔 수 없이 머물러 있어요.	
	하지만 머지않아 그가 직접 나타날 거예요.	
데이아네이라	오이테[13] 산의 풀 베지 않은 목초지를 다스리시는	200
	제우스시여, 늦긴 해도 이제야 그대가 우리에게	
	기쁨을 주셨나이다. 집 안에 있는 여인들이여,	
	환호하라! 그리고 집 밖에 있는 여인들도!	
	이 소식이 뜻밖의 빛을 비쳐주니, 우리 모두 기뻐해요!	
코로스	소녀들은 혼례를 치르는	205
	집의 신성한 화롯가에서	
	환성을 올려라. 소년들도 우리를	
	지켜주시는, 아름다운 화살통의	
	아폴론 신을 위해 노래 불러라.	
	소녀들이여, 그대들은 또	210
	찬가를 불러라,	
	사슴을 사냥하시고,	
	양손에 횃불을 드신,	
	그분의 누이 오르튀기에[14]의	
	아르테미스를 위해.	
	그리고 이 나라의 요정[15]들을 위해서도!	215

(집 안으로부터도 노랫소리가 들린다)

내가 들어 올려지는구나. 나는 피리를 거부하지
않으리라, 오오, 내 마음의 주인[16]이시여.
보라, 담쟁이덩굴[17]이 나를 제압하고,
에우오이![18] 지금 빙빙 돌리며

박코스의 춤을 추게 하는구나!

야호, 야호! 찬양하라!

보세요, 사랑하는 마님!

헤라클레스 님이 승리하셨다는

소식을 두 눈으로 직접 보세요!

데이아네이라   보고 있어요, 사랑스런 처녀들이여. 유심히 지켜보고

있는데 내 어찌 이 행렬을 못 보고 놓치겠어요.

(전령 리카스가 이올레를 포함하여 포로로 잡힌 한 무리의 여인들을 이끌고 등장한다)

먼저 이렇게 뒤늦게 나타난 전령을 환영하겠어요.

그대가 정말로 기쁜 소식을 가져온다면 말이오.

리카스   우리가 돌아왔으니 다행이고, 마님께서 업적에

맞게 우리를 맞아주시니 이 또한 다행이군요.

성공한 사람은 칭찬받아 마땅하니까요.

데이아네이라   가장 반가운 친구여, 내가 먼저 알고 싶은 것부터 먼저

말해주시오. 나는 살아 있는 헤라클레스를 맞게 되나요?

리카스   아무튼 제가 떠날 때 나리께서는 살아 계셨고,

병에 걸리시지 않고 건강하고 원기 왕성하셨어요.

데이아네이라   어느 땅에? 고향 땅에, 이국땅에? 말해주시오.

리카스   에우보이아 섬의 바닷가에요. 그곳에서 나리께서는 케나이온[19] 곶의

제우스께 제단을 축성하시고는 제물로 곡식과 열매를 바치세요.

데이아네이라   서약을 이행하려는 것이오, 신탁의 지시에 따른 것이오?

리카스   나리께서 여기 마님의 면전에 서 있는 이 여인들의 나라를

창으로 함락하고 유린하셨을 때 행하신 서약 때문이죠.

데이아네이라   맙소사. 이들은 대체 누구며, 누구의 딸들이오? 참

안됐구려. 이들의 운명이 나를 속이는 게 아니라면.

리카스	이들은 나리께서 에우뤼토스의 도시를 함락하실 때	
	나리 자신과 신들을 위해 가려 뽑은 여인들이지요.	245
데이아네이라	그이가 예상 밖의 긴긴 세월을, 헤아릴 수 없이	
	많은 날들을 그 도시 앞에 머물러 계셨단 말인가요?	
리카스	아니오. 그 기간의 대부분을 나리께서는 뤼디아인들의	
	나라에 붙들려 계셨어요. 나리 자신의 말씀에 따르면,	
	자유민이 아니라, 팔려 간 몸으로 말예요. 이 말을 듣고	250
	노여워하지 마세요, 마님. 제우스께서 정하신 일이니까요.	
	나리의 말씀인즉, 나리께서는 야만족 여왕 옴팔레에게 팔려 가	
	꼬박 일 년을 그곳에서 머슴살이를 하셨대요.	
	그리고 나리께서는 이런 모욕에 몹시 속이 상하시어	
	당신에게 이런 고통을 안겨준 장본인을 언젠가는	255
	반드시 그 처자와 함께 종살이를 시키시겠노라,	
	엄숙히 맹세하고 서약하셨대요. 그리고 그것은 결코	
	허튼소리가 아니었어요. 나리께서는 지은 죄를	
	다 속죄하시고 나서 군대를 모아 가지고 에우뤼토스의	
	도시로 가셨어요. 나리 말씀에 따르면, 인간들 중에서는	260
	그자만이 당신의 고통에 책임이 있다 하셨어요.	
	나리께서 언젠가 오랜 친구로서 그자의 집과 화로를	
	찾으셨을 때, 그자는 함부로 혀를 놀려 나리에게	
	욕설을 마구 퍼부으며 증오심에서 이렇게 조롱했어요.	
	"자네 손에는 백발백중하는 화살들이 들려 있지만	265
	궁술 시합에서 자네는 내 아들들만 못해." 그리고 그자는	
	큰 소리로 말했지요. "자네는 노예야. 자유민의 노예로서	
	이미 망가진 몸이란 말일세." 그리고 그자가 술 취한 나리를	
	연회장에서 내쫓자 나리께서는 원한을 품으셨죠.

그래서 후일 길을 잃고 헤매는 말들을 찾아 270
이피토스가 티륀스의 언덕에 왔을 때
그자의 마음과 눈이 따로 놀자 나리께서
그자를 성탑에서 아래로 내던지셨지요.
우리의 주인이시자 모든 생명의 아버지이신
올륌포스의 제우스께서 이 비행으로 대로하시어 나리를 275
이방에 종으로 파셨고, 이번 한 번뿐이라 하더라도
나리께서 사람을 모살(謀殺)하는 것을
용납지 않으셨어요. 나리께서 공공연히 복수하셨다면
나리의 행위가 정당한 만큼 제우스께서도 틀림없이
용서하셨겠지요. 신들께서도 교만은 싫어하시니까요. 280
그렇다 하더라도 함부로 혀를 놀린 저들[20]은 지금 모두
저승의 거주자가 되고, 그들의 도시는 노예가 되었지요.
그리고 마님께서 지금 보고 계시는 이 여인들로 말하면,
행복한 삶에서 비참한 삶으로 추락해 마님의 집으로
오는 길이지요. 그렇게 마님의 남편께서 명령하셨으니까요. 285
저는 나리의 충복으로서 명령을 이행하고 있는 중입니다.
나리께서는 나리의 아버지이신 제우스께 승리에 대한
보답으로 신성한 제물을 바치신 뒤에 반드시 오실 거예요.
확신하셔도 좋아요. 이 말이 아마 제가 한
좋은 말들 가운데 가장 듣기 좋은 말이겠지요. 290

코로스장 마님, 이제 마님께 경사가 겹쳤음이 분명해요.
눈앞의 상황도 그렇고, 귀로 들으신 소식[21]도 그렇고.

데이아네이라 내 남편이 하시던 일에 성공하셨다는 소식을 듣고도
내 어찌 진심으로 기뻐하지 않을 수 있겠어요?
내 감정은 당연히 그이의 성공에 부합해야겠죠. 295

하지만 신중한 사람이라면 잘나가고 있는 사람도
언젠가는 넘어질 수 있다는 두려움을 갖게 되지요.
친구들이여, 나는 집도 없이, 아버지도 없이
이국땅을 헤매야 하는 이 불운한 여인들을 보자
깊은 동정심을 금할 수 없어 하는 말예요. 300
전에는 자유민들의 딸들이었던 이들이
지금은 종살이 운명을 참고 견뎌야 해요.
오오, 전세를 돌려놓으시는 제우스시여, 나는 그대가
내 집안에 대해서도 이러시는 것을 보고 싶지 않아요.
정 그러시겠다면, 내가 살아 있는 동안에는 그러지 마세요. 305
이 여인들을 보니 나는 그런 두려움이 생겨요.

(이올레에게)

오오, 불행한 소녀여! 너는 대체 누구이냐? 처녀인가,
아니면 어머니인가? 네 외모를 보아하니,
결혼 같은 것은 알지 못하는 양갓집 규수로구나.

(이올레가 말없이 눈물만 흘리자)

이봐요 리카스, 이 이방의 여인은 누구의 딸이오? 310
어머니는 누구며, 낳아준 아버지는 어떤 사람이오?
말해보오. 여인들 중에 그녀가 가장 보기 안스럽구려.
그녀만이 고통에 맞는 감정을 느끼는 것 같으니까요.

리카스 제가 어떻게 알겠어요? 왜 제게 물으시는 거죠? 그 나라의
가장 미천한 자에게서 태어나지는 않은 것 같군요. 315

데이아네이라 왕족은 아니고? 에우뤼토스에게는 딸이 없었던가?

리카스 저는 몰라요. 꼬치꼬치 캐묻지 않았으니까요.

데이아네이라 그녀의 일행 중 그녀의 이름을 말하는 사람이 없던가요?

리카스 아니오. 저는 묵묵히 제 임무만 수행했으니까요.

데이아네이라	그렇다면, 불행한 소녀여, 네가 직접 말해주려무나!	320
	나는 네 이름이 무엇인지 몰라 답답하니 말이다.	
리카스	그녀는 전에도 그랬지만 앞으로도 아마	
	일절 말문을 열지 않을 거예요. 그녀는	
	여태껏 일언반구도 입 밖에 내지 않았어요.	
	폭풍에 휩쓸린 고향땅을 떠난 뒤로 그녀는	325
	불행의 무게에 눌려 신음하며 하염없이	
	눈물만 흘렸으니까요. 그녀가 이런 불운을	
	당했으니 너그럽게 대하는 것이 도리겠지요.	
데이아네이라	그렇다면 그녀를 가만히 내버려둬요. 그리고 그녀가	
	원하는 대로 집 안에 들어가게 해요. 이미 당한 불행에	330
	나로 인해 또 다른 고통을 당하지 않게끔 말이오.	
	그녀는 이미 충분히 당했으니까. 우리 모두 집으로	
	들어가요. 그대는 원하는 곳으로 서둘러 떠나고,	
	나는 집 안에서 필요한 준비를 할 수 있도록 말이오.	

(리카스가 여자 포로들을 데리고 집을 향해 움직인다)

사자	*(역시 집으로 가려는 데이아네이라에게 다가서며)*	
	일단 이곳에 잠깐 지체하시어, 마님께서 어떤 여인들을	335
	집 안으로 들이시는지, 저 여인들이 없을 때 알아두시지요.	
	마님께서는 알고 계셔야 할 것들을 아직 듣지 못하셨어요.	
	하지만 저는 그것들을 정확히 알고 있어요.	
데이아네이라	무슨 일이오? 어째서 내 길을 막는 것이오?	
사자	멈춰 서서 제 말을 들으세요. 아까도 제게서 빈말을	340
	듣지 않으셨으니, 지금도 그러시리라 저는 믿어요.	
데이아네이라	다른 사람들도 도로 불러낼까요? 아니면 나와	
	여기 있는 친구들[22]에게만 말하겠소?	

사자	마님과 이 친구들 앞에서 말하지요. 다른 사람들은 내버려두세요!
데이아네이라	다른 사람들은 갔으니, 마음대로 말하시오. 345
사자	방금 저 사람이 말한 것은 사실과 전혀 달라요.
	그는 방금 거짓 소식을 전했거나,
	아니면 그의 이전의 보고가 거짓이었어요.
데이아네이라	무슨 말이오? 알고 있는 것을 모두 분명히 말하시오.
	그대가 하는 말을 도통 이해할 수 없으니 말이오. 350
사자	저는 저 사람이 많은 증인들이 있는 자리에서
	자기 입으로 말하는 것을 들었어요. 나리께서는
	저기 저 소녀 때문에 에우뤼토스와 성탑이 높은
	오이칼리아를 내던지셨다고 말예요. 나리께서 무력을
	행사하시게 한 것은 신들 중에서 에로스[23] 한 분뿐이시고, 355
	뤼디아도, 옴팔레 밑에서의 힘겨운 노역도,
	이피토스의 추락사도 아니었어요.
	지금 저 사람은 에로스는 빼버리고 엉뚱한 이야기를
	하고 있는 거예요. 소녀를 첩으로 달라는
	요구를 아버지가 들어주지 않자 360
	나리께서 사소한 불평거리를 핑계 삼아,
	〔나리의 말씀에 따르면, 에우뤼토스가 권력을 휘두르는〕
	소녀의 나라를 공격하여 〔소녀의 아버지인 왕을
	죽이시고〕 도시를 파괴하셨던 것이지요.
	마님께서 보시다시피, 나리께서는 귀향하시며 소녀를 365
	아무 생각 없이, 말하자면 노예로 집에 보내신
	것이 아녜요. 그런 기대는 아예 갖지 마세요.
	나리의 마음이 애욕에 불타는데 있을 법하지 않은 일이죠.
	그래서 저는 우연히 저자에게서 들어 알게 된 것을

	사실대로 마님께 다 밝히기로 작정한 거예요.	370
	트라키스의 장터에서 많은 사람들이 저처럼 이 모든 것을	
	들었으니, 그가 거짓말을 했음을 그들이 입증해줄 거예요.	
	제가 달갑잖은 말씀을 드렸다면 죄송해요.	
	하지만 저는 사실대로 말씀드렸어요.	
데이아네이라	아아, 기구한 내 팔자! 이 무슨 날벼락이란 말인가?	375
	나는 그런 줄도 모르고 어떤 재앙을 내 지붕 밑으로	
	받아들였던가? 아아, 불운한 내 신세! 뭣이? 그녀는	
	이름 없는 여인이라고 그녀의 인솔자가 맹세하지 않았던가!	
사자	그녀는 외모도 그렇지만 가문도 눈부시다니까요.	
	그녀는 에우뤼토스의 딸로 이름은 이올레예요.	380
	저기 저 사람은 그녀의 가문에 관해 말하지 않았는데,	
	분명 그녀를 심문하지 않았나 봐요.	
코로스장	악인들은 모두, 그중에서도 비열한 악행을 몰래	
	저지르는 자는 특히 저주받을지어다!	
데이아네이라	처녀들이여, 이 일을 어떡하죠? 방금 들은	385
	소식에 나는 깜짝 놀라 정신이 얼떨떨해요.	
코로스장	가셔서 저 사람을 심문하세요. 마님께서 엄하게	
	추궁하시면 그는 금세 이실직고할 거예요.	
데이아네이라	그래 가야겠어. 그대가 현명한 조언을 해주었구려.	
사자	저는 기다리고 있을까요? 아니면 어떡할까요?	390

(리카스가 집 밖으로 나온다)

데이라네이라	이곳에 머무시오. 저기 그 사람이 내가 부르지도	
	않았는데 제 발로 집 밖으로 나오고 있으니까요.	
리카스	마님, 가서 헤라클레스 님께 뭐라고 전할까요?	
	하명해주세요. 보시다시피, 저는 떠날 준비가 다 됐어요.	

데이아네이라	그대는 느지막이 와서 서둘러 떠나가려 하는구려.	395
	우리가 다시 이야기를 시작하기도 전에 말이오.	
리카스	마님께서 하문하시고 싶은 것이 있다면 대령하겠어요.	
데이아네이라	그러면 그대가 정말로 사실대로 말해주겠소?	
리카스	위대한 제우스에 맹세코, 제가 아는 데까지요.	
데이아네이라	그대가 데리고 온 그 여인은 대체 누구지요?	400
리카스	에우보이아 여인이에요. 그녀의 가문에 관해서는 몰라요.	
사자	이봐, 날 보게. 자네가 어떤 분께 말씀드리는지 알고 있나?	
리카스	무슨 의도로 자네가 그런 질문을 하는가?	
사자	정신 차리고 내가 묻는 말에 솔직히 대답하게!	
리카스	데이아네이라 마님께, 오이네우스의 따님께,	405
	헤라클레스 님의 부인께, 내 여주인께 말씀드리고	
	있네. 내가 헛것을 보고 있지 않다면.	
사자	내가 자네에게 듣고 싶었던 말이네. 자네는	
	이분이 자네 여주인이라고 했던가?	
리카스	그야 당연한 말이지.	
사자	어떤가? 자네가 이분께 충직하지 못했음이	410
	드러나면 어떤 벌이라도 받을 각오가 되어 있나?	
리카스	충직하지 못하다니? 대체 이 무슨 알쏭달쏭한 말을 하는 겐가?	
사자	천만에! 알쏭달쏭한 말을 하는 것은 자네가 아닌가?	
리카스	나는 떠나겠네. 바보나 자네 말을 더 듣고 있겠지.	
사자	안 되네. 자네가 내 간단한 질문에 대답하기 전에는.	415
리카스	마음대로 물어보구려. 자네는 과묵한 편도 아니니까.	
사자	자네가 집으로 데리고 들어간 여자 포로 말인데…	
	누구를 말하는지 자네는 알고 있겠지…	
리카스	물론. 하지만 그건 왜 묻는 겐가?	

| 사자 | 자네가 지금 모르는 척 시치미를 떼고 있는 그 여자 포로가
에우뤼토스의 딸 이올레라고 말하지 않았나? | 420 |
| 리카스 | 누구에게 말했다는 거야? 자네가 나한테 그런 말을
들었다고 증언해줄 사람 있어? 있다면 누구며, 어디서 왔지? | |
| 사자 | 수많은 시민들에게 말하지 않았나. 트라키스 장터 한복판에서
다수의 군중이 자네한테 그렇게 들었지. | |
| 리카스 | 그래. 내가 그렇게 들었다고 말했지.
하지만 추측하여 말하는 것과
알고 주장하는 것은 같은 게 아니지. | 425 |
| 사자 | 추측은 무슨 추측? 자네는 헤라클레스 님을 위해 그녀를
첩으로 데려온다고 맹세하고 말하지 않았나? | |
| 리카스 | 내가? 첩이라고? 신들의 이름으로 간청하오니, 마님,
여기 이 이방인²⁴이 대체 어떤 사람인지 말씀해주세요. | 430 |
| 사자 | 저 소녀에 대한 애욕이 전 도시를 파괴한 것이라고,
도시를 파괴한 것은 뤼디아의 여인이 아니라
저 소녀에 대한 사랑이었다고 자네한테 직접 들은 사람이지. | |
| 리카스 | 저 사람은 보내버리시죠, 마님. 정신병자와 수다를
떠는 것은 사려 깊은 사람이 할 일이 아니니까요. | 435 |
| 데이아네이라 | 오이테 산의 우거진 골짜기 위로 번개를 내리치시는
제우스의 이름으로 비노니, 내게 사실을 숨기지 마시오.
그대가 말을 건네는 것은 볼품없는 여인도 아니고,
똑같은 사람들에게 늘 행복이 주어지는 것은
아니라는 것을 모르는 여인도 아니기 때문이오.
그리고 사랑의 신 에로스에 맞서 권투라도 할 것처럼
주먹을 휘두르는 자는 현명한 자가 못 돼요.
에로스는 신들조차도 제 멋대로 다스리니까요. | 440 |

〔에로스는 나도 지배하는데 다른 여인들은 왜
지배하지 못하겠소?〕 나는 완전히 미친 사람이겠죠, 445
만약 이런 증세를 두고 내 남편을 나무라거나 또는
그녀에게는 수치스럽지 않고 내게는 해롭지 않는 일에
그이와 한패인 그녀를 나무란다면 말이오.
그이가 그대에게 거짓말을 하도록 가르친 것이라면
그대는 잘 배웠다고는 할 수 없을 것이오. 450
하지만 그대가 자신을 그렇게 가르치고 있다면
성실해 보이고 싶을 때 악인으로 드러날 것이오.
사실을 다 말하시오. 자유민에게 거짓말쟁이란 이름은
치명적인 오점으로 붙어 다닐 것이오.
그리고 그대가 숨긴다고 해서 될 일이 아니오. 455
많은 사람들이 그대에게 듣고 내게 전해줄 테니까요.
그대가 두려워 그런다면 그건 괜한 걱정이오.
다름 아닌 그대의 침묵이 내 마음을 아프게 하니까요.
아는 것이 그렇게 나쁜가요? 헤라클레스는 혼자서
이미 수많은 여인들과 결혼하지 않았던가요? 460
그리고 그들 가운데 어느 누구도 나한테 나쁜 말이나
욕설을 듣지 않았소. 저 여인도 마찬가지라오.
설사 그녀가 사랑에 푹 빠진다 해도 말이오.
첫눈에 나는 그녀에게 깊은 동정심을 느끼게 되었으니까요.
그녀는 자신의 미모로 말미암아 자신의 인생을 망쳤고, 465
불행하게도 본의 아니게 조상들의 나라를 파괴하고
노예로 만들었으니까요. 이런 일들은 바람 따라 물결 따라
흘러갈지어다.²⁵ 내 그대에게 일러두겠소.
그대는 다른 사람은 속이더라도 내게는 늘 진실을 말하시오.

코로스장	마님의 현명한 조언을 따르세요. 그러면 앞으로 마님에게	470
	꾸중 듣는 일도 없고 우리도 그대를 고맙게 여길 거예요.	
리카스	마님, 저는 이제 마님께서 넓은 아량을 가지시고	
	인간사를 인간적으로 보신다는 것을 알았으니,	
	모든 사실을 마님께 숨김없이 털어놓겠어요.	
	사실은 여기 이 사람이 말한 그대로예요.	475
	저 소녀에 대한 무서운 애욕이 헤라클레스 님을	
	엄습했고, 그녀 때문에 그녀의 고향 도시인	
	오이칼리아는 창에 유린되고 파괴되었답니다.	
	나리를 위해 고백하지 않을 수 없는데, 나리께서는	
	숨기지도 않으셨고, 부인하라고 지시하지도 않으셨어요.	480
	마님, 그런 말로 마님의 속을 상하게 해드리지 않을까	
	염려되어 제가 자진하여 실수를 저지른 거예요.	
	마님께서 이것을 실수로 여기신다면 말예요.	
	마님께서 이제 사건의 전말을 들으셨으니,	
	나리를 위해 그리고 마님을 위해 저 여인에게	485
	상냥하게 대해주시고, 그녀에 관해 말씀하신 약속을	
	반드시 그대로 지키도록 하세요.	
	다른 것은 무엇이든 주먹으로 제압하시던 나리께서	
	저 소녀에 대한 사랑에는 완패하시고 말았으니까요.	
데이아네이라	그건 내 생각이기도 하니 그렇게 하리다.	490
	그리고 나는 신들과 가망 없는 전쟁을 함으로써	
	이미 닥친 재앙에 새로운 재앙을 덧붙이고 싶지 않아요.	
	집 안으로 드시오. 그대가 내 안부 편지를 전하고,	
	내가 받은 선물에 알맞은 답례품들도	
	가져가도록 말이오. 그토록 큰 행렬을 이끌고 온	495

그대를 빈손으로 돌려보낸대서야 말이 안 되지요.

(데이아네이라는 리카스와 함께 궁전으로 들어가고, 사자는 퇴장한다)

코로스26(좌) 퀴프리스27의 힘은 위대하여 언제나
승리를 거두는구나. 나는 신들에 관해서는
언급하지 않을 것이며, 크로노스의 아드님28과 500
어둠의 주인인 하데스와 대지를 흔드는 포세이돈을
그녀가 어떻게 호렸는지 말하지 않으리라.
하지만 이 여인29을 신부로 차지하려고
어떤 구혼자들이 서로 덤벼들었으며,
어떤 경쟁자들이 가격 소리 요란하고 505
먼지구름 이는 결전장으로 나왔던가?

(우) 한 명은 강력한 하신으로 발 넷에 뿔이 난
황소의 모습을 하고 있었으니
다름 아닌 오이니아다이30의 아켈로오스였고, 510
또 한 명은 굽은 활과 창과 몽둥이를
휘두르며 박코스의 테바이31에서 왔으니,
제우스의 아들 헤라클레스였노라.
이들이 신부를 차지하려고 어우러져 싸웠고,
결혼의 행복을 안겨주는 퀴프리스만이 515
심판관으로서 그들과 함께했다네.

(종가) 그때 주먹으로 치고, 활이 울리고
쇠뿔로 떠받는 소리가 요란한
가운데 안다리걸기와 520

무시무시한 박치기에
양쪽 모두 신음 소리를 토했다네.
한편 눈매가 고운 미녀는
장래의 남편을 기다리며 멀리서도
보이는 언덕 위에 앉아 있었다네.   525
내 그 자리에 있은 양 말하리라.
소녀는 자기 때문에 싸움이 벌어진 가운데
끝까지 지켜보고 있었다네.
그러다가 그녀는 갑자기 어머니 곁을 떠났다네.
송아지가 어미 곁을 떠나듯.   530

(데이아네이라, 상자를 든 하녀를 데리고 집에서 등장)

데이아네이라 친구들이여, 내객(來客)이 포로로 잡힌
소녀들에게 집 안에서 작별인사를 하고 있는 동안,
나는 몰래 그대들에게로 빠져나왔어요. 내가 현명하게도
어떤 일을 꾸몄는지 말하고, 또 내가 어떤 일을
당했는지 그대들에게 호소하려고 말이오.   535
나는 처녀가 아니라 첩을 받아들인 것 같으니까.
마치 선주(船主)가 화물을 받듯이 말이오.
사랑하는 내 마음을 이렇게 모욕적으로 대하다니!
앞으로 우리 둘은 한 이불 밑에서 포옹을
기다리게 되었구려. 이것이 바로 언제나 성실하고   540
선량하다던 헤라클레스가 자기 집을 오랫동안
지켜준 대가로 내게 보낸 포상이란 말인가.
내 그이에게 화를 낼 수도 없구려. 그이는
이런 병을 이미 여러 차례 앓았으니 말이오.

하지만 그녀와 한집에 살며 결혼의 행복을 나눠 갖다니,   545
어느 여자가 그렇게 할 수 있겠어요?
그녀의 젊음은 피기 시작하고, 내 젊음은 지는 것이
눈에 보이는데. 사람의 눈은 피는 꽃은 따 모으기를
좋아하지만, 시든 꽃들로부터는 발걸음을 돌리는 법이지.
내가 두려워하는 것은, 헤라클레스가 이름만   550
내 남편이지, 실은 더 젊은 여인의 남자가 되는 거요.
하지만 내가 아까도 말했듯이, 화를 낸다는 것은
분별 있는 여자에게는 어울리지 않아요. 그래서 내가,
친구들이여, 그 구원 수단을 그대들에게 말하려는 거요.
나는 오래전에 옛날의 괴수(怪獸)한테 받은 선물을   555
청동 항아리에 보관하고 있다오. 그것은 내가
아직 처녀였을 때 치명상을 입고 죽어가던
털북숭이 가슴의 넷소스한테 받은 것이라오.
넷소스는 보수를 받고는 사람들을 팔에 안고
에우에노스의 깊은 강물을 건네주곤 했는데,   560
노로 젓지도 않고, 돛을 달지도 않았지요.
내가 아버지의 뜻에 따라 신부의 몸으로
헤라클레스를 따라갈 때였어요. 그자가 나를 어깨에
메더군요. 그런데 강물의 한복판에 이르자 그자가
함부로 나를 만지기 시작했어요. 나는 소리를 질렀지요.   565
그러자 제우스의 아들이 곧장 돌아서서 깃털 달린 화살을
쏘았어요. 화살이 그자의 가슴을 허파까지
뚫고 들어가자 괴수가 죽어가며 이렇게 말했지요.
"오이네우스 노인의 따님이여, 내가 강을 건네준 것이
그대에게 큰 이득이 될 것이오. 내 말을 듣겠다면 말이오.   570

내가 그대를 맨 마지막으로 건네주었기 때문이오.
만일 그대가 내 상처 주위에, 그중에서도 레르나의
괴사(怪蛇) 휘드라³²의 담즙에 화살이 까맣게 물들었던
곳 주위에 엉겨 붙은 피를 손으로 모은다면,
그것은 그대에게 헤라클레스의 마음을 사로잡는 575
마법의 약이 되어, 그가 그대보다 더 사랑하려고
다른 여인을 쳐다보는 일은 결코 없을 것이오."
친구들이여, 나는 문득 그 생각이 났던 거요. 그것은
넷소스가 죽은 뒤 집 안에 잘 보관되어 있었으니까요.
나는 이 웃옷에 그것을 칠했고, 그 밖에도 그자가 580
살았을 적에 일러준 대로 다 했어요. 이제 일은 끝났어요.
사악하고 대담한 짓이라면 나는 알고 싶지도, 배우고 싶지도
않아요. 감히 그런 짓을 하는 여인들을 나는
미워하니까요.
내가 만약 미약과 마법의 약을 헤라클레스에게 써서
어떻게든 젊은 여인을 이길 수만 있다면, 수단은 다 585
준비되어 있어요. 내 행동이 분별없어 보이지 않는다면
말이오. 하지만 분별없어 보인다면 그만둘 것이오.

코로스장   그러한 조치들이 어느 정도 신뢰할 만한 것이라면,
        우리가 보기에 마님의 결심은 잘못된 것 같지는 않아요.
데이아네이라 내가 생각하기에는 상당히 신뢰할 만한 것 같아요. 590
        하지만 아직 시험해보지는 않았어요.
코로스장   지식은 행동을 통해 얻어지지요. 무슨 생각을
        하시든 시험해보기 전에는 판단할 길이 없지요.
데이아네이아 이제 곧 알게 되겠지요. 그자가 저기 문간에서 나오는
        것이 보이니까요. 그자는 서둘러 이곳을 출발할 테니 595
        그대들은 다만 비밀을 지켜주시오. 수치스런 짓이라도

숨어서 하게 되면 망신은 당하지 않으니까 말이오.

(리카스, 집에서 등장)

리카스 어떻게 할까요? 오이네우스의 따님이시여,
하명해주세요? 제가 이미 너무 오래 지체했군요.

데이아네이라 리카스, 그러잖아도 그대가 집 안에서 이방의 여인들과
이야기하고 있는 동안 나는 그 일로 고심했는데,
그대는 내가 손수 짠 이 긴 겉옷을
내 남편을 위한 선물로 그이에게 갖다드리시오.
그이에게 갖다드리되 어떤 사람도 그이보다 먼저
이 옷을 몸에 둘러서는 안 된다고 말씀드리시오.
그리고 황소를 잡아 제물로 바치는 날 그이가
이 옷을 입고 만인이 보는 앞에 공공연히 나서서
신들에게 보이기 전에는 햇빛도, 제단의 불도,
화덕의 불꽃도 이 옷을 비춰서는 안 된다고 말이오.
나는 그렇게 서약했으니까요. 언젠가 그이가
집에 돌아오시는 것을 보거나 듣게 되면,
나는 당연히 이 옷을 입혀 그이를 귀한 옷을 입은
귀한 제관으로서 신들께 보여드리겠다고 말이오.
그리고 그 증거로 내가 여기에다 인장 반지를 눌러
표시를 해두었으니, 그이가 보시면 아실 거예요.
자, 갈 길을 가시되 우선 심부름꾼은 맡은 바 직분을
넘어서려고 해서는 안 된다는 원칙을 지키시오.
다음에는 그이의 호감에 나의 호감이 어우러져 그대가
한 사람이 아닌 두 사람의 호감을 사도록 하시오.

리카스 제가 헤르메스의 전령 업무[33]를 착실히 수행한다면,
마님께서 시키신 일을 실수 없이 수행할 것인즉,

600

605

610

615

620

321 트라키스 여인들

|데이아네이라| 저는 틀림없이 이 상자를 나리께 그대로 전하고,
마님께서 하신 말씀도 거기에 덧붙일 거예요.
이제 가도 좋아요. 우리 집 사정이 어떤지는
그대도 이제는 알고 있을 테니 말이오.   625

|리카스| 알고 있으며, 모든 것이 잘되어가고 있다고 전할게요.

|데이아네이라| 그대는 또 내가 그 이방인 여자를 어떻게 맞았는지
보았겠지요? 아시다시피, 나는 그 여인을 환영했어요.

|리카스| 그래서 저는 기뻐서 가슴이 뭉클해졌어요.

|데이아네이라| 그이가 알고 싶은 게 그 밖에 또 뭐가 있겠소? 하지만 그쪽에서도   630
나를 그리워하는지 알기도 전에 내가 그리워하고 있더라고
그대가 혹시 너무 일찍 말해버리지나 않을까 나는 두렵소.

(리카스는 퇴장하고, 데이아네이라는 집 안으로 들어간다)

코로스34(좌1) 오오, 그대들 항구와
암산 사이의 뜨거운 온천들과,
오이테 산의 고원에 사는 주민들이여,   635
멜리스 만의 맨 안쪽과,
황금 화살의 처녀 신[35]에게 바쳐진
해안과, 헬라스인들이 모여 회의[36]를 여는
유명한 테르모퓔라이에 사는 주민들이여!

(우1) 고운 소리의 피리가   640
머지않아 그대들에게 울리리라.
비탄의 소음이 아니라, 신과 같은
뤼라[37]의 반주와도 같은 음악을.
제우스와 알크메네의 아드님이

| | 온갖 탁월함의 상을 타 가지고 | 645 |
| | 서둘러 귀향하고 있음이오. | |

(좌2) 그분은 이 나라를 떠나
바다 건너 저 멀리 가버리고,
우리는 일 년 열두 달을 기다리며
아무것도 모르고 있었지요. 650
그분의 사랑하는 아내는 가련하게도
속이 상해 하염없이 눈물을 흘렸어요.
하나 이제 아레스가 분기충천하여³⁸
그녀를 고난의 세월에서 풀어주었어요.

(우2) 오소서, 그분께서 오소서! 그분을 태운, 655
노가 많이 달린 배는 쉬지 않고 항해하기를!
그분께서 제물을 바치신다는
섬나라의 제단을 떠나
이 도시에 도착하실 때까지.
그분께서 오늘이라도 돌아오시기를, 660
마법의 옷을 입으시고는 짐승 같은
괴물³⁹의 말처럼 사랑에 흠뻑 빠져.

데이아네이라 *(집에서 나오며)*
친구들이여, 내가 방금 했던 모든 일들이
너무 지나쳤던 게 아닌지 겁이 나요.

코로스장 오이네우스의 따님이신 데이아네이라 마님, 왜 그러세요? 665

데이아네이라 모르겠어요. 하지만 내가 기대를 갖고 행한 일이

|||큰 재앙이 되었음이 곧 드러날까 두려워요.
코로스장 | 설마 헤라클레스 님께 드린 선물 말씀은 아니겠죠?
데이아네이라 | 바로 그거요! 그래서 나는 아직 검증되지 않은 일은
|||성급하게 추진하지 말라고 충고하고 싶어요. 670
코로스장 | 말해도 된다면, 마님께서 놀라시는 까닭을 말씀해주세요.
데이아네이라 | 처녀들이여, 내가 말해도 그대들에게는
|||도무지 믿기지 않을 기적 같은 일이 일어났어요.
|||나는 아까 축제 때 입는 그 옷에 칠을 할 때
|||털북숭이 양의 양모 뭉치를 사용했는데, 675
|||그게 없어졌어요. 집 안에서 누군가 써 없앤 것도
|||아닌데, 저절로 소진되고 저절로 소멸되어
|||바닥에 산산이 부서져 있었어요. 그대들이 사건의
|||전말을 알도록 소상히 이야기해야겠네요.
|||나는 그 괴수인〔켄타우로스가 쓰라린 화살촉에 680
|||맞아 죽어가며〕내게 일러준 처방들을
|||하나도 잊지 않고, 마치 청동 서판에 새긴
|||지울 수 없는 글처럼 명심하고 있었지요.
|||〔그의 명령은 다음과 같은 것들이고, 나는 그대로
|||따랐어요.〕말하자면 내가 원하는 곳에 그 약을 685
|||새로 바르기 전에는 항상 불기와 햇빛이
|||닿지 않는 구석진 곳에 보관하라는 것이었어요.
|||나는 그렇게 했지요. 그리고 행동할 때가 되자
|||나는 부드러운 양 떼 가운데 한 마리에게서 뜯어 온
|||양털 뭉치로 집 안에서 몰래 발랐지요. 690
|||그러고 나서 그 선물을 곱게 접어 햇빛이 닿지 않도록,
|||그대들도 보았듯이, 빈 상자에 넣었어요.

하지만 집 안으로 돌아갔을 때, 나는 말로는
표현할 수 없고 사람이 이해할 수 없는 일을 목격했어요.
나는 (옷에 바를 때 쓰던) 양털 뭉치를   695
부지중에 햇빛 비치는 곳에 던져버렸는데,
그것이 데워지자 전혀 알아볼 수 없이
오그라들며 땅바닥 위에서 금세 산산이
부서져버렸어요. 그 모양은 흡사 나무를
톱질할 때 쓸려 나오는 톱밥 같았어요.   700
그것은 떨어져 그런 상태에 있었어요. 그리고 그것이
떨어진 땅바닥에서는 거품이 부글부글 끓어올랐는데,
마치 수확기에 박코스의 포도덩굴에서 푸른 열매의
진한 액즙이 땅바닥에 쏟아질 때와 같았어요.
이제 나는 가련하게도 어찌해야 좋을지 모르겠어요.   705
내가 끔찍한 짓을 저질렀다는 것만 눈에 보여요.
대체 무엇 때문에 그 괴수가 죽어가며 자기에게
죽음을 가져다준 내게 호의를 보였겠어요?
말도 안 돼요. 그자는 자기를 쏘아 맞힌 자를 없애려고
나를 호렸던 거예요. 아아, 나는 너무 늦게 그것을 알게   710
되었어요. 알아봤자 아무 도움이 안 될 때 말예요.
내 예감이 틀리지 않다면 불행히도 나는
그이의 죽음에 혼자 책임을 져야 하니 말예요.
내가 알기로, 그이의 화살은 신인 케이론[40]에게도
치명상을 입혔고, 그 화살에 닿은 야수들은 모조리   715
죽었으니까요. 그리고 그자의 상처에서 흘러나온 피에도
똑같은 검은 독이 들어 있으니, 그 독이 틀림없이
그이도 죽이지 않겠어요? 내 생각엔, 죽일 것 같아요.

	아무튼 나는 결심했어요. 만일 그이가 죽게 되면
	그 타격에 나도 그이와 함께 죽기로 말예요. 720
	본성이 착하다는 것에 자긍심을 느끼는 여인이라면
	차마 악평을 들으면서 살아갈 수는 없으니까요.
코로스장	위험한 일을 하다 보면 겁이 나기 마련이지요.
	그러나 미리 희망을 잃는 것은 잘하는 짓이 아녜요.
데이아네이라	계획이 틀어진 경우에는 용기를 줄 수 있는 725
	어떤 희망도 가질 여지가 없는 법이지요.
코로스장	하지만 본의 아니게 실수를 범한 자에게는 심하게
	화를 내지 않지요. 그건 마님에게도 적용돼요.
데이아네이라	함께 불행을 당하지 않았거나, 집에 아무 문제가
	없는 사람이나 그렇게 말하겠지요. 730
코로스장	마님께서는 그쯤에서 말씀을 끝내시는 게 좋겠어요.
	아드님에게 말씀하시고 싶지 않다면 말예요.
	아드님이 앞서 아버지를 찾아 나섰다가 돌아왔으니까요.
휠로스	(등장하며) 어머니, 나는 어머니께 셋 중 한 가지를 원했어요.
	더 이상 살아 계시지 않든지, 살아 계시되 735
	다른 사람의 어머니라고 불리시든지, 지금보다
	더 나은 마음씨를 가지시게 되든지 말예요.
데이아네이라	내 아들아, 내가 어쨌기에 그토록 나를 미워하느냐?
휠로스	알아두세요. 어머니께서는 자기 남편을—
	내 아버지 말예요—바로 오늘 죽이셨어요. 740
데이아네이라	아아, 내 아들아, 무슨 그런 말을 하느냐?
휠로스	엎질러진 물이에요. 일단 일어난 일을
	뉘라서 되돌릴 수 있겠어요?
데이아네이라	내 아들아, 무슨 말을 하는 게냐? 누구한테 무슨 말을

힐로스	들었기에 나더러 그런 끔찍한 짓을 저질렀다는 게냐?	745
힐로스	아버지의 비참한 운명을 제 두 눈으로 보았어요.	
	남한테서 듣고 하는 말이 아니에요.	
데이아네이라	너는 대체 어디서 그이를 발견하여 도와드렸느냐?	
힐로스	어머니께서 알고 싶으시다니 다 말씀드려야겠죠.	
	아버지께서는 에우뤼토스의 이름난 도시를 함락하시고는	750
	전승 기념물들과 전리품들을 갖고 길을 떠나셨지요.	
	에우보이아에는 케나이온 곶이라는 바다에 둘러싸인 갑(岬)이	
	하나 있는데, 그곳에서 아버지께서는 아버지 제우스께	
	제단들과 숲이 우거진 성역을 바치셨어요.	
	그곳에서 저는 그리던 아버지와 처음 재회했어요.	755
	아버지께서 막 제물을 바치기 시작하셨을 때	
	아버지의 전령인 리카스가 집에서 도착했어요,	
	어머니의 선물을, 죽음의 옷을 갖고 말예요.	
	아버지께서는 어머니께서 시키신 대로 옷을 입으시고는	
	나무랄 데 없는 황소 열두 마리를 전리품의 맏물로	760
	바치셨어요. 그러나 아버지께서는 크고 작은 가축들을	
	모두 백 마리나 제단으로 끌고 가셨어요.	
	더없이 가련하신 아버지께서는 처음에 당신의 장식이	
	달린 옷을 좋아하시며 차분한 마음으로 기도하셨어요.	
	하지만 신성한 제물과 송진 많은 소나무에서	765
	피를 머금은 불꽃이 타오르기 시작하자,	
	아버지의 살갗에서 땀이 나기 시작하며 웃옷이	
	아버지의 양 옆구리에, 마디마디에, 마치 장인(匠人)의	
	손이 그렇게 한 양, 꼭 엉겨 붙었어요. 고통스런 경련이	
	아버지의 뼈마디들을 들쑤시더니 치명적이고	770

잔인한 뱀의 독처럼 아버지를 삼키기 시작했어요.
그러자 아버지께서는 어머니의 비행에 아무런 책임도
없는 불쌍한 리카스를 부르시더니, 무슨 음흉한
의도에서 그 옷을 가져왔는지 물으셨어요.
영문도 모르는 불쌍한 리카스는 도중에 손대지 않고   775
어머니께서 보내신 그대로 선물을 가져왔다고 말했어요.
아버지께서 이 말을 들으시는 순간 다시
심한 통증이 아버지의 두 허파를 엄습하는지라,
아버지께서는 리카스의, 복사뼈가 노는 발목을 잡으시더니
바닷물에 씻기는, 바다 속 바위에다 내던지셨어요.   780
그의 두개골이 박살나며 피가 사방으로 튀자
머리털에서는 하얀 골이 뿜어져 나왔어요.
한 사람은 미치고, 또 한 사람은 살해되자
온 백성이 놀란 나머지 소리 내어 비탄했지요.
아무도 감히 아버지에게 다가가지 못했어요.   785
아버지께서 땅에 쓰러지거나 공중으로 치솟으며 고함을
지르고 비명을 질러대시자, 주위의 바위들과 로크리스의
우거진 봉우리들과 에우보이아의 갑들이 메아리쳤지요.
아버지께서는 때로는 한동안 땅바닥에 뒹구시는가 하면,
또 때로는 한동안 큰 소리로 신음하시다가   790
어머니와의 불행한 혼인을 저주하시는가 하면,
오이네우스의 사위가 된 것이 당신 인생을
망쳤다고 하셨어요. 그러시더니 아버지께서는
제물의 연기에서 눈을 들어 두리번거리시다가
제가 군중 속에 울고 서 있는 것을 보시고는   795
제게 눈길을 돌리시며 말씀하셨어요.

"내 아들아, 가까이 오너라. 내 고통을 외면하지 말고.
설사 네가 죽어가는 나와 함께 죽는 한이 있더라도.
자, 나를 들어 올려, 어떤 인간도 나를 볼 수 없는
곳에다 갖다 놓아주면 더 바랄 것이 없겠구나. 800
측은지심에서 그럴 수 없다면, 나를 되도록 속히 이 나라
밖으로 호송하고, 여기서 죽지 않게 하라!"
이런 명령을 받고 우리는 아버지를 선체의 중앙에 뉘고는
경련을 일으키며 신음하시는 아버지를 간신히 이 나라로
모셔 왔어요. 그리고 아버지께서 살아 계신지, 805
방금 돌아가셨는지 그대들은 곧 보게 될 것이오.
어머니, 어머니께서는 제 아버지께 이런 일을 궁리하시고
행하시다가 발각되신 거예요. 그 죄로 정의의 여신과
복수의 여신께서 어머니를 벌하시기를! 그것이 옳다면
저는 그렇게 기도하겠어요. 한데 그것은 옳아요. 810
어머니께서는 세상에 둘도 없는 가장 훌륭한 분을
살해함으로써 정의를 짓밟으셨으니까요.

(데이아네이라, 집 안으로 들어가려고 돌아선다)

코로스장 *(데이아네이라에게)*

왜 말없이 떠나시는 거예요? 그런 침묵은
고발인에게 유리하다는 것도 모르세요?

휠로스 가시게 내버려둬요. 순풍이 불어와 그녀를 815
내 눈에 보이지 않는 곳으로 멀리 싣고 갔으면!
그녀가 어머니답게 처신하지 않는데 왜 무의미하게
어머니라는 이름의 존엄을 그대로 유지해야 하지요?
그녀는 편히 가시길! 하지만 그녀가 아버지께
드린 행복은 그녀 자신에게도 주어지기를! 820

코로스41 (좌 1) 보라, 소녀들이여, 오래된 예언의
신성한 말씀이 얼마나 갑작스레
우리에게 이루어졌는지!
그 말씀에 따르면, 달수가
다 차서 열두 번째 해가 지나면 825
제우스의 친아들의 노고들도
끝날 것이라 했는데,
이제 그 약속이 확실히 이행되었구려.
눈을 감고 햇빛을 보지 못하는
사람이 어떻게 죽고 난 뒤에도
힘든 노고의 짐을 지겠어요? 830

(우 1) 켄타우로스가 죽음의 안개로
그분을 에워싸고는,
죽음의 신이 낳고
번쩍이는 뱀이 기른 독을
그분의 옆구리에 주입했는데, 835
그분이 어찌 내일의 해를 볼 수 있을까?
게다가 섬뜩한 휘드라의 유령이
그분을 꼭 붙잡고 있고, 검은 갈기의
넷소스가 감언이설로 마련한
사람 잡는 몰이 막대기가
미쳐 날뛰며 그분을 괴롭히는데. 840

(좌 2) 그런 줄도 모르고 가련한 마님께서는
젊은 여인과의 결혼으로 자기 집에

　　　　　큰 재앙이 급히 다가오는 것을
　　　　　보시고는 그것을 손수 막으셨으나,
　　　　　남의 조언에서, 치명적인 대화에서　　　　　　　　　　845
　　　　　비롯된 끔찍한 결과에 괴로워
　　　　　탄식하시며 쓰라린 눈물로 하염없이
　　　　　두 볼을 적시고 계시네.
　　　　　그리고 다가오는 운명이 계략으로 인한
　　　　　큰 재앙을 드러내 보이는구나.　　　　　　　　　　　850

(우 2)　우리도 눈물이 앞을 가리는구나.
　　　　　아아, 슬프도다! 일찍이 어떤 적도
　　　　　제우스의 영광스런 아드님에게
　　　　　이런 참혹한 고통을 안겨주지는 못했는데.　　　　855
　　　　　아아, 전투에 앞장서던 치명적인 창끝이여,
　　　　　일전에 가파른 성채를 둘러싼 전투에서
　　　　　오이칼리아의 언덕으로부터 저 신부를
　　　　　신속하게 낚아채 온 창끝이여!
　　　　　하지만 그것은 말없이 조용히 봉사하는　　　　　860
　　　　　퀴프리스가 행한 일임이 드러났구나.

반 코로스 1　이게 환청일까요, 아니면 제대로 들은 것일까요?
　　　　　　방금 집 안에서 곡소리가 나는 듯했어요.
반 코로스 2　이게 뭐지?　　　　　　　　　　　　　　　　　865
　　　　　　확실치는 않으나, 집 안에서 괴로워 우는 소리가
　　　　　　들려요. 집 안에서 새로운 일이 벌어진 거예요.
반 코로스 1　저기 보세요. 저기 노파가 슬픔에 젖어 눈살을

찌푸리고 뭔가를 전하러 우리 쪽으로 오고 있어요. 870

(유모, 집에서 등장)

유모　오오, 아기씨들! 헤라클레스 님께 보낸 선물이
　　　우리에게 적잖은 재앙을 안겨주었어요.
코로스장　할멈, 무슨 새로운 흉보를 전하려는 거죠?
유모　데이아네이라 마님께서 모든 길 가운데 맨 마지막
　　　길을 떠나셨어요. 발도 움직이시지 않고 말예요. 875
코로스장　설마 고인(故人)으로서는 아니겠지요?
유모　다 알고 있네요.
코로스장　돌아가셨단 말이오, 가련한 마님께서?
유모　그렇다니까요.
코로스장　가엾어라! 말해봐요. 어떻게 돌아가셨지요?
유모　끔찍하게요.
코로스장　할멈, 어떻게 돌아가셨는지 말해봐요. 880
유모　자살하셨어요.
코로스장　화가 나서, 아니면 정신이 나가셔서?
유모　불행의 화살촉에 맞으셔서요.
코로스장　어떻게 죽음에 또
　　　　 죽음을 생각해내시어 885
　　　　 혼자서 해내셨을까?
유모　칼로 무자비하게
　　　찌르셨어요.
코로스장　할멈은 그런 폭행을 보고만 있었나요?
유모　보았지요. 바로 옆에 서 있었으니까요.
코로스장　누구 소행이죠? 말해봐요. 890

유모	당신 손으로 손수 그렇게 하셨어요.	
코로스장	무슨 말을 하는 게요?	
유모	사실을요.	
코로스장	그렇다면 끌려온	
	저 새색시가 이 집을 위해	
	복수의 여신을 낳은 게로구나!	895
유모	맞아요. 마님의 행위를 더 가까이서	
	목격하셨더라면 더욱더 동정하게 되었을 거예요.	
코로스장	여인의 손이 감히 그런 짓을 할 수 있다니?	
유모	그것도 대담하게요. 내 말을 듣고 증인이 되어주세요.	
	마님께서는 혼자 집 안으로 드시어, 아드님이	900
	안마당에서 아버지께 갖고 돌아가려고 푹신한	
	들것을 준비하고 있는 것을 보시자,	
	아무도 볼 수 없게 몸을 가리고서 제단 앞에	
	무릎을 꿇으시고는 제단도 이제 돌볼 사람이	
	없게 되었다며 울음보를 터뜨리시는가 하면,	905
	불쌍하신 마님께서 전에 쓰시던 세간들을 만지시며	
	눈물을 흘리셨어요. 그리고 집 안을	
	이리저리 돌아다니시다가 충실한 하인의 모습이	
	눈에 띄기라도 하면 불쌍하신 마님께서는	
	그를 보고 우시며 당신의 운명과 앞으로 자식이	910
	없어질[42] 가정의 운명을 소리 내어 비탄하셨어요.	
	보고 있자니, 마님께서 비탄을 그치시더니	
	갑자기 헤라클레스 님의 침실로 달려가셨어요.	
	나는 구석에 숨어 지켜보고 있었는데,	
	마님께서 헤라클레스 님의 침대에 갑자기	915

333 트라키스 여인들

침구를 펴시는 것이 보이더군요.
마님께서는 침구를 다 펴시고 나서 몸소 그 위로
올라가시어 침대 한가운데에 앉으시더니
뜨거운 눈물을 하염없이 쏟으시며 말씀하셨어요.
"오오, 내 결혼 침대와 내 신방이여! 920
잘 있어라, 영원히! 너희는 이 잠자리에서
쉬도록 다시는 나를 받지 못하리라."
이렇게 말씀하시고 마님께서는 재빨리
손을 놀려 황금 브로치가 가슴 위에
자리 잡고 있는 곳에서 긴 옷을 벗으시며 925
왼쪽 옆구리와 팔을 완전히 드러내셨어요.
그래서 내가 전속력으로 급히 달려가
마님의 의도를 아드님에게 알려드렸지요.
하지만 우리가 가서 보니, 마님께서는 내가 갔다가
돌아오는 사이 쌍날칼로 옆구리를 찔러 930
간 있는 데까지 깊숙이 밀어 넣으셨더군요.
그 광경에 아드님은 통곡했지요. 가련하게도 아드님은
자신의 분노가 이런 일을 초래했고, 어머니께서
본의 아니게 괴수에게 오도되어 그런 짓을 하셨다는
것을 너무 늦게 하인들에게서 들었으니까요. 935
그러자 가련한 젊은이는 쉴 새 없이 어머니를 위해
슬피 울며 큰 소리로 애절하게 통곡했고,
어머니의 입에 키스를 쏟아 부으며
어머니 옆에 나란히 누워서는 자기가 근거 없이
어머니를 비방했다며 자꾸만 비통해하고, 940
자기는 이제 아버지와 어머니를 두 분 다 동시에

여의고 살아가게 되었다며 울고 있어요.
집 안 사정은 그래요. 그러니 누군가 이틀 또는
그보다 더 많은 날들을 미리 내다보려 한다면,
그는 어리석은 사람이에요. 오늘을   945
무사히 넘기기 전에 내일은 없으니까요.

(유모, 집 안으로 들어간다)

코로스 43 (좌1) 어느 재앙을 먼저 슬퍼하고,
어느 재앙을 나중 슬퍼할까?
결정하기 어렵구나. 가련한 내 신세!

(우1) 한 가지는 집 안에서 볼 수 있고,   950
한 가지는 두려운 마음으로 기다리고 있노라.
하나 기다리는 것은 보는 것이나 마찬가지지.

(좌2) 오오, 강력한 바람이, 순풍이
집 안에서 불어와 이 나라에서
나를 멀리 싣고 갔으면!   955
내가 제우스의 강력한
아들을 보자마자 겁이 나
숨이 끊어지지 않도록.
그분께서 벗어날 수 없는 고통 속에서
집으로 돌아오신다니.   960
형언할 수 없는 광경이로다.

(우2) 아아, 멀리 있지 않고 가까이 있구나,

내가 밤꾀꼬리처럼 새된 목소리로 비탄하는 것은.

저기 낯선 남자들이 이상한 걸음걸이로 다가오니

말이오. 그들은 어떻게 그분을 나르고 있는가? 965

마치 친구를 위해 염려하듯, 그들은 말없이

무거운 발걸음을 옮겨놓고 있구나.

아이고, 아이고, 그분은 말없이 실려 오고 있구나.

내 그분을 어떻게 판단해야 하나?

돌아가셨을까, 아니면 주무시는 것일까? 970

(한 노인이 헤라클레스를 들것에 운반하는 하인들을 데리고 등장한다. 휠로스, 집에서 등장)

휠로스 아버지, 나는 아버지를 위해 슬퍼해요.

아버지 때문에 나는 괴롭기 한량없어요.

이게 무슨 날벼락이죠? 아아, 나는 어떡하죠?

노인 *(나직이)* 조용하시오, 젊은이여. 제정신이 아니신

분의 쓰라린 고통을 깨우지 마시오. 975

이분께서는 주무실 뿐 살아 계세요.

그러니 입을 꼭 다물도록 하시오.

휠로스 노인장, 이분께서 살아 계신다 하셨소?

노인 *(나직이)* 잠에 제압된 분을 깨우지 마시오.

그렇지 않으면 그대는 이 광란하는

무서운 병을 다시 도지게

할 것이오, 젊은이! 980

휠로스 아아, 무거운 고통이 내리누르니

나는 미칠 것 같아요.

헤라클레스 *(잠에서 깨어나)* 오오, 제우스시여!

나는 어느 나라에 온 것이오? 어떤 사람들

	곁에서 나는 끊임없는 고통에 시달리며	985
	누워 있는 것이오? 아아, 가련한 내 신세!	
	고통이 또다시 나를 물어뜯는구나. 아이코!	
노인	*(휠로스에게)* 그대는 이제야 알겠소,	
	그대가 침묵을 지켜 이분의 머리와	
	눈썹에서 잠을 쫓지 않는 편이	990
	얼마나 더 나은지 말이오?	
휠로스	이런 참상을 보고	
	어떻게 참으라는 것인지 모르겠네요.	
헤라클레스	오오, 내가 제단을 세운 케나이온의 반석이여,	
	내가 바친 제물에 대해 너는 불쌍한 나에게 왜	
	이렇게 보답하는가? 제우스께서 증인이 되어주소서!	995
	무슨 치욕인가, 이게 무슨 치욕이란 말인가.	
	가련한 내가 너를 보지 않았더라면!	
	그랬더라면 나는 치유할 길 없는	
	이 불같은 광기와 맞닥뜨리지 않았을 텐데.	
	왜냐하면 제우스 외에 이 끔찍한 고통을	1000
	가라앉힐 수 있는 주술사가 어디 있으며,	
	손재주 있는 의사가 어디 있겠는가?	
	그런 사람을 멀리서라도 본다면 기적이겠지.	

(좌1)	아아, 그대들은 이 불쌍한	
	내가 자도록 내버려두어라,	
	마지막 잠을 자도록 내버려두어라!	1005

| (좌2) | 어딜 만지는 게냐? 나를 어디로 돌리는 게냐? | |

네가 나를 죽이는구나, 죽이는구나.
쉬고 있는 것을 다시 깨웠으니 말이다.

아이코, 나를 움켜잡는구나. 벌써 덤벼드는구나. 너희는   1010
어디 출신이냐? 전 헬라스인들 중에 가장 배은망덕한
자들아! 나는 그들을 위해 바다와 모든 숲에서 수많은
괴물을 퇴치했거늘,⁴⁴ 내가 이렇게 비참하게 죽어가는데도
환자인 나를 치유하도록 불도, 칼도 건네주지 않는구나.

(우1) 아아, 와서 이 가증스런 몸에서   1015
머리를 베려는 자는 아무도
없구나. 아이코, 아이코!

노인 오오, 이분의 아드님이여! 이 일은 내 힘으로는
감당할 수 없소. 그러니 그대가 하시오. 그대는 힘이
세어 이분을 돕는 데 내 도움이 필요 없을 것이오.

휠로스 내가 하죠.   1020
하나 자력으로든, 타력으로든 나는 고통 없는 삶을
드릴 수는 없소. 그런 일은 제우스만이 하실 수 있소.

헤라클레스(좌3) 내 아들아, 너 어디 있니?
여기를 잡고 나를
들어 올려다오. 아아, 내 운명!   1025

(우2) 다시 역병이 덤벼들어, 덤벼들어
나를 죽이는구나, 아무도

　　　　　다가갈 수 없는 이 쓰라린 고통!　　　　　　　　　　　1030

　　　　　팔라스⁴⁵여, 오 팔라스여, 또다시 나를 괴롭히는구려.
　　　　　내 아들아, 이 아비를 불쌍히 여겨 주저 없이 칼을 빼어 들고
　　　　　내 가슴을 찔러 네 불경한 어머니가 돋궈놓은　　　　　1035
　　　　　이 고통을 치유해다오. 네 어머니가 나를 죽인 그대로,
　　　　　그대로 쓰러져 있는 꼴을 보았으면! 오오, 달콤한 하데스여!　1040

(우 3)　오오, 제우스의 친아우여, 와서
　　　　　내게 안식을, 안식을 주시고,
　　　　　급사(急死)로 내 고통을 끝내주시오!

코로스장　친구들이여, 우리 주인님의 이런 고통을 듣고 있자니
　　　　　소름이 끼쳐요. 이런 분께서 이런 고통을 당하시다니!　　1045

헤라클레스　얼마나 많은 모질고, 말하기조차 끔찍한 노고를
　　　　　나는 내 이 두 손으로, 두 어깨로 감당해냈던가!
　　　　　하지만 제우스의 아내⁴⁶나 가증스런
　　　　　에우뤼스테우스가 일찍이 내게 부과했던 어떤 노고도
　　　　　오이네우스의 겉 다르고 속 다른 딸이　　　　　　　　　1050
　　　　　내 어깨에 걸쳐준 이 옷과 같지는 않았어.
　　　　　내가 그 속에서 죽어가고 있는 이 악령의 그물 말이야.
　　　　　그것은 내 양 옆구리에 들러붙어 밖에서부터
　　　　　살 속으로 파먹어 들어오더니 나와 함께 거주하면서
　　　　　내 기도(氣道)들을 빨며 어느새 신선한 내 생명의 피를　1055
　　　　　다 마셔버려, 내 온몸이 말로 표현할 수 없는
　　　　　이 족쇄의 포로가 되어 시들어가고 있으니 말이야.

들판에서의 전투도, 대지에서 태어난 기가스들⁴⁷의 군대도,

괴수의 힘도 내게 이런 짓을 하지는 않았어.

그리고 헬라스도, 이방인들의 나라도, 1060

내가 대지를 청소할 때 지나간 그 어떤 나라도 말이야.

한 계집이, 사내의 힘을 타고나지 못한 한 연약한 계집이

칼 한 번 휘두르지 않고 혼자서 나를 해치웠어.

내 아들아, 너는 진정 내 아들임을 보여다오. 그리고

어머니란 이름을 아버지란 이름보다 더 존중치 마라. 1065

너를 낳아준 여인을 네 팔에 안고 날라 와 손수 내 손에

넘겨다오. 당연히 망가져야 할 그녀의 비참한 모습보다

내 비참한 모습에 네가 더 괴로워하는지

내가 알도록 말이다. 내 아들아, 단단히 결심하고

가도록 하라. 그리고 나를 불쌍히 여겨다오. 1070

내가 소녀처럼 엉엉 우는 소리를 들으면 누구나

나를 불쌍히 여길 것이다. 그리고 내가 전에도 이러는 것을

보았노라고 주장할 수 있는 사람은 아무도 없을 것이다.

나는 아무 불평 없이 온갖 불행에 다가갔으니까.

그런 내가 가련하게도 이제는 계집의 모습을 보이는구나. 1075

가까이 다가와 네 아비 곁에 서서, 내가 어떤 운명의

타격에 의하여 이런 고초를 겪고 있는지 보아라.

내가 덮개를 벗기고 네게 보여줄 테니 말이다.

(헤라클레스가 덮고 있던 덮개를 벗긴다)

보아라. 너희도 모두 이 비참한 육신을 보아라.

너희는 불쌍한 내가 얼마나 가여운지 보아라. 1080

아이코, 아이코!

타는 듯한 고통의 경련이 방금 다시 시작되며

옆구리가 쑤시니, 이 잔혹하고 게걸스런 병은
이제 더 이상 나를 고통 없이 내버려두지 않는구나.
오오, 하데스 왕이여, 나를 받아주시오. 1085
오오, 제우스의 벼락이여, 나를 쳐라.
왕이시여, 당신의 번개 화살을 내 머리 위로
내던지소서. 병이 다시 먹어치우고, 활활 타오르며
미쳐 날뛰기 시작하니까요. 손들이여, 내 손들이여,
가슴과 등과 언제나 충실하던 나의 두 팔이여, 1090
너희들이 과연 전에 목자들의 악령인, 네메아[48]의
거주자를, 아무도 접근하지 못한 사나운
괴물인 사자를 힘으로 제압했더란 말인가!
너희들이 과연 레르나의 휘드라[49]와, 반인반마의
잡종으로 거칠고 뻔뻔스럽고 힘이 절륜한 무법자들인 1095
켄타우로스들의 군사들과, 에뤼만토스 산의 멧돼지[50]와,
무시무시한 에키드나[51]가 낳은 제압할 수 없는 괴물로서
저승에서 하데스의 문지기 노릇을 하는 머리 셋 달린
번견(番犬)[52]과, 이 세상 맨 끝에서 황금 사과들을
지키고 있던 용[53]을 제압했더란 말인가! 1100
그 밖에도 나는 무수히 많은 노고들을 겪었지만,
어느 누구도 나를 이겼노라고 자랑하지 못했지.
한데 지금 나는 가엾게도 관절이 풀리고, 살이
찢긴 채 보이지 않는 파괴자에게 파괴되고 말았구나,
가장 훌륭한 어머니의 아들이라고 불리고 1105
하늘의 지배자 제우스의 아들이라고 자랑하던 내가.
하지만 너희들은 이 한 가지는 명심해라. 내 비록
아무것도 아니고 걸을 수조차 없지만 내게 그런 짓을

	한 계집을 손봐줄 것이니라. 그녀를 데려오너라. 나는	
	살아서도 그랬듯이 죽어서도 악당들을 응징한다는 것을	1110
	그녀가 당해보고 만인에게 알리도록 말이다.	
코로스장	오오, 불행한 헬라스여! 네가 이분을 잃게 되면	
	어떤 고통을 당하게 될지 눈에 보이는구나.	
휠로스	아버지, 제게 대답할 틈을 주시니,	
	괴로우시더라도 묵묵히 제 말을 들어주세요.	1115
	저는 아버지께 정당한 것만을 요구하겠어요.	
	그렇게 노발대발하지 마시고 차분하게 제 조언을	
	받아들이세요. 아버지께서는 공허한 기쁨을 좇으시며	
	공연히 분개하고 계신다는 것을 모르고 계시니까요.	
헤라클레스	할 말만 하고 그만두어라. 나는 병든 몸이라	1120
	네 알쏭달쏭한 말을 전혀 이해하지 못하겠으니까.	
휠로스	저는 어머니께서 지금 어떠하시며, 본의 아니게	
	실수를 저지르셨다는 것을 말씀드리러 왔어요.	
헤라클레스	천하에 고약한 녀석 같으니라고! 내가 듣는 데서	
	네 아비를 죽인 어머니를 감히 다시 입에 올리다니!	1125
휠로스	어머니의 지금 상태로는 침묵이 부적절하기 때문이죠.	
헤라클레스	부적절하겠지, 그녀가 전에 저지른 잘못을 고려하면.	
휠로스	오늘 행하신 일을 고려하더라도 부적절하다고 인정하실 거예요.	
헤라클레스	말해보아라. 하지만 악당이 되지 않도록 조심해라!	
휠로스	말씀드리죠. 어머니께서는 돌아가셨어요. 방금 살해되시어.	1130
헤라클레스	누구 손에? 너는 불길한 기적을 예언하는구나.	
휠로스	어머니 자신의 손에요. 다른 사람의 소행이 아니에요.	
헤라클레스	*(목청을 돋위)*	
	아아, 그녀는 그러기 전에 마땅히 내 손에 죽었어야 하는데.	

휠로스	아버지께서 다 아시고 나면 노여움이 풀리실 거예요.
헤라클레스	거창하게 시작하는구나. 어디 네 생각을 말해보아라.
휠로스	한마디로, 어머니께서는 선의에서 실수를 하신 거예요.
헤라클레스	이 고약한 녀석아, 네 아비를 죽인 것이 선의란 말이야?
휠로스	어머니께서는 집 안에서 새색시를 보시고는
	아버지께 미약을 쓰시려다 실수를 하신 거예요.
헤라클레스	트라키스인들 중에 누가 마법에 그렇게 능하다더냐?
휠로스	예전에 켄타우로스인 넷소스가 그런 미약으로 아버지의
	애욕에 불을 지르라고 어머니를 꾀었던 거예요.
헤라클레스	아아, 가여운 내 신세! 이제 모든 것이 끝났어.
	나는 완전히 끝장났고, 내게 햇빛은 더 이상 없어.
	아아, 내가 어떤 불행을 당했는지 이제야 알겠구나.
	내 아들아, 너에게 아버지는 더 이상 없으니,
	가서 네 형제자매들을 모두 불러 모아라.
	그리고 헛되이 제우스의 아내가 되신 가련하신
	알크메네⁵⁴도. 내가 알고 있는 신탁들을
	내가 죽기 전에 너희들이 들을 수 있도록 말이다.
휠로스	할머니는 여기 안 계세요. 할머니는 마침 티륀스의
	바닷가에 거처를 마련하시고, 손자들 몇 명을
	데려가시어 양육하고 계세요. 다른 손자들은
	테바이의 도성에 살고 있음을 아시게 될 거예요.
	하지만 우리⁵⁵는 대령하고 있으며, 아버지,
	필요하시다면 아버지가 시키시는 대로 하겠어요.
헤라클레스	그렇다면 네가 할 일을 들어라. 내 아들이라 불리는
	네가 이제는 어떤 남자인지 보여줄 때가 되었도다.
	전에 내 아버지께서 내게 예언하시기를,

나는 살아 숨 쉬는 자가 아니라 이미 저승에 가서   1160
살고 있는 자에게 죽을 것이라고 하셨다.
그래서 신탁의 말씀에 따라, 죽은 괴수인
켄타우로스가 살아 있는 나를 죽였던 것이다.
나는 또 너에게 옛 예언들에 부합하는 새 예언들도
말해주겠다. 새 예언들은 내가 산 위에서 살며   1165
맨바닥에서 잠을 잘 셀로이족⁵⁶의 원림(園林)에
갔을 때 적어놓은 것이다. 그곳에서 여러 가지
목소리를 내는, 내 아버지의 참나무가 예언하기를,
살아 있는 지금 현재 이 시간에 나는 내게 부과된
모든 노고에서 해방될 것이라 했다.   1170
그래서 나는 일이 잘되리라고 기대했었다.
하지만 그것은 다름 아닌 내 죽음을 의미했어.
죽은 자들에게는 더 이상 노고란 없으니까.
내 아들아, 이제 이 말씀들이 모두 확실히 이루어졌으니,
너는 마땅히 내 전우가 되어야 하며,   1175
꾸물대다가 내 입에서 쓴 소리를 듣지 말고
자진하여 동의하고 도와야 하며 아버지에게
복종하는 것을 최고의 원칙으로 삼아야 한다.

휠로스 아버지, 저는 아버지의 말씀이 그렇게 전개되는 것에
놀라움을 금할 수 없지만, 아버지의 결정에 따르겠어요.   1180

헤라클레스 그렇다면 먼저 내 손에 네 오른손을 놓아다오.

휠로스 무엇을 위해 아버지께서는 이런 보증까지 요구하나요?

헤라클레스 순순히 복종하고 어서 네 손을 주지 않겠니?

휠로스 보세요. 반항 않고 이렇게 손을 내밀고 있잖아요.

헤라클레스 자, 이제 내 아버지 제우스의 머리에 걸고 맹세해라.   1185

휠로스	뭘 하겠다고 말예요? 말씀해주세요, 아버지.
헤라클레스	나를 위해 내가 시키는 일을 하겠다고.
휠로스	맹세하지요. 제우스를 내 맹세의 증인으로 삼고.
헤라클레스	맹세를 어기면 고통 받게 해달라고 기도해라.
휠로스	맹세를 지킬 테니 고통 받지 않겠지만, 그래도 기도하죠. 1190
헤라클레스	너는 최고신 제우스에게 바쳐진 오이테 산의 정상을 알지?
휠로스	알지요. 그곳의 제단 앞에 가끔 서본 적이 있으니까요.
헤라클레스	그렇다면 너는 내 이 육신을 네가 뽑은 친구들의
	도움을 받아 손수 그곳으로 나르도록 해라.
	그리고 뿌리 깊은 참나무 가지를 많이 꺾고 1195
	튼튼한 야생 올리브나무의 가지를 많이
	베어 와 그 위에 내 육신을 올려놓도록 해라.
	그리고 나서 활활 타는 소나무 횃불로 거기에
	불을 붙이도록 해라. 하지만 통곡의 눈물을
	보이지 말고, 울지도 비탄하지도 말아라. 1200
	네가 내 아들이라면. 그러지 않으면 저승에서
	내 무서운 저주가 늘 너를 기다리리라.
휠로스	아아, 무슨 그런 말씀을 하세요? 그런 것을 강요하시다니!
헤라클레스	네가 해야 할 일을 말한 것이다. 싫다면 앞으로 내 아들이
	아니라 다른 사람의 아들이라고 불리도록 해라! 1205
휠로스	설상가상이로구나! 아버지, 제게 무엇을 요구하시는 거예요?
	저더러 아버지를 죽여 친부살해자가 되라는 거예요!
헤라클레스	아니! 너는 내게 구원자가 되고, 고통에서
	나를 치유해준 유일한 의사가 되는 것이다.
휠로스	아버지 육신에 불을 붙이는 게 어떻게 치유가 되죠? 1210
헤라클레스	그것이 두렵다면 남은 일이라도 해다오.

휠로스	아버지를 운구하는 일이라면 거절하지 않겠어요.
헤라클레스	내 말대로 장작더미를 쌓는 일도?
휠로스	제가 거기에 직접 손을 대야 하는 것이 아니라면
	무엇이든 할 것이며 임무를 게을리 하지 않겠어요. 1215
헤라클레스	좋아. 그만 하면 됐어. 하지만 네가 베푼 다른
	큰 호의들에 작은 호의를 하나 더 보태다오.
휠로스	그것이 매우 큰 호의라 하더라도 기꺼이 해드리지요.
헤라클레스	너는 그 소녀를 알고 있겠지? 에우뤼토스의 딸 말이다.
휠로스	혹시 이올레 말씀이신가요? 1220
헤라클레스	맞았어. 내 아들아, 내가 네게 일러두고자 하는 것은
	이런 것이다. 네가 효자가 되고 싶다면, 내가 죽은 뒤
	이 아비에게 한 맹세를 명심하고 그녀를 네 아내로
	삼도록 하라! 네가 아버지에게 불효함으로써
	너 말고 다른 남자가 내 곁에 누웠던 그녀를 1225
	아내로 맞아들이지 못하게 하고, 내 아들아,
	네가 그녀와 결혼하도록 하란 말이다.
	시키는 대로 하거라. 큰일에 복종하다가 작은 일에
	불복종한다면 앞서 산 호감마저 잃게 될 테니까.
휠로스	맙소사. 병자에게 화를 낸다는 것은 잘못하는 짓이지만 1230
	저런 심보를 가지신 분을 보고 뉘라서 참을 수 있을까?
헤라클레스	너는 내 소원을 하나도 들어주지 않겠다는 게냐?
휠로스	어머니의 죽음과 아버지께 일어난 일에
	혼자 전적으로 책임이 있는 그녀를 대체 누가
	아내로 맞아들이겠어요? 악령에 씌지 않고는. 1235
	아버지, 철천지원수와 함께 사느니
	차라리 제가 죽는 게 낫겠어요.

| 헤라클레스 | 저 녀석은 내가 죽어가는데도 내 청을 들어주지
않을 모양이구나. 네가 정녕 이 아비의 말을
거역한다면 신들의 저주가 너를 기다리리라. | 1240 |
휠로스	아아, 아버지께서 얼마나 위중하신지 곧 드러날 것 같군요.
헤라클레스	네가 잠든 내 고통을 들쑤셔놓았기 때문이지.
휠로스	맙소사. 이건 갈수록 태산이로구나!
헤라클레스	네가 아비의 말을 들으려 하지 않기 때문이지.
휠로스	저더러 불경한 짓을 배우라는 것인가요, 아버지?	1245
헤라클레스	네가 내 마음을 기쁘게 해준다면 불경한 짓이 아니란다.
휠로스	진심에서 저더러 그렇게 하라고 명령하시는 건가요?
헤라클레스	물론이지. 신들을 내 증인으로 삼겠다.
휠로스	그렇다면 거역하지 않고 기꺼이 하겠어요. 이것은 아버지의
행위라고 신들을 증인으로 내세우시면 말예요. 그러면 저는	1250
	아버지께서 시키신 대로 했으니 매도당하지 않겠지요.
헤라클레스	너 참 잘 마무리하는구나. 내 아들아, 네 말에 얼른
호의적인 행동을 덧붙여, 나를 장작더미 위에 눕혀라.
고통이 돌아와 나를 찢거나 찌르기 전에.
너희는 서둘러 나를 들어 올려라. 이 고통으로부터의	1255
	진정한 휴식은 비로소 이 삶의 종말이 줄 테니까.
휠로스	아버지의 소원성취를 방해하는 것은 이제 아무것도
없어요. 아버지께서는 명령하시고 강요하시니까요.
헤라클레스	자, 고통이 다시 깨어나기 전에,
내 강인한 마음이여,	1260
	내 입에 무쇠 가시들이 난 재갈을
물려 비명을 억제하고,
강요된 일을 흔쾌히 마치게 하여라!

휠로스 하인들아, 이분을 들어 올려라. 너희들은
 내가 하는 일을 너그럽게 보아다오. 1265
 너희들도 보다시피, 지금 일어난 모든 일들에
 신들께서는 참으로 무정하셨다.
 신들께서는 자식을 낳아 아버지로
 추앙받으면서도 이런 고통을 방관하시다니.
 미래사는 아무도 예견할 수 없는 법. 1270
 하지만 지금 닥친 일은 우리에게는
 비참하고, 신들에게는 수치스럽고,
 이 운명을 참고 견디는 이에게는
 비할 데 없이 잔혹하구나.

코로스 소녀들이여, 그대들도 함께 이 집을 1275
 떠나도록 해요. 그대들은 이 집에서 방금
 끔찍한 죽음과 온갖 이상한 고통을 보았어요.
 하지만 그중에 제우스가 아닌 것은 하나도 없어요.[57]

엘렉트라
Elektra

작품 소개

『엘렉트라』는 기원전 418년과 410년 사이에 공연된 것으로 추정된다. 오레스테스는 델포이의 신탁이 지시한 대로 죽은 아버지의 원수를 갚기 위해 친구 퓔라데스와 어릴 적 가정교사와 함께 뮈케나이에 도착한다. 오레스테스의 어머니 클뤼타임네스트라에게 오레스테스가 전차 경기 중 사고사를 당했음을 알리고자 가정교사가 먼저 출발하고, 나머지 두 사람은 나그네로 변장한 채 오레스테스의 유골이 들었다는 유골단지를 들고 뒤따라간다. 한편 클뤼타임네스트라는 악몽을 꾸고는 딸 크뤼소테미스를 보내 아가멤논의 무덤에 제주를 바치게 하지만 아직도 아버지를 애도하는 엘렉트라가 그 제물들을 내다버리라고 말한다. 이어서 클뤼타임네스트라가 나타나 그녀를 꾸짖자 모녀 사이에 격렬한 언쟁이 벌어지는데, 이때 가정교사가 나타나 오레스테스가 죽었다고 말한다. 클뤼타임네스트라는 희색을 감추지 못하고 퇴장하고, 엘렉트라는 마지막 희망마저 무너지자 이제는 혼자서 어머니와 그녀의 정부 아이기스토스를 죽이기로 결심한다. 이때 오레스테스와 퓔라데스가 나타나 남매가 상봉하게 된다. 오레스테스와 퓔라데스가 궁전으로 들어가자 클뤼타임네스트라의 단말마의 비명 소리가 들린다. 이어서 아이기스토스가 오레스테스의 시신을 확인하려고 궁전으로 들어갔다가 클뤼타임네스트라의 시신을 보게 된다. 그는 아가멤논이 살해되었던 방으로 밀려 들어가 그곳에서 살해된다.

등장인물

가정교사 오레스테스의

오레스테스 아가멤논과 클뤼타임네스트라의 아들

엘렉트라 오레스테스의 누이

크뤼소테미스 오레스테스의 누이

클뤼타임네스트라 아가멤논의 미망인

아이기스토스 클뤼타임네스트라의 정부(情夫)

코로스 뮈케나이 여인들로 구성된

퓔라데스 오레스테스의 죽마고우(무언 배우)

이 작품의 대본은 Sophocles, *Electra* edited with a Commentary by R. Jebb, Cambridge University Press 1955의 그리스어 텍스트를 사용하고, 코로스의 노래들의 행수 배분에 있어서는 Sophokles, *Dramen* hrsg. und übers. von W. Willige, München/Zürich 1995를 참고했다. 했다. 주석은 위 R. Jebb의 것을 참고했다. 현대어역 중에서는 R. Jebb (Cambridge 1957), Grene (University of Chicago Press 1992), H. D. F. Kitto (Oxford 1998), E. F. Watling (Penguin Books 1953)의 영역과 위 W. Willige, W. Schadewaldt (Zürich 1968)의 독역을 참고했다.

장소 해뜰 무렵 뮈케나이의 왕궁 앞.

(가정교사, 오레스테스, 퓔라데스 등장)

가정교사 전에 트로이아에서 군대를 통솔하시던
아가멤논 님의 아드님이시여, 이제야 도련님께서
늘 그리워하시던 것들을 보실 수 있게 되었군요.
도련님께서 그리워하시던 오래된 아르고스,
쇠파리가 이나코스의 따님[1]을 찌르던 신성한 곳이에요. 5
여기 이것은, 오레스테스 도련님, 늑대를 죽이시는
신[2]에게서 이름을 딴 뤼케이오스 장터이며, 저기 왼쪽에
있는 것이 헤라[3]의 이름난 신전이지요. 그러니 우리가
도착한 이곳에서 도련님께서는 황금이 많은 뮈케나이와
저기 펠롭스[4]의 자손들의 수많은 살육으로 얼룩진 집을 10
보고 계신다고 할 수 있지요. 옛날에 도련님의 아버지께서
살해되셨을 적에 내가 도련님의 친누이[5]에게서 도련님을 받아
저 집에서 구해내어 이렇게 성인이 되도록 길러드렸지요.
살해되신 아버지의 원수를 갚으시도록 말예요.
그러니 이제는, 오레스테스 도련님, 그리고 둘도 없는 15
친구인 퓔라데스 님, 어떡하실 것인지 속히 의논하세요.
어느새 찬란한 햇빛이 우리가 똑똑히 들을 수 있도록
새들의 아침 노래들을 깨우고 있고,
별들의 어두운 밤은 지나가버렸으니까요.

그러니 집에서 누군가 나오기 전에 서로 의논하세요.
우리는 더 이상 꾸물댈 수 없는 곳에 와 있고,
이제야말로 행동할 때가 되었으니 말예요.

오레스테스 내 친구이자 더없이 충직한 하인이여,[6] 그대는
우리 가문에 진정한 충성심을 보여주었소.
마치 양마(良馬)는 늙어도 위험에 처해
용기를 잃지 않고 귀를 쫑긋 세우듯이,
꼭 그처럼 그대도 우리를 격려해주며
맨 먼저 우리를 따라와주었소이다.
그래서 내가 결심한 바를 털어놓을 터이니,
그대는 내 말을 열심히 듣고 있다가
내가 과녁을 맞히지 못하면 고쳐주시오.
어떻게 하면 아버지의 살해자들에게
원수를 갚을 수 있을지 알아보려고 내가
퓌토[7]의 신탁을 찾았을 때, 포이보스[8]께서,
그대도 곧 듣게 되겠지만, 이렇게 명령하셨소이다.
무장하지 말고 혼자서 방패도 군대도 없이
계략으로 은밀히 정당한 살육을 손수 집행하라고 말이오.
우리가 이런 신탁을 들었으니, 그대는 기회 닿는 대로
집 안으로 들어가 그곳에서 일어나고 있는 일들을
모두 알아두었다가, 나중에 정확한 지식을 갖고 우리에게
보고해주시오. 그대는 늙었고 그사이 많은 세월이
지났으니 그들은 그대를 알아보지 못할 것이오.
이렇게 백발이 성성한 그대를 그들은 의심치 않을 것이오.
이렇게 둘러대시오. 그대는 나그네이고
포키스 사람 파노테우스[9]에게서 오는 길이라고.

그리고 그대는 맹세하고 나서 전하시오.
오레스테스는 냉혹한 운명에 의해 퓌토 경기[10]에서
달리던 전차에서 굴러 떨어져 죽었다고 말이오.
그것이 그대 이야기의 핵심이 되게 하시오.　　　　　　50
한편 우리는 신께서 명령하신 대로 먼저 아버지의
무덤을 제주(祭酒)와 자른 머리털[11]로
꾸며드리고 나서 이리로 돌아올 것이오.
그때 우리는, 그대도 알다시피, 덤불 속에 감춰둔
청동 유골 단지를 손에 들고 올 것인데,　　　　　　55
그것은 내 육신은 이제 더 이상 존재하지 않고
이미 불에 타 재로 변했다고
반가운 소식을 전하며 그들을 속이자는 것이오.
내가 말로는 죽지만 실제로는 구원받아
명성을 얻게 된다면, 그쯤이야 무슨 상관이겠소.　　　　　　60
이익만 된다면 어떤 말도 나쁘지 않은 것 같소.
실제로 나는 현인(賢人)들도 헛소문에 의해
죽는 것을 벌써 여러 번 보았는데, 그러다가
그들이 집에 돌아오면 더욱더 존경받더이다.
그처럼 나도 이 소문에서 살아서 떠올라　　　　　　65
여전히 별처럼 내 원수들을 비추게 될 것이라 믿소.
내 조국 땅이여, 이 나라의 신들이시여,
나를 맞아주시고, 이번 여행이 성공하게 해주소서.
그리고 너도, 내 선조들의 집이여. 신이 보내셔서
나는 너를 정당하게 정화(淨化)하러 왔으니까.　　　　　　70
나를 아무 명예도 없이 이 나라에서 내보내지 마시고,
내가 내 재산을 다스리고 내 집을 복구하게 해주소서.

	이제 할 말을 다 했으니, 할아범, 그대는 가서
	그대가 맡은 일을 실행에 옮기도록 하시오.
	우리 두 사람도 나아갈 것이오. 기회가 왔고, 75
	남자들이 하는 모든 일은 기회가 결정하니까요.
엘렉트라	*(집 안에서)* 아아, 가련한 내 신세!
가정교사	도련님, 집 안에서 하인들 가운데 누군가
	비명을 지르는 소리가 들리는 것 같았어요.
오레스테스	혹시 가련한 엘렉트라 누나가 아닐까요? 어때요. 80
	우리 여기 머물러 누나의 울음소리를 들어볼까요?
가정교사	안 되오. 우리는 맨 먼저 록시아스[12]의 명령을 이행하고
	아버지께 제주 부어드리는 일부터 시작해야 해요.
	그래야만 아버지의 도움으로 우리가 승리를 쟁취하고,
	우리가 무슨 일을 하든 매번 우세할 수 있을 테니까요. 85

(오레스테스, 필라데스, 가정교사 퇴장하고 엘렉트라 등장)

엘렉트라	오오, 신성한 햇빛이여,
	그리고 대지만큼이나 넓은 대기여,
	어두운 밤이 물러갈 때마다
	너희들은 내 탄식의 노래와
	멍든 내 가슴을 사정없이 후려치는 90
	소리를 얼마나 자주 들었던가!
	하지만 내 밤잔치는 고통으로 가득 찬
	저 집에 있는 내 비참한 침상이 잘 알지요.
	불쌍하신 우리 아버지를 위해 내가
	얼마나 우는지. 아버지는 야만족의 나라에서 95
	피투성이의 아레스[13]가 영접한 것이 아니라,

내 어머니와 그녀의 정부(情夫)인

아이기스토스가, 마치 나무꾼들이

참나무를 베어 넘기듯, 피투성이가 된

도끼로 머리를 쪼개버렸어요. 하지만 아버지, 100

아버지의 그토록 모욕적이고 가련한 죽음을

비탄하는 사람은 나밖에 없어요.

그래도 나는 만가(輓歌)와 비통한 울음을

결코 그치지 않을 거예요.

내가 별들의 가물거리는 빛과 105

이 낮을 보는 동안에는,

새끼를 제 손으로 죽인 밤꾀꼬리[14]처럼

나는 여기 아버지 집 문 앞에서

세상 사람들이 다 듣도록 소리 높여 울 거예요.

아아, 하데스와 페르세포네의 집이여, 110

아아, 지하의 헤르메스[15]여, 저주의 여신이여,

신들의 준엄한 따님들인 복수의 여신들이여,

그대들은 부당하게 죽은 자들과

몰래 더럽혀진 결혼 침대를 지켜보시거늘,

와서 도와주시고, 살해되신 115

우리 아버지의 원수를 갚아주소서!

그리고 내 오라비를 보내주소서.

나를 내리누르고 있는 슬픔의 짐을

혼자 질 힘이 내게는 더 이상 없으니까요. 120

(좌 1)[16]

코로스 아아, 가장 죄 많은 어머니의 따님이신

엘렉트라 아기씨, 어인 일로 아기씨는
아가멤논 님을 위해 이렇듯 하염없이 애도하며
계속 몸을 상하게 하세요? 그분은 음흉한
어머니의 흉계에 걸려들어 그녀의 사악한 손에 125
배신당한 지 오랜데. 이런 말을 해도 좋다면,
그런 짓을 한 자는 죽어 없어지기를!

엘렉트라 고귀한 집안의 따님들이여,
그대들은 내 고통을 위로해주러 왔군요. 130
나는 알고 있고 이해해요. 내 어찌 그것을
못 느끼겠어요. 하지만 나는 불쌍하신
우리 아버지를 위해 비탄하기를 그만두고
싶지 않아요. 그러니 내 온갖 우의에
사랑으로 보답해주는 그대들은 135
내가 이렇게 날뛰도록 내버려두세요.
아아, 제발 부탁이에요.

(우 1)

코로스 하지만 아기씨가 아무리 통곡하고 기도해도
모든 사람을 받아들이는 하데스의 늪에서
아버지를 도로 불러올 수는 없어요.
아기씨가 마냥 슬퍼하며 도를 넘어 140
감당할 수 없는 슬픔에 빠지게 되면
그때는 재앙에서 벗어날 길이 없어요. 어째서
아기씨는 감당하지 못할 일들을 추구하세요?

엘렉트라 비참하게 세상을 떠나신 부모님을 145
잊는 자는 아둔한 자예요.

내게는 하염없이 이튀스를 애도하며
흐느끼는, 제우스께서 보내신 봄의 전령이,
슬픔에 심란해진 새[17]가 마음에 들어요.
그리고 모든 것을 참고 견디는
니오베여, 바위 무덤 속에서도,　　　　　　　　　　　　　　150
아아, 하염없이 눈물을 흘리는 그대를
나는 여신으로 여기고 있어요.

(좌 2)

코로스 하지만 아기씨, 필멸의 인간들 중에
아기씨에게만 슬픔이 닥친 것은 아녜요.
하거늘 어찌하여 아기씨는 아기씨와　　　　　　　　　　　　155
가문과 핏줄이 같은, 집 안에 있는 이들보다
더 슬퍼하세요? 아직도 살아 있는
크뤼소테미스와 이피아낫사 아기씨들 말예요.[18]
그리고 도련님도 살아서 망명객으로서 괴로워하고 있고요.
하지만 도련님은 행복해요. 언젠가 제우스의　　　　　　　　160
호의적인 호송을 받으며 이 나라에 들어오게 되면,
뮈케나이인들의 이 이름난 나라가 고귀한 선조들의
후계자로 반길 테니까요. 오레스테스 도련님 말예요.

엘렉트라 그 애를 나는 지칠 줄 모르게 기다리며 결혼도 하지 않고
아이도 없이 하루하루 고난의 길을 걷고 있는 것이라오.　　　165
눈물범벅이 되어, 끝없는 불행의 운명을
참고 견디면서. 하지만 그 애는 제가 당한 불행과
내가 알려준 이곳 상황을 모두 잊었나 봐요.
그 애한테서 온 소식치고 실망스럽지 않은 것이　　　　　　170

한 가지라도 있었나요? 그 애는 늘 그리워하지만,
그러면서도 이곳에 나타날 결심을 못하니 말예요.

(우 2)

코로스　용기를 내세요. 아기씨, 용기를 내세요.
　　　하늘에 계신 제우스께서는 여전히 위대하세요.
　　　그분께서는 만물을 굽어보시며 통치하시니까요.　　　175
　　　그분께 아기씨의 쓰라린 원한을 맡기시고,
　　　아기씨의 원수들을 너무 미워하지도 말고,
　　　잊지도 마세요.
　　　세월이 약이라지 않아요.
　　　크리사[19]의 소 떼를 치는 해안에　　　180
　　　살고 있는 아가멤논의 아드님도,
　　　아케론 강가에서 다스리시는 신[20]께서도
　　　결코 무심하지 않으시니까요.

엘렉트라　하지만 내 인생은 대부분 절망 속에서　　　185
　　　지나가버리고, 나는 더 이상 여력이 없어요.
　　　나는 자식도 없이, 사랑하는 남편의 보호도
　　　받지 못한 채 혼자 쇠진해가고 있으니 말예요.
　　　나는 아무런 명예도 없는 재류외인처럼
　　　이렇게 남루한 옷을 입고서　　　190
　　　아버지의 방들에서 시중을 들고
　　　찬도 없는 식탁 가에 서 있곤 하지요.[21]

(좌 3)

코로스　아가멤논 님께서 귀향하셨을 때의 비명 소리여,

청동 도끼의 날이 잽싸게 그분을
정통으로 내리쳤을 때, 그대의 아버지의   195
연회용 긴 의자²²에서 일던 비명 소리여!
간계가 음모를 꾸미고 욕정이 살해했으니,
바로 이들이 무서운 형상²³의 무서운
부모들이지요. 그런 짓을
저지른 자가 신이든 인간이든.²⁴   200

엘렉트라 아아, 내게 다가온 모든 날들 가운데
가장 가증스런 그날이여!
아아, 그 밤이여, 끔찍한 잔치의
형언할 수 없는 고통이여!
우리 아버지께서는 그 두 사람의   205
손에 치욕적인 죽임을 당하셨고,
그 손들은 또 내 인생을 사로잡아
나를 배신하고, 나를 망쳐놓았지요.
올륌포스의 위대하신 신께서는
그들에게 속죄의 고통을 주시고,   210
이런 짓을 저지른 그들이
영광을 누리지 못하게 하소서!

(우 3)

코로스 조심하시고, 더 이상 말하지 마세요.
아기씨가 왜 이런 치욕적인 고통을
당하는지 모르시겠어요?   215
그건 자업자득이에요.
아기씨가 앙앙불락하여 늘 분란을

낳음으로써 불행을 더 키웠던
것이니까요. 하지만 강자들과
그런 식으로 대적할 수는 없어요.   220

엘렉트라   두려움이 그렇게 하도록 나를 강요했어요.
내가 격정적이라는 것은 나도 잘 알아요.
하지만 나는 공포에 둘러싸여 있는 만큼
목숨이 붙어 있는 한 이런 광적인
비탄을 그치지 않을 거예요.   225
사랑하는 친구들이여. 생각이 바른
사람이라면 대체 누가 위안의 말이
내게 도움이 되리라고 믿겠어요?
날 내버려둬요, 그대들 위로하는 이들이여!
내 이 고통들은 치유할 수 없는 것들이에요.   230
나는 결코 내 비탄을 그치지 않을 것이며,
내 만가는 끝없이 이어질 거예요.

(종가)

코로스   하지만 나는 다정한 어머니처럼
좋은 뜻에게 아기씨에게 충고하는 거예요.
재앙에 재앙을 쌓지 말라고.   235

엘렉트라   하지만 내 불행은 한도 끝도 없지 않아요? 그리고
고인(故人)들을 홀대하는 것이 어떻게 정당화될 수
있지요? 대체 어떤 인간이 그런 본성을 타고났지요?
나는 그런 사람들에게 존경받고 싶지 않아요.
또 내가 행복하게 살 운명이라 하더라도,   240
날카로운 비탄의 날개를 억제함으로써

아버지를 욕되게 하면서까지
안락한 삶에 매달리고 싶지 않아요.
죽은 자는 한 줌 흙이 되어 245
비참하게 누워 있는데,
살해자들이 죽음을 죽음으로
공평하게 보상하지 않는다면,
수치심과 경외심은 인간들에게서
완전히 자취를 감추게 될 테니 말예요. 250

코로스장 아기씨, 나는 아기씨와 내 운명이 염려되어
이리 온 거예요. 내 말이 틀렸다면, 아기씨
좋으실 대로 하세요. 우리는 아기씨를 따르겠어요.

엘렉트라 친구들이여, 내 지나친 비탄이 그대들에게
부담스럽게 느껴졌다면 미안해요. 하지만 폭력이 나를 255
그렇게 하도록 강요하는 것이니 용서하세요.
본성이 고귀한 여인이라면 아버지 집의 재앙들을 보고도
어찌 이렇게 행동하지 않을 수 있겠어요?
그리고 나는 그 재앙들이 줄어들기는커녕
더 늘어나는 것을 밤낮으로 계속 보고 있어요. 260
첫째, 나를 낳아준 어머니가 나를 몹시
미워하고 있어요. 다음, 나는 내 집에서
아버지의 살해자들과 함께 살며 그자들의
지배를 받고 있고, 내게 필요한 것을
주고 안 주고는 그자들에게 달려 있어요. 265
그 다음, 그대는 내가 어떤 나날을 보내고
있다고 생각하세요, 아이기스토스가 아버지께서

입으시던 옷들을 입고 아버지의 왕좌에
앉아 있고, 그자가 아버지를 살해한 화롯가에서
헌주하는 것을 내가 본다면, 그리고 이것은
모든 파렴치의 극치라고 할 수 있는 일인데,
아버지의 살해자가 아버지의 침상에서 가련한
어머니와—그자와 동침하는 그녀를 어머니라고
불러야 한다면—함께 있는 것을 내가 본다면?
하지만 어머니는 복수의 여신도 두려워하지 않고,
피로 얼룩진 그자와 동거할 정도로 뻔뻔해졌어요.
아니, 그녀는 자신의 행위가 자랑스러운 양,
그녀가 전에 간계로 내 아버지를 죽인
그날을 택하여, 그날에는 노래 부르고
춤추게 하며 신들의 보호를 받고자
매달 신들께 양들을 제물로 바치곤 해요.
하지만 불운한 나는 집 안에서 그 광경을 보고는
눈물 속에서 쇠진해가며, 내 아버지에게서
이름을 따온 그 부정한 잔치[25]를 슬퍼하지요.
혼자서. 속이 후련하도록 우는 것도 내게는
허용되지 않으니까요. 말로는 고귀한 부인인
그녀가 이런 악담을 늘어놓으며 나를 큰 소리로
윽박지르니 말예요. "이런 불경하고 가증스런
것이 있나! 아버지를 여읜 것이 어디 너뿐이더냐?
남들은 아무도 애도하지 않는다더냐?
이 망할 년. 지하의 신들께서 지금의 그 비탄에서
언제까지나 너를 구해주지 말았으면 좋겠구나."
이렇게 그녀는 모욕을 줘요. 그러다가 누군가에게

오레스테스가 돌아온다는 말이라도 듣게 되면,
미친 듯이 나를 찾아와 고함을 질러대요.   295
"이건 네 소행이지. 내 손에서 오레스테스를 빼내어
몰래 보내버린 네 소행이 분명하지? 알아둬.
너는 반드시 응분의 벌을 받게 될 거야."
그녀는 이렇게 짖어대요. 그러면 그녀의
고명하신 신랑께서 그녀의 곁에 다가서서   300
그녀를 부추기지요. 그 완전한 겁쟁이, 여자 뒤에
숨어서 싸우는 그 완전한 악당 말예요.
한데 나는 오레스테스가 해방자로서 돌아오기를
마냥 기다리며 불행 속에서 쇠진해가고 있어요.
그 애는 늘 무언가 하려고만 할 뿐, 내 희망들을   305
가능한 것이든 불가능한 것이든 모두 무산시키니까요.
그러한 상황에서는, 친구들이여, 절도도 경건도
설 자리가 없어요. 온통 악으로 둘러싸여 있으니
난들 어찌 악한 짓을 하지 않을 수 있겠어요!

코로스장 자, 말해주세요. 아기씨가 이런 말을 하는 동안   310
아이기스토스는 이곳에 있나요, 출타 중인가요?

엘렉트라 분명 출타 중예요. 그자가 여기 있다면 내가 문밖에
나올 수나 있겠어요? 그자는 시골에 가 있어요.

코로스장 사정이 그러하다면, 나는 아기씨와 좀 더
대담하게 터놓고 이야기할 수 있겠네요.   315

엘렉트라 그자는 지금 여기 없으니 물어보세요. 뭘 원하세요?

코로스장 그렇다면 묻겠어요. 그대의 오라비는 곧 돌아오시나요,
아직도 망설이고 계시나요? 그것이 알고 싶어요.

엘렉트라 그 애는 그러겠다고 약속만 하고 이행은 하지 않고 있어요.

코로스장	누구나 그런 큰일 앞에서는 망설이기 마련이지요.	320
엘렉트라	하지만 나는 망설이지 않고 그 애를 구해주었어요.	
코로스장	안심하세요. 그분은 성품이 고상해서 친구들을 도와주실 거예요.	
엘렉트라	나도 믿어요. 그렇지 않았다면 이렇게 오래 살지도 못했겠지요.	
코로스장	이제 더 이상 말하지 마세요. 같은 아버지와	
	어머니에게서 태어난 아기씨의 아우 크뤼소테미스가	325
	사자(死者)들에게 바치는 제물들을 손에 들고	
	집에서 나오고 있는 것이 보이니까 말예요.	

(크뤼소테미스 등장)

크뤼소테미스	언니, 왜 또 문밖까지 나와 그렇게	
	떠들어대는 거예요. 그토록 긴긴 세월이	
	지났건만 언니는 왜 쓸데없이 무익한 원한을	330
	품지 않는 법을 배우려 하지 않으세요?	
	사실 나도 현재의 상황에 고통 받고 있다는 것쯤은	
	잘 알고 있어요. 그래서 내게 힘이 생기면,	
	내가 그들을 어떻게 생각하는지 보여줄 참이에요.	
	하지만 지금과 같은 곤경에서는 돛을 내리고	335
	항해함으로써 해칠 힘도 없으면서 뭘 하고 있는 것처럼	
	보이지 않는 게 상책인 것 같아요.	
	언니도 그랬으면 좋겠어요. 옳은 것을 따지자면,	
	내 말이 아니라 언니의 선택이 옳아요. 하지만 자유롭게	
	살자면 매사에 통치자들의 말을 들어야 해요.	340
엘렉트라	네가 그런 아버지에게서 태어나고서도 아버지를 잊고	
	너를 낳아준 여인 걱정만 하다니 놀랍구나!	
	네가 내게 준 충고는 모두 그녀가 너에게 가르쳐준	
	것이고, 네 자신의 것은 한마디도 없어.	

그러니 둘 중 하나를 선택해. 영리하지 말든지, 345
아니면 영리하되 친구들을 기억하려 하지 말든지.
너는 방금 네게 힘이 생기면 네가 그들을 얼마나
미워하는지 보여주겠다고 말했지. 한데 내가
아버지의 원수를 갚기 위해 최선을 다하려 하면,
너는 나를 도와주기는커녕 나더러 행동하지 말라고 350
하는구나. 그렇게 하면 우리는 비참한데다 비겁하기까지
한 거야. 내가 비탄을 그친다고 내게 무슨 덕이 되는지
네가 가르쳐다오. 아니면 내가 가르쳐줄까?
나는 살아 있지 않니? 물론 비참하게 살고 있지. 하지만
내게는 충분해. 나는 그자들을 괴롭힘으로써 고인에게 355
경의를 표하니까. 그곳에도 기쁨이란 것이 있다면.
하지만 너는 미워한다고 해도 말로만 미워할 뿐,
행동으로는 아버지의 살해자들과 한통속이야.
지금 네가 뽐내고 있는 모든 선물들을 누군가 나에게
준다 해도, 나는 결코 그자들에게 굴복하지 않을 거야. 360
너는 풍성하게 차린 식탁과 사치스런 생활을 실컷
즐기려무나! 하지만 나에게는 양심의 가책을 느끼지
않는 것이 유일한 양식이 되게 하렴! 나는 네가 가진
그런 명예는 얻고 싶지 않아. 너도 지혜롭다면
원치 않을 거야. 너는 지금 가장 훌륭한 아버지의 딸이라고 365
불릴 수 있을 텐데, 어머니의 딸이라고 불리려무나!
그러면 너는 돌아가신 아버지와 네 친구들을 배신한 사악한
여인으로 만천하에 드러나게 되겠지.

코로스장 화내지 마세요. 제발 부탁이에요. 두 분 아기씨
말씀이 다 일리가 있어요. 서로 상대방의 조언에 370

|크뤼소테미스|귀를 기울이신다면, 두 분 모두에게 덕이 될 거에요.
친구들이여, 나는 이미 언니의 말에 익숙해 있어요.
그래서 나는 오랫동안 끌어온 언니의 비탄을 끝내줄
더없이 큰 재앙이 언니에게 다가오고 있다는 말을
듣지 않았더라면, 아무 말도 하지 않았을 거예요. 375
|엘렉트라|어디 그 끔찍한 일을 말해보렴. 지금의 이 상태보다 더
나쁜 것을 말한다면, 나도 더 이상 반박하지 않겠다.
|크뤼소테미스|그렇다면 내가 알고 있는 것을 모두 언니에게 말할게요.
언니가 비탄을 그치지 않으면, 그들은 언니를 더 이상
햇빛도 볼 수 없는 곳으로 보내려 하고 있어요. 380
그러면 언니는 이 나라에서 멀리 떨어진 지하 감옥에서
세월을 보내며 자신의 불행을 노래하게 될 거예요.
그러니 심사숙고하고, 나중에 불행을 당하더라도 나를
원망하지 마세요. 지금이야말로 지혜로워야 할 때예요.
|엘렉트라|정말 그들이 내게 그런 짓을 하기로 작정했단 말이냐? 385
|크뤼소테미스|그렇다니까요. 아이기스토스가 돌아오는 대로.
|엘렉트라|그 일이라면 그자가 되도록 빨리 돌아오라 그래!
|크뤼소테미스|가련한 언니, 지금 뭐라 하셨어요?
|엘렉트라|그자가 그럴 작정이라면 돌아오라고 했지.
|크뤼소테미스|무슨 변을 당하시려고요? 언니, 제정신이세요? 390
|엘렉트라|내가 너희들에게서 되도록 멀리 벗어나기 위해서지.
|크뤼소테미스|그렇다면 현재의 삶은 아무것도 아니라고 생각하세요?
|엘렉트라|내 인생이야말로 정말 놀랍도록 아름답지.
|크뤼소테미스|그렇겠지요. 언니가 영리해지는 법을 배울 수만 있다면.
|엘렉트라|내 친구들에게 나쁜 짓을 하라고 나를 가르치지 마. 395
|크뤼소테미스|그걸 가르치는 게 아녜요. 통치자들에게 순종하라는 것이지.

엘렉트라	너나 그자들에게 아부해. 그건 내 성미에는 안 맞으니까.	
크뤼소테미스	언니가 지각없는 짓을 하다가 넘어지지 않았으면 좋겠어요.	
엘렉트라	꼭 그래야 한다면 나는 아버지의 원수를 갚다가 넘어지겠어.	
크뤼소테미스	아버지께서 나를 용서해주실 거라고 확신해요.	400
엘렉트라	그건 겁쟁이들이나 칭찬할 만한 말이지.	
크뤼소테미스	기어이 내 조언을 듣지 않을 참인가요?	
엘렉트라	물론이지. 나는 그렇게 지각없는 사람이 되고 싶지 않아.	
크뤼소테미스	그렇다면 심부름하러 가던 길을 계속 가야겠네요?	
엘렉트라	어디로 가는데? 누구에게 이 제물을 바치러 가는 거니?	405
크뤼소테미스	아버지께 제물을 바치도록 어머니가 나를 보냈어요.	
엘렉트라	그녀가 자신의 철천지원수에게 제물을 바친다고?	
크뤼소테미스	'그녀가 손수 죽인'이라고 언니는 덧붙이고 싶겠지요.	
엘렉트라	그녀의 친구들 중 누가 그녀를 설득했지? 누구의 발상이지?	
크뤼소테미스	아마 밤의 무서운 환영(幻影)이 그랬나 봐요.	410
엘렉트라	우리 선조들의 신들이시여, 이제 드디어 우리 편이 되어주소서!	
크뤼소테미스	어째서 언니는 그녀의 두려움에서 용기를 얻는 거예요?	
엘렉트라	네가 환영에 관해 이야기해주면 나도 말해주지.	
크뤼소테미스	하지만 내가 이야기해줄 수 있는 것은 얼마 안 돼요.	
엘렉트라	그걸 이야기해봐. 얼마 안 되는 말이 흔히 인간들을 넘어뜨리기도 하고 일으켜 세우기도 하니까 말이야.	415
크뤼소테미스	들리는 이야기로는, 그녀는 언니와 내 아버지께서 그녀와 다시 결혼하기 위해 햇빛으로 돌아오신 꿈을 꾸었대요. 그리고 아버지께서 전에는 당신이 들고 다니셨으나 지금은 아이기스토스가 갖고 다니는 왕홀(王笏)을 집어 들어 화로에 꽂으시자, 그 왕홀에서 잎이 무성한 가지가 뻗어 오르더니	420

온 뮈케나이 땅에 그늘을 만들어주더래요.
이것은 그녀가 태양신[26]에게 그 꿈을 고했을 때
그 자리에 있던 사람한테서 내가 들은 거예요. 425
더는 몰라요. 그래서 그녀가 두려워서 나를
내보냈다는 것 말고는 말예요. 그래서 우리 집안의
신들의 이름으로 간청하오니, 내 말을 듣고 지각없는
언동으로 넘어지지 마세요. 언니가 나를 물리치면
불행을 당하여 나를 다시 찾게 될 테니까요. 430

엘렉트라 하지만, 얘, 네가 손에 들고 있는 것은 아무것도
무덤에 닿지 않게 해. 가증스런 아내한테서
아버지께 제물과 제주를 갖다 드린다는 것은
법도에 어긋나고 경건치도 않은 행동이야.
그러니 그것들은 바람에 날려버리거나 땅속 깊이 435
묻어버려. 그곳에서는 어느 것도 아버지의 잠자리에
닿지 않을 테니까. 아니, 그것들은 그녀가 죽을 경우
그녀를 위한 보물로서 지하에 묻혀 있게 해. 그리고
그녀가 모든 여인 중에서 가장 뻔뻔스런 여인이
아니라면, 애당초 이런 적의에 찬 제물들을 그녀가 440
손수 죽인 아버지께 바치려 하지도 않았을 거야.
잘 생각해봐. 무덤 속의 사자가 자신을 불명예스럽게
죽이고, 원수인 양 자신을 난도질하고,[27] 죄를 면하려고
자신의 머리에다 대고 피투성이가 된 흉기를 닦은
그녀에게서 이런 선물을 기꺼이 받으려 하겠는지. 445
설마 너는 네가 가져가는 이런 것들이 그녀를
살인에서 벗어나게 해줄 것이라고 생각하는 것은
아니겠지. 그건 불가능해. 그래도 이것들은 내버려.

　　　　　　차라리 네 머리끄덩이를 잘라 바치도록 해.
　　　　　　그리고 불쌍한 나에게서는 약소하지만 내가 가진 전부인　　　450
　　　　　　이 윤기 없는 머리털과, 별 장식도 없는 이 허리띠를
　　　　　　아버지께 바치도록 해. 그러고는 무릎 꿇고 빌어.
　　　　　　아버지께서 우리 원수들에 맞서 우리를 돕고자
　　　　　　호의를 품고 지하에서 몸소 나와주시라고. 그리고
　　　　　　아버지의 아들 오레스테스가 원수들과 싸워 이겨　　　　455
　　　　　　그들 위에 발을 올려놓을 수 있도록 살아 있게 해달라고.
　　　　　　그러면 앞으로는 오늘 우리가 바치는 것보다 더 푸짐한
　　　　　　손으로 아버지의 무덤을 장식하게 될 것이라고.
　　　　　　나는 지금 이렇게 생각해. 그녀에게 그런 무서운 꿈을
　　　　　　보내는 데 아버지께서도 어느 정도 관여하셨다고 말이야.　460
　　　　　　그렇다 하더라도, 얘. 너는 이 일을 떠맡아
　　　　　　너와 나를 돕고, 우리 두 자매의 아버지로서 하데스에
　　　　　　누워 계신 인간들 중에서 가장 소중하신 분을 돕도록 해.

코로스장　언니는 경건한 마음에서 말하고 있어요. 그러니 아기씨,
　　　　　　아기씨가 지혜롭다면 언니가 부탁한 대로 하게 되겠지요.　465

크뤼소테미스　그렇게 할게요. 옳은 말을 들으면
　　　　　　다툴 것이 아니라 서둘러 행해야 하니까요.
　　　　　　하지만 제발 부탁이에요. 내가 그렇게 하면,
　　　　　　그대들은 발설하지 마세요, 친구들이여.
　　　　　　어머니가 알게 되면, 나는 이런 모험을　　　　　　　　　　470
　　　　　　한 것을 후회하게 될 것 같으니까요.

　　　　　　(크뤼소테미스 퇴장)

코로스 28(좌)　내가 만약 헛짚는 예언자가 아니고,

지혜와 통찰력이 나를 버린 것이 아니라면,
앞을 내다보는 정의의 여신께서 오실 거예요, 475
정의로운 승리를 손에 들고.
내 딸이여, 여신께서는 복수하시고자
머지않아 오실 거예요. 이제 나는
마음에 용기가 생겨요. 방금 향기로운 480
꿈 이야기를 들었으니까요.
헬라스²⁹인들의 왕이셨던 아기씨의
아버지께서는 잊지 않으셨어요.
그리고 그분을 치욕 속에서
수치스럽게 쳐 죽인 485
그 옛날의 양날 도끼도
잊지 않고 기억하고 있어요.

(우) 무서운 은신처에 잠복해 있는
청동 발의 복수의 여신께서도 오실 거예요, 490
수많은 발과 수많은 손을 가진 이로서.
사악한 자들이 금지된 침상에 대한,
법도에 어긋나는 피로 얼룩진 결혼에 대한,
욕정에 사로잡혔으니까요. 그래서 나는 용기가 495
생겨요. 그런 전조가 범인들과 공범자들에게
아무 고통도 주지 않고 접근하는 것을
우리는 결코, 결코 보지 못할 테니까요.
만일 그러한 밤의 환영이
제대로 실현되지 않는다면, 500
정말이지 인간들에게는

악몽에도 신탁에도

예언은 존재하지 않겠지요.

(종가) 아아, 그 옛날 펠롭스의 505

수많은 노고를 가져다준 전차 경주여,

너는 어떤 재앙을 이 나라에

가져다주었던가!

뮈르틸로스가 파멸을 당하도록

치명적이고 잔혹한 폭력에 의해

순금의 전차에서 내던져져 510

죽음의 잠을 자려고

바다에 가라앉은 뒤로,

노고와 치욕이

한 번도 이 집을

떠나지 않는구나. 515

(클뤼타임네스트라 등장)

클뤼타임네스트라 네가 또 주책없이 돌아다니는 것 같구나.

하긴 네가 문밖에 나가 네 가족들을 욕하는 걸 늘

제지하곤 하던 아이기스토스가 여기 없으니까.

한데 지금 그이가 없다고 너는 나 같은 것은

안중에도 없는 모양이지. 너는 여러 사람들 앞에서 520

내가 너와 네가 사랑하는 것들을 모욕하는

대담하고 무도한 폭군이라고 누차 비방했었지.

하지만 나는 모욕 같은 것은 모르는 사람이며,

너에게 줄곧 욕을 들으니까 너를 욕하는 것뿐이야.

너는 다름 아닌 네 아비를 늘 핑계 삼곤 하지. 525
그가 내 손에 죽었다고 말이야. 그래 내 손에 죽었지.
나도 잘 알고 있다. 그리고 부인하지 않겠다.
정의의 여신께서 죽이셨고, 나 혼자 한 짓이 아니니까.
너도 마음씨가 바르다면, 당연히 여신을 도왔어야 할
것이다. 네가 마냥 애도하고 있는 네 아비란 사람은 530
헬라스인들 중에서 유일하게 감히 제 딸[30]을 신들께
제물로 바쳤으니까. 하긴 그가 그 애의 씨를 뿌렸을 때,
그 애를 낳은 나만큼은 산통(産痛)을 겪지 않았으니까.
자, 말해봐. 대체 누구를 위해 그 애를 제물로 바쳤지?
아르고스인들[31]을 위해서라고 말할 테냐? 535
하지만 그들에게는 내 딸을 죽일 권한이 없었어.
아우인 메넬라오스를 위해 내 딸을 죽인 것이라면,
그는 당연히 내게 그 대가를 지불해야 하지 않겠니?
메넬라오스에게도 아이가 둘이나 있었으니, 그 애들이
마땅히 내 아이보다 먼저 죽었어야 하지 않겠니? 540
트로이아로의 항해는 그 애들의 부모를 위한 것이었으니까.
아니면 하데스가 헬레네의 아이들보다는 내 아이들을
더 삼키고 싶어했더란 말이냐? 아니면 완전히 타락한
그 아비는 내가 낳은 아이들에게는 정이 식고,
메넬라오스의 아이들에게 정을 느꼈더란 말이냐? 545
그렇다면 그것은 인정머리 없고 생각이 비뚤어진
아비의 행동이 아니냐? 나는 그렇게 생각해.
너와 생각이 다르다 하더라도. 죽은 그 애도 그렇게 말할걸.
말할 수 있다면. 그러니 나는 내 행동을 후회하지 않아.
하지만 내 생각이 잘못되었다고 말하고 싶다면, 너는 550

	친척들을 욕하기 전에 네 마음씨부터 고치도록 해.
엘렉트라	이번에는 설마 말할 수 없겠지요, 내가 먼저 욕하니까
	당신한테 그런 말을 듣는 것이라고.
	허락해주신다면, 돌아가신 아버지를 위해,
	그리고 언니를 위해 진실을 말씀드리고 싶은데요. 555
클뤼타임네스트라	허락하지. 네가 늘 이런 투로 내게 말하기 시작한다면,
	네 말을 듣는 것이 고통스럽진 않을 테니까.
엘렉트라	그렇다면 말씀드릴게요. 당신은 아버지를 죽였다고 방금
	시인하셨는데, 옳고 그르고를 떠나 그보다 더 수치스런
	일이 어디 있겠어요? 하지만 내가 말씀드리고 싶은 560
	것은 당신의 살인 행위가 정당하지 않다는 거예요.
	당신은 지금 동거 중인 그 악당에게 설득당한 거예요.
	사냥의 여신 아르테미스에게 물어보세요, 누구 잘못 때문에
	여신께서 아울리스32에서 수많은 바람들을 묶으셨는지.
	아니, 내가 말씀드리죠. 여신에게서는 알아낼 수 없을 565
	테니까요. 내가 듣기로는, 아버지께서 한번은 원림(園林)
	안을 거니시다가 당신의 발자국 소리에 깜짝 놀라
	뛰어 달아나는 얼룩무늬의 뿔난 수사슴을 쏘아
	맞히시고는 자랑 삼아 무슨 말씀 한마디를 하셨대요.
	그 때문에 레토의 따님33께서 노하시어 아카이오이족34을 570
	붙드셨던 거래요. 그 짐승에 대한 보상으로 아버지께서
	친딸을 제물로 바치게 하려고. 그래서 딸을 제물로
	바치셨던 거래요. 헬라스군에게는 고향으로 가든
	일리온35으로 가든 달리 해결책이 없었으니까요.
	그래서 아버지께서 심한 강요에 못 이겨 마지못해 575
	딸을 제물로 바치신 것이지, 메넬라오스를 위해서가

아니에요. 설사 당신 말처럼 아버지께서 아우를 위해
그러셨다손 치더라도, 그 때문에 아버지께서
당신 손에 죽어야 하나요? 어떤 법에 근거해서죠?
조심하세요. 인간들에게 그런 법을 만드시다가   580
당신 자신에게 고통과 회한을 안겨주지 않도록.
우리가 한 사람을 위해 다른 사람을 죽이게 된다면,
당신이 맨 먼저 죽게 될 거예요. 당신에게 응분의
보답이 주어진다면. 잘 살펴보세요. 당신이 구차한 변명을
하고 있는 것이 아닌지. 좋으시다면, 말씀해주세요.   585
어째서 당신은 지금 가장 수치스런 짓을
하고 있는지. 당신은 전에 내 아버지를 죽일 때
도와준 공범자와 동침하여 그자에게 자식까지
낳아주면서 그전에 합법적으로 결혼한 남편에게서
태어난 자식들은 내쫓아버렸어요. 이런 짓들을   590
내가 어떻게 칭찬할 수 있겠어요? 아니면 이것도
딸을 위해 복수하는 것이라고 주장하실 건가요?
그렇게 주장하신다면 수치스런 짓이지요. 딸 때문에
원수와 결혼한다는 것은 불미스런 짓이니까요.
하지만 당신에게는 따끔하게 타이를 수도 없어요.   595
내가 어머니를 욕하려 한다고 있는 말 없는 말
다 하시니까요. 정말이지, 내게 당신은
어머니가 아니라 안주인이라고 생각돼요.
나는 비참하게 살아가며 당신과 당신의 정부에 의해
줄곧 고생이라면 원도 한도 없이 했으니까요.   600
하지만 가련한 오레스테스는 당신 손에서 구사일생으로
벗어나 망명자로서 비참하게 살아가고 있어요.

	당신은 내가 그 애를 당신에게 복수할 사람으로
	기른다고 가끔 욕하곤 했는데, 내게 그럴 힘만 있다면
	그렇게라도 했겠지요. 잘 알아두세요. 그 일이라면 605
	만인이 보는 앞에서 나를 마음대로 규탄하세요.
	고약한 년이라고, 욕쟁이라고, 후안무치한 년이라고.
	내가 과연 날 때부터 그런 일들에 능하다면, 아마도
	역시 그 어미에 그 딸이란 말을 듣게 되겠지요.
코로스장	보아하니, 아기씨는 화가 잔뜩 나서 610
	자기 말이 옳은지 그른지는 관심도 없는 것 같군요.
클뤼타임네스트라	그런데 내가 왜 저 애가 하는 말에 관심을 가져야 하지?
	저를 낳아준 여인을, 그것도 어리지 않은 나이에 이렇듯
	모욕하는데. 아니면 그대는 저 애가 부끄러운 줄도 모르고
	무슨 짓이든 할 수 있으리라고 생각지 않나요? 615
엘렉트라	잘 알아두세요. 이 모든 것을 내가 부끄러워한다는 것을.
	당신에게는 그렇게 보이지 않을지 몰라도.
	내 태도가 적절치 못하고, 나답지 못하다는 것은
	나도 알아요. 하지만 당신 쪽의 적대적
	행동들이 싫어도 그렇게 하도록 나를 강요해요. 620
	비열한 짓은 비열한 짓을 가르치기 마련이니까요.
클뤼타임네스트라	이런 뻔뻔스런 것이 있나! 나와 내 말과 내 행동이
	너로 하여금 그렇게 수다를 떨게 만든단 말이냐!
엘렉트라	말하는 것은 당신이지, 내가 아녜요. 행동하는 것은
	당신이고, 행동은 말을 유발하기 마련이니까요. 625
클뤼타임네스트라	아르테미스[36] 여신에게 맹세코, 아이기스토스가 돌아오는
	대로 너는 이런 대담성에 대하여 대가를 지불하게 되리라.
엘렉트라	거봐요. 나더러 하고 싶은 말 다 하라더니

	노발대발하며 내 말을 들으려 하지 않잖아요.	
클뤼타임네스트라	너에게 무엇이든 다 말하도록 해주었으니, 이젠 조용히	630
	입 다물고 내가 제물을 바치도록 해주지 않겠니?	
엘렉트라	해드리죠. 부탁이에요. 제물을 바치세요. 내 입은	
	나무라지 마시고. 더는 아무 말도 않을 테니까요.	
클뤼타임네스트라	*(하녀에게)* 옆에 있는 너는 온갖 과일의 이 제물들을	
	들어 올려라. 내가 여기 계신 이 왕[37]에게 지금 나를	635
	사로잡고 있는 두려움에서 구해달라고 기도할 수 있도록.	
	자, 우리를 지켜주시는 포이보스시여, 뜻은 모호하지만	
	내 말을 들어주소서. 나는 친구들 사이에서 말씀드리는	
	것도 아니고, 또 그녀가 가까이 있어 모든 것을	
	여기서 백일하에 털어놓을 수가 없기 때문이에요.	640
	내가 털어놓으면 그녀가 악의를 품고 요란하게	
	온 도시에 좋지 않은 말을 뿌리고 다닐 테니까요.	
	그러니 이대로 들어주소서. 이렇게밖에는 말씀드릴	
	수가 없으니까요. 간밤에 두 가지 뜻을 가진 꿈의	
	환영들을 보았는데, 뤼케이오스 왕이시여, 그것들이	645
	이로운 것으로 나타난 것이라면 이루어지게 해주시고,	
	해로운 것이라면 내 적들에게 돌아가게 해주소서.	
	그리고 지금 내가 누리고 있는 부(富)에서 간계로	
	우리를 내쫓으려는 자들이 있다면, 그들의 음모가	
	실패하게 해주소서. 그보다는 오히려 내가 안정된 삶을	650
	누리는 가운데 아트레우스 가(家)와 이 왕홀을 통치하며	
	지금 나와 함께하는 친구들과 더불어,	
	그리고 나에게 적의도 품지 않고, 고통도 주지 않는	
	아이들과 더불어 행복한 나날을 보내게 해주소서.	

뤼케이오스 아폴론이시여, 자비를 베풀어 이 기도들을 655
들어주시고, 우리 모두³⁸에게 소원이 이루어지게
해주소서. 그 밖에 다른 것은 내가 말씀드리지 않더라도
신이시니 다 알고 계시리라 믿어요. 제우스의
자녀들께서 만사를 보신다는 것은 당연한 일이니까요.

(가정교사 등장)

가정교사 그대들 이국 여인들이여, 어떻게 해야 내가 확실히 알 수 660
있을까요, 여기가 통치자 아이기스토스의 집인지?

코로스장 이 집이에요, 나그네여. 그대의 추측이 맞았어요.

가정교사 그렇다면 여기 계신 이분이 그분의 부인일 것이라는
내 추측도 맞나요. 이분은 왕비다워 보이시니까요.

코로스장 그렇고말고요. 앞에 계신 이분이 왕비님이세요. 665

가정교사 만수무강하소서, 왕비님! 나는 친구 분으로부터 그대에게,
그리고 아이기스토스 님에게도 반가운 소식을 가져왔습니다.

클뤼타임네스트라 반갑다는 그 말 받아들이겠소. 하지만 먼저
그대를 보낸 사람이 대체 누군지 알고 싶소.

가정교사 포키스 사람 파노테우스로 내게 중대한 일을 맡기셨어요. 670

클뤼타임네스트라 어떤 일이오, 나그네여? 말해보시오. 친구에게서 왔으니까
그대가 좋은 소식을 전해주리라고 나는 확신해요.

가정교사 오레스테스가 죽었어요. 간단히 말하자면.

엘렉트라 아아, 가련한 내 신세! 오늘로 나는 망했구나!

클뤼타임네스트라 뭐라 했소? 나그네여, 뭐라 했소? 이 여인 말은 듣지 말아요. 675

가정교사 오레스테스가 죽었다고 나는 말했고 지금도 말하고 있어요.

엘렉트라 가엾게도 나는 망했구나. 이제 나는 아무것도 아니야.

클뤼타임네스트라 너는 네 할 일이나 걱정해. 이봐요, 나그네,
사실대로 말해봐요. 그 애가 어떻게 죽었지요?

| 가정교사 | 그래서 내가 심부름을 온 것이니 사건의 전말을 | 680 |

말씀드리겠어요. 오레스테스는 델포이의 경기들에
참가하려고, 헬라스의 자랑인 저 유명한 축제에
갔었어요. 그때 첫 번째 경기인 달리기 경주를
알리는 전령의 요란한 목소리를 듣고 그가 눈부신
모습으로 참가하니 모두들 감탄을 금치 못했지요. 685
그리고 그는 자신의 생김새에 걸맞게 주로를 완주하고
영광스런 승리의 상(賞)을 들고 퇴장했어요.
드릴 말씀은 많으나 간단히 말씀드리겠어요.
발군의 기량으로 그처럼 우승을 많이 한 사람을
나는 알지 못하오. 이 한 가지만은 알아두십시오. 690
심판들이 고지한 각종 경기에서, 달리기와
갑절달리기와 오종경기에서 그는 상을 휩쓸었고,
승리자는 아르고스인으로 이름이 오레스테스이며,
전에 헬라스의 이름난 군대를 모았던 아가멤논의
아들이라고 전령이 외칠 때마다 갈채를 받았어요. 695
거기까지는 좋았어요. 하지만 신께서 해코지하려 들면
강자도 벗어날 수 없는 법이지요. 말하자면
다음날 해가 뜨자마자, 전차 경주가 있었는데
오레스테스도 전차를 모는 다른 여러 경쟁자들과 함께
입장했지요. 그중 한 명은 아카이오이족[39]이고, 700
한 명은 스파르테 출신이고, 두 명은 리뷔에인[40]으로
멍에를 얹은 전차를 모는 데는 달인들이었어요.
그리고 그는 텟살리아 산(産) 암말들을 몰고 그들 사이에
다섯 번째로 들어갔고, 여섯 번째는 아이톨리아 출신으로
구렁말들을 몰았고, 일곱 번째는 마그네시아인이었어요. 705

여덟 번째는 백마들을 모는 아이니아네스족 사람이었으며,
아홉 번째는 신께서 지으신 아테나이 출신이었어요.
보이오티아인도 있었는데, 그가 열 대의 전차를 마저
채웠지요. 그들은 배정된 심판들이 제비를 던져
정해준 곳에 자리 잡고 서서 전차들을 정렬시켰고, 710
청동 나팔 소리가 울려 퍼지자마자 앞으로 내달았어요.
그들은 일제히 말들을 향하여 고함을 지르며 손에 쥔
고삐를 흔들어댔고, 그러자 주로(走路) 전체가
덜컹거리는 전차들의 소음으로 가득 찼어요.
먼지가 날아올랐고, 그들 모두가 한 덩어리가 되어 715
서로 경쟁자들의 바퀴통과 콧김을 내뿜는 말들을
앞지르기 위해 몰이 막대기[41]를 아낌없이 휘둘러댔어요.
그래서 말들이 거품을 내뿜으니, 말을 모는 이들의 등과
구르는 바퀴들은 온통 거품범벅이 되었어요.
오레스테스는 매번 반환점의 기둥에 바싹 붙어 720
돌되 바퀴로 기둥을 스치며 오른쪽 말에게는
고삐를 늦춰주고 안쪽 말은 잡아당겼어요.
그때까지는 전차들이 전복되지 않고 모두
바로 서 있었지요. 하지만 아이니아네스족 사람의
고집 센 수말들이 무리하게 벗어나며 어느새 725
여섯 번을 돌고 일곱 번째로 돌기 시작하다가
이마로 바르케[42]의 전차를 들이받았어요.
그러자 한 사람의 사고로 말미암아 그들은
차례차례 추돌하며 덮쳤고, 크리사의 들판은
온통 전차들의 파편들로 덮였어요. 730
이 광경을 보자, 능숙하게 전차를 모는 아테나이인은

밖으로 피하며 속도를 늦추고는 뒤죽박죽이 된
전차들의 물결이 안쪽으로 지나가게 내버려두었어요.
오레스테스는 말들의 속력을 늦추며 꼴찌로 달리고
있었는데, 마지막 한 바퀴에 기대를 걸고 있었지요.　　　　　735
하지만 그는 아테나이인만이 혼자 남아 있는 것을 보자,
날랜 말들에게 귀가 울리도록 요란하게 고함을 지르며
추격하기 시작했어요. 그리하여 두 대의 전차가
멍에를 나란히 하고 달렸는데, 이번에는 이 사람이,
다음에는 저 사람이 말 머리 하나만큼 앞섰어요.　　　　　740
그리하여 불운한 오레스테스는 튼튼한 전차에
똑바로 서서 주로를 도는 일을 모두 무사히 마쳤어요.
하지만 바로 그때 그는 전차가 도는 동안
왼쪽 고삐를 늦추다가 엉겁결에 기둥 끝을
들이받았어요.⁴³ 그러자 바퀴통이 두 동강 나며　　　　　745
오레스테스는 전차의 난간 밖으로 굴러 떨어져
보기 좋게 자른 고삐들에 감겼고, 그가 땅에 떨어지자
말들은 주로의 한복판으로 흩어져 달아났어요.
군중들은 오레스테스가 전차에서 떨어지는 것을 보고는
젊은이가 염려되어 비명을 질렀어요,　　　　　750
저런 일을 해내고도 저런 운명을 당하다니 하고.
오레스테스는 땅바닥에 부딪히는가 하면 두 다리가
하늘로 치켜 들리곤 하다가, 마침내 다른 마부들⁴⁴이
달리던 그의 말들을 제지하고 그를
풀어주었을 때는 온통 피투성이가 되어　　　　　755
친구들도 그 불쌍한 시신을 알아보지 못했어요.
그들은 지체 없이 그를 장작더미로 화장했어요.

	그리고 지시받은 포키스인들이 당당한 신체의	
	보잘것없는 유골을 청동 단지에 담아 가져오고 있어요.	
	그가 선조들의 땅에 묻히도록 말예요.	760
	일이 그렇게 된 거예요. 듣기도 괴로운 일이지만,	
	우리처럼 그 광경을 목격한 사람들에게	
	그것은 일찍이 내 눈으로 본 가장 큰 불상사였어요.	
코로스장	아아, 오래된 우리 통치자들의 혈통도	
	보아하니, 이제 완전히 뿌리째 뽑힌 것 같군요.	765
클뤼타임네스트라	오오, 제우스시여. 뭐라 해야 하나요?	
	행운이라 할까요, 아니면 끔찍하지만 유익하다고 할까요?	
	내 불행으로 내 목숨을 구한다면 괴로운 일이지요.	
가정교사	마님, 이 소식을 들으시고 왜 그리 낙담하시죠?	
클뤼타임네스트라	모성(母性)이란 강한 것이오. 어머니는 모욕당해도	770
	제가 낳은 자식을 미워하지 않아요.	
가정교사	보아하니, 우리는 헛걸음을 한 같군요.	
클뤼타임네스트라	헛걸음이 아니지요. 어찌 헛걸음이라 하시오.	
	그 애가 죽었다는 확실한 증거를 가져왔는데.	
	그 애는 내 생명에서 태어나 내 젖가슴과 부양을	775
	멀리하고는 도망자가 되어 나와는 소원해졌지요.	
	그리고 그 애는 이 나라를 떠난 뒤로는	
	두 번 다시 나를 보지 않았고, 내가 아버지를 죽였다고	
	늘 비난하며 끔찍한 보복을 하겠다고 위협했지요.	
	그래서 나는 밤에도 낮에도 단잠에 들지 못하고,	780
	매 순간 죽음을 기다리며 살아왔지요.	
	하지만 지금은—이날로 나는 여기 이 여인과	
	그 애에 대한 두려움에서 해방되었으니까요.	

	이 여인으로 말하면 더 큰 해악으로서 나와 함께	
	살며 늘 내 순수한 생명의 피를 빨아 마셨지요.	785
	하지만 지금은 여기 이 여인이 위협하든 말든	
	우리는 편안히 지낼 수 있게 되었소그려.	
엘렉트라	아아, 불운한 내 신세. 오레스테스야, 이제야말로 나는	
	네 불운을 비탄해야겠구나. 네가 그런 불상사를 당했는데도	
	네 어머니가 너를 조롱하니 말이다. 이게 옳은 일이니?	790
클뤼타임네스트라	너에게는 아니겠지. 하지만 그 애는 지금 그대로가 옳아.	
엘렉트라	들어주소서, 최근에 죽은 사람의 네메시스 여신[45]이시여!	
클뤼타임네스트라	여신께선 들어야 할 사람 말을 들으셨고, 만사를 잘 처리하셨어.[46]	
엘렉트라	조롱하세요. 지금은 당신이 행운을 만났으니까요.	
클뤼타임네스트라	설마 오레스테스와 네가 내 행운을 끝장낼 수는 없겠지?	795
엘렉트라	우리가 끝장났는데 어떻게 당신을 끝장내죠?	
클뤼타임네스트라	*(가정교사에게)* 나그네여, 그대가 이 여인의 험담을 끝장내준다면,	
	그대는 이번 걸음에 큰 보수를 받게 될 것이오.	
가정교사	이곳 일이 다 잘되었다면, 나는 물러가겠어요.	
클뤼타임네스트라	그건 아니 되오. 그대가 가게 내버려둔다면, 그것은	800
	나에게도, 그대를 보낸 친구에게도 잘못하는 짓이오.	
	자, 안으로 드시오. 이 여인은 자신과 친구들의	
	불행을 목 놓아 울도록 밖에 그냥 내버려두시오.	

(클뤼타임네스트라, 가정교사와 하녀들을 데리고 집 안으로 퇴장)

엘렉트라	그대들은 어떻게 생각하세요? 그것이 과연	
	죽은 아들을 위해 고통과 고뇌에 가득 차 슬피 울며	805
	애도하는 가련한 어머니의 모습인가요?	
	천만에. 그녀는 비웃으며 가버렸어요. 가련한 내 신세!	
	더없이 사랑스런 오레스테스야, 네 죽음이 나를 죽이는구나.	

너는 가면서 아직 내게 남아 있던 한 가닥 희망마저
내 가슴에서 앗아가버렸구나. 언젠가는 네가 살아 돌아와   810
아버지의, 그리고 이 불쌍한 누이의 원수를
갚아줄 것이라는 희망 말이다. 나는 이제 어디로 가지?
나는 아버지를 빼앗긴 데다가 너마저 빼앗겨
외돌토리가 되었으니 말이다. 이제 나는 다시
내가 가장 미워하는 자들인 내 아버지의 살해자들   815
사이에서 종살이를 해야겠구나. 그게 옳은 일이니?**47**
천만에. 나는 앞으로 절대로 그들의 동거인으로서
집에 들어가지 않을 테야. 나는 여기 이 문 앞에서
쓰러질 것이며, 내 인생은 친구도 없이 시들어갈 거야.
집 안의 누구든 그것이 싫으면 나를 죽여라!   820
내가 죽는다면 내게는 자선이고, 내가 산다면
고통이니까. 나는 삶에 아무 미련도 없어.

(좌 1)**48**

코로스　제우스의 벼락은 어디 있으며,
　　　찬란한 태양신은 어디 있는가,
　　　이런 것들을 굽어보고도 그냥 덮어둔다면?   825
엘렉트라　아아, 슬프고 슬프도다!
코로스　아기씨, 왜 그렇게 우세요?
엘렉트라　아아, 슬프도다!
코로스　큰 소리로 울부짖지 마세요.   830
엘렉트라　그대가 나를 파멸케 하는구려.
코로스　어째서죠?
엘렉트라　그대가 틀림없이 저승에 간 사람에게

희망을 가지라고 한다면,

그것은 고통에 지칠 대로 지친 나를 835

더욱더 짓밟는 거예요.

(우 1)

코로스   내가 알기로, 암피아라오스 왕은

한 여인[49]의 황금 올가미에 걸려

땅속에 묻혔으나, 지금 지하에서도…

엘렉트라   아아, 슬프고 슬프도다! 840

코로스   살아서 다스리고 있어요.

엘렉트라   아아, 슬프도다!

코로스   정말 슬프도다! 그 살인녀[50]가…

엘렉트라   그녀는 죽었어요.

코로스   그래요. 845

엘렉트라   알아요. 나도 알아요. 괴로워 슬퍼하는 사자를 위해

원수를 갚아줄 사람[51]이 나타났던 것이지요.

하지만 나에게는 그럴 사람이 한 명도 남아 있지 않아요.

여태껏 남아 있던 사람도 낚아채어져 가버렸으니까.

(좌 2)

코로스   불운한 아기씨, 불운이 곧 아기씨의 운명이구려!

엘렉트라   나도 알아요. 너무 잘 알아요. 850

내 인생에는 긴긴 세월 무섭고 끔찍한 일들이

파도처럼 수없이 밀려왔으니까요.

코로스   우리는 아기씨가 비탄하는 것을 보아왔어요.

엘렉트라   그러니 더 이상 나를 위로하려

	하지 마세요…	855
코로스	무슨 말이지요?	
엘렉트라	이제 같은 고귀한 아버지에게서 태어난 오라비에 의해	
	구원받게 되리라고 더 이상 바랄 수 없게 되었으니까요.	

(우 3)

코로스	사람은 누구나 죽기 마련이에요.	860
엘렉트라	불운한 오레스테스! 왜 하필이면	
	날랜 말발굽의 경주에서 보기 좋게 잘린	
	고삐들에 감겨 죽어야 했을까?	
코로스	상상을 초월하는 잔혹한 운명이었어요.	
엘렉트라	어찌 안 그렇겠어요. 그 애는 내 손에서	865
	완전히 떠나 객지에…	
코로스	아아, 슬프도다!	
엘렉트라	묻히고, 나는 그 애를 묻어주지도,	
	애도하지도 못했으니 말예요.	870

(크뤼소테미스 등장)

크뤼소테미스	나는 기뻐서 달려왔어요, 언니. 빨리	
	와야겠다는 일념에서 예의도 잊어버리고.	
	나는 지금까지의 고통과 슬픔에서 언니를	
	구해줄 반가운 소식을 갖고 오는 길이니까요.	
엘렉트라	더는 치유할 길 없는 내 고통들을 치유해줄	875
	약을 대체 너는 어디서 찾아냈다는 거니?	
크뤼소테미스	오레스테스가 와 있어요, 언니가 나를 보고 있는 것만큼	
	확실히. 그게 내가 언니에게 전하는 소식이에요.	

엘렉트라	가련한 것! 네가 실성했구나. 그래서	
	네 불행과 내 불행을 비웃는 것이야.	880
크뤼소테미스	선조들의 화로에 걸고 그렇지 않아요. 놀려주려고	
	이런 말을 하는 게 아녜요. 정말 그가 와 있다니까요.	
엘렉트라	아아, 불쌍한 내 신세! 대체 너는 누구한테	
	그런 말을 들었기에, 그리 쉽게 믿는 거니?	
크뤼소테미스	남이 아니라 나 자신으로부터 확실한 증거를	885
	갖고 있어요. 나는 그래서 믿는 거예요.	
엘렉트라	불쌍한 것! 어떤 증거를 보았단 거니? 대체 무엇을	
	보았기에 이처럼 구제할 길 없이 활활 달아오르는 거야?	
크뤼소테미스	제발 이젠 내 말 좀 들어보세요. 그리고 알아보고 나서	
	나를 현명하다고 하든지 바보라고 하세요.	890
엘렉트라	어디 말해봐. 말하는 것이 너에게 즐겁다면 말이야.	
크뤼소테미스	그렇다면 내가 본 대로 언니에게 다 말할게요.	
	내가 아버지의 오래된 무덤에 가서 보니,	
	봉분 위에 방금 우유를 쏟아 부어드린	
	자국이 나 있고, 아버지의 무덤은 빙 돌아가며	895
	요즘 피어나는 온갖 꽃들로 덮여 있었어요.	
	그 광경을 보고 놀라 나는 주위를 둘러보았지요,	
	혹시 내 가까이에 누군가 있나 하고 말예요.	
	하지만 그 일대가 조용한 것을 보고 나는	
	무덤에 더 가까이 다가갔어요. 그리고 봉분 가에서	900
	갓 자른 머리털 한 타래를 발견했어요. 그리고	
	이 가련한 내가 그것을 보는 순간, 내 마음속에	
	그리운 모습이 떠올랐고, 마치 내가 가장 사랑하는	
	오레스테스의 증거를 보고 있는 듯이 느껴졌어요.	

나는 그것을 두 손으로 들었고, 불길한 전조가   905
될까봐 아무 말도 하지 않았으나, 눈에는 당장
기쁨의 눈물이 가득 고였어요. 지금도 나는 확신해요,
그 장식물은 다른 사람이 아니라 그가 바친 것이라고.
나와 언니가 바친 것이 아니라면 누구의 것이겠어요?
나는 바치지 않았어요. 그건 내가 알아요. 언니도   910
바치지 않았어요. 어떻게 바칠 수 있었겠어요? 언니는
신들께 기도하기 위해서도 벌 받지 않고는 이 집을
떠날 수 없는데. 어머니도 그럴 마음이 내켰을 리 없고,
또 그랬다면 우리가 몰랐을 리 없지요.
아녜요. 그 무덤의 장식물은 오레스테스가 바친 거예요.   915
그러니 용기를 내세요, 언니! 같은 인간들을 같은 신께서
언제까지나 도와주시지는 않아요. 여태까지는
신께서 우리 두 자매에게 적대적이었지만, 오늘 이날은
아마도 좋은 일들이 많이 이루어지기 시작할 거예요.

엘렉트라	어리석기는! 아까부터 네가 불쌍하다는 생각이 드는구나.	920
크뤼소테미스	왜요? 내가 전하는 소식이 기쁘지 않으세요?	
엘렉트라	너는 네가 어디 있는지, 어떤 몽상 속을 헤매는지 모르는구나.	
크뤼소테미스	내가 똑똑히 본 것을 내가 어찌 모를 리 있겠어요?	
엘렉트라	이 딱한 것아, 그 애는 죽었단다. 그 애가 구해주리라는	
	네 희망은 끝장났어. 그 애는 쳐다보지도 마!	925
크뤼소테미스	아아, 불쌍한 내 신세! 누구한테 그렇게 들었지요?	
엘렉트라	그 애가 죽었을 때 그 자리에 있던 사람한테.	
크뤼소테미스	그 사람이 어디 있죠? 정말 놀라지 않을 수 없군요.	
엘렉트라	집 안에. 어머니에게는 반갑고 싫지 않은 손님이니까.	
크뤼소테미스	아아, 가련한 내 신세! 하지만 도대체 누가 그 많은	930

	장식물들을 아버지 무덤에 바친 것일까요?
엘렉트라	내 생각에는, 죽은 오레스테스를 기념하기 위해
	누군가 그것들을 거기 갖다 놓은 것 같아.
크뤼소테미스	불운한 내 신세! 이 소식을 전하러 나는 기쁜 마음으로
	서둘러 달려왔는데. 우리가 얼마나 깊은 재앙에 빠져 935
	있는 줄도 모르고. 이곳에 도착한 지금, 설상가상으로
	나는 옛 재앙들에 덧붙여 새 재앙들을 보는구나.
엘렉트라	그게 바로 네 처지야. 하지만 내 말을 듣겠다면,
	너는 지금의 이 무거운 고통의 짐을 벗을 수도 있어.
크뤼소테미스	나더러 죽은 사람들을 다시 일으켜 세우라는 건가요? 940
엘렉트라	그런 말은 하지 않았어. 난 그렇게 어리석지 않아.
크뤼소테미스	그렇다면 내가 할 수 있는 무엇을 요구하는 거죠?
엘렉트라	내가 시키는 것을 네가 과감히 해치우기만 하면 돼.
크뤼소테미스	도움이 될 수 있는 일이라면 거절하지 않겠어요.
엘렉트라	너도 알겠지만, 노고 없이는 성공도 없어. 945
크뤼소테미스	알아요. 내가 할 수 있는 한, 모든 짐을 함께 질게요.
엘렉트라	자, 그렇다면 내가 어떻게 하기로 결심했는지 들어봐.
	너도 알다시피, 우리에게는 친구들의 도움 같은 것은
	더 이상 있을 수 없어. 하데스가 친구들을 붙잡아
	우리한테서 빼앗아갔고, 그래서 우리 둘만 남았으니까. 950
	나는 오라비가 살아서 잘 지내고 있다는 말을
	듣는 동안에는, 그 애가 언젠가는 살해되신 아버지의
	원수를 갚으러 올 것이라는 희망을 품었었지. 하지만
	그 애가 가고 없는 지금 나는 너만 쳐다보고 있어.
	우리 아버지를 손수 살해한 살인자 아이기스토스를 955
	죽이는 일에 네가 몸을 사리지 않고 나를 도와줄

것이라고 말이야. 이제는 너에게 아무것도 숨겨서는
안 되니까 하는 말이야. 언제까지 태평스레 기다릴
참이야? 깨지지 않은 희망이 아직도 남아 있니?
아버지의 유산을 빼앗긴 너에게는 탄식할 일만 남았고,　　　　960
네가 그토록 긴긴 세월 축혼가도 없이, 혼례도 못 올리고
늙어가고 있는 것을 슬퍼할 일만 남았지.
그리고 언젠가는 그런 행복이 너에게 주어질 것이라는
희망일랑 아예 품지 마. 아이기스토스가 바본 줄 알아?
너나 나에게서 자식이 태어나면 그 애들이　　　　965
자기에게 복수할 것이라는 것도 모를 만큼.
하지만 네가 내 계획에 따르겠다면, 너는 첫째,
지하에 계신 돌아가신 아버지에게서, 그리고 동시에
네 오라비에게서 경건하다는 칭찬을 들을 것이고,
다음에는 네가 태어난 그대로 앞으로는 자유의 몸이라고　　　　970
불리게 되고, 네게 걸맞은 혼례를 올리게 될 거야.
고상한 성품은 만인의 시선을 끌기 마련이니까.
네가 내 말을 따르면 너와 나를 위해 네가 얼마나
큰 명성을 얻게 될 것인지 보이지 않니?
시민들이나 이방인들 가운데 누군가 우리를　　　　975
보게 되면 이런 찬사로 우리를 맞지 않을까?
"친구들이여, 이 두 자매를 보시오.
이분들은 아버지의 집을 구출했고,
아직 원수들이 기세등등할 때
목숨을 걸고 살인의 원수를 갚았소이다.　　　　980
이분들은 만인의 사랑과 존경을 받아 마땅하오.
이 두 분은 용감했던 만큼 축제 때와 만인이

모인 곳에서 존경받아 마땅하단 말이오."
만인이 우리 두 자매에 대해 이렇게 말할 것이고,
살아서나 죽어서나 우리의 명성은 사라지지 않을 거야. 985
그러니, 얘, 너는 내 말대로 아버지를 위해 애쓰고,
오라비를 위해 수고하고, 나를 이 불행에서 구해주고,
너 자신을 구하도록 해. 치욕적인 삶은 고귀하게
태어난 자들에게 치욕을 가져다준다는 점을 명심하고.

코로스장 이런 경우에는 선견지명(先見之明)이 990
말하는 이에게나 듣는 이에게나 도움이 되지요.

크뤼소테미스 친구들이여, 언니가 마음이 온전하다면
말하기 전에 신중을 기했을 거예요.
하지만 언니는 신중을 기하지 않았어요.
언니는 대체 무엇을 믿고 그토록 대담하게 995
나더러 도우라고 명령하는 거예요? 언니는
안 보이세요? 언니는 여자지 남자로 태어나지 않았으며,
힘도 적들보다 더 허약해요. 그리고
그들에게는 어떤 신이 날마다 행운을 보내주지만
우리의 행운은 썰물처럼 점점 줄어들어 결국은 1000
없어지겠지요. 그런 사람을 쳐부술 계획을 세우고도
누가 무사히 파멸에서 벗어날 수 있겠어요?
조심하세요. 그러잖아도 불행한 우리가
더 큰 불행을 당하게 될 거예요. 누군가 이런 말을
듣기라도 한다면. 우리가 훌륭한 명성을 얻는다 해도 1005
불명예스럽게 죽는다면 그것은 우리에게 이익도
도움도 되지 않아요. 죽는 것이 괴로운 것이 아니라,
죽고 싶을 때 죽지 못하는 것이 괴로운 법이니까요.

그래서 언니에게 부탁인데, 우리가 완전히 망하고
우리 집안의 대가 끊어지기 전에 제발 노여움을 1010
거두도록 하세요. 언니가 말한 것은 듣지 않은 것으로,
실행되지 않은 것으로 간직하고 있을게요.
하지만 언니는 늦었지만 지금이라도 정신을 차리고,
약자인 만큼 강자에게 복종하도록 하세요.

코로스장 따르세요, 아기씨. 인간들에게 선견지명과 1015
지혜보다 더 이로운 것은 없어요.

엘렉트라 역시 너는 내가 예상한 대로 말하는구나. 나는
네가 내 제안을 거절할 줄 알았다.
그렇다면 나 혼자서 이 일을 해내야겠구나.
그냥 내버려둘 수 없는 일이니까. 1020

크뤼소테미스 아버지께서 돌아가시던 날 언니가 이처럼 대담했더라면
좋았을 것을! 언니는 무슨 일이든 다 해냈을 텐데.

엘렉트라 그때도 내 의지는 마찬가지였어. 판단력이 미숙했을 뿐이지.[52]

크뤼소테미스 그렇다면 평생 동안 그런 미숙한 판단력을 견지하세요.

엘렉트라 그 충고는 함께 행동하지 않겠다는 뜻이로구나. 1025

크뤼소테미스 그런 일에 손대는 자는 혼나기 십상이니까요.

엘렉트라 네가 영리한 것은 부럽지만, 네가 비겁한 것은 밉구나.

크뤼소테미스 언니가 나를 칭찬하더라도 나는 역시 차분할 거예요.

엘렉트라 네가 내게서 칭찬받는 일은 결코 없을 거야.

크뤼소테미스 내가 옳은지 그른지는 두고 봐야지요. 1030

엘렉트라 가거라! 너는 내게 전혀 도움이 되지 않으니까.

크뤼소테미스 도움이 되죠. 언니가 배울 마음이 없을 뿐이지.

엘렉트라 가서 네 어머니에게 이 모든 것을 일러바쳐라.

크뤼소테미스 나는 그렇게까지 언니를 미워하지는 않아요.

엘렉트라	알아둬. 너는 나를 모욕하고 있어.	1035
크뤼소테미스	모욕이라니요? 언니를 염려해서 그러는 거지.	
엘렉트라	그렇다면 나는 네가 옳다고 생각하는 것을 따라야 하니?	
크뤼소테미스	네. 그리고 언니가 옳을 때는 내가 따를게요.	
엘렉트라	말은 잘하는데 틀린 말을 한다는 건 무서운 일이지.	
크뤼소테미스	내 할 말을 언니가 하는군요.	1040
엘렉트라	뭐라고? 너는 내 말이 옳다는 생각은 하지 않니?	
크뤼소테미스	하지만 정의도 해로울 때가 있지요.	
엘렉트라	나는 그런 원칙에 따라 살고 싶지는 않아.	
크뤼소테미스	그 일을 하게 되면, 나를 칭찬하게 될 거예요.	
엘렉트라	반드시 그 일을 할 테야. 네 위협 따위는 겁나지 않아.	1045
크뤼소테미스	정말인가요? 생각을 바꿔보지 않겠어요?	
엘렉트라	아니. 나에게는 나쁜 조언보다 더 가증스런 것은 없으니까.	
크뤼소테미스	내가 무슨 말을 하든 동의할 수 없나요?	
엘렉트라	나는 어제오늘이 아니라 오래전에 결심을 굳혔으니까.	
크뤼소테미스	그렇다면 난 가겠어요. 언니는 내 말에 찬성하지 않을 것이고, 나는 언니의 태도에 찬성하지 않으니까요.	1050
엘렉트라	들어가거라! 나는 결코 너를 따르지 않을 거야. 네가 아무리 원하더라도. 되지도 않을 목표[53]를 추구하는 것이야말로 아주 어리석은 짓이니까.	
크뤼소테미스	언니가 보기에, 언니가 지혜롭다고 생각된다면, 그런 식으로 지혜로우세요. 그러다가 재앙 속을 거닐게 되면, 그때는 내 말을 칭찬하게 될 거예요.	1055
코로스[54](좌 1)	더없이 지혜로운 하늘의 새들이 자신들을 낳아주고 길러준 부모 새들을 봉양하는 것을	1060

보면서도, 왜 우리는 그처럼
은공을 갚지 않는 것일까?
하지만 제우스의 벼락과
하늘의 테미스 여신에 맹세코
그런 자들은 머지않아 벌 받게 되리라.　　　　　　　　　　1065
지하의 사자들에게 다가가는 소문이여,
너는 제발 지하에 있는 아트레우스의
아들⁵⁵에게 애처로운 비명을 내려 보내,
아무런 즐거움도 없는 치욕을 전해다오.

(우 1) 그분의 집은 이미 병든 지 오래며,　　　　　　　　　　　1070
지금은 두 딸이 자매끼리 싸워,
다시는 서로 화해하고
사이좋게 살 수 없게 되었다고.
버림받아 홀로 위험에 처한
엘렉트라는 아버지를 위해　　　　　　　　　　　　　　　　1075
애처롭게도 하염없이 울고 있구나,
마냥 비탄하는 밤꾀꼬리처럼.⁵⁶
엘렉트라는 죽음도 불사하고 햇빛을
안 볼 각오도 되어 있구나. 그녀 집의
두 복수의 여신들⁵⁷을 죽일 수만 있다면.　　　　　　　　　1080
이런 고귀한 효녀가 또 어디 있을까?

(좌 2) 고귀한 자는 어느 누구도
비천하게 연명하며 제 명성을 더럽히고
이름 없이 죽기를 원치 않는 법.

딸이여, 내 딸이여, 그와 같이 그대도　　　　　　　　　　1085
하염없이 함께 애도하는 삶을 택하고
아름답지 못한 것은 물리쳐,
지혜롭고 착한 딸이라는 두 가지
명성을 한꺼번에 얻는구려.

(우 2) 원컨대 그대는 권세와 부에서　　　　　　　　　　1090
지금 그대가 예속하에 살고 있는
그만큼 원수들 위에 높이 군림하며
살아가시기를! 나는 그대가
불운 속을 거닐면서도
가장 위대한 법도를 준수함으로써　　　　　　　　　　1095
제우스에 대한 경외심에 의해
최고의 상[58]을 타는 것을 보았소.

　　　　(오레스테스와 퓔라데스, 유골 단지를 든 두 하인과 함께 등장)

오레스테스　여인들이여, 우리는 제대로 듣고
　　　　　　제대로 찾아온 것인가요?
코로스장　그대는 무엇을 찾고 있으며, 용건이 무엇이오?　　1100
오레스테스　아까부터 아이기스토스 님의 집을 찾고 있소이다.
코로스장　제대로 찾아왔으니, 길라잡이를 나무랄 필요는 없어요.
오레스테스　그대들 가운데 누가 안에 계신 분들에게 전해주시겠소?
　　　　　　고대하던 우리 일행이 도착했다고.
코로스장　여기 이 아가씨가 적임자예요. 가장 가까운 사람이 전해야 한다면.　　1105
오레스테스　(엘렉트라에게) 그렇다면, 여인이여, 들어가서 안에 전해주시오.
　　　　　　어떤 포키스인들이 아이기스토스 님을 찾고 있다고.

엘렉트라	맙소사. 그대들이 설마 우리가 들었던 소문의
	명백한 증거를 가져온 것은 아니겠지요?
오레스테스	나는 그대의 그 소문에 관해 아무것도 알지 못하지만, 나더러 1110
	스트로피오스 노인께서 오레스테스의 소식을 전하라 하셨소.
엘렉트라	그 소식이 뭔가요, 나그네여? 무서워서 떨리는구나.
오레스테스	그대도 보다시피, 우리는 이 작은 단지에 돌아가신
	그분의 한 줌 유골을 담아 가지고 왔소.
엘렉트라	가련한 내 신세. 드디어 나는 거기 그대의 손에서 1115
	내 슬픔을 똑똑히 보게 되는 것 같구려.
오레스테스	혹시 그대가 오레스테스의 불행을 슬퍼하시는 것이라면,
	알아두시오. 여기 이 그릇 안에 그분의 육신이 들어 있소이다.
엘렉트라	나그네여, 제발 부탁이오. 이 단지 안에 정말로
	그 애가 숨어 있다면, 내 손으로 단지를 붙잡게 1120
	해주시오. 내가 이 유골과 함께 나 자신과
	우리 집안 전체를 위해 울고 애도할 수 있도록.
오레스테스	*(하인들에게)* 이 여인이 누구든 단지를 갖다 드려라.
	그녀는 적의를 품고 그런 청을 하는 것이 아니라,
	친구와 혈족의 한 사람으로서 그러는 것이니까. 1125
엘렉트라	아아, 내가 누구보다 사랑하던 이의 기념물이여,
	오레스테스의 생명의 잔재여! 너를 보낼 때의
	희망들과는 얼마나 다르게 나는 너를 맞는 것인가!
	오늘 나는 너를 한 줌 먼지로 손에 들고 있구나.
	내가 너를 집에서 떠나보낼 때 너는 눈부셨는데. 1130
	애야, 내가 너를 이 손으로 빼돌려 살육에서
	구출한 다음 이국땅으로 떠나보내기 전에,
	차라리 내가 목숨을 버렸더라면 좋았을 것을!

그랬더라면 너도 그때 한날 한시에 죽어 쓰러져
아버지의 무덤에 네 몫을 차지하게 되었을 텐데. 1135
한데 너는 지금 집에서 멀리 떨어져, 네 누이와 헤어져
이국땅에서 망명객으로 비참하게 죽었구나.
그리고 나는 사랑의 손들로 너를 씻어준 다음
수의를 입혀주지도 못했고, 활활 타오르는 불[59]에
격식에 맞게 슬픔의 짐을 들어 올리지도 못했구나. 1140
가련하게도 너는 이방인들의 손에서 장례를 마치고
작은 단지 안의 한 줌 재가 되어 돌아왔구나.
아아, 슬프도다. 전에 내가 너를 기르던 일도 헛수고가
되고 말았구나. 나는 늘 행복한 고생으로 알고
너를 길렀건만. 너는 내 어머니의 귀염둥이가 1145
아니라, 내 귀염둥이였고, 집 안에는 나 말고는
너를 길러주는 사람이 아무도 없었으며, 너는 늘
나를 '누나!'라고 부르곤 했으니까.[60] 한데 지금
그 모든 것이 네 죽음과 함께 하루아침에
물거품이 되고 말았구나. 너는 회오리바람처럼 1150
모든 것을 함께 쓸어 가버렸으니까. 아버지께서는
돌아가셨고, 나도 너와 함께 죽었으며,
너도 죽고 말았구나. 원수들은 웃고 있고, 어머니 아닌
어머니는 기뻐서 미쳐 날뛰고 있구나. 네가 몸소
나타나 원수를 갚겠노라고 가끔 전언을 보내곤 하던 1155
그 어머니 말이다. 하지만 그 모든 것을 우리의
불운이, 네 불운과 내 불운이 앗아 가버리고,
이렇게 너를 나에게 보냈구나. 더없이 사랑스런
모습 대신 재와 쓸모없는 그림자로서 말이다.

아아, 슬프고 슬프도다!

가엾은 모습, 아아, 아아,

아아, 가장 끔찍한 길[61]로, 슬프도다, 보내져

더없이 그리운 이여, 네가 나를 죽였구나!

그래, 네가 나를 죽였어, 아아, 사랑하는 오라비여!

그러니 너는 나를 너의 이 집 안으로, 무(無)인

나를 너의 무 안으로 받아들여다오. 앞으로는

내가 지하에서 너와 함께 살 수 있도록. 네가

지상에 있을 때, 나는 모든 것을 너와 함께했으니까.

그래서 나도 이제 죽고 싶구나, 무덤 속의 너와 떨어져

있지 않게. 내가 보기에, 죽은 자는 고통에서 벗어나니까.

코로스장 엘렉트라 아기씨, 아기씨의 아버지께서도, 오레스테스 도련님도
필멸의 존재예요. 그 점을 명심하시고, 지나치게 탄식 마세요.
우리 모두가 죽기 마련이고, 그것이 우리의 운명이니까요.

오레스테스 아아, 나는 무슨 말을 할까? 이런 난처한 처지에서
무슨 말을 해야 좋을까? 더 이상 혀를 억제할 수가 없구나.

엘렉트라 뭣이 그리 괴로워요? 왜 그런 이상한 말을 하세요?

오레스테스 내가 보고 있는 것이 저 유명한 엘렉트라 아기씨인가요?

엘렉트라 그래요. 하지만 그녀의 처지는 딱하기 짝이 없어요.

오레스테스 아아, 참으로 기구한 운명이로구나!

엘렉트라 나그네여, 그대가 설마 나를 위해 탄식하는 것은 아니겠지요?

오레스테스 아아, 잔인하고 무도하게 학대받은 모습이여!

엘렉트라 나그네여, 그 불길한 말은 나를 두고 하는 말인가요?

오레스테스 아아, 결혼도 못하고 불운하게 살아가다니!

엘렉트라 나그네여, 왜 그렇게 나를 빤히 쳐다보며 탄식하는 거죠?

오레스테스 내 자신의 불행에 대해 나는 얼마나 무지했던가!

엘렉트라	내가 말한 것들 중에 어떤 것에 의해 그것을 알아냈지요?	
오레스테스	그대가 수많은 고통들에 낙인찍힌 것을 보고서죠.	
엘렉트라	하지만 그대가 보는 것은 내 불행의 작은 부분에 불과해요.	
오레스테스	그보다 더 심한 불행을 본다는 것이 어떻게 가능하죠?	
엘렉트라	나는 살인자들과 함께 살고 있으니까요.	1190
오레스테스	누구의 살인자들? 그대가 암시하는 그 불행은 어디서 비롯된 거죠?	
엘렉트라	아버지의 살인자들이죠. 나는 저들에게 종살이를 하고 있어요.	
오레스테스	대체 누가 그대에게 그런 종살이를 강요하는 거죠?	
엘렉트라	그녀는 어머니라고 불리지만 전혀 어머니답지 않아요.	
오레스테스	어떻게 강요하죠? 학대에 의해선가요, 궁핍에 의해선가요?	1195
엘렉트라	학대와 궁핍과 온갖 불행에 의해서죠.	
오레스테스	그대를 돕거나, 그런 것들을 막아줄 사람은 아무도 없나요?	
엘렉트라	없어요. 한 사람 있었지만, 그대가 그를 재로 갖다놓았으니까요.	
오레스테스	불운한 여인이여. 보고 있자니 아까부터 불쌍한 생각이 드는구려.	
엘렉트라	그렇다면 알아두세요. 그대는 나를 불쌍히 여긴 유일한 사람이오.	1200
오레스테스	나는 그대의 불행에 고통 받는 유일한 사람으로 왔으니까요.	
엘렉트라	설마 어디선가 우리 친족 중 한 명으로 온 것은 아니겠지요?	
오레스테스	여기 이 여인들을 믿을 수 있다면 말할 수도 있겠는데.	
엘렉트라	이 여인들은 믿을 수 있어요. 친한 사람들 앞에서처럼 말하시오.	
오레스테스	그렇다면 그 단지를 돌려주시오. 자초지종을 알려드릴 테니.	1205
엘렉트라	나그네여, 제발 이 단지는 빼앗아 가지 마세요!	
오레스테스	내 말대로 하시오. 실수하지 않을 테니까요.	
엘렉트라	그대의 턱[62]에 걸고, 제발 내 소중한 보물을 빼앗지 마시오.	
오레스테스	그대가 그 단지를 간직해서는 아니 되오.	
엘렉트라	아아, 가련한 내 신세! 오레스테스야, 내가 네게 장례조차 치러줄 수 없다니!	1210

오레스테스	그런 불길한 말은 하지 마시오. 그대가 애도하는 건 옳지 않아요.
엘렉트라	죽은 오라비를 위한 애도가 어째서 옳지 않단 말이오?
오레스테스	그대가 그에 관해 그렇게 말하는 것은 옳지 않아요.
엘렉트라	나로 인해 고인이 그렇게도 체면이 깎인다는 것인가요?
오레스테스	체면이 깎이긴요. 하지만 애도는 그대가 할 일이 아니오.	1215
엘렉트라	내가 여기 붙잡고 있는 것이 오레스테스의 유골이라도?
오레스테스	그건 오레스테스의 유골이 아니오. 꾸며낸 이야기일 뿐이오.
엘렉트라	그렇다면 불쌍한 그 애의 무덤은 어디에 있나요?
오레스테스	아무 데도 없소. 산 사람에겐 무덤이 없으니까요.
엘렉트라	소년이여, 지금 뭐라 했지요?
오레스테스	내 말은 하나도 거짓말이 아니오.	1220
엘렉트라	그 애가 살아 있단 말이오?
오레스테스	내가 살아 있는 것이라면.
엘렉트라	그대가 그 애란 말이오?
오레스테스	여기 우리 아버지의 이 인장 반지를 보시면, 내 말이 참말인지 알게 되겠지요.
엘렉트라	오오, 더없이 사랑스런 햇빛이여!
오레스테스	더없이 사랑스럽고말고요.
엘렉트라	오오, 이 목소리. 네가 정말로 왔단 말이냐?
오레스테스	이젠 남들을 통해 듣지 마세요.	1225
엘렉트라	내가 정말로 너를 안고 있는 게냐?
오레스테스	앞으로는 늘 이렇게 안아줘요!
엘렉트라	*(코로스에게)* 가장 사랑하는 여인들이여, 동료 시민들이여, 여기 이 오레스테스를 보세요. 이 애는 계략으로 죽었다가, 이제 계략으로 다시 살아났어요.
코로스장	보고 있어요, 아기씨. 그리고 그대의 경사에	1230

우리는 눈에서 기쁨의 눈물이 흘러내려요.

(좌)63

엘렉트라   오오, 씨앗이여!
          내가 가장 사랑하던 분64의 씨앗이여,
          드디어 네가 돌아왔구나. 그리고 와서 발견하고는
          보고 있구나, 네가 그리워하던 누이를!   1235
오레스테스 나는 와 있어요. 하지만 침묵을 지키고 기다리세요.
엘렉트라   왜?
오레스테스 침묵을 지키는 편이 더 나으니까요. 안에서 아무도 듣지 못하게.
엘렉트라   아니야, 영원한 처녀 신이신
          아르테미스에 맹세코.
          언제나 집 안에만 틀어박혀 있는, 대지에   1240
          짐만 되는 여인들 앞에서 떠는 것을 나는
          결코 가치 있는 일로 여기지 않으리라.
오레스테스 여인들에게도 전의(戰意)가 있다는 점을
          명심하세요. 경험을 통해 잘 알고 계실 텐데요.
엘렉트라   아아, 슬프고 슬프도다.   1245
          너는 그 본성상 가릴 수도,
          지울 수도, 잊을 수도 없는
          내 불행65을 일깨워주는구나.   1250
오레스테스 그것도 나는 알고 있어요. 하지만 그 일은, 거리낌 없이
          말할 수 있는 때가 오면, 그때 가서 생각해야 할 거예요.

(우)

엘렉트라   어느 때든지,

어느 때든지, 기회가 닿는 대로
내 정당한 불만을 말해도 좋겠지. 1255
이제야 겨우 내 입은 자유로워졌으니까.

오레스테스 나도 동의해요. 그러니까 자유를 지키세요.

엘렉트라 어떻게?

오레스테스 아직 때가 되지 않은 것에 대해 말을 너무 많이 하지 마세요.

엘렉트라 네가 돌아왔는데, 1260
누가 말 안 하고
그렇게 침묵을 지키려 하겠느냐?
이제야 나는 천만뜻밖에
네 얼굴을 보고 있는데.

오레스테스 신들께서 나를 부추기시자마자 나는 즉시 달려온걸요.[66]
. . . . [67]

엘렉트라 너는 내게 앞서의 것을 능가하는 은총을 1265
말해주는구나. 어떤 신께서 너를
우리 집으로 데려다주셨다면 말이다.
그것을 나는 신의 섭리로 여기니까. 1270

오레스테스 누나가 기뻐하는 것은 말리지 않지만,
기쁨이 과도한 것이 아닐까 두렵군요.

(종가)

엘렉트라 긴긴 세월이 지난 뒤 네가 고맙게도
더없이 사랑스런 길로 해서 이렇게
내 앞에 나타났는데, 이렇듯 고생이
막심한 내게서 너는 제발… 1275

오레스테스 제발 어떻게 해드릴까요?

엘렉트라	제발 내게서 네 얼굴을 보는 기쁨을
	빼앗지 말아다오. 내가 아쉬워하지 않도록.
오레스테스	남이 누나에게 그런 짓을 하려 해도 나는 화낼 거예요.
엘렉트라	약속하는 거지?
오레스테스	물론이죠. 1280
엘렉트라	내 귀염둥이. 나는 더 이상 기대하지도 않던 목소리를
	들었구나. 네가 죽었다는 말을 들었을 때, 나는
	가련하게도 말없이, 소리 없이 분노를 억제했지.
	하지만 이제 내게는 네가 있어. 네가 더없이 1285
	그리운 얼굴로 내 앞에 나타났으니, 그 얼굴을
	나는 불행 속에서도 결코 잊지 못하리라.

오레스테스	너무 긴 이야기는 하지 마세요. 어머니가 얼마나
	사악하다든가, 아이기스토스가 우리 아버지 집
	재산을 얼마나 탕진하고 낭비하고 헛되이 1290
	뿌리고 있다든가 하는 이야기는 하지 마세요.
	그런 이야기를 하다가 기회를 놓칠 수도 있으니까요.
	지금 이 순간 내게 도움이 될 만한 것을, 말하자면
	어디서 우리가 내친김에 공개적으로든 숨어서든
	우리 원수들의 웃음을 그치게 해야 할 것인지 1295
	말해주세요. 그리고 우리가 집에 들어갔을 때,
	어머니가 누나의 환한 얼굴을 보고 낌새채지
	않도록 조심하세요. 오히려 불상사가 일어난 양
	비탄하세요. 우리 거사가 성공하게 되면, 그때는
	마음 놓고 기뻐하며 웃을 수 있을 테니까요. 1300
엘렉트라	애야, 나는 네가 좋다고 생각하는 대로

행동할 것이다. 내 모든 기쁨은 너에게서
받은 것이고, 내가 쟁취한 것이 아니니까.
나는 큰 이익이 생긴다 하더라도 조금이라도
너를 괴롭히는 일은 하지 않겠다. 그것은 우리를   1305
도와주시는 신께 올바로 봉사하는 것이 아니니까.
이곳 사정은 너도 알고 있겠지. 어찌 모르겠느냐?
너도 들었겠지만, 아이기스토스는 집 안에 없으나,
어머니는 집 안에 있다. 너는 그녀가 웃음에
환해진 내 얼굴을 보게 될까 두려워 마라.   1310
내 묵은 원한이 가슴 깊이 사무치고, 너를 본 뒤로
나는 기뻐서 눈물이 그치지 않으니 말이다.
어떻게 그칠 수 있겠니? 나는 네가 오늘 하루 동안
처음에는 죽어서, 나중에는 살아서 돌아오는 것을
보았는데. 너는 도무지 믿기지 않는 일을 해냈구나.   1315
그래서 아버지께서 살아 돌아오신다 해도,
나는 이상히 여기지 않고, 아버지를 본다고 믿게
될 것 같아. 너는 기적처럼 우리에게 왔으니,
네 뜻대로 네가 앞장서거라. 네가 죽고 나 혼자
남았더라면, 나는 명예롭게 나 자신을 구하거나,   1320
명예롭게 죽는 것 중 한 가지로 만족했겠지.

오레스테스   제발 좀 조용히 하세요. 안에서 누군가
밖으로 나오는 소리가 들리니까요.

엘렉트라   *(목소리를 바꿔)*

들어가세요, 손님들. 특히 그대들은, 반길 수는 없어도
아무도 집 밖으로 내칠 수 없는 것을 갖고 왔으니까요.   1325

가정교사   *(궁전에서 등장하며)* 이 더없이 어리석고 지각없으신 분들 같으니라고!

두 분은 자신들의 목숨에는 전혀 관심이 없으신가요,
아니면 분별력을 전혀 타고나지 못하신 것인가요?
두 분은 치명적인 위험의 가장자리가 아니라,
한복판에 서 있으면서도 그런 줄 모르고 있으니 말예요. 1330
그동안 내내 내가 여기 이 문간에서 보초를
섰기 망정이지 두 분의 계획이 두 분의 몸보다
먼저 집 안에 들어갈 뻔했어요.
내가 미리 손을 써 막았기 망정이지.
그러니 이제 긴 이야기와 물릴 줄 모르는 1335
기쁨의 환성일랑 그만두시고 안으로 드세요.
이런 일일수록 망설이는 것은 바람직하지 않고,
빨리 해치우는 것이 상책이에요.

오레스테스 내가 지금 안으로 들어간다면 그곳 사정은 어떠하오?

가정교사 좋아요. 분명 아무도 도련님을 알아보지 못할 거예요. 1340

오레스테스 내가 죽었다고 보고한 모양이구려.

가정교사 이곳에서 도련님은 죽은 사람임을 알아두세요.

오레스테스 그 소식을 듣고 좋아들 하던가요? 뭐라 하던가요?

가정교사 일이 다 끝나고 나서 말씀드릴게요. 현재로서는 그쪽 형편이
모두 우리에게 유리해요. 옳지 않은 것들[68]조차 말예요. 1345

엘렉트라 얘야, 이 사람이 누구냐? 말해다오. 부탁이다.

오레스테스 모르시겠어요?

엘렉트라 짐작이 안 가는구나.

오레스테스 전에 누구 손에 나를 맡겼는지 모르시겠어요?

엘렉트라 누구에게라니? 무슨 뜻이지?

오레스테스 누나의 선견지명에 의해 이 사람이 두 팔로 나를
안고 포키스인들의 나라로 몰래 날라다주었어요. 1350

| 엘렉트라 | 그렇다면 이 사람이, 아버지께서 살해되실 때 그 수많은
사람들 중에서 내가 발견한 유일한 충신이었던 그 사람이냐?
| --- | --- |
| 오레스테스 | 바로 그 사람이에요. 이제 더는 묻지 마세요.
| 엘렉트라 | 더없이 기쁜 날이여! 아가멤논 가(家)의 유일한 구원자여,
그대가 어떻게 왔지요? 그대가 정말로 이 애와 나를   1355
수많은 슬픔에서 구해준 바로 그 사람이란 말이오?
아아, 더없이 아름다운 이 손들! 그대의 두 발도
가장 달콤한 봉사를 해주었소.**69** 왜 그대는 아까부터
이렇게 내 곁에 와 있으면서도 숨기고 밝히지 않았으며,
나에게 가장 달콤한 것들을 지니고서 말로 나를 죽였더란   1360
말이오? 안녕하세요, 아버지! 그대를 보고 있자니 아버지를
보는 것 같아요. 그리고 알아두시오. 나는 하루 동안에
어떤 사람도 그대만큼 미워하고 사랑한 적이 없었어요!
| 가정교사 | 그 정도면 된 것 같아요. 엘렉트라 아기씨,
그동안의 사연을 아기씨에게 자세히 말씀드리자면   1365
며칠 밤 며칠 낮이 걸릴 거예요. *(오레스테스와 필라데스에게)*
아직도 여기 서 있는 두 분 도련님에게 말씀드리겠는데,
지금이야말로 행동할 때예요. 지금 클뤼타임네스트라는
혼자 있고, 안에 남자는 아무도 없어요. 더 지체하시면
이들뿐만 아니라, 더 많고 무술에 더 능한 자들**70**과도   1370
싸우지 않으면 안 된다는 점을 명심하세요.
| 오레스테스 | 우리의 이 과업에는 더 이상 긴 이야기가
필요 없을 것 같네, 필라데스. 되도록 빨리
안으로 들어가세. 여기 문 앞에 서 계시는,
대대로 내려오는 신상들**71**에 먼저 경배부터 하고.   1375

(오레스테스, 필라데스, 가정교사 궁전으로 퇴장)

엘렉트라 아폴론 왕이시여, 자비를 베풀어 저 두 사람의 기도를
들어주시고, 내 청도 들어주소서. 내게 제물이 생기면
나는 종종 애원하는 손으로 그대에게 바쳤나이다.
뤼케이오스 아폴론이시여, 지금은 내가 가진 것이 없어
서약만 하며 엎드려 빌고 애원하나이다. 1380
부디 이번 거사에서 우리에게 호의적인 도움을
베풀어주시고, 신들께서 불경(不敬)을 어떻게
벌하시는지 사람들에게 보여주소서!

(엘렉트라, 궁전으로 퇴장)

코로스72(좌) 그대들은 보시라, 아레스가 어떻게 나아가고
있는지. 대항할 길 없는 피의 복수를 숨 쉬며. 1385
방금 사악한 악행들을 추적하는 이들이,
피할 길 없는 암캐들73이
저 집의 지붕 아래로 들어갔으니,
내 마음의 꿈은 이제 더 이상
허공에 떠서 머뭇거리지 않으리라.74 1390

(우) 지하에 계신 분들75을 위해 복수해줄 이가
남몰래 은밀히 집 안으로, 옛날부터
부유하던 아버지의 궁전으로 들어갔음이오,
새로 날을 세운 살인의 도구를 손에 들고.
마이아의 아드님 헤르메스께서 1395
계략을 어둠으로 감추시며 그를
지체 없이 곧장 목표로 인도하시는구나.

(엘렉트라, 궁전에서 등장)

(좌)76

|엘렉트라| 더없이 소중한 친구들이여, 이제 곧 남자들이
일을 끝낼 거예요. 조용히 기다려주세요.
|코로스장| 무슨 뜻이죠? 그분들이 뭘 하고 있는데요?
|엘렉트라| 그녀는 장례를 위해 유골 단지를 장식하고 있고,   1400
두 남자는 그녀 옆에 서 있어요.
|코로스장| 그런데 아가씨는 왜 밖으로 뛰어나왔지요?
|엘렉트라| 아이기스토스가 우리 몰래
안으로 들어가지 못하도록 지키기 위해서죠.
|클뤼타임네스트라| *(궁전 안에서)* 아아, 집이여!
친구들은 없고 살인자들로 가득 찬 집이여!   1405
|엘렉트라| 누군가 안에서 비명을 지르고 있네요. 안 들리세요, 친구들이여?
|코로스| 불행히도 나는 끔찍한 말을 들었어요.
그래서 두려워 떨고 있어요.
|클뤼타임네스트라| *(궁전 안에서)*
아아, 슬프도다. 아이기스토스여, 당신은 대체 어디 계시오?
|엘렉트라| 누군가 또 비명을 지르고 있군요.
|클뤼타임네스트라| *(궁전 안에서)* 내 아들아, 내 아들아,   1410
이 어미를 불쌍히 여겨다오!
|엘렉트라| 자기는 그 애도, 그 애를 낳은 아버지도
불쌍히 여기지 않은 주제에!
|코로스| 아아, 도시여, 불쌍한 가문이여, 날마다 너희들을
괴롭히던 운명도 이제 끝나가고 있구나!
|클뤼타임네스트라| *(궁전 안에서)* 아아, 얻어맞았구나!

엘렉트라   한 번 더 쳐라, 네가 그렇게 할 수만 있다면!   1415

클뤼타임네스트라   아아, 또 얻어맞았구나!

엘렉트라   아이기스토스도 함께 당했더라면 좋았을 것을!

코로스   저주들이 이루어지고 있구나.

지하에 묻힌 자들은 살아 있는 거야.

오래전에 죽은 자들이 죽인 자들에게서   1420

피의 대가로 피를 마구 빨고 있으니.

(오레스테스와 퓔라데스, 궁전에서 나온다)

(우)

코로스장   보세요, 그분들이 나왔어요. 아레스의 제물에 손이

발갛게 물든 채. 하지만 나는 나무랄 수가 없네요.

엘렉트라   오레스테스야, 어떻게 되었느냐?

오레스테스   집 안에서는 모든 일이 잘되었어요.

아폴론의 신탁이 옳다면 말예요.   1425

엘렉트라   그 몹쓸 여인은 죽었느냐?

오레스테스   거만한 어머니가

또 괴롭힐까 이제 더 이상 두려워하지 마세요.

엘렉트라   . . . . . .

. 77

오레스테스   78

코로스   조용히 하세요. 저기 보이는 것이

아이기스토스가 틀림없어요.

오레스테스   79

엘렉트라   오레스테스야, 친구와 함께 어서 궁전으로 돌아가거라!

오레스테스   그자가 정말로 보이세요?   1430

엘렉트라	저기 그자가 희희낙락하며 교외에서 돌아오고 있구나.
코로스	어서 문간으로 들어가세요.
	첫 번째 일도 잘해냈으니 이번 일도 잘해내시기를!
오레스테스	안심하세요. 우리는 꼭 해낼 것이오.
엘렉트라	그럼 가려던 곳으로 어서 가거라! 1435
오레스테스	가고 있잖아요.

(오레스테스와 필라데스, 궁전 안으로 들어간다)

엘렉트라	이곳 일은 내가 맡을게.
코로스	저자의 귀에다 대고 듣기 좋은 말을
	몇 마디 속삭여주는 것이 좋겠어요.
	저자가 무턱대고 정의와의 투쟁 속으로 1440
	뛰어들도록 말예요.

(아이기스토스, 경호원들을 데리고 등장)

아이기스토스	나는 포키스에서 온 손님들이 오레스테스가 전차의
	파편 속에서 목숨을 잃었다는 소식을 가져왔다는 말을
	들었다. 그들이 어디 있는지 너희들 중에 누가 아느냐?
	(엘렉트라에게) 전에 그토록 뻔뻔스럽던 네게 묻겠다. 1445
	생각건대, 이 소식은 누구보다도 너와 상관이 있으니,
	네가 가장 잘 알고 말할 수 있을 테니 말이다.
엘렉트라	잘 알고 있지요. 모를 리가 있겠어요? 내가 가장 사랑하는
	이들의 운명에 관심을 갖는 것은 내 당연한 의무인데요.
아이기스토스	그렇다면 그 손님들이 어디 있는지 어서 말하라. 1450
엘렉트라	안에 있어요. 그들은 친절한 안주인을 만났으니까요.
아이기스토스	그리고 그들은 그가 틀림없이 죽었다고 전하던가?
엘렉트라	그리고 그들은 소식만 전한 것이 아니라, 그를 보여주었어요.

아이기스토스	그렇다면 내가 그의 시신을 내 눈으로 볼 수 있겠구나.	
엘렉트라	물론이죠. 하지만 별로 보기 좋은 광경은 아니에요.	1455
아이기스토스	너는 여러 가지 기쁜 일들을 말해주는구나. 여느 때와 달리.	
엘렉트라	*(궁전 쪽을 가리키며)* 기뻐하세요. 이것이 기쁜 일이라면 말예요.	
아이기스토스	다들 조용히 해. *(경호원들에게)* 너희들은 문을 활짝 열고 모든 뮈케나이인들에게, 아르고스인들에게 보여주어라. 그들 중에 아직도 그자에게 헛된 희망을 걸고 있는 자가 있다면, 이제 그자의 시신을 보고는 내 재갈을 받아들이도록, 그리고 내게서 벌을 받고 나서야 마지못해 사리를 깨닫는 일이 없도록 말이다.	1460
엘렉트라	나도 내 할 일을 하고 있어요. 세월이 흐르면서 나도 강자에게 복종해야 한다는 지혜를 터득했으니까요.	1465

(궁전의 문이 열리며 천 조각에 덮인 클뤼타임네스트라의 시신 옆에 서 있는 오레스테스와 퓔라데스의 모습이 보인다)

아이기스토스	오오, 제우스시여. 신들의 시기를 받아 쓰러진 자의 모습을 나는 보고 있나이다. 이 말이 죄가 된다면 취소하겠나이다. 그대들은 얼굴에서 천 조각을 모두 벗기도록 하시오. 그자가 내 친족인 만큼 나도 조의(弔意)를 표할 수 있도록 말이오.	
오레스테스	그대가 손수 벗기시죠. 여기 이 시신을 보고 다정하게 말을 건네는 것은 내 몫이 아니라, 그대의 몫이니까요.	1470
아이기스토스	좋은 조언을 해주었으니, 내가 따르겠소이다. *(엘렉트라에게)* 너는 클뤼타임네스트라를 불러다오. 그녀가 집 안에 있다면.	
오레스테스	그녀는 그대 옆에 있으니, 다른 곳에서 찾지 마세요.	
아이기스토스	*(시신에서 천 조각을 벗기다가)* 아니, 이게 뭐지?	
오레스테스	왜 그리 놀라시오? 누군지 모르겠소?	1475
아이기스토스	나를 파멸의 그물 속으로 몰아넣은 그대들은 대체 뉘시오?	

오레스테스	그대는 아직도 알아차리지 못했소, 살아 있는 사람을	
	마치 죽은 사람 말하듯 하고 있다는 것을?	
아이기스토스	아아, 이제야 그 말을 알겠구나. 그래, 내게	
	말하고 있는 이자는 오레스테스가 틀림없어.	1480
오레스테스	그토록 훌륭한 예언자이면서 그토록 계속 속았더냐?	
아이기스토스	가엾게도 나는 끝장났구나. 하지만	
	한마디만 하게 해다오.	
엘렉트라	얘야, 제발 그자가 더 말하거나	
	장황한 변명을 늘어놓지 못하게 해라.	
	죄악 속에 빠져들어 이제 곧 죽게 되어 있는	1485
	인간이 시간을 번다고 무슨 소용이 있겠느냐?	
	되도록 빨리 그자를 죽여 그자에게 걸맞은	
	장의사들[80]에게 던져주도록 해라.	
	우리의 눈길이 닿지 않는 곳에서. 그것만이	
	지난날의 내 불행을 보상해줄 수 있을 것이다.	1490
오레스테스	*(아이기스토스에게)* 어서 안으로 들어가! 지금 문제가 되는 것은	
	말이 아니라 네 목숨이니까.	
아이기스토스	왜 집 안으로 데리고 들어가지? 네가 하는 일이	
	떳떳하다면, 어둠이 왜 필요해? 왜 당장 죽이지 못해?	
오레스테스	명령하지 마! 내 아버지를 죽인 곳으로	1495
	들어가. 같은 곳에서 너도 죽도록 말이다.	
아이기스토스	이 집은 펠롭스 자손들의 온갖 고통을,	
	지금의 것도 다가올 것도 꼭 다 보아야만 하는가?	
오레스테스	적어도 네 것은 보아야 해. 그에 관한 한 나는 최고의 예언자지.	
아이기스토스	네가 자랑하는 그 재주는 네 아비에게서 받은 것은 아니야.	1500
오레스테스	말이 많구나. 이러다간 늦겠다.	

	자, 가자!
아이기스토스	네가 앞장서라!
오레스테스	네가 앞장서야 해.
아이기스토스	내가 도망치지 못하도록?
오레스테스	아니, 네가 네 마음대로 죽지 못하도록.
	나는 너에게 죽음의 쓴맛을 보여줄 거니까.
	법을 무시하고 행동하려는 모든 자들에게 1505
	이런 죽음의 벌이 당장 내려져야 할 텐데.
	그러면 악당들 수가 줄어들련만!

(오레스테스와 필라데스, 아이기스토스를 앞세우고 궁전 안으로 들어간다.
클뤼타임네스트라의 시신이 안으로 운구되고 엘렉트라가 그 뒤를 따라가며 문을 닫는다)

코로스	오오, 아트레우스의 자손들이여,
	그대들은 수많은 시련 끝에 힘겹게
	자유에 다다랐도다. 오늘의 이 거사에 힘입어. 1510

필록테테스
Philoktetes

작품 소개

『필록테테스』는 기원전 409년에 공연되었다. 트로이아 전쟁 때 그리스 명궁 필록테테스는 트로이아로 항해하던 중 독사에 물려 무인도인 렘노스 섬에 버려졌다. 그 후 헤라클레스에게 물려받은 활로 사냥을 하며 비참하게 연명한다. 트로이아인 포로 헬레노스가 필록테테스가 가진 헤라클레스의 활 없이는 트로이아가 함락되지 않는다고 예언하자, 그를 데려오도록 오뒷세우스와 네옵톨레모스가 파견된다. 오뒷세우스는 네옵톨레모스에게 그리스군 장수들과 말다툼 끝에 귀향하는 길이라고 거짓말을 한 후 어떻게든 활을 손에 넣으라고 지시한다. 마지못해 필록테테스를 만나 이야기를 주고받던 네옵톨레모스는 그리스로 데려다달라는 필록테테스의 청을 수락한다. 발작이 찾아와 괴로워하던 필로테테스는 활을 네옵톨레모스에게 맡긴 후 잠이 든다. 필록테테스가 잠에서 깨자 네옵톨레모스는 자기 행동을 후회하고 활을 돌려주려 하지만 오뒷세우스가 나타나 활을 가로챈다. 두 사람은 배가 있는 곳으로 가고, 선원들로 구성된 코로스는 탄식하는 필록테테스를 설득한다. 필록테테스가 꿈쩍하지 않자 코로스가 그의 곁을 떠나려는데, 네옵톨레모스가 활을 돌려주려고 돌아오고 오뒷세우스는 만류하려 뒤쫓아 온다. 활을 손에 넣은 필록테테스가 오뒷세우스를 쏘려 하자, 네옵톨레모스가 말린다. 그리고 그와의 약속을 수행하려 한다. 이때 헤라클레스의 혼백이 나타나 필록테테스에게 그가 네옵톨레모스와 함께 트로이아로 가는 것은 제우스의 뜻이라고 일러준다.

등장인물

오뒷세우스 라에르테스의 아들

네옵톨레모스 아킬레우스의 아들

필록테테스 포이아스의 아들

정탐꾼 장삿배 선주로 변장한

헤라클레스

코로스 네옵톨레모스 휘하의 선원들로 구성된

이 작품의 대본은 Sophocles, *Philoctetes* edited by T. B. L. Webster, Cambridge University Press 1970의 그리스어 텍스트다. 주석은 위 T. B. L. Webster의 것과 R. Jebb (Cambridge University Press 1954)의 것을 참고했다. 현대어역 중에서는 R. Jebb (Cambridge 1957), D. Grene (University of Chicago Press 1992), E. F. Watling (Penguin Books 1953)의 영역과 W. Willige (München/Zürich 1995), E. Buschor (Zürich 1968)의 독역을 참고했다.

장소 렘노스 섬 바닷가. 뒤로 절벽이 솟아 있고,
그 안으로 필록테테스의 동굴이 보인다.

(오뒷세우스와 네옵톨레모스 등장)

오뒷세우스 여기가 바로 사람의 발길이 닿지 않고
사람이 살지 않는,¹ 바다로 둘러싸인 땅의 해안이오.
네옵톨레모스여, 가장 용감한 헬라스²인이었던
아킬레우스의 아들이여, 이곳에다 나는 전에
멜리스인, 포이아스의 아들을 내려놓은 적이 있는데,   5
우리 수장들³에게서 그러라는 명령을 받았던 것이오.
그의 썩어 들어가는 발에서는 고름이 흘러내려
우리는 제주도 제물도 방해받지 않고 조용히
바칠 수가 없었지. 진영 전체가 그의 사납고
불길한 비명과 신음 소리로 가득 찼으니까.   10
하지만 그런 말을 할 필요가 어디 있겠소?
지금은 긴 이야기를 할 때가 아니오. 그렇지 않으면
내가 여기 있다는 것을 그가 알게 되어, 불시에 그를
납치해 가려는 내 계획이 다 무산되고 말 테니까.
그 밖에 다른 일로 나를 돕는 게 그대가 할 일이오.   15
그대는 근처에서 입구가 둘인 바위 동굴이 어디 있는지
찾아보시오. 그 동굴에서는 날씨가 추울 때 양쪽 입구
모두에서 양지에 앉아 있을 수 있고,⁴ 여름에는
뚫린 양쪽 입구로 바람이 불어와 잠을 재촉하오.

	그 왼쪽 조금 아래 샘이 하나 보일 것이오.	20
	아직도 없어지지 않고 남아 있다면. 살며시 그리로	
	가서, 그가 아직도 그곳에 그대로 살고 있는지,	
	아니면 다른 데 가 있는지 내게 신호를 보내시오.	
	그러면 앞으로 어떻게 할 것인지 듣게 될 것이오.	
	계획은 내가 하고, 행동은 우리 둘이 함께할 테니까.	25
네옵톨레모스	*(동굴에 올라가서)* 오뒷세우스 왕이여, 그대가 말하는 것이	
	가까이 있어요. 그런 동굴이 보이는 것 같단 말이오.	
오뒷세우스	위에, 아래에? 여기서는 아무것도 보이지 않소.	
네옵톨레모스	이 위에 있어요. 그리고 발소리는 전혀 나지 않아요.	
오뒷세우스	그가 그곳에 기거는 하되, 자고 있는 건 아닌지 보시오.	30
네옵톨레모스	빈 오두막이 하나 보이는데, 안에 아무도 없어요.	
오뒷세우스	사람이 살 수 있도록 살림살이 같은 것도 없고?	
네옵톨레모스	나뭇잎 무더기가 있는데, 누가 눕기라도 한 듯 다져져 있어요.	
오뒷세우스	다른 것들은 없고? 지붕 아래 다른 것은 아무것도 없소?	
네옵톨레모스	나무로 만든 투박한 잔 하나가 있는데 보잘것없는 기술자의	35
	솜씨로군요. 그리고 불 피우는 도구도 있어요.	
오뒷세우스	그대가 말하는 그 가재도구는 그의 것이 분명하오.	
네옵톨레모스	이런, 이런, 여기 또 누더기들이 햇볕에 마르고 있는데,	
	심한 상처에서 나온 고름에 절어 있군요.	
오뒷세우스	그 사람은 분명 여기 이곳에 살고 있고,	40
	멀리 떨어져 있지 않소. 그토록 오래 발병을	
	앓는 사람이 어떻게 멀리 갈 수 있겠소?	
	그는 먹을거리를 구하러 갔거나, 어딘가에	
	보아둔 약초를 구하러 나갔을 것이오. 그러니	
	그대는 그대의 대원을 보내 망을 보게 하시오.	45

|네옵톨레모스| 그가 나를 기습하지 못하도록 말이오. 그는
아르고스인들[5] 전체보다 나를 더 잡고 싶을 것이오.
내 대원은 가고 있고, 길을 지키고 있을 것이오.
원하는 것이 있으면 이야기를 계속하시오.

(네옵톨레모스의 대원, 퇴장)

|오뒷세우스| 아킬레우스의 아들이여, 그대는 임무에 충실하되 50
체력으로만 충실해서는 아니 되오. 여태 들어보지
못한 새로운 것을 듣더라도 그대는 도와야 하오.
그대는 나를 도우러 여기 왔으니까.

|네옵톨레모스| 나더러 대체 어떡하라는 것이오?

|오뒷세우스| 필록테테스의 마음을 대화를 통해
말로 호려야 하오. 그대가 누구며 어디서 오는 길이냐고 55
묻거든 그대는 아킬레우스의 아들이라고 말하시오.
그 점에 관해서는 속일 필요가 없을 것이오.
하지만 그대는 아카이오이족[6]을 몹시 원망하며 그들의
함대를 떠나 고향으로 항해하는 중이라고 말하시오.
그 까닭인즉 그대가 참전해야만 일리온[7]이 함락될 수 있다며 60
그들이 사정사정하여 그대를 고향에서 꾀어 가더니,[8]
그대가 가서 아버지 아킬레우스의 무구(武具)를
돌려달라고 정당한 권리를 주장하자, 그들은 그대가
그 무구를 받을 자격이 없다고 여기고 오뒷세우스에게
넘겼기 때문이라고 하시오. 나에 관해서는 가장 심한 65
욕설이라도 마음껏 하시오. 그래도 나는 상관없소.
그렇게 하지 않으면 그대는 전 아르고스인들에게 고통을
안겨줄 것이오. 그 사람의 활을 얻지 못하면 그대는
결코 다르다노스[9]의 나라를 함락하지 못할 테니까.

그리고 왜 그대는 의심받지 않고 그에게 접근할 수 있는데,
나는 그렇지 못한지 그 까닭을 잘 들으시오.
그대는 맹세에 묶이거나[10] 마지못해[11] 바다를 건너
트로이아로 온 것도 아니며, 첫 번째 원정에 참가한 것도
아니지만,[12] 나는 어느 것도 부인할 수가 없소.
그러니 그가 나를 볼 때 여전히 활을 갖고 있다면,
나는 끝장이며, 그대도 내 전우로서 끝장날 것이오.
그러니 어떻게 해야 그 대항할 수 없는 무기를 계략으로
얻을 수 있을지 궁리하지 않으면 안 되오.
내 아들이여, 그대가 천성적으로 그런 책략을 말하거나
꾸미기에 적합지 않다는 것을 나는 잘 알고 있소.
하지만 승리는 달콤한 전리품이오. 그러니 그대는 참고
받아들이시오. 우리는 나중에 정직한 사람들로 밝혀질
것이오. 오늘 하루만 잠시 파렴치를 위해 그대를
내게 빌려주시오. 그런 다음 앞으로 두고두고 모든
인간들 중에서 가장 경건한 사람이라 불리도록 하시오.

네옵톨레모스 라에르테스의 아들이여, 듣기도 거북한 것을 행동으로
옮기라니, 나는 싫소이다. 간계로 목적을 달성하는 것은
내가 타고난 본성이 아니며, 사람들이 말하기를,
내 아버지께서도 그렇지 않으셨다고 했소.
나는 그 사람을 계략이 아니라 완력으로 데려가고 싶소.
한 발밖에 못 쓰는 그가 다수인 우리를 완력으로
이길 수 없을 테니 말이오. 나는 그대를 돕도록
파견된 만큼 배신자라는 말은 듣고 싶지 않소이다.
그래도 왕이여, 나는 비열한 방법으로 이기느니
차라리 옳은 일을 하다가 실패하고 싶소.

오뒷세우스	과연 그 아버지에 그 아들이로군. 나도 그대처럼 젊었을 적에는 혀는 느리고 손은 빨랐다오. 하지만 지금은 경험을 통해 알게 되었지요. 인생 제반사에서 주도적 역할을 하는 것은 행동이 아니라 말이라는 것을.	
네옵톨레모스	한데 그대의 명령이란 거짓말하라는 게 아니고 뭐란 말이오?	100
오뒷세우스	내 말인즉 그대가 계략으로 필록테테스를 잡으라는 것이오.	
네옵톨레모스	왜 설득하지 않고 계략을 써야 하나요?	
오뒷세우스	그는 설득되지 않소. 그리고 완력으로도 그대는 그를 잡지 못하오.	
네옵톨레모스	그는 그렇게 자신만만할 정도로 무서운 힘을 갖고 있나요?	
오뒷세우스	그는 아무도 피할 수 없는 치명적인 화살들을 갖고 있으니까.	105
네옵톨레모스	그렇다면 그 사람에게 감히 접근하지도 말아야겠네요?	
오뒷세우스	그렇소. 앞서 말했듯이 계략으로 그를 잡지 않는다면.	
네옵톨레모스	그러니까 그대는 거짓말하는 것이 창피하지 않단 말인가요?	
오뒷세우스	그렇소. 거짓말이 우리를 구해준다면.	
네옵톨레모스	대체 무슨 낯으로 그런 말을 한단 말이오?	110
오뒷세우스	이익을 위해 행동할 때는 까다롭게 굴어서는 안 되오.	
네옵톨레모스	그 사람이 트로이아로 가는 것이 내게 무슨 이익이 되죠?	
오뒷세우스	그의 화살들만이 트로이아를 함락할 수 있소.	
네옵톨레모스	그러니까 그대들 말처럼[13] 내가 함락하게 되어 있는 게 아니군요?	
오뒷세우스	그대도 그 화살 없이는, 그 화살들도 그대 없이는 함락하지 못하오.	115
네옵톨레모스	그렇다면 우리는 그 화살들을 얻고자 노력해야겠네요.	
오뒷세우스	이 일만 해내면 그대는 두 가지 상을 받게 될 것이오.	
네옵톨레모스	어떤 상이죠? 그것을 알면 그대가 말한 대로 하겠소이다.	
오뒷세우스	그대는 지혜로우면서도 용감하다는 말을 듣게 될 것이오.	
네옵톨레모스	좋아요. 하겠소이다. 수치심을 모두 던져버리고.	120
오뒷세우스	그대는 내가 조언한 것들을 명심하고 있겠지요?	

네옵톨레모스	염려 마시오. 내가 일단 승낙한 이상은.
오뒷세우스	그렇다면 그대는 여기 머물러 그가 올 때까지 기다리시오.

내가 여기 있는 것을 그가 보지 못하도록 나는 떠나겠으며,
우리 정탐꾼도 배가 있는 곳으로 도로 데려가겠소.   125
그리고 나중에 너무 시간이 오래 걸린다 싶으면,
필록테테스가 못 알아보게 정탐꾼을 장삿배 선주로
변장시켜 이리로 돌려보낼 것이오. 내 아들이여,
그때는 정탐꾼이 그럴듯한 이야기를 늘어놓더라도
그대에게 도움이 될 만한 것들만 받아들이시오.   130
모든 것을 그대에게 맡기고 나는 배 있는 곳으로
가겠소. 교활한 호송자인 헤르메스께서 우리를
인도해주시고, 늘 나를 보호해주시는 승리의 여신이신,
도시의 수호자 아테나께서도 그렇게 해주시기를!

(오뒷세우스, 바닷가로 퇴장)

(좌 1)**14**

코로스	주인님, 우리는 이방인들이고, 이곳은 이국땅이에요. 135
	그 의심 많은 사람 앞에서 우리가 무엇을 말하고,
무엇을 숨겨야 하는지 말씀해주세요.
제우스께서 내려주신 이 신과 같은 왕홀로
통치하시는 분은 그 재주가 모든 재주를 능가하고,
그 지혜는 비길 데 없으니까요.   140
그리고 젊은 주인님, 그대는 대대로 내려오는
권세를 모두 물려받으셨어요. 하오니 말씀해주세요,
무엇으로 우리가 그대에게 봉사할 수 있는지.

네옵톨레모스	지금은 그대들이 섬의 가장자리에 있는	
	그의 처소를 보고 싶어할 것 같으니,	145
	두려워 말고 보게나! 하지만 거처를	
	떠났던 무시무시한 나그네가 돌아오면,	
	내 손짓에 따라 가끔 앞으로 나서서	
	그때그때 필요에 따라 나를 돕도록 하게.	

(우 1)

코로스	왕이시여, 그 일이라면 우리가 오래전부터 해오던	150
	일이지요. 그 무엇보다도 그대의 이익을 위해	
	두 눈으로 경계를 게을리 않는 것 말예요.	
	하지만 지금은 말씀해주세요, 그가 어떤 거처에	
	살고 있고, 어떤 장소를 차지하고 있는지.	
	그것을 알아두는 것이 좋을 것 같아요.	155
	그가 우리를 불시에 기습할 수도 있으니까요.	
	그가 사는 곳은 어디며, 쉬는 곳은 어딘가요?	
	그는 어딜 거닐고 있죠? 집 안에 아니면 문밖에?	

네옵톨레모스	그대들이 보고 있는 이것이 양쪽으로 문이 난	
	그의 집이라네. 이 돌 침실 말일세.	160
코로스	그 불행한 거주자는 어디로 갔을까요?	
네옵톨레모스	필시 먹을거리를 구하려고 아픈 다리를	
	질질 끌며 이 근처를 거닐고 있을 거야.	
	들리는 소문에, 완전히 영락한 그는	
	날개 달린 화살들로 먹을거리를 구하며	165
	이런 식으로 연명하고 있으나, 그를	

치유해줄 사람은 아무도 그에게
접근하지 않는다고 했으니까.

(좌2)

코로스   나는 그 사람에게
연민의 정을 금할 수 없구나.   170
돌보아줄 사람 하나 없이
다정한 얼굴도 보지 못하고
고통 속에서 늘 혼자서
몹쓸 병을 앓고 있으며,
필요한 것이 없을 때마다   175
당황할 것이라는 생각을 하면.
아아, 신들의 계략이여!
아아, 가혹한 운명이 주어진
불쌍한 인간 종족이여!

(우2)   이 사람도 어느 명문가의 자제   180
못지않게 귀하게 태어났으나,
모든 생필품을 빼앗긴 채
친구들과 떨어져 혼자
얼룩무늬 또는 털북숭이 야수들
사이에 누워 있구나.   185
통증과 허기에 동시에 시달리며,
치유할 길 없는 고통을 견디며.
수다스런 메아리만이
멀리서 나타나 그의 쓰라린

비명에 응답하는구나.   190

네옵톨레모스   내게는 그 어느 것도 놀랍지 않네.
내게도 분별력이 있다면, 그 고통들은
무자비한 크뤼세가 신들의 뜻에 따라
그에게 가져다준 것이니까.
그가 지금 겪고 있는 외로움과 괴로움도   195
필시 어떤 신의 결정에 따른 것이겠지.
트로이아가 그 화살들에 제압당하게 되어 있다는
그때가 오기 전에는 그가 신들의
그 대항할 길 없는 화살들을
트로이아에게 겨누지 못하도록 말이야.   200

코로스   조용히 하세요, 젊은 주인님!
네옵톨레모스   무슨 일이지?
코로스   무슨 소리가 들렸는데,
심한 고통을 당할 때 흔히 사람의 입에서 나오는
그런 소리였어요. 이쪽이었나 저쪽이었나?
들려요. 똑똑히 들려요. 고통스럽게   205
길을 기어가는 사람의 목소리예요.
분명 멀리서 들려오는 아픈 사람의
신음 소리가 아주 똑똑히 들려요.

(우 3)

코로스   세우세요, 젊은 주인님!
네옵톨레모스   무엇을 말인가?

| 코로스 | 어서 대책을. 그 사람은 | 210 |

멀리 떨어져 있는 것이 아니라

가까이 있고, 목초지의 목자처럼

목적(牧笛)을 불며 오는 것이 아니라

멀리 들리는 신음소리와 함께 오고 있어요. 215

그는 아마도 비틀거릴 때 아파서 신음하는

것이거나, 손님이 없는 빈 포구를 보며

절망하여 무섭게 고함을 지르는 것 같아요.

(필록테테스, 활과 화살통을 들고 발을 질질 끌며 다가온다)

필록테테스 오오, 나그네들이여,

그대들은 뉘시며, 어느 나라에서 포구도 없고 220

사람도 살지 않는 이 나라에 들어왔지요?

그대들을 나는 대체 어느 나라 사람 또는 어떤 민족이라

불러야 하오? 그대들의 옷차림을 보니

내게는 더없이 반가운 헬라스인들 같소만.

나는 그대들의 말을 들어보고 싶소. 내 몰골만 225

보고 놀라거나 겁을 내어 피하지 마시오.

아니, 그대들은 친구도 없이 이렇게 혼자서 고통 속에서

외롭게 살아가는 나를 불쌍히 여기시오.

말해보시오, 그대들이 친구로서 이곳에 왔다면.

자, 그대들은 대답하시오. 우리가 서로 대화조차 230

하지 않는다면, 그것은 도리가 아닐 것이오.

네옵톨레모스 그렇다면 나그네여, 먼저 알아두시오. 우리는

헬라스인들이오. 그대가 알고 싶어하니 말이오.

필록테테스 오오, 반가운 말이여! 이렇게 오랜만에 이런

사람에게서 이런 말을 듣다니! 젊은이여, 235
그대는 대체 무슨 볼일이 있어 이곳에 온 것이오?
어떤 계획을 갖고, 어떤 순풍을 타고? 이 모든 것을
말해주시오. 그대가 뉘신지 내가 알도록 말이오.

네옵톨레모스 나는 바다에 둘러싸인 스퀴로스 출신으로 고향으로
항해하는 중이오. 아킬레우스의 아들로 이름은 240
네옵톨레모스라 하오. 이제 그대는 다 알았소이다.

필록테테스 내가 가장 사랑하던 아버지와 사랑하는 나라의 아들이여,
뤼코메데스 노인의 양자여, 그대는 무슨 볼일이 있어
이 나라에 왔으며, 어디서 항해해 오는 길이오?

네옵톨레모스 방금 일리온을 떠나오는 길이오. 245

필록테테스 뭐라 했소? 우리가 처음에 트로이아로 항해할 때
분명 그대는 배를 함께 타지 않았소.

네옵톨레모스 그렇다면 그대도 그 고된 항해에 참가했었나요?

필록테테스 젊은이, 그대가 보고 있는 사람이 누군지 모른단 말이오?

네옵톨레모스 한 번도 본 적이 없는 사람을 내가 어떻게 알겠소? 250

필록테테스 그대는 내 이름도, 나를 죽음으로 내몰고 있는
내 불행에 관한 소문도 들어본 적이 없단 말이오?

네옵톨레모스 알아두시오. 그대가 묻고 있는 것을 나는 들어보지 못했소.

필록테테스 나야말로 비참하고 신들에게 미움 받는 인간이구나.
나는 여기서 이렇게 고통 받고 있건만, 그 소문조차 255
내 고향은 물론이요, 헬라스 땅 어느 곳에도 닿지 않았다니!
무도하게도 나를 이곳에다 내던진
자들은 이를 비밀로 하며 웃고 있구나.
나의 병(病)은 나날이 커지며 악화되고 있는데.
젊은이여, 아킬레우스의 아들이여, 그대도 아마 260

들어보았겠지만, 다름 아닌 내가 헤라클레스에게
무기를 물려받은 바로 그 사람이올시다.
내가 바로 포이아스의 아들 필록테테스란 말이오.
그런 나를 두 사령관[15]과 케팔렌인[16]들의 왕[17]이
수치스럽게도 이 황량한 곳에다 내동댕이쳤소이다. 265
사람을 해치는 독사(毒蛇)에 물려 치명상을 입고
몹쓸 병에 쇠진하여 죽어가는 나를 말이오.
젊은이여, 그자들은 그런 병에 걸린 나를 홀로
이곳에 내버려두고 가버렸소, 바다로 둘러싸인
크뤼세 섬을 출발하여 이곳에 들렀을 때 말이오. 270
그때 내가 파도에 심하게 들까불리다가 바닷가
바위 동굴에서 자고 있는 것을 보자, 그자들은
옳다꾸나 하고 나를 두고 떠나갔소. 거지를
위해서인 양 약간의 누더기와 얼마 안 되는 양식을
남겨두고는. 그자들에게도 같은 일이 일어나기를! 275
젊은이여, 한 번 생각해보시오, 그때 잠에서 깨어나
그자들이 떠나고 없는 것을 보았을 때 내 심정이
어떠했겠는지. 내가 얼마나 눈물을 흘리며 내 불행을
슬퍼했겠는지! 내가 거느리던 함선들은 모두 가고 없고,
주위에 사람이라고는 아무도 없는 것을 280
보았을 때 말이오. 나를 도와주거나 병고에 시달리는
나를 위해 짐을 덜어줄 사람은 아무도 없었소. 사방을
둘러보아도 내 눈에 보이는 것은 고통뿐이었소.
하지만 고통만은 아주 넉넉했소이다, 젊은이여!
그렇게 세월이 가고 계절들이 바뀌었소. 285
이 좁은 집에서 나는 필요한 것을 모두 혼자

해결해야 했소. 내 배〔腹〕에 필요한 것은
날개 달린 비둘기들을 쏘아 떨어뜨림으로써
이 활이 대주었소. 하지만 시위를 떠난 화살이
무엇을 맞히든 나는 비참하게도 그것을 향해 290
아픈 발을 질질 끌며 몸소 멀리 기어가지
않으면 안 되오. 또는 물을 길어 와야 하거나,
겨울철에 서리가 내려 장작을 패 와야 할 때도,
나는 힘겹게 기어가 그 일을 하곤 했소.
그리고 불이 없으면 나는 돌에 돌을 문질러 295
그 속에 숨어 있는 불꽃을 기어코 끌어내곤 했는데,
그 불꽃이 여지껏 내 목숨을 지켜주었소.
사람이 기거할 수 있는 이 지붕은 불만 있으면
내가 원하는 것을 다 주니까요, 병의 치유 말고는.
자, 젊은이여, 그대는 이제 이 섬이 어떤 곳인지 300
알아두시오. 자진하여 이곳에 오는 선원은 아무도 없소.
정박소도 없고, 배를 타고 와 이익을 남기고
물건을 팔 만한 데도 없고, 손님을 맞을 곳도 없으니까.
분별 있는 사람들은 이곳에 오지 않는다오.
간혹 마지못해 찾아오는 사람이 있기는 하지요. 305
오래 살다 보면 그런 일도 가끔 일어날 수 있으니까.
젊은이여, 그런 사람들이 이곳에 오면
말로 나를 동정하고, 동정심에서 약간의 음식이나
옷가지를 주기도 하지요. 하지만 한 가지만은,
내가 그 말을 끄집어내면, 아무도 해주려 하지 않아요. 310
나를 안전하게 고향으로 데려다주는 일 말이오.
비참하게도 나는 벌써 십 년째 굶주림과 고통으로

	죽어가고 있소, 게걸스런 내 병을 키우며. 이런 짓을
	했소이다, 아트레우스의 두 아들과 거만한 오뒷세우스는.
	올륌포스의 신들께서는 내가 받은 고통에 대한 앙갚음으로 315
	그자들에게도 언젠가 똑같은 고통을 내려주시기를!
코로스장	이곳에 왔던 나그네들처럼 나도 그대를
	동정해야 할 것 같군요, 포이아스의 아들이여!
네옵톨레모스	나도 그대가 한 말의 증인이오. 그대의 말이 사실임을
	나도 알고 있단 말이오. 아트레우스의 두 아들과 거만한 320
	오뒷세우스가 악당임을 나도 겪어보고 알게 되었소이다.
필록테테스	그대도 극악무도한 아트레우스의 아들들에게 원한이
	있소? 그자들에게 당해 그대도 화가 난단 말인가요?
네옵톨레모스	언젠가 내 이 손으로 원한을 풀 수 있었으면 좋겠소.
	스퀴로스도 용감한 전사들의 어머니라는 것을 325
	뮈케나이와 스파르테가 알도록 말이오.
필록테테스	말 한번 잘했소이다, 젊은이여. 그자들에게 그대가
	큰 원한을 품고 있다 했는데, 그 까닭이 대체 무엇이오?
네옵톨레모스	포이아스의 아들이여, 말하기 괴롭지만 다 털어놓겠소, 내가
	트로이아에 도착했을 때 그자들에게 어떤 수모를 당했는지. 330
	운명에 따라 아킬레우스께서 세상을 떠나셨을 때…
필록테테스	저런 변이 있나! 먼저 이 점에 관해 확실히 알기 전에는
	더 말하지 마시오. 펠레우스의 아들[18]이 떴다 했소?
네옵톨레모스	그렇소. 세상을 뜨셨소. 인간이 아니라 신의 손에 의해.
	사람들 말로는, 포이보스[19]의 화살에 제압되셨다 하오. 335
필록테테스	죽인 분이나 죽은 분이나 둘 다 고귀한 분들이오.
	젊은이여, 먼저 그대가 당한 일을 물어야 할지,
	그분을 위해 울어야 할지 나로서는 난감하오.

| 네옵톨레모스 | 오오, 가련한 이여, 그대에게는 그대의 슬픔만으로도
| | 충분할 것이오. 남의 슬픔을 위해 울지 않더라도. 340
| 필록테테스 | 맞는 말이오. 그렇다면 그대의 일로 돌아가,
| | 그자들이 어떻게 그대를 모욕했는지 말해주시오.
| 네옵톨레모스 | 위대한 오뒷세우스와 내 어릴 적 스승 되시는 분[20]이
| | 화려한 갑판으로 덮인 배를 타고 나를 데리러 와서는,
| | 참말인지 거짓말인지, 내 아버지께서 세상을 떠나신 지금 345
| | 트로이아의 성채는 나 말고 다른 사람에 의해서는
| | 함락되지 않게 되어 있다고 했소. 나그네여, 사정이
| | 그렇다고 그들이 말했을 때, 오래 머뭇거리지 않고 나는
| | 배에 올랐소. 무엇보다도 매장하기 전에
| | 고인이 되신 아버지를 보고 싶었던 것이오. 350
| | 나는 한 번도 아버지를 본 적이 없었으니까요.
| | 그 밖에도 내가 가야만 트로이아가 함락하게 되어 있다는,
| | 그들이 내세우는 이유가 내게는 매력적이었소.
| | 순풍이 불어준 덕분에 출항한 지 이틀째 되던 날
| | 나는 쓰라린 시게이온[21] 곳에 닿을 수 있었소. 355
| | 내가 배에서 내리자마자 전군(全軍)이 나를
| | 빙 둘러싸더니, 꼭 죽은 아킬레우스가 되살아난 것을
| | 보는 것 같다며 나를 축복해주었소. 하지만 그분께서는
| | 누워 계셨소. 그래서 불운한 나는 그분을 위해
| | 울고 나서 당연히 친구들이라고 여기고는 곧장 360
| | 아트레우스의 아들들을 찾아가 아버지의 무구들과
| | 그 밖에 아버지의 다른 유품들을 모두 달라고 했소.
| | 하지만 그들의 대답은 더없이 뻔뻔스런 것이었소.
| | "아킬레우스의 아들이여, 그대 아버지의 다른 유품들은

모두 가져가시오. 하지만 그의 무구들은 지금 다른

사람 차지가 되었소이다. 라에르테스의 아들 말이오."

나는 분을 참지 못하고 눈물을 흘리며 벌떡

일어서서 괴로운 나머지 이렇게 말했소.

"뻔뻔스런 자들 같으니라고! 내 승낙도 받기 전에

내 무구들을 나 아닌 다른 사람에게 주다니!" 370

그러자 오뒷세우스가 옆에 서 있다가 이렇게 말했소.

"그렇소. 소년이여, 이분들이 그 무구들을 내게 준 것은

당연하오. 위급할 때 내가 그 무구들과 그 임자를 구했기

때문이오." 그러자 내게서 내 무구들을 빼앗겠다는 말에

격분하여 나는 그에게 지체 없이 온갖 욕설을 375

퍼부었고, 어느 한 가지도 빠뜨리지 않았지요.

그렇게까지 몰리자 좀처럼 화를 내지 않던 그도

내 말에 감정이 상해 이렇게 대답했소. "그대는

이곳에서 우리와 함께하지 않고, 그대의 임무에서

떨어져 있었소. 그리고 그대는 말투가 건방지니, 결코 380

그 무구들을 갖고 스퀴로스로 출항하지 못할 것이오."

이런 말을 듣고는, 이런 수모를 당하고는 나는

고향으로 항해해 가는 중이오. 악당 중에 악당인

오뒷세우스에게 내 소유물들을 빼앗기고 나서.

하지만 그를 탓하기보다는 통치자들을 385

탓하고 싶소. 군대도 도시와 같아서 전적으로

그 지도자들 하기 나름이고, 무도한 짓을 하는 자들이

악인이 되는 것은 그 선생들 가르침 탓이오.

내 이야기는 끝났소. 아트레우스의 아들들을 미워하는

사람은 내 친구이며, 또한 신들의 사랑을 받게 되기를! 390

(좌)²²

코로스 산(山)의 여신이여, 만물을 기르는 대지여,
제우스의 어머니여, 황금이 많은 위대한
팍톨로스²³ 강을 다스리시는 이²⁴여,
그곳²⁵에서도 나는, 존엄하신 어머니여,   395
그대를 불렀나이다. 아트레우스의 아들들이
이분에게 온갖 모욕을 쏟아 부을 때,
그들이 이분 아버지의 무구들을, 그 둘도 없는
장관을 라에르테스의 아들에게 넘겨주었을 때.   400
들어주소서, 황소를 잡아먹는 사자들이 끄는
수레를 타고 다니시는 그대 축복받은 이여.

필록테테스 나그네들이여, 보아하니, 그대들은 슬픔의 확실한
부신(符信)을 갖고 바다를 건너 내게 온 것 같소.
그대들의 불평은 내 것과 가락이 같아, 나는 그것이   405
아트레우스의 아들들과 오뒷세우스의 소행임을 알 수 있소.
그자는 종국에 가서 어떤 부정한 목적을 달성할
가망만 있으면, 어떤 비열한 핑계에도, 어떤 악행에도
혀를 빌려준다는 것을 나는 잘 안다오. 내가
놀라는 것은 그것이 아니라, 큰 아이아스가 그 자리에   410
있으면서 그것을 보고도 참고 견뎠다는 것이오.

네옵톨레모스 나그네여, 그분은 더 이상 살아 있지 않소이다. 그분이
살아 있었더라면 내가 그렇게 빼앗기지 않았겠지요.

필록테테스 뭐라 했소? 그 사람도 죽어 세상을 떴단 말이오?

네옵톨레모스 그분도 더는 햇빛 속에 있지 않는 것으로 여기시오!   415

필록테테스 아아, 슬프도다. 하지만 튀데우스의 아들²⁶과,

		시쉬포스가 라에르테스에게 팔아먹은²⁷ 오뒷세우스는
		죽지 않았겠지. 그자들이야말로 더 살 필요가 없는데.
네옵톨레모스	죽다니요. 그런 걱정 마시오. 그자들은 지금	
	아르고스인들의 군대에서 큰 명성을 누리고 있소.	420
필록테테스	그러면 내 용감한 친구인 퓔로스의 네스토르 노인은	
	어찌 됐소? 그는 살아 있지 않나요? 그는 가끔	
	현명한 조언으로 그자들의 비행을 막곤 했는데.	
네옵톨레모스	그분은 지금 형편이 좋지 않아요. 함께하던	
	아들 안틸로코스가 죽었으니까요.	425
필록테테스	아아, 그대는 죽었다는 말을 가장 듣고 싶지 않던	
	두 사람²⁸의 이름을 말하는구려. 그 두 사람이 죽고	
	이번에도²⁹ 오뒷세우스가 살아남았다면, 아아, 우리는	
	무엇을 바라보아야 한단 말인가? 이번에는 그자가	
	그들 대신 사자(死者)들에 포함되었어야 하는 건데.	430
네옵톨레모스	그자는 교활한³⁰ 씨름꾼이오. 하지만 교활한 계획들도	
	가끔은 넘어지기 마련이오, 필록테테스여!	
필록테테스	자, 말해주시오. 부탁이오. 그대 부친의 절친한	
	친구였던 파트로클로스는 그때 어디 있었소?	
네옵톨레모스	그분도 세상을 떴소이다. 간단히 말해,	435
	전쟁은 나쁜 사람은 마지못해 잡아가고	
	쓸 만한 사람들은 대놓고 잡아가지요.	
필록테테스	맞는 말이오. 그래서 묻겠는데, 아무짝에도	
	쓸모가 없으나 말솜씨만은 빈틈없는 교활한	
	그 사내는 어떻게 지내고 있지요?	440
네옵톨레모스	그대가 말하는 자가 오뒷세우스가 아니면 누구지요?	
필록테테스	그자를 말하는 게 아니오. 테르시테스란 자가 있었는데,	

	그자는 다들 짜증을 내는데도 짤막하게 말하는 것으로	
	만족하지 못했지요. 그대는 그자의 생사를 알고 있소?	
네옵톨레모스	보지는 못했으나, 아직 살아 있다고 들었소.	445
필록테테스	그럴 줄 알았소. 악한 것은 쉬이 소멸되지 않는 법이니까.	
	신들은 악한 것은 잘 돌봐주시지요. 신들은 악랄하고	
	비열한 것들은 기꺼이 하데스에서 돌려보내시는[31] 반면,	
	올바르고 쓸 만한 것은 항시 이 세상에서 내보내시지요.	
	신들의 처사를 존중하면서도 신들이 나쁘다는 것을	450
	발견하게 된다면, 이런 일을 나는 대체 어떻게 생각해야 하며,	
	어떤 점에서 신들을 찬양해야 하는 것이오?	
네옵톨레모스	오이테 산을 통치하시는 분의 아들이여, 앞으로	
	나는 일리온과 아트레우스의 아들들을 경계하고,	
	그들을 보더라도 멀리 떨어져서 볼 것이오.	455
	더 못한 자가 선한 자보다 우세하고, 쓸 만한 것은	
	망하고 겁쟁이가 통치하는 곳에서는, 그런 자들	
	사이에서는 결코 친구를 사귀고 싶지 않소.	
	천만에. 나는 바위투성이의 스퀴로스 섬으로 만족하고,	
	그곳에서 고향이나 즐길 참이오. 이제 나는 내 배가	460
	있는 곳으로 가봐야겠소, 포이아스의 아들이여!	
	편안히 지내시오. 부디 편안하시오. 그리고 신들께서	
	그대가 원하는 대로 그대를 병에서 풀어주시기를!	
	(대원들에게) 자, 우리 떠나세. 신께서 우리에게	
	항해를 허락하시는 대로 출항할 수 있도록 말일세.	465
필록테테스	그대들은 벌써 떠나려 하오, 젊은이여?	
네옵톨레모스	역시 멀리서보다는 배 가까이서	
	바람을 지켜보는 것이 옳을 것 같으니까요.	

| 필록테테스 | 젊은이여, 내 지금 그대의 아버지와 그대의 어머니와,
| | 그대의 집에서 그대에게 소중한 모든 것의 이름으로
| | 애원하오. 그대는 나를 제발 그대가 보고 있고 470
| | 또 그대가 나에게서 들었던 이 고통들 속에
| | 의지가지없이 이렇게 혼자 내버려두지 마시오.
| | 그대는 나를 그저 곁다리로만 생각해주시오.
| | 그런 짐이 몹시 성가시다는 것은 나도 알고 있소.
| | 그래도 참으시오. 고상한 사람들에게 수치스런 것은 475
| | 가증스럽고, 선행은 영광스럽기 때문이오. 그대가
| | 이 일을 포기하면 명성이 훼손될 것이나, 이 일을 해내면,
| | 젊은이여, 영광이란 큰 보답이 주어질 것이오.
| | 내가 살아서 오이테 땅에 돌아간다면.
| | 내가 그대에게 짐이 되는 것은 하루도 채 안 될 것이오. 480
| | 한번 해보시오! 나를 데려가 화물칸이든 이물 갑판이든
| | 고물 갑판이든 그대가 원하는 곳에다, 내가 동승자들을
| | 가장 덜 귀찮게 할 곳에다 밀어 넣으시구려.
| | 탄원자들의 신이신 제우스의 이름으로 간청하오.
| | 그대는 승낙하고 내 청을 들어주시오! 내 비록 영락하여 485
| | 허약한 절름발이지만 이렇게 무릎 꿇고 그대에게 탄원하오.
| | 그대는 나를 사람의 발길이 닿지 않는 곳에 이렇듯
| | 외돌토리로 내버려두지 마시고 그대의 고향이나,
| | 에우보이아 섬의 칼코돈 왕의 거처로 안전하게 데려다주시오.
| | 거기서 오이테 산과 트라키스의 언덕들과 490
| | 아름답게 흘러가는 스페르케이오스 강까지는 먼 거리가
| | 아닐 것이니, 사랑하는 아버지에게 나를 데려다주시오.
| | 아버지께서 돌아가신 것이 아닌지 벌써 오래전부터

염려가 되기는 하지만. 이곳을 들렀던 사람들을 통해,
아버지께서 배를 보내 나를 집으로 데려가 달라고 누차   495
간절한 전언을 보냈는데도 감감무소식이기에 하는 말이오.
아버지께서 세상을 떠나셨거나, 아니면 내 말을
전할 사람들이 아마도 내 부탁을 가볍게 여기고는
서둘러 자기들 집으로 돌아간 것 같소이다.
내 이제 그대를 호송인 겸 사자(使者)로³² 만났으니,   500
그대가 나를 구해주시고, 그대가 나를 불쌍히 여기시오.
인간의 운명은 공포와 위험으로 가득 차 있고,
행운과 불행은 돌고 돈다는 점을 생각하시고.
고통의 바깥에 있는 자는 위험을 보아야 하며,
잘나가는 자일수록 인생을 세심하게 살펴야 하오.   505
방심하는 사이에 느닷없이 파멸이 닥치지 않도록.

(우)

코로스 측은히 여기세요, 왕이시여! 이분은 온갖 고초가
수반된 시련에 관해 말했어요. 우리 친구들 중
어느 누구에게도 그런 일이 일어나지 말기를!
왕이시여, 그대가 가증스런 아트레우스의 아들들을   510
미워하신다면, 나 같으면 이분에 대한
그들의 학대를 이분에게 이익이 되도록 바꾸어,
이분을 훌륭한 장비를 갖춘   515
그대의 날랜 배에 태워
이분이 그리는 고향으로 날라다줌으로써
신들의 노여움을 피하겠어요.

네옵톨레모스	그대 비록 지금은 상냥하지만, 그의 병과	
	함께하는 것에 싫증이 나면, 그때는 지금과는	520
	다른 말을 하지 않도록 조심하게나!	
코로스장	그런 일은 결코 없을 거예요. 그 점에 관한 한, 그대는	
	결코 나를 정당하게 비난하실 수 없을 거예요.	
네옵톨레모스	그렇다면 도움이 필요할 때 나그네에게 내가	
	그대보다 더 굼떠 보인다면, 창피한 일이겠지.	525
	자, 그대들만 좋다면 출항하게나. 이분도 어서 출발하도록	
	하시오. 우리 배도 거절하지 않고 이분을 날라줄 테니.	
	다만 신들께서 우리를 이 나라로부터 무사히 호송하시어	
	어느 곳이든 우리가 원하는 항구로 인도해주셨으면!	
필록테테스	오오, 더없이 사랑스런 날이여, 더없이 상냥한 친구여,	530
	사랑하는 선원들이여, 내 진심으로 그대들을 사랑하게	
	되었음을 어떻게 행동으로 그대들에게 밝힐 수 있을까!	
	자, 가요, 젊은이여. 하지만 먼저 저 안에 있는, 집 아닌 집에	
	작별인사라도 합시다. 내가 무엇으로 연명했으며,	
	내 마음이 얼마나 강인했는지 그대도 알도록 말이오.	535
	생각건대, 나 아닌 다른 사람 같으면, 그것을 눈으로	
	보는 것조차 감당할 수 없었을 것이오. 하지만 나는	
	마지못해 불행을 사랑하는 법을 배우게 되었다오.	
코로스장	두 분은 멈추세요. 자, 알아봐요. 두 사람이 오고 있는데,	
	한 명은 그대 배의 선원이고, 다른 한 명은 이방인이에요.	540
	그대들은 안으로 들기 전에 그들의 말을 들어보세요.	

(정탐꾼이 선주로 변장하고 선원과 함께 등장)

정탐꾼	아킬레우스의 아들이여, 다른 두 사람과 함께
	그대의 배를 지키던 여기 내 동행인에게

어디서 그대를 만날 수 있겠는지 말해달라고
내가 부탁했소이다. 우연히 같은 해안에 정박하여　　545
뜻밖에 내가 그대와 마주치게 되었기 때문이오.
나는 선주로서 많지 않은 일행과 함께 일리온을 떠나
포도의 고장 페파레토스로 귀향하던 중에
선원들이 모두 그대의 승무원이란 말을 듣고는,
먼저 그대에게 소식을 전해주고 적당한 보수도　　550
받지 않은 채 말없이 그냥 지나쳐버리며 항해를
계속하는 것은 도리가 아니라고 생각했던 것이오.
그대는 아마 그대에 관한 일을 아무것도 모르고
있겠지요. 아르고스인들이 그대에 관해 어떤 새로운
계획을 갖고 있는지 말이오. 그것은 단순히 계획이 아니라,　　555
신속히 실행에 옮겨지고 있는 행동이올시다.

네옵톨레모스 사전에 염려해주어 고맙소이다, 나그네여.
나는 나쁜 사람이 아닌 만큼 반드시 보답하겠소.
그대가 무슨 뜻으로 그런 말을 했는지 말해주시오.
아르고스인들의 새로운 계획이란 게 뭣인지 알고 싶소.　　560

정탐꾼 포이닉스 노인과 테세우스의 아들들[33]이
그대를 찾아 선단을 이끌고 출발했소이다.

네옵톨레모스 나를 데려가려고 완력을 쓰겠다고 하오, 설득하겠다고 하오?

정탐꾼 그건 모르겠소. 내가 들은 대로 전할 뿐이오.

네옵톨레모스 포이닉스와 그의 일행이 아트레우스의 아들들을 위해　　565
어째서 그런 일에 열성을 보이는 것이오?

정탐꾼 아무튼 그 일이 신속히 실행에 옮겨지고 있음을 명심하시오.

네옵톨레모스 그런 심부름이라면 왜 오뒷세우스가 몸소 사자 노릇을
자청하지 않았지요? 뭣이 두려워 나서지 않았지요?

정탐꾼	그분과 튀데우스의 아들은 내가 출항할 때	570
	다른 사람을 찾으러 출발 준비 중이었소.	
네옵톨레모스	오뒷세우스가 찾으려는 다른 사람이 대체 누구란 말이오?	
정탐꾼	그 사람은—그대는 먼저 여기 이분이 누구인지 말해주시오.	
	그리고 무슨 말을 하시든 나직이 말하시오.	
네옵톨레모스	이분이 저 유명한 필록테테스요, 나그네여.	575
정탐꾼	*(나직이)* 그렇다면 더 묻지 마시고,	
	되도록 빨리 이 나라를 떠나도록 하시오!	
필록테테스	젊은이, 이 선주가 무슨 말을 하고 있소? 왜 이렇게	
	은밀히 속삭이며 나를 두고 그대와 흥정을 하는 거요?	
네옵톨레모스	나는 그의 말뜻을 모르겠소. 할말이 있으면 그는 그대와	580
	나와 이들 앞에서 공개적으로 말해야 할 것이오.	
정탐꾼	아킬레우스의 아들이여, 해서는 안 될 말을 했다고 나를	
	군대에 고발하지 마시오. 나는 가난한 사람이 할 수 있는	
	봉사를 해주는 대가로 그들에게 많은 혜택을 입고 있소.	
네옵톨레모스	나는 아트레우스의 아들들의 적인데 이분도 그자들을	585
	미워하시니, 이분이야말로 내 가장 친한 친구요.	
	그러니 그대가 좋은 의도로 나를 찾아온 것이라면,	
	그대가 들은 것을 조금도 우리에게 숨겨서는 안 될 것이오.	
정탐꾼	지금 그대가 무엇을 하고 있는지 잘 생각해보시오.	
네옵톨레모스	이미 잘 알고 있소.	
정탐꾼	책임은 그대가 져야 하오.	
네옵톨레모스	그러지요. 자, 말해보시오!	590
정탐꾼	말하겠소이다. 내가 말했던 두 사람,	
	튀데우스의 아들과 강력한 오뒷세우스는	
	여기 이분을 찾아 항해 중인데, 그들은 이분을	

설득하거나, 폭력을 써서라도 데려오겠다고 맹세했소.
이 말을 전 아카이오이족이 오뒷세우스의 595
입에서 분명히 들었소. 이 일이 성공할 것임을
그는 동행하는 전우보다 더 자신하고 있으니까요.

네옵톨레모스 대체 무슨 이유에서 그토록 오랜 세월이 지난 뒤
아트레우스의 아들들이 이미 오래전에 자신들이
내던졌던 이분에게 관심을 갖게 된 것이오? 600
어째서 그들이 이분을 그리워하게 된 것이오?
악행을 벌하시는 신들의 노여움이 두려워서인가요?

정탐꾼 자초지종을 말하겠소. 아마도 그대는 듣지 못하신 것
같으니 말이오. 좋은 가문에서 태어난 예언자가 한 명
있었는데, 프리아모스의 아들로 이름은 헬레노스였소. 605
한데 그자가 밤에 혼자 밖에 나왔을 때 온갖 수치스런 말과
욕설을 듣는 오뒷세우스가 꾀로 사로잡았소.
그는 그자를 결박하여 데려가서는 그 훌륭한
포획물을 아카이오이족에게 공개적으로 보여주었소.
그러자 그자는 그들이 묻는 다른 것들에 관해서도 610
예언했지만, 트로이아의 성채에 관해서도 만일 여기 이분을
설득하여 지금 살고 있는 섬에서 데려오지 못한다면
그들이 결코 성채를 함락하지 못할 것이라고 예언했소.
그러자 라에르테스의 아들이 예언자의 이 말을
듣고는 여기 이분을 데려와서 아카이오이족에게 615
보여주겠노라고 그 자리에서 약속했소. 십중팔구 그는
이분이 순순히 잡히겠지만, 반항하면 억지로라도 잡아갈
생각을 하는 것 같았소. 그리고 그가 실패하면 원하는
사람은 누구든 그의 목을 베어도 좋다고 했소.

	그대는 다 들었소이다, 젊은이. 그리고 나는 그대와,	620
	그대에게 소중한 분들에게 서두르라고 권하고 싶소.	
필록테테스	아아, 슬프도다. 그 흉악무도한 자가 나를 설득하여	
	아카이오이족에게로 데려가겠다고 맹세했단 말이오?	
	내가 죽은 뒤, 그의 아비³⁴가 그랬듯이, 저승에서 햇빛으로	
	올라가도록 나를 설득하는 편이 차라리 더 빠를 것이오.³⁵	625
정탐꾼	그것은 내가 알 바 아니오. 나는 배가 있는 곳으로 가봐야겠소.	
	신들께서 부디 그대들 두 사람에게 복을 내려주시기를!	

(정탐꾼, 동행인과 함께 퇴장)

필록테테스	젊은이여, 라에르테스의 아들이 나를 감언이설로 설득하여	
	자신의 배로 데려가서는 전 아르고스인들에게	
	보여주기를 바란다니, 참으로 끔찍한 일이오.	630
	천만에. 차라리 나는 이렇게 나를 절름발이로 만든	
	가증스런 원수인 저 독사의 말을 듣겠소이다.	
	하지만 그자가 못할 말이 어디 있으며, 못할 짓이	
	어디 있겠소! 나는 지금 그자가 이리로 오리라는 것을	
	알고 있소. 그러니 젊은이여, 우리 떠납시다.	635
	넓은 바다가 우리를 오뒷세우스에게서 떼어놓도록.	
	자, 우리 갑시다! 제때에 서두르는 자는	
	노고가 끝난 뒤 편히 쉴 수 있는 법이오.	
네옵톨레모스	그러면 이물에서 불어오는 바람이 자는 대로	
	출항하도록 합시다. 이 바람은 지금 역풍이오.	640
필록테테스	재앙에서 도망칠 때 바람은 언제나 순풍이지요.	
네옵톨레모스	그렇겠지요. 하지만 이 바람은 그들에게도 역풍이오.	
필록테테스	훔치거나 억지로 빼앗아야 할 경우,	
	해적들에게는 어떤 바람도 역풍이 아니오.	

네옵톨레모스	정 그러시다면 가요. 먼저 동굴에서 그대에게 꼭	645
	필요하고 가장 가지고 가고 싶은 것을 갖고 나오시오.	
필록테테스	필요한 것이 몇 가지 있긴 하지요. 선택의 여지는 많지 않지만.	
네옵톨레모스	내 배에서 구할 수 없는 것이 무엇이죠?	
필록테테스	한 가지 약초가 있는데, 나는 그 약초로 늘 이 상처를	650
	가장 효과적으로 달래곤 하지요. 완전히 진정될 때까지.	
네옵톨레모스	그렇다면 그것을 가져오시오. 또 무엇을 가져오고 싶소?	
필록테테스	이 화살들 중에 잊었거나 빠진 것이 있으면 가져오겠소.	
	내가 남겨두면 남이 갖게 될 테니 말이오.	
네옵톨레모스	지금 그대가 갖고 있는 그것이 그 유명한 활인가요?	
필록테테스	그렇소. 지금 내가 손에 들고 있는 바로 이것이올시다.	655
네옵톨레모스	그렇다면 내가 그 활을 가까이서 살펴보고	
	만져보고 신처럼 경배해도 되겠소?	
필록테테스	그대에게는 허용하겠소, 젊은이여. 그 밖에 내가	
	가진 것 중에서 그대에게 도움이 될 만한 것도.	
네옵톨레모스	나는 그러기를 열망하오. 하지만 그대가 허용한다면	660
	나는 열망하겠지만, 허용할 수 없다면 거절하시오.	
필록테테스	그대의 말은 경외심으로 가득 차 있소, 젊은이. 그러니	
	그대에게는 허용하겠소. 그대만이 나로 하여금 햇빛을	
	쳐다보게 해주었고, 오이테 땅과 늙으신 아버지와	
	친구들을 만나보게 해주었으며, 내 적들 앞에 쓰러져 있는	665
	나를 그자들 위로 일으켜 세워주었으니까요.	
	그러니 그대는 안심하고 활을 갖고 가 만져보고는	
	그것을 준 나에게 돌려주시오. 그러고는 자랑하시오.	
	인간들 중에서 그대만이 선행에 대한 보답으로 그 활을	
	만져보았노라고! 나도 선행에 의해 그것을 얻었으니까요.[36]	670

|네옵톨레모스| 그대를 만나보고 친구로 삼게 된 것을 나는 후회하지 않소.

누구든 선행을 선행으로 보답할 줄 아는 사람은

틀림없이 온갖 재물을 능가하는 친구가 될 테니까요.

|필록테테스| 나는 동굴 안으로 그대를 데리고 가겠소. 내 병든

몸은 그대가 옆에서 도와주기를 원하기 때문이오. 675

(필록테테스와 네옵톨레모스, 동굴 안으로 들어간다)

|코로스37(좌 1)| 나는 말만 들었을 뿐 내 눈으로 본 적은 없소이다,

전에 제우스 침상에 다가갔던 익시온을

전능하신 크로노스의 아드님38께서

빨리 도는 수레바퀴에 묶으셨다는 것을.

하지만 여기 이 사람보다

더 가혹한 운명을 만난 다른 사람은 680

나는 듣도 보도 못했소이다.

그는 폭력이나 협잡으로 어느 누구에게도

나쁜 짓을 하지 않고 이웃들과 사이좋게

지냈건만, 이렇게 죄도 없이 몰락하고 말았다니. 685

나로서는 놀라울 따름이오,

주위에서 부서지는

파도 소리를 혼자 들으며

그가 눈물겨운 삶을

이렇게 지탱하고 있다니! 690

|(우 1)| 이곳에서 그는 자신이 자신의 이웃이 되어 살아가고

있소이다. 걸어갈 힘도 없이, 그가 아플 때 옆에

있어주고, 그의 살을 파먹고 그의 피를 말리는

신병을 비탄할 때 들어줄 이웃도 없이. 695
고통이 그를 엄습할 때마다
그의 성난 발의 상처에서
뜨겁게 솟아오르는 핏물을
풍요한 대지에서 모은 약초로
달래줄 이도 없구나. 700
오히려 그는 마음을 좀먹는 고통이
조금이라도 가라앉기만 하면,
사랑하는 유모가 없는 어린아이처럼
아픈 발을 질질 끌며
이리저리 기어 다니곤 한다네, 705
생계 수단을 대주는 곳으로.

(좌2) 그는 신성한 대지의 열매나, 그 밖에
우리들 인간들이 힘들여 얻는 다른 것들을
모으는 것이 아니라, 빨리 맞히는 활에서 710
날개 달린 화살들을 쏘아 허기를 달랜다네.
아아, 비참한 생활이여!
십 년 동안이나 포도주 맛도
보지 못하고, 주위를 둘러보다가 715
물웅덩이가 보이면 목을 축이려고
늘 그쪽으로 다가간다네.

(우2) 하나 지금 그는 고생 끝에 드디어 행복하고
강력해질 것이오. 명문가의 자제를 만나, 720
그분이 그를 바다를 여행하는 배에 태워

수많은 달이 지난 뒤³⁹ 그의 고향으로,

멜리스의 요정들이 출몰하는 곳으로,

스페르케이오스 강변으로 데려다줄 테니까요.

바로 그곳 오이테 산의 산정에서

청동 방패의 전사 헤라클레스는 아버지⁴⁰의

번개의 광채에 싸여 신들에게 다가갔다네.

(필록테테스와 네옵톨레모스, 동굴에서 나온다)

네옵톨레모스 자, 어서 오시오. 왜 아무 까닭 없이 그렇게 갑자기
입 다물고 놀란 사람처럼 서 있는 것이오?

필록테테스 *(신음한다)* 아야, 아야!

네옵톨레모스 무슨 일이오?

필록테테스 별 것 아니오. 계속해서 가시오, 젊은이여!

네옵톨레모스 병이 도져 아픈 것인가요?

필록테테스 아니오. 금세 조금 나아지는구려.
오오, 신들이시여!

네옵톨레모스 왜 이렇게 신음하며 신들을 부르시오?

필록테테스 그분들께서 상냥하신 구원자들로서 우리에게 와주십사고.
아야, 아야!

네옵톨레모스 어디가 아프시오? 말하시오. 이렇게 침묵만 지키시지 말고.
어딘가 분명 좀 불편하신 것 같은데.

필록테테스 나는 끝장이오, 젊은이여. 이제 더 이상
그대에게 내 고통을 숨길 수 없게 되었구려.
아아, 꿰뚫는구나, 꿰뚫어! 젊은이여,
나는 끝장났소. 나를 집어삼키는구나.
아이코 아파, 아이코 아파!

	신들의 이름으로 부탁하오. 손에 칼 가진 게 있으면	
	내 발꿈치를 내리치시오, 젊은이여!	
	어서 빨리 베어버리시오. 내 목숨은 염려 말고.	
	자, 어서, 젊은이여!	750
네옵톨레모스	대체 그대에게 갑자기 무슨 일이 생겼기에	
	이렇게 고함을 지르며 신음하는 것이오?	
필록테테스	그대는 알고 있소, 젊은이여?	
네옵톨레모스	무슨 일이오?	
필록테테스	그대는 알고 있소, 젊은이여?	
네옵톨레모스	무슨 뜻이오? 나는 알지 못하오.	
필록테테스	모를 리가 없지. 아이코 아파, 아이코 아파.	
네옵톨레모스	그대의 신병이 그대를 무겁게 짓누르는구려.	755
필록테테스	말할 수 없이 무겁게. 나를 불쌍히 여기시오!	
네옵톨레모스	어떻게 할까요?	
필록테테스	겁이 난다고 나를 버리지 마시오.	
	이 병은 다른 곳을 돌아다니다가 싫증이 나면 가끔씩	
	찾아오곤 하니까요.	
네옵톨레모스	가엾은 분.	
	온갖 고통을 겪은 가엾은 분.	760
	내가 그대를 부축하거나 붙잡아주기를 원하시오?	
필록테테스	아니오. 그럴 것이 아니라, 방금 그대가 내게	
	청했듯이, 이 활을 받아서, 지금 나를 엄습한	
	이 병의 고통이 지나갈 때까지 안전하게	765
	지켜주시오. 고통이 가라앉기 시작하면 잠이	
	찾아오는데, 그러기 전에는 고통이 멎지 않소.	
	그러니 그대는 내가 편히 자도록 내버려두시오.	

네옵톨레모스		만일 그동안 그자들이 찾아오면, 신들의 이름으로	
		그대에게 부탁하노니, 그대는 자의에 의해서든	770
		타의에 의해서든 어떤 일이 있어도 그자들에게 이 활을	
		넘겨주어서는 안 되오. 그대 자신과 그대의 탄원자인	
		나에게 그대가 한꺼번에 파멸을 안겨주지 않도록 말이오.	
네옵톨레모스		조심할 테니 안심하시오. 활은 그대와 나 말고 다른 사람에게는	
		넘어가지 않을 것이오. 활을 주시오. 행운이 활과 함께하기를!	775
필록테테스		자, 받으시오, 젊은이여. 그리고 신들의 시기로,	
		나와 그전 임자에게 그랬듯이, 활이 그대에게	
		고통을 안겨주지 않도록 기도하시오!⁴¹	
네옵톨레모스		신들이시여, 신께서 우리를 어느 곳으로 인도하시든,	
		우리의 여행길이 어느 곳으로 나든 우리 두 사람이	780
		안전하게 신속한 항해를 할 수 있게 해주소서!	
필록테테스		젊은이여, 그대의 기도가 이루어지지 않을까 두렵소.	
		또다시 상처의 밑바닥으로부터 검은 피가 방울방울	
		배어 나오는구나. 또 터져 나올 것만 같구나.	
		아야, 아야!	785
		발이여, 네가 이 무슨 고통을 내게 안겨주려는 것이냐!	
		기어 오는구나,	
		벌써 가까이 다가오는구나. 아아, 슬프도다!	
		이제 그대들은 상황을 알고 있소. 도망치지 마시오.	
		아야, 아야!	790
		오오, 케팔렌인⁴²이여, 이 고통이	
		그대의 가슴을 꿰뚫는다면 좋으련만. 아야!	
		아야, 아야. 오오, 그대들 두 장수여,	
		아가멤논과 메넬라오스여, 나 대신 그대들이	

그토록 오랫동안 이 병을 키웠더라면 좋았을 것을! 795
아야, 아야!
오오, 죽음이여, 죽음이여, 내 너를 이렇게 날마다
계속 부르거늘, 어째서 너는 오지 못하는 게냐?
고귀한 젊은이여, 자, 그대는 나를 붙잡아
저기 저 렘노스의 불⁴³이라 불리는 불속에 살라버리시오, 800
고귀한 젊은이여! 나도 전에 제우스의 아들⁴⁴에게
그대가 지금 간수하고 있는 그 무기들을 받는
대가로 같은 봉사를 해주기로 결심한 바 있소.⁴⁵
말해보시오, 젊은이여! 말하시오! 왜 말이 없소?
무슨 생각을 하고 있는 거요, 젊은이여? 805

네옵톨레모스 아까부터 나는 마음속으로 그대의 고통을 슬퍼하고 있었소.

필록테테스 하지만, 젊은이여, 용기를 잃지 마시오. 이 고통은
올 때는 격렬하지만, 갈 때는 재빨리 가버리니까.
다만 한 가지 부탁은, 나를 혼자 남겨두지 말라는 것이오.

네옵톨레모스 안심하시오. 우리는 머물 것이오.

필록테테스 그대도 머물 것이오?

네옵톨레모스 믿어도 좋소이다. 810

필록테테스 나는 그대를 맹세로 묶지는 않겠소, 젊은이여!

네옵톨레모스 내가 그대 없이 이곳을 떠난다는 것은 도리가 아니지요.

필록테테스 약속하시오.

네옵톨레모스 머물겠다고 약속하오.

필록테테스 이제 나를 저쪽으로 데려다주시오, 저쪽으로!

네옵톨레모스 어디로 말이오?

필록테테스 저 위쪽으로.

네옵톨레모스 이건 또 무슨 광기요? 하늘은 왜 쳐다보시오? 815

필록테테스	놓으시오, 나를 놓으시오!
네옵톨레모스	어디로 가시려고?
필록테테스	놓으란 말이오.
네옵톨레모스	그건 안 되오.
필록테테스	그대가 만지니까 죽을 것만 같소.
네옵톨레모스	이제 좀 정신이 돌아오니까 놓아주겠소.
필록테테스	오오, 대지여. 죽어가는 나를 지금 이대로 받아주소서!
	나는 지금 너무나 괴로워 바로 서 있을 수도 없어요. 820
네옵톨레모스	*(대원들에게)* 이제 오래지 않아 이 사람은 잠들 것이네.
	그의 머리가 벌써 뒤로 젖혀지니 말일세.
	그의 온몸에서 땀이 솟아나고 있고,
	그의 발꿈치에서 검은 피가 작은 흐름을 이루며
	쏟아져 나왔구려. 자, 친구들이여, 825
	그가 잠이 들도록 가만히 내버려두세!

*(좌)***46**

코로스	잠이여, 고통을 모르는 이여, 잠이여,
	고뇌를 모르는 이여, 부드러운 입김으로 다가와
	축복을 내려주소서, 왕이시여!
	지금 쏟아지고 있는 햇빛을 그의 두 눈에서 830
	멀리해주소서! 자, 어서 와서 우리를 구해주소서!
	젊은 주인님, 그대는 지금
	어디에 서 있고, 어디로 향하고 있으며,
	앞으로 어떤 계획을 세울 것인지 살펴보세요.
	그대도 보시다시피, 그는 자고 있어요. 835
	한데 왜 우리는 행동하기를 망설이는 거예요?

만사를 결정하는 좋은 기회야말로 종종
신속한 행동으로 큰 승리를 쟁취하곤 하지요.

네옵톨레모스 이 사람이 아무것도 듣지 못하지만 이 사람 없이
출항한다면, 이 활을 노획해도 허사임을 나는 알고 있네. 840
승리의 영관은 그의 것이네. 그를 데려오라고 신께서
명령하셨네. 기만으로 얻은 불완전한 성공은 치욕이네.

(우)

코로스 하지만 젊은 주인님, 그 일은 하늘에
맡기세요. 다음번에 대답하실 때는
젊은 주인님, 목소리를 낮춰 845
나직이, 나직이 속삭여주세요.
모든 병자의 잠은 선잠이라
잠귀가 밝은 법이지요.
그러니 그대는 제발 조심조심하여
그 전리품을, 위대한 전리품을 은밀히 850
얻도록 하세요. 그대가 이자에게 그런 의도를
고집할 경우―내가 어떤 의도를 말하는 것인지
그대는 아시겠지요―현명한 사람이라면 누구나
고칠 길 없는 고통을 예견할 수 있을 것이오.[47]

(종가)

코로스 순풍이 불고 있어요, 순풍이, 젊은 주인님! 855
이 사람은 시력도 없이 도와줄 이도 없이
뻗어 누워 정신없이 자고 있어요.

햇볕 아래 잠이 건강에 좋긴 하지만,

손도 발도 그 어떤 것도 마음대로 하지 못하니

그는 꼭 저승에 누워 있는 사람 같아요. 860

그대의 말씀이 과연 적절한지 조심하고

잘 살펴보세요. 내 마음이 진리를 파악할 수

있는 한, 젊은 주인님, 상대방을

놀라게 하지 않는 것이 상책이에요.

네옵톨레모스 조용히들 하게나! 정신 바짝 차리게나! 865

저 사람이 눈을 뜨며 고개를 들고 있네.

필록테테스 오오, 잠잔 뒤의 햇빛이여,

기대하지도 않았던 충실한 감시인들이여!

젊은이여, 사실 나는 기대하지도 않았소이다.

그대가 옆에 서서 나를 돕고자 이렇게 동정심에서 870

참을성 있게 내 고통이 가라앉기를 기다려주리라고는.

용감한 장수들인 아트레우스의 아들들은 아무튼 나를

이렇게 쉬이 견뎌낼 수 있는 참을성이 없었소이다.

하지만 그대는 본성이 고귀하고, 또 고귀한 분들에게서

태어났소이다, 젊은이여. 그래서 고함소리와 악취에 875

시달리면서도 그대는 이 모든 것을 쉬이 견뎌냈던 것이오.

자. 이제는 내 이 불행을 잠시 잊고 쉴 수 있을 것 같으니,

젊은이여, 그대가 손수 나를 일으켜 세우시오.

그대가 나를 똑바로 세우시오. 내가

고통에서 원기를 회복하는 대로, 우리가 배 있는 880

곳으로 가서 지체 없이 출항할 수 있도록 말이오.

네옵톨레모스 그대가 내 예상과는 달리 고통에서 벗어나

살아 숨 쉬고 있는 것을 보니 나는 정말 기쁘오.
고통이 그대를 엄습했을 때의 징후들을 보면
그대는 꼭 죽은 사람 같았소이다. 885
자, 이제는 일어서시오. 원하신다면 이 사람들이
그대를 날라다줄 것이오. 그대와 내가 한마음이
되었으니, 그들은 노고를 아끼지 않을 것이오.

필록테테스 고맙소, 젊은이! 그들이 아니라, 그대가 나를 일으켜
세우시오. 이 사람들은 아직 때가 되기도 전에 악취에 890
시달리지 않도록 내버려두시오. 배에서 나와 함께
지내는 것이 그들에게는 충분한 노고가 될 테니까요.

네옵톨레모스 그러시오. 자, 일어서서 손수 나를 잡으시오!

필록테테스 걱정 마시오. 오랜 습관이 나를 일으켜 세울 테니까요.

네옵톨레모스 아아, 이젠 어떻게 하지? 895

필록테테스 무슨 일이오, 젊은이? 무슨 그런 엉뚱한 말을 하시오?

네옵톨레모스 어떻게 설명해야 할지 모르겠군요. 난처하게 됐어요.

필록테테스 난처하다니, 무엇이 말이오? 제발 그런 말 하지 마시오!

네옵톨레모스 그럴 만큼 난처하게 됐소이다.

필록테테스 설마 내 병을 견디다 못해, 나를 그대의 배에 900
태워주지 않기로 마음을 바꾼 것은 아니겠지요?

네옵톨레모스 사람이 제 본성을 버리고 본성에 맞지 않는 짓을
하게 되면 모든 것이 견디기 어렵지요.

필록테테스 그대가 그럴 만한 사람을 도와준다고 해서 말이나 행동에서
그대의 부친의 본보기에서 벗어나는 것은 아닐 것이오. 905

네옵톨레모스 나는 비열한 자로 드러날 것이오. 아까부터 그 점이 괴롭소이다.

필록테테스 지금의 행동은 그렇지 않지만, 나는 그대의 말이 두렵소.

네옵톨레모스 제우스시여, 어떡하지요? 숨겨서는 안 될 것을 숨기고, 말해선

	안 될 것을 말함으로써[48] 두 번이나 악당으로 드러나야 하나이까?	
필록테테스	이 사람은, 내 판단이 틀린 것이 아니라면,	910
	나를 배신하고 뒤에 버려둔 채 출항할 것 같구먼.	
네옵톨레모스	내가 버리다니요? 하지만 내가 그대를 호송하는 것이 그대에게	
	더 괴로울 수 있다는 생각이 아까부터 나를 괴롭히고 있소.	
필록테테스	그게 무슨 말이오, 젊은이여? 나는 이해가 되지를 않소이다.	
네옵톨레모스	다 털어놓겠소이다. 그대는 배를 타고 트로이아로,	915
	아카이오이족과 아트레우스의 아들들의 군대로 가야 하오.	
필록테테스	아니, 뭐라 했소, 지금?	
네옵톨레모스	들어보기도 전에 탄식부터 하지 마시오!	
필록테테스	뭘 듣는단 말이오? 나를 대체 어쩔 셈이오?	
네옵톨레모스	나는 먼저 이 불행에서 그대를 구하고, 그런 다음	
	그대와 함께 가서 트로이아의 나라를 파괴할 것이오.	920
필록테테스	그것이 정녕 그대의 의도란 말이오?	
네옵톨레모스	가혹한 필연이 그렇게 명령하고 있소.	
	그러니 그대는 화내지 말고 들으시오!	
필록테테스	아아, 나는 끝장났구나. 나는 배신당했구나. 나그네여,	
	그대가 내게 이 무슨 짓이오? 당장 활을 돌려주시오!	
네옵톨레모스	그건 안 되오. 의무와 공익이	925
	윗사람의 말을 듣도록 나를 강요하기 때문이오.	
필록테테스	그대 화염[49]이여, 완전한 괴물이여, 온갖 비열함의	
	가장 가증스런 걸작품이여, 이게 무슨 짓이며,	
	무슨 속임수란 말이오? 무정한 자여, 그대에게 애원하는	
	탄원자인 나를 보기가 부끄럽지도 않소? 그대는	930
	내 활을 빼앗음으로써 내 목숨을 빼앗은 것이오.	
	활을 돌려주시오, 제발. 활을 돌려주시오, 젊은이여!	

그대의 선조들의 신들의 이름으로 부탁하니, 내 목숨을
빼앗지 마시오. 아아, 그는 더 이상 아무 말도 않는구나.
결코 활을 포기하지 않으려는 듯 나를 외면하는구나! 935
오오, 너희들 만(灣)들과 갑(岬)들이여, 오오, 너희들
나와 함께 사는 산속의 야수들이여, 오오, 너희들
가파른 암벽들이여, 달리 말을 건넬 사람이 없는
나의 말을 항상 들어주곤 하던 너희들에게 호소하노라,
아킬레우스의 아들이 내게 어떤 짓을 했는지! 940
그는 나를 집에 데려다주겠다고 맹세해놓고 트로이아로
데려가고 있구나. 그는 오른손으로 약속까지 해놓고 내게서
제우스의 아들 헤라클레스가 갖고 다니던 신성한 활을
빼앗아 아르고스인들에게 자랑 삼아 보이려 하는구나.
강자를 사로잡은 양 나를 억지로 끌고 가고 있지만, 945
그는 시신을, 연기의 그림자를, 단순한 환영을 죽이고
있을 뿐이라는 걸 모르는구나. 내게 힘이 있다면, 그는 결코
나를 잡지 못했으리라. 이래 뵈도 꾀 아니고서는 나를 잡지
못했을 테니까. 지금 나는 비참하게 속았구나. 어떡하지?
그 활을 돌려주시오! 이제 그대의 본심으로 돌아가시오! 950
말 좀 해보시오. 그대는 말이 없구려. 아아, 그렇다면
나는 끝장이야! 아아, 양쪽으로 입구가 나 있는 동굴이여,
나 이제 너에게 돌아가노라, 무장 해제되고 생계 수단도
빼앗긴 채. 저 방에서 나는 혼자 시들어가겠지.
날개 달린 새도, 산속을 헤매는 짐승도 저 활로 죽이지 955
못할 테니까. 아니, 나는 불행히도 나를 먹여준 것들의
먹이가 되고, 내가 전에 사냥하던 것들이 이제는 나를
사냥하게 되겠구나. 그리하여 나는 비참하게도 사냥감들의

죽음을 내 죽음으로 갚게 되겠구나. 악이라고는 모르는 것처럼
보이는 저 사람 덕분에. 죽어버리시오! 아니, 그건 안 되오. 960
그대가 생각을 바꿀지 내가 알기 전에는 말이오.
생각을 바꾸지 않겠다면, 그대는 비참하게 죽어버리시오!

코로스장   어떡할까요? 왕이시여, 우리가 출항하느냐, 아니면 저 사람의
소원을 들어주느냐 하는 것은 그대에게 달려 있어요.

네옵톨레모스   나는 마음속으로 저 사람에게 깊은 동정을 느끼네. 965
이제 와서 그런 것이 아니라, 아까부터 말일세.

필록테테스   젊은이여, 나를 불쌍히 여기시오. 나를 함정에
빠뜨렸다고 사람들에게 욕먹지 마시오!

네옵톨레모스   아아, 어떡하지? 스퀴로스를 떠나지 말았더라면!
그만큼 나는 고통스런 일에 직면해 있다네. 970

필록테테스   그대는 악당이 아니오. 악당들에게 배워 이런 나쁜 짓을 하게
된 것 같소. 이제 그대는 나쁜 짓이랑 나쁜 짓이 어울리는
다른 사람들에게 맡기고 출항하시오. 내 무기들을 돌려주고.

네옵톨레모스   어떡할까, 여러분들?

(오뒷세우스, 갑자기 동굴 뒤에서 나타난다)

오뒷세우스   이 고약한 사람 같으니라고, 무슨 짓을 하는 거요?
그 활을 내게 맡기고 뒤로 물러서지 못하겠소? 975

필록테테스   이게 누구야? 오뒷세우스의 목소리가 아닌가?

오뒷세우스   그렇소. 그대는 나 오뒷세우스를 보고 있소이다.

필록테테스   아아, 그렇다면 나는 배반당한 거야. 끝장난 거야.
그러니까 나를 사로잡고 내 무기를 빼앗은 것은 저자였구먼.

오뒷세우스   그렇소. 내가 그랬소이다. 내 시인하리다. 980

필록테테스   그 활을 돌려주시오, 젊은이여. 제발 돌려주시오.

오뒷세우스   그는 그렇게 하고 싶어도

필록테테스	그렇게 하지 못할 것이오. 게다가 그대도 활과 함께 가야 하오. 아니면 저들이 억지로 그대를 데려갈 것이오.	
필록테테스	대담무쌍한 악당 중의 악당이여, 이들이 나를 억지로 데려갈 것이라고?	
오뒷세우스	그대가 순순히 가지 않는다면.	985
필록테테스	오오, 렘노스 땅이여, 그리고 헤파이스토스께서 점화하신 더없이 강력한 화염[50]이여, 저자가 너희들의 영역에서 나를 억지로 끌고 가도 너희가 참는 것이 과연 도리인가?	
오뒷세우스	알아두시오. 이것은 제우스의, 이 땅을 통치하시는 제우스의 분부시오. 나는 그분의 시중을 들 뿐이오.	990
필록테테스	오오, 가증스런 자여, 또 무슨 핑계를 둘러대는 것인가? 그대는 신들을 내세워 신들을 거짓말쟁이로 만드는구려.	
오뒷세우스	진정한 예언자로 만드는 거요. 그대는 이 길을 가야 하오.	
필록테테스	못 가.	
오뒷세우스	가야 하오. 내 말을 들어야 하오.	
필록테테스	아아, 슬프도다! 그렇다면 분명 내 아버지께서 나를 자유인이 아니라 노예로 낳으셨소.	995
오뒷세우스	아니오. 그들과 더불어 그대가 트로이아를 함락하고 폐허로 만들게 되어 있는 가장 용감한 자들과 동등한 자로 낳으셨소.	
필록테테스	온갖 고초를 당한다 하더라도 나는 그렇게 하지는 않겠소. 내가 이 섬의 가파른 암벽들 위에 서 있는 한 말이오.	1000
오뒷세우스	어떡할 작정이오?	
필록테테스	당장 바위에서 뛰어내려 저 아래 바위에다 내 머리를 박살내버릴 것이오.	
오뒷세우스	너희 둘은 저 사람을 붙잡도록 해라, 그가 그런 짓을 못하도록!	
필록테테스	아아, 내 두 손이여, 너희들에게 사랑스런 활시위가 없어	

저자의 장난감이 되다니, 이게 무슨 수모란 말이냐? 1005
건전하고 자유로운 생각과는 거리가 먼 자여, 그대는
이번에도 살그머니 다가와 나를 올가미로 잡았구려.
내게는 낯선 이 소년을 가리개로 내세워 가지고.
그대에게는 과분하나 내게는 어울리는 이 소년은
명령을 수행하는 것 외에는 아무것도 모르지만, 1010
지금은 분명 자신의 과오로 내게 고통을 안겨준 것을
몹시 후회하고 있을 것이네. 하지만 언제나
은밀한 곳에서 엿보기를 좋아하는 그대의 사악한 마음이
그의 본성과 의도와는 달리 그런 나쁜 술수에 능하도록
그를 조금씩 가르쳐주었지. 그리고 이번에는, 1015
가련한 자여, 그대는 내 손발을 묶어서 이 해안에서
끌고 가려 하는구나. 전에는 나를 이곳에 친구도, 고향도 없는
외돌토리로, 산 자들 사이의 죽은 자로 내던지더니!
아아!
죽어버려라! 그렇게 가끔 그대를 위해 기도했었지.
하지만 신들께서는 내게 즐거운 것이라고는 아무것도 주시지 1020
않았어. 그대는 즐겁게 살아가지만, 내게는 산다는 것
자체가 고통이었으니까. 이렇게 온갖 고통을 당하며
그대와, 그대가 이런 심부름을 해주고 있는 두 장수들인
아트레우스의 아들들에게 조롱당하고 있는 내게는 말이야.
하지만 그대는 계략과 강요에 의해 멍에를 지고서야[51] 1025
그들과 함께 항해했지만, 더없이 비참한 나는 자진하여 함선
일곱 척을 이끌었다네. 한데도 그대의 말에 따르면 그들이,
그들의 말에 따르면 그대가 나를 수치스럽게 내던졌지.
하거늘 이제 와서 그대들이 왜 나를 끌고 가는가? 무엇을 위해?

나는 아무것도 아니며, 그대들에게는 오래전에 죽었거늘, 1030
신들께 미움 받는 자여, 어째서 지금은 내가 그대에게 절름발이가
아니며 악취가 나지 않는가? 내가 그대와 함께 출항하면,
어떻게 그대들은 제물을 태워드리거나 헌주할 것인가?
바로 그것이 나를 내팽개친 핑계가 아니었던가! 그대들은
비참하게 죽어라! 아닌 게 아니라 그대들은 내게 악행을 1035
저지른 대가로 죽게 되리라. 신들께서 정의를 존중하신다면.
신들께서 정의를 존중하신다는 것을 나는 잘 알고 있다.
신의 몰이 막대기가 인도하지 않았다면, 그대들은 결코
이토록 비참한 사람을 찾아 이리로 항해하지 않았을 테니까.
오오, 조국 땅이여, 굽어보시는 신들이시여, 1040
나를 불쌍히 여기신다면, 벌하소서, 벌하소서,
비록 늦기는 했지만 드디어 그들 모두를 벌하소서!
비록 내 삶은 비참하지만, 그들이 죽는 꼴을 보게 된다면,
나는 병이 완치되었다고 믿을 수도 있으련만!

코로스장 이 나그네는 마음씨도 거칠지만 말하는 것도 거칠어요, 1045
오뒷세우스 님. 그는 불행에 굴복하지 않는군요.

오뒷세우스 시간이 있다면 내 그에게 자세히 답변할 수 있을 것이나,
지금은 한 가지밖에 말할 수 없구려. *(필록테테스에게)*
나는 그때그때의 필요에 따라 최선을 다하는 사람이오.
올바르고 착한 사람이 문제가 되는 곳에서는, 1050
그대는 나보다 더 경건한 사람을 보지 못할 것이오.
나는 매사에 이기고 싶어하는 성미지만, 그대에게만은
그렇지 않소. 내 이번에 그대에게 기꺼이 양보하겠소.
그대들은 그를 놓아주게. 그에게 손대지 말고 이곳에
머물게 내버려두게. 이 무기가 우리 수중에 있는 이상, 1055

우리에게는 그대가 더 이상 필요 없소. 명궁(名弓)
테우크로스가 우리 곁에 있기 때문이오. 그리고 나도
있소이다. 활을 다루고 손으로 겨누는 데는 나도
그대보다 조금도 못하지 않다고 생각하오. 그러니 그대가
왜 필요하겠소? 그대의 렘노스나 실컷 거니시오. 우리는 1060
가봐야겠소. 그대의 귀중한 이 활은 마땅히 그대에게
주어졌어야 할 명예를 아마도 내게 넘겨주게 될 것이오.

필록테테스 아아, 슬프도다! 이 일을 어떡해야 하나? 그대가
내 무기들을 뽐내며 아르고스인들 앞에 나타나겠다는 겐가?

오뒷세우스 더 이상 내게 대꾸하지 마시오. 나는 떠나니까. 1065

필록테테스 아킬레우스의 아들이여, 그대도 내게 더 이상
아무 말 않고 이대로 떠날 참인가요?

오뒷세우스 *(네옵톨레모스에게)* 이리 오시오! 그자를 보지 마시오!
그대의 아량이 우리의 행운을 망치지 않도록 말이오.

필록테테스 친구들이여, 그대들도 나를 혼자 내버려둘 참이오? 1070
그대들도 나를 불쌍히 여기지 않을 것이오?

코로스장 여기 이 젊은이는 우리 배의 선주요. 이분이 그대에게
하시는 말씀은 곧 우리의 대답이기도 하지요.

네옵톨레모스 *(코로스에게)* 이분에게 내가 지나치게 동정적이라는 말을
듣게 되겠지만, 그대들은 이분이 원한다면, 1075
선원들이 선구를 손질하고 우리가 신들께
기도하는 동안 이분 곁에 머물러 있도록 하게나.
어쩌면 그동안 이분이 우리에게 유리하도록 생각을
바꿀지도 모르니까. 우리 두 사람은 떠날 것이니,
그대들은 우리가 부르면 속히 뒤따라오도록 하게나. 1080

(오뒷세우스와 네옵톨레모스 퇴장)

(좌 1) **52**

필록테테스 너 석굴(石窟)이여,
뜨거운가 하면 얼음처럼 찬 방이여,
아아, 가련한 나는 결코 너를 떠나지
못할 운명인 게로구나. 아니, 너는
내 죽음의 목격자가 되리라.   1085
아아, 슬프고 슬프도다!
너, 내 고통으로 꽉 찬
슬픈 거처여, 무엇이 앞으로
내 일용할 양식이 될 것인가?
어디서 가련한 나는 생계를 이을   1090
희망을 발견하게 될 것인가?
내 머리 위에서는 겁 많은 비둘기들이
윙윙거리는 바람을 헤치고 제 갈 길을 가겠지.
내가 그것들의 비상을 제지하지 못할 테니까.

코로스 오오, 불운한 자여, 이것은 그대가   1095
자청한 것이오. 이런 운명은 외부에서
더 위대한 자에게서 온 것이 아니오.
그대가 지혜를 보여줄 수 있었을 때,
그대는 좋은 운명 대신
나쁜 운명을 택했던 것이오.   1100

(우 1)

필록테테스 아아, 나야말로 비참하고 비참하도다,
고통에 소진된 채,

앞으로 함께할 사람이라고는 아무도 없이
여기서 비참하게 살다가
여기서 죽어야 할 나는! 1105
아아, 슬프고 슬프도다!
더 이상 나는 양식을 집으로 가져오지 못하고,
더 이상 내 강력한 손안의 날개 달린
무기들로 양식을 구하지 못하겠지. 1110
음흉한 자의 예기치 못한 속임수에
나는 속고 말았구나.
아아, 이런 음모를 꾸민 자가
같은 기간 동안 나와 똑같은 고통을
당하는 꼴을 내가 볼 수 있다면! 1115

코로스 이것은 신들께서 그대에게 내리신
운명이오. 나는 어떤 음모에도 손을
빌려주지 않았소이다. 그러니 그대의
무섭고 해로운 저주를 다른 사람들에게 1120
돌리시오! 나는 정말로 그대가 내 우정을
거절하지 않았으면 좋겠소이다.

(좌 2)

필록테테스 아아, 그자는 아마도
잿빛 바다 기슭에 앉아
나를 비웃고 있겠지. 불쌍한 나를 1125
부양해주었으며, 남은 어느 누구도
만져본 적이 없는 무기를 손으로

　　　　휘두르며. 사랑하는 활이여, 너는
　　　　사랑하는 손들에서 빼앗기고 말았구나.
　　　　너에게 감정이 있다면, 1130
　　　　너는 앞으로는 두 번 다시 너를
　　　　사용하지 못할 이 헤라클레스의 친구를
　　　　동정 어린 눈으로 쳐다보련만!
　　　　너는 간교한 새 주인을 만났으니,
　　　　그자가 너를 다루게 되리라. 1135
　　　　그리하여 너는 음흉한 속임수들을,
　　　　그리고 간지(奸智)에서 우러나오는
　　　　수많은 재앙을 나에게 꾸민
　　　　그 가증스런 원수의 얼굴을 보게 되리라.

코로스 　대장부라면 바른말을 해야 할 1140
　　　　것이며, 그럴 때도 악담은
　　　　삼가야 할 것이오. 오뒷세우스
　　　　그분은 군대의 사절에 불과하며
　　　　친구들의 공동의 이익을 위해
　　　　그들의 명령을 이행하고 있을 뿐이오. 1145

(우 2)

필록테테스 　내 날개 달린 사냥감들이여, 이곳의
　　　　산속에서 먹이를 찾는 눈이 번쩍이는
　　　　들짐승들의 종족이여, 이제 더는 너희들의
　　　　보금자리에서 놀라 도망치지 마라!
　　　　이전부터 내 힘이었던 그 화살들을 1150

나는 이미 손안에 갖고 있지 않으니까.
나는 지금 얼마나 비참한가!
너희들은 제약 없이 돌아다녀라,
이곳은 너희들에게 더 이상 두려운 곳이
아니니까. 지금이야말로 너희들이 1155
피의 복수를 감행하여 내 변색된 살을
실컷 포식할 수 있는 기회로다. 나는 곧
세상을 떠날 테니까. 왜냐하면 어디서
생계 수단을 내가 구할 수 있겠느냐?
생명을 주는 대지가 베푸는 온갖 것들 중에 1160
한 가지도 가진 게 없다면,
누가 이렇게 바람만 먹고 살 수 있겠느냐?

코로스 신들의 이름으로 부탁하오. 호의에서 그대에게
다가오는 친구를 그대가 조금이라도 존중한다면,
그대도 다가가시오! 잘 생각해보시오, 이 재앙을 1165
피하는 것은 여전히 그대에게 달려 있소.
이 재앙은 잔인하게 갉아먹으니, 이 재앙이 안겨주는
엄청난 고통을 그대는 끝내 견디지 못할 것이오.

필록테테스 또다시, 또다시 그대는 묵은 고통[53]을
일깨워주는구려, 일찍이 이곳에 온 자들 가운데 1170
그대가 가장 친절하기는 하지만 말이오.
왜 나를 괴롭히시오? 왜 나를 못살게 구시오?

코로스 그게 무슨 뜻이오?

필록테테스 그대는 나를

코로스	가증스런 트로이아 땅으로 데려가기를 바라고 있지 않소?	1175
코로스	내 생각엔 바로 그것이 상책인 것 같소이다.
필록테테스	그렇다면 지금 당장 내 곁을 떠나시오.
코로스	기꺼이, 기꺼이 우리는
	그대의 소원을 이루어주겠소.
	자, 갑시다. 각자 배 안에 마련된
	자기 자리로 갑시다!	1180
필록테테스	인간의 저주를 들어주시는 제우스의 이름으로 간청하오.
	가지 마시오. 제발 부탁이오.
코로스	그렇다면 좀 차분하시오!
필록테테스	친구들이여,
	제발 이곳에 머무시오!
코로스	왜 우리를 부르시오?	1185
필록테테스	아야, 아야!
	신이시여, 신이시여, 나는 비참하게 죽어가고 있나이다.
	발이여, 발이여, 비참한 내가
	너를 갖고 앞으로 어떻게 살아간단 말인가?
	친구들이여, 되돌아오시오!	1190
코로스	우리가 그대의 잠시 전의 명령[54]을 어기고
	어떻게 해주기를 그대는 원하시오?
필록테테스	누군가 격렬한 고통에 정신을 잃고
	허튼소리를 한다면, 그것은 결코
	화를 낼 정당한 사유가 되지 못하오.	1195
코로스	그렇다면 불행한 자여, 우리의 권고에 따라 이리 오시오!
필록테테스	결코, 결코 그러지는 않을 것이오. 그 점은 믿어도
	좋소. 설사 사나운 번개의 주인[55]께서 벼락으로

	나를 쏘시겠다고 해도 그러지는 않을 것이오.
	일리온은 멸망하기를! 그리고 이렇게 절름발이가	1200
	된 나를 감히 내쫓은, 그 성벽을 포위하고 있는 자들도
	모두 모두 멸망하기를! 하지만 친구들이여,
	그대들은 한 가지 청을 들어주시오!

코로스 무슨 청이오?

필록테테스 칼이든, 도끼든, 그 밖에 다른 어떤 무기든
 구할 수 있다면, 내게 건네주시오. 1205

코로스 무슨 짓을 저지르려고요?

필록테테스 머리와 사지를 모두 내 손으로 자르고 싶소이다.
 나는 죽고 싶은, 죽고 싶은 생각뿐이오.

코로스 그건 왜요?

필록테테스 아버지를 찾으려고. 1210

코로스 어느 나라에서?

필록테테스 저승에서.
 그분은 더 이상 햇빛 속에 계시지 않으니까.
 오오, 도시여, 내 선조들의 도시여,
 내 어찌 너를 다시 볼 수 있겠는가?
 어리석게도 네 신성한 강물[56]을 떠나 1215
 내 적들인 다나오스 백성들[57]을 도우러
 간 주제에? 이제 나는 끝장났소이다.

(필록테테스가 동굴 안으로 들어간다)

코로스장 나는 벌써 이곳을 떠나 지금쯤 우리 배 가까이
 가 있었을 것이오. 오뒷세우스와 아킬레우스의
 아들이 다가오는 것을 보지 않았더라면 말이오. 1220

그들은 우리를 향해 곧장 이리로 다가오고 있소.

(네옵톨레모스가 등장하고 이어서 오뒷세우스도 등장한다)

오뒷세우스 대체 무슨 의도로 그대가 이렇게 서둘러
되돌아가는지 내게 정말로 말해주지 않을 참이오?
네옵톨레모스 내가 앞서 저지른 잘못을 취소하러 가는 길이오.
오뒷세우스 이상한 말을 하는구려. 그 실수란 게 대체 뭐요? 1225
네옵톨레모스 내가 그대와 전군(全軍)에 복종했던 것이오.
오뒷세우스 그래서 그대답지 않은 무슨 짓을 저질렀다는 것이오?
네옵톨레모스 나는 수치스런 속임수와 계략으로 그 사람을 붙잡았소.
오뒷세우스 누구 말이오? 설마 그대가 엉뚱한 생각을 하는 건 아니겠지요?
네옵톨레모스 엉뚱한 짓이라니요. 나는 포이아스의 아들에게… 1230
오뒷세우스 어떻게 하겠다는 것이오? 갑자기 두려운 생각이 드는구려.
네옵톨레모스 그에게 빼앗은 이 활을 도로 그에게…
오뒷세우스 맙소사, 무슨 말을 하려고? 설마 돌려주겠다는 것은 아니겠지?
네옵톨레모스 이 활을 나는 비열하고 떳떳치 못한 방법으로 얻었소.
오뒷세우스 맙소사. 나를 골려주려고 그런 말을 하는 거요? 1235
네옵톨레모스 진실을 말하는 것이 골려주는 것이라면.
오뒷세우스 무슨 뜻이오, 아킬레우스의 아들이여? 뭐라 했소?
네옵톨레모스 같은 말을 두 번 세 번 되풀이해야겠소?
오뒷세우스 나로서는 단 한 번도 듣지 않았으면 좋겠소.
네옵톨레모스 그렇다면 잘 알아두시오. 나는 더 할 말이 없소이다. 1240
오뒷세우스 그렇다면 그대의 행동을 제지할 사람이 반드시 있을 것이오.
네옵톨레모스 무슨 뜻이오? 누가 그러지 못하게 나를 제지한단 말이오?
오뒷세우스 전 아카이오이족이. 나도 그중 한 명이오.
네옵톨레모스 그대는 지혜로우나 그대의 말은 지혜롭지 못하군요.

오뒷세우스　그대는 말도 행동도 지혜롭지 못하오.　　　　　　　　　　1245

네옵톨레모스　하지만 옳다면, 그것은 지혜로운 것보다 더 나은 것이오.

오뒷세우스　그대가 내 조언에 따라 얻었던 것을 되돌려주는 것이
　　　　　　어째서 옳단 말이오?

네옵톨레모스　나는 내가 저지른
　　　　　　과오를 취소하려는 것뿐이오.

오뒷세우스　그런 짓을 하고도 아카이오이족 군대가 두렵지 않소?　　1250

네옵톨레모스　정의가 내 편이라면 그대의 위협 같은 것은 두렵지 않소.

오뒷세우스　. . . . . . .⁵⁸

네옵톨레모스　내 이번 일에는 그대의 그 손에도 복종치 않을 것이오.

오뒷세우스　그렇다면 우리는 트로이아인들이 아니라 그대와 싸우게 될 것이오.

네옵톨레모스　될 대로 되라지!

오뒷세우스　그대는 내 오른손이
　　　　　　칼집에 가 있는 것이 보이지 않소?

네옵톨레모스　좋소. 그대는 나도 같은 짓을　　　　　　　　　　　　1255
　　　　　　하는 것을 보게 될 것이오. 지금 당장 말이오.

오뒷세우스　좋소. 나는 그대를 내버려두겠소. 하지만 가서 전군에
　　　　　　이 사실을 알리면, 그들이 그대를 응징하게 될 것이오.

(오뒷세우스 퇴장)

네옵톨레모스　이제야 현명해졌구려. 앞으로도 그렇게 현명하게
　　　　　　처신하면, 모든 근심에서 벗어날 수 있을 것이오.　　　　1260
　　　　　　포이아스의 아들 필록테테스여, 그대는 내 말을
　　　　　　들으시오. 그대의 돌집을 떠나 밖으로 나오시오!

필록테테스　*(동굴 안에서)*
　　　　　　내 동굴 앞에서 또 웬 고함소리지? 왜 나를 부르시오?
　　　　　　용건이 무엇이오, 나그네들이여? *(동굴 밖으로 나오며)*

아아, 좋은 일은 아닌 것 같군. 그대들은 묵은 고통에
새 고통을 덧붙이려고 여기 와 있는 것이오?

네옵톨레모스 두려워하지 말고 내가 전하는 말을 들으시오!

필록테테스 어찌 두렵지 않겠소? 아까도 그대의 말을 믿다,
그 아름다운 말들에 낭패를 보았거늘.

네옵톨레모스 생각이 바뀔 수도 있지 않겠소?

필록테테스 그대는 내 활을 훔칠 때도,
말은 믿음직한 사람이었소, 속은 음흉하면서도.

네옵톨레모스 지금은 그렇지 않소이다. 나는 그대에게 듣고 싶소,
그대가 여기 머물면서 참고 견디기로 결심했는지,
아니면 우리와 함께 출항하겠는지 말이오.

필록테테스 그만 하고, 더는 말하지 마시오.
그대가 무슨 말을 하든, 다 소용없는 짓이니까.

네옵톨레모스 그게 그대의 확고한 결심이오?

필록테테스 말할 수 있는 것 이상으로 확고하오.

네옵톨레모스 사실 나는 말로 그대를 설득할 수 있기를
바랐소. 하나 내 말이 적절치 않다면
말하지 않겠소이다.

필록테테스 그대가 무슨 말을 해도 소용없소.
그대는 결코 내 마음의 호의를 사지 못할 것이오,
속임수로 내 생계 수단을 빼앗아 갔으니까. 그러고도
다시 와서 내게 조언하려 하다니, 그대야말로
가장 훌륭한 아버지의 가장 수치스런 자식이구려!
그대들이 모두 죽었으면! 먼저 아트레우스의 아들들이,
다음에는 라에르테스의 아들이, 그 다음에는 그대가!

네옵톨레모스 더 주저하지 말고,

	내 손에서 이 무기들을 돌려받으시오.
필록테테스	뭐라 했소? 또 나를 속이려고?
네옵톨레모스	아니오. 최고신 제우스의 존엄에 걸고 맹세하겠소.
필록테테스	더없이 반가운 말이오. 그대의 말이 진실이라면.
네옵톨레모스	그건 행동이 증명할 것이오. 자, 그대의 오른손을 앞으로 내밀어 그대의 무기들의 임자가 되시오!

(네옵톨레모스가 필록테테스에게 무기들을 넘겨주려는 순간, 갑자기 오뒷세우스가 나타난다)

오뒷세우스	신들께서 내 증인이 되어주소서. 나는 그것을 금지하오, 아트레우스의 아들들과 전군의 이름으로.
필록테테스	젊은이, 누구의 목소리였소? 오뒷세우스였나요?
오뒷세우스	잘 알아두시오. 아킬레우스의 아들이 원하든 원치 않든 그대를 강제로 트로이아의 들판으로 데려갈 사람이 그대의 눈앞에 서 있소이다.
필록테테스	여기 이 화살이 똑바로 날면, 기고만장하지 못하겠지.

(필록테테스가 활을 당긴다)

네옵톨레모스	*(필록테테스의 손을 잡으며)* 아아, 제발 화살을 쏘지 마시오!

(오뒷세우스 퇴장)

필록테테스	제발 내 손을 놓으시오, 사랑하는 젊은이!
네옵톨레모스	그럴 수 없소이다.
필록테테스	아아, 어째서 그대는 내가 내 활로 내 가증스런 원수를 죽이지 못하게 방해하는 거요?
네옵톨레모스	그것은 나에게도 그대에게도 명예롭지 못할 것이오.
필록테테스	하지만 이 한 가지만은 알아두시오. 군대의 우두머리들은, 아카이오이족의 거짓 전령들[59]은 말로는 용감하지만 전투에서는 겁쟁이들이라는 것 말이오.

네옵톨레모스 그럴지도 모르지요. 하지만 그대는 활을 돌려받았으니,
 이제는 나를 원망하거나 비난할 이유는 없어졌소이다.
필록테테스 인정하오. 젊은이여, 그대는 어떤 혈통에서 태어났는지 1310
 보여주었소이다. 그대가 시쉬포스의 아들이 아니라,
 전에는 살아 있는 자들 사이에서, 지금은 사자들 사이에서
 가장 명성이 자자한 아킬레우스의 아들이라는 것을 말이오.
네옵톨레모스 그대가 내 선친과 나를 칭찬하시는 것을 들으니,
 나는 마음이 흐뭇하오. 하지만 내가 그대에게 1315
 바라는 것이 무엇인지 들어보시오. 인간들은 신들께서
 주신 운명을 필연으로 알고 참고 견뎌야 하오.
 하지만 그대처럼 자진하여[60] 고통에 집착하는
 사람들은 어느 누구한테도 용서와 동정을
 받을 자격이 없소이다. 그대는 완고해져서 1320
 충고를 해도 받아들이지 않아요. 누군가 그대에게
 좋은 뜻에서 충고를 하면, 그대는 그를 악의에 찬
 적으로 여기고 미워하니까요. 그래도 나는
 말하겠소이다. 인간의 맹세를 들어주시는 제우스를
 증인으로 부르며. 그대는 내 말을 명심해서 들으시오! 1325
 그대는 신이 보내신 운명에 의해 이 병을 앓고
 있는 것이오. 그것은 그대가 크뤼세의 지붕 없는 신전을
 숨어서 지키고 있던 뱀에게 다가갔기 때문이오.
 그리고 알아두시오. 해가 동쪽에서 떠서
 서쪽으로 지는 동안에는 그대는 결코 1330
 이 중병에서 벗어나지 못할 것이오. 그대가
 자진하여 트로이아의 들판으로 가서 우리들
 사이에서 아스클레피오스의 두 아들[61]을 만나

이 병을 치유받은 다음, 이 활과 내 도움으로
트로이아의 성채를 함락하기 전에는 말이오. 1335
일이 이렇게 정해져 있음을 내가 어떻게 알게
되었는지 말하겠소. 우리는 트로이아인 헬레노스를
포로로 잡았는데, 그는 뛰어난 예언자로 이 모든 일이
반드시 일어날 것이라고 분명히 말했소. 그 밖에도
그는 이번 여름에 트로이아가 반드시 완전히 1340
함락될 것인즉, 만약 그의 말이 거짓으로 드러날 경우,
기꺼이 죽임을 당하겠다고 했소이다.
자, 이제 그대는 이 일을 알게 되었으니, 흔쾌히
양보하시오. 이 얼마나 멋진 소득이오. 가장 용감한
헬라스인으로 인정받고, 치유해줄 손을 만난 다음, 1345
한없이 눈물을 자아내는 트로이아를 함락하여
최고의 명성을 얻는다는 것은!

필록테테스 오오, 가증스런 삶이여, 어째서 너는 나를 여기 햇빛 속에
붙들어두고는 저승으로 가도록 내버려두지 않는 것인가?
아아, 나는 어떻게 해야 하나? 좋은 뜻에서 충고하는 1350
이 사람의 말을 어떻게 귓등으로 듣는단 말인가?
하지만 내가 양보한다면? 그때는 이렇게 비참한
모습으로 내가 어떻게 사람들 앞에 나타난단 말인가?
누가 내게 말을 건넬 것인가? 눈물들이여, 너희들은
내 모든 불행을 보아왔거늘, 나를 파멸시킨 아트레우스의 1355
아들들이나 철저히 타락한 라에르테스의 아들과 내가
함께하는 것을 차마 어떻게 눈뜨고 볼 수 있겠는가?
내가 괴로워하는 것은, 지난날의 수모 때문이 아니라,
앞으로 그자들에게 어떤 수모를 당할지 예견할 수

있을 것 같은 생각이 들기 때문이오. 마음에 한번 악의를 1360
품게 된 사람은 그때부터 매사에 악당이 되니까요.
그리고 그대의 이런 처신에 나는 놀라지 않을 수 없소.
그대는 당연히 트로이아로 가지 말고, 나도 못 가게
말렸어야 할 것이오. 그자들은 그대의 아버지의 무구들을
빼앗음으로써 그대를 모욕했고, 〔그자들은 또 그대의 아버지의 1365
무구들을 상으로 줄 때 가련한 아이아스를 오뒷세우스보다
못한 것으로 판정했소이다.〕**62** 하거늘 그대는 가서 그자들 편에
서서 싸우고, 나도 그렇게 하도록 강요하려 하시오?
젊은이여, 그렇게 하지 말고, 내게 맹세한 대로 나를
집으로 호송해주고, 그대는 스퀴로스에 머물도록 하시오.
그리고 그 악당들은 비참하게 파멸하도록 내버려두시오!
그러면 그대는 나와 내 아버지에게서 이중으로 사례를 1370
받게 될 것이고, 또 악당들을 도와줌으로써 그대도
악당들과 본성이 같은 사람으로 보이는 일도 없을 것이오.

네옵톨레모스 그대의 말에도 일리가 없는 것은 아니오.
그럼에도 나는 그대가 신들과 내 말을 믿고
친구인 나와 함께 이 나라를 떠났으면 좋겠소. 1375

필록테테스 이 가엾은 발을 끌고 트로이아의 들판과
아트레우스의 가증스런 아들들에게로 말이오?

네옵톨레모스 아니, 그대와 그대의 썩어가는 발을 고통에서 구해주고,
그대의 병을 치유해줄 사람들에게로.

필록테테스 무서운 충고를 해주는 이여, 그게 무슨 뜻이오? 1380

네옵톨레모스 내 판단이 그대와 나에게 최선의 결과를 가져다줄 것이오.

필록테테스 그런 말을 하고도 신들 앞에 부끄럽지 않소?

네옵톨레모스 남을 돕는데 왜 부끄러워해야 하지요?

필록테테스	그 도움이란 게 아트레우스의 아들들을 위한 거요, 나를 위한 거요?	
네옵톨레모스	나는 그대의 친구이고, 내 말은 우정에서 나온 말이오.	1385
필록테테스	어째서요? 그대가 나를 내 적들에게 넘겨주려는데.	
네옵톨레모스	이봐요, 불행할 때는 고집을 버리는 법을 배우도록 하시오!	
필록테테스	내 그대를 아오. 그대는 나를 파멸시킬 충고를 하고 있소.	
네옵톨레모스	천만에. 그대는 나를 알려고 하지 않을 뿐이오.	
필록테테스	아트레우스의 아들들이 나를 버린 것을 내가 알지 못한다고?	1390
네옵톨레모스	그대를 버린 자들이 그대를 다시 구하려 하고 있소. 두고 보시오.	
필록테테스	나는 결코 자진해서 트로이아를 보고 싶지 않소이다.	
네옵톨레모스	내가 무슨 말을 하더라도 말로 그대를 설득할 수 없다면, 대체 내가 어떻게 해야 하오? 가장 손쉬운 방법은 나는 말을 중단하고, 그대는 아무 구원도 없이 종전처럼 살아가는 것이오.	1395
필록테테스	내 몫의 고통을 참고 견디도록 나를 내버려두시오! 하지만 그대가 나를 집으로 데려다주겠다고 오른손으로 악수하며 약속한 것을 이행해주시오, 젊은이! 지체하지 마시오. 트로이아 이야기는 더는 끄집어내지 마시오. 그 때문에 나는 충분히 눈물을 흘렸으니 말이오.	1400
네옵톨레모스	자, 좋으시다면 갑시다!	
필록테테스	그대의 그 말은 얼마나 고귀한가!	
네옵톨레모스	땅을 밟고 똑바로 서시오!	
필록테테스	그러지요. 힘이 닿는 데까지.	
네옵톨레모스	아카이오이족의 비난을 내가 어떻게 피하지요?	
필록테테스	염려 마시오.	
네옵톨레모스	그들이 내 나라를 파괴하면 어떡하지요?	
필록테테스	내가 가서…	1405

네옵톨레모스	어떻게 도와주실 건데요?
필록테테스	헤라클레스의 화살로…
네옵톨레모스	어떡하시겠는 거죠?
필록테테스	그들을 물리칠 것이오.
네옵톨레모스	이 나라에 작별 인사를 하고 떠나도록 하시오.

(두 사람이 떠나려는 순간, 헤라클레스가 필록테테스의 동굴 위쪽 바위 위에 나타난다)

헤라클레스 아니, 아직은 떠나지 마시오. 그대가 내 말을
 듣기 전에는, 포이아스의 아들이여! 알아두시오. 1410
 그대가 듣고 있는 것은 헤라클레스의 목소리이며,
 그대가 보고 있는 것은 그의 얼굴이라는 것을!
 내가 하늘에 있는 자리를 떠나
 이곳에 온 것은 그대를 위한 것인즉,
 제우스의 계획을 그대에게 알리고, 1415
 그대가 시작한 여행을 제지하고자 함이오.
 그대는 내 말을 들으시오!

 먼저 나는 그대에게 내 운명을 일깨우고자 하오.
 그대도 보다시피, 불멸의 영광을 얻기까지
 내가 얼마나 많은 노고를 참고 견뎠는지 말이오. 1420
 잘 알아두시오. 그대의 이 고통들을 통하여 그대도
 영광스런 삶을 얻도록 운명이 정해져 있다는 것을!
 그대는 저 사람과 함께 트로이아 땅으로 가서
 먼저 쓰라린 병을 치유받게 될 것이오. 그런 다음
 그대는 군대에서 가장 탁월한 전사로 인정받아, 1425
 이 모든 재앙의 장본인인 파리스를 내 활로 쏘아 죽이고
 트로이아를 함락하게 될 것이오. 그리고

그대는 군대에서 감투상(敢鬪賞)을 받아가지고
             그 전리품들을 그대의 부친 포이아스가 기뻐하도록
             고향으로, 그대의 조국 오이테의 언덕으로 가져가게   1430
             될 것이오. 그대는 군대로부터 어떤 전리품을 받게 되든,
             그중 일부를 내 활에 대한 기념물로 내가 화장된
             곳으로 가져가시오.**63** 아킬레우스의 아들이여, 그대에게도
             나는 이렇게 충고하오. 그대는 그의 도움 없이, 그는 그대의
             도움 없이 트로이아 들판을 굴복시킬 수 없기 때문이오.   1435
             그러니 그대들은 함께 먹이를 찾는 두 마리 사자처럼
             서로를 지켜주도록 하시오. 나는 아스클레피오스를
             일리온으로 보내 그대**64**의 병을 치유하게 할 것이오.
             그 도시는 내 활에 두 번 함락되도록 정해져 있기 때문이오.**65**
             하지만 그대들은 그 나라를 함락할 때,   1440
             명심하고 신들께 경의를 표하도록 하시오.**66**
             그 밖에 다른 모든 것들은 아버지 제우스의 눈에는
             덜 중요한 편이오. 경건함은 인간과 함께 죽지 않고,
             인간이 살아 있든 죽었든 소멸되지 않기 때문이오.**67**

필록테테스   내가 그토록 목소리를 듣고 싶어했던 분이여,   1445
             긴긴 세월이 지난 뒤 모습을 드러내신 분이여,
             내 그대의 명령에 따르겠나이다.

네옵툴레모스 나도 기꺼이 따르겠나이다.

헤라클레스   그렇다면 지체하지 말고 실행하시오.
             지금이 기회이고, 저기 고물 쪽으로 불어오는   1450
             순풍이 그대들을 재촉하기 때문이오.

             (헤라클레스 퇴장)

필록테테스   자, 나는 떠나며 이 나라에 작별 인사를 하겠소.

잘 있으라, 나와 함께 파수를 보던 방이여,
잘 있으라, 너희들 샘들과 풀밭의 요정들이여,
그리고 파도에 세차게 맞는 갑의 둔중한 소리여! 1455
그곳[68]에서 내 머리는 동굴의 맨 안쪽에서도
세차게 불어대는 남풍에 가끔 젖곤 했으며,
그곳에서 고통이 나를 엄습할 때면
내 비명 소리에 헤르마이온 산[69]이
가끔 메아리로 응답하곤 했었지. 1460
하지만 이제는, 너희들 샘들이여, 그리고 너
뤼키온 샘[70]이여, 나 떠나가노라, 너희들 곁을
떠나노라. 이렇게까지는 기대하지 않았는데.
잘 있으라, 바다에 둘러싸인 너 렘노스여,
내가 불만이 없도록 무사히 항해하게 해다오. 1465
강력한 운명과 친구들의 조언과,
이 모든 일을 성취하시고, 모든 것을
제압하시는 신[71]께서 인도하시는 곳으로!

코로스 이제 우리 모두 함께 떠나요!
하지만 먼저 무사히 돌아가게 해달라고 1470
바다의 요정들에게 기도해요!

부록

주석
옮긴이 해설
참고문헌
주요 인명

주석

『오이디푸스 왕』

1 테바이를 처음 세운 사람.
2 대개 올리브나무나 월계수 가지.
3 아테나 여신의 별명.
4 테바이의 강.
5 이스메노스 강변에 있는 아폴론 신전의 제단.
6 저승.
7 스핑크스.
8 델포이의 옛 이름.
9 아폴론의 별명.
10 151~215행은 등장가다.
11 아폴론은 제우스의 대변자다.
12 아폴론.
13 아테나, 아폴론, 아르테미스의 도움.
14 스핑크스.
15 아테나.
16 아레스는 소포클레스에게는 단순히 전쟁의 신이 아니라, '파괴' '재앙'의 대명사다. 여기서는 '역병'과 동일시되고 있다.
17 지금의 대서양.
18 밤이 파괴하다 남겨둔 것을 낮이 마저 파괴한다는 뜻이다.
19 아폴론의 별명.
20 주신 디오뉘소스의 어머니 세멜레는 테바이를 건국한 카드모스의 딸이다.
21 박코스의 여신도.
22 디오뉘소스의 다른 이름.
23 아레스.

24 예언의 신인 아폴론뿐만 아니라 그의 사제도 여기서 '왕'이라 불리고 있는데, 호메로스의 『오뒷세이아』 11권 151행에도 '테이레시아스 왕의 혼백'이란 말이 나온다.
25 고대 그리스인들은 새가 나는 방향이나 우는 소리를 듣고 점을 쳤다.
26 그와 동거 중인 그의 어머니 이오카스테를 암시하는 말이다.
27 어떤 이들은 통치술을, 어떤 이들은 수수께끼를 푸는 재주를 가리키는 말로 보고 있다.
28 스핑크스.
29 아폴론의 별명.
30 당시 아테나이의 재류외인(在留外人 metoikos)은 법정에서 보호자의 입을 통해서만 변론하게 되어 있었다.
31 테바이 남쪽에 있는 산.
32 '재주'(techne) 대신 '행운'(tyche)으로 읽는 텍스트들도 있다.
33 463~512행은 첫 번째 정립가다.
34 델포이 시와 신전은 파르낫소스 산 남쪽 기슭의 높은 바위 언덕에 자리 잡고 있다.
35 아폴론.
36 원어는 Keres. 아이스퀼로스는 이들을 복수의 여신들과 동일시하고 있다. 『테바이를 공격한 일곱 장수』 1055행 참조.
37 고대 그리스인들은 델포이가 대지의 배꼽 즉 중심이라고 믿었다.
38 라이오스의 아버지.
39 코린토스 왕으로, 오이디푸스의 양부.
40 스핑크스.
41 1행 없어졌음.
42 1행 없어졌음.
43 멈춘 곳에 그대로 머물게 하는 것이 옳다면 왜 이에 관해 말하지 못하며, 옳지 않다면 왜 나를 제지했는가라는 뜻이다.
44 그리스어 arthra…podoin…enzeuxas를 Jebb 이후로 많은 고전학자들이 '복사뼈를 뚫어 (못으로) 고정시킨 뒤'로 번역하고 있는데, Dawe는 arthra…podoin은 '복사뼈'가 아니라 '발'이란 뜻이며, enzeuxas를 '…뚫어 (못으로) 고정한 뒤'로 번역하는 것은 Oidipous ('부은 발'이란 뜻)란 이름에서 비롯된 비약이라며 소포클레스의 현존하는 작품 어디서도 그런 해석을 뒷받침할 만한 구절을 없다고 말하고 있다.
45 전령. 오이디푸스가 아버지 라이오스를 살해하는 장면을 Jebb은 다음과 같이 재구성하고 있다.
오이디푸스가 좁고 가파른 길을 걸어 내려가다가 전령 막대기를 들고 마차 앞에서 걷던 전령과 마주친다. 전령이 오이디푸스에게 길을 비키라고 꾸짖고 마차를 탄 라이오스도 이에 합세한다. 그리고 말고삐를 잡고 언덕길을 오르던 마부가 주인의 명령을 듣고 오이디푸스를 길 밖으로 밀어내려 한다. 그러자 전령을 때리기를 자제했던 오이디푸스가 부아가 울컥 치밀어 마부를 때린다. 그리고 나서 그는 마차 옆을 지나가다가 라이오스의 몰이 막대기로 머리를 얻어맞는다. 화가 난 오이디푸스가 라이오스를 마차 밖으로 밀어내려 하자 전령이 주인을 구하러 달려온다. 오이디푸스는 라이오스와 전령과 마부를 때려 죽인 뒤 마차 옆에서 또는 마차 뒤에서 걷던 두 하인 가운데 한 명을 죽인다. 하지만 둘 중 한 명은 오이디푸스의 눈을 피해 구사일생으로 테바이로 돌아가 소식을 전한다.

46 화살촉 같은 침이 둘 박힌 몰이 막대기는 말이나 가축 떼를 모는 데 사용되었다. 마부가 오르막길을 오르려고 마차에서 내렸을 때 몰이 막대기를 마차에 두고 내렸던 것이다.
47 863~910행은 두 번째 정립가다.
48 코로스의 노래와 춤은 신성한 종교의식의 일부인데, 만일 경건한 자와 불경한 자가 같은 대접을 받는다면 그런 종교의식이 무슨 의미가 있겠냐는 뜻이다.
49 포키스 지방의 마을로, 그곳에 있던 아폴론의 신탁소는 델포이의 신탁소 다음으로 그리스에서 가장 오래되고 가장 유명했다고 한다.
50 펠로폰네소스 반도 서북부에 있는 마을로, 제우스의 성소가 있었다.
51 라이오스가 제 아들 손에 죽게 될 것이라는 예언의 성취를 말한다.
52 '그대의 말이 이루어지는 것'이란 뜻으로 생각된다.
53 당시 궐문 앞에는 으레 아폴론과 헤르메스의 신상이나 제단이 있었다.
54 코린토스 지협.
55 1086~1109행은 세 번째 정립가다.
56 헤르메스.
57 1186~1222행은 네 번째 정립가다.
58 스핑크스.
59 이오카스테.
60 이 구절을 '처음에는 그대 덕택에 숨을 돌렸지만 그대가 몰락한 지금은 눈앞이 캄캄하다'는 뜻으로 대담하게 번역하는 이들도 있다. 그럴 경우 앞에 나오는 '솔직히 말해'라는 구절과는 잘 맞지 않는다.
61 1297~1368행은 애탄가다.
62 크레온.

『안티고네』

1 새 왕이 된 크레온. 아르고스와의 전쟁이 끝난 직후여서 그의 장군으로서의 직책이 부각되고 있다.

2 오이디푸스의 두 아들 에테오클레스와 폴뤼네이케스는 서로 죽이고 죽었다.
3 '개입한다고 해서'란 뜻이다.
4 하데스, 페르세포네, 폴뤼네이케스.
5 67~68, 88~92행 참조.
6 82행 참조.
7 죽은 폴뤼네이케스의 혼백과 이스메네.
8 100~161행은 등장가다.
9 테바이의 강.
10 아르고스의 상징 색깔로 흰색을 택한 것은 아르고스란 단어가 보통명사로는 '흰' '흰색의'란 뜻의 형용사란 데서 비롯된 연상 작용 때문인 듯하다.
11 일곱 장수가 이끈 아르고스군 전체.
12 불의 신.
13 전쟁의 신.
14 테바이인들은 자신들이 용의 자손들이라고 믿었다. '주요 이름' 가운데 '스파르토이들' 참조.
15 아이스퀼로스의 『테바이를 공격한 일곱 장수』에서도 아르고스 장수들이 황금 무구를 들고 다닌다. 이를테면 카파네우스(Kapaneus)는 황금 문자를 새긴 방패를 들고 있고(434행), 폴뤼네이케스(Polyneikes)는 황금 무구를 갖춘 전사의 상(像)과 황금 명문(銘文)을 새긴 방패를 들고 있다(644, 660행).
16 카파네우스가 제우스가 제지하더라도 테바이를 함락하겠다고 큰소리치며 성벽 꼭대기에 기어오르던 순간 제우스의 벼락을 맞고 죽었다는 이야기는 하도 유명해서 여기서 그의 이름이 언급되지 않은 듯하다. 이 드라마에서는 테바이를 공격한 일곱 장수 가운데 폴뤼네이케스 말고는 아무도 거명되지 않고 있다.
17 벼락.
18 소포클레스의 『콜로노스의 오이디푸스』 1313행에 나오는 일곱 장수의 이름은 아이스퀼로스의 그것과도 일치한다. 즉 예언자 암피아라오스, 트로이아 전쟁 때 용맹을 떨친 디오메데스의 아버지 튀데우스, 에테오클로스, 힙포메돈, 카파네우스, 파르테노파이오스, 폴뤼네이케스가 그들이다. 당시 아르고스 왕으로 암피아라오스의 처남이자 튀데우스와 폴뤼네이케스의 장인이었던 아드라스토스(Adrastos)는 이 원정을 주도했으나 혼자 살아남아 패주한 까닭에 일곱 장수에 포함되지 않은 듯하다. 그러나 일설에 따르면, 에테오클로스 대신 아드라스토스가 일곱 장수에 포함된다고 한다. 이들의 아들들, 이른바 '후계자들'(Epigonoi)이 후일 테바이를 재차 공격하여 함락시킨다. 이번에는 '후계자들' 중에서 아들 아이기알레우스(Aigialeus)만이 유일하게 전사하자 아드라스토스가 상

심한 나머지 귀향 도중에 죽고 외손자이자 사위인 디오메데스가 아르고스 왕이 된다. 이 전쟁은 트로이아 전쟁 직전에 일어났던 것으로 추정된다.
19 에테오클레스와 폴뤼네이케스.
20 그리스어로 Nike.
21 주신 디오뉘소스의 다른 이름. 박코스의 어머니는 테바이를 처음 건국한 카드모스의 딸 세멜레다.
22 에테오클레스와 폴뤼네이케스.
23 한 인간의 심성은 공직을 통하여 검증받기 전에는 완전히 알 수 없는 까닭에, 나도 검증받기 전에 그대들에게 충성을 맹세하도록 요구하지 않겠으나, 내가 지키고자 하는 원칙들은 말해두겠다는 뜻이다.
24 고대 그리스인들은 매장되지 않은 시신을 보고도 흙으로 덮어주지 않으면 죄를 짓는 것으로 여겼다.
25 돈으로 매수하고 음모를 꾸며서.
26 332~375행은 첫 번째 정립가다.
27 그리스어 ta deina를 '놀라운 것'으로 번역하는 이들도 있다.
28 노새.
29 법을 어기면 추방된다는 뜻이라기보다 부도덕한 행동을 하게 되면 나라가 망한다는 뜻인 듯하다.
30 안티고네가 시신을 먼지로 덮어주고 나서, 왜 또 시신 있는 곳에 갔느냐에 대해서는 문제가 제기된 적도, 해답이 제시된 적도 없다. 그러나 시신이 먼지에 덮여 있는 동안 제주를 부어주어야 완전한 장례가 치러지는데, 안티고네가 처음 갔을 때는 제주를 준비해 가지 않았기 때문에 재차 간 것이 아니겠느냐고 R. Jebb은 나름대로 해답을 제시하고 있다.
31 『오뒷세이아』 10권 519행에 따르면, 사자에게 바치는 세 가지 제주는 꿀우유, 포도주, 물이다.
32 친구들의 안전.
33 이런 운명을 맞는 것.
34 에테오클레스.
35 에테오클레스.
36 폴뤼네이케스.
37 저승을 다스리는 신.
38 내 오라비들은 서로 미워했지만, 나는 에테오클레스 편을 들어 폴뤼네이케스를 미워하는 대신 폴뤼네이케스가 나를 사랑했듯이 나도 그를 사랑하지 않을 수 없다는 뜻이다.
39 49~68행 참조.

40 '너는 크레온에게, 나는 하데스와 사자들에게 옳아 보였다'는 뜻이다.
41 '나도 언니의 행동에 공감한 만큼 도덕적으로는 공범'이란 뜻이다.
42 크레온은 이스메네를 고분고분하고 유순한 소녀로 보아왔던 것이다.
43 582~625행은 두 번째 정립가다.
44 라이오스의 아버지, 오이디푸스의 할아버지.
45 라이오스, 오이디푸스, 그의 두 아들 에테오클레스와 폴뤼네이케스.
46 두 오라비는 죽어도 두 자매가 가문의 맥을 이어갈 것이라는 희망.
47 안티고네가 폴뤼네이케스의 시신을 덮어주었던 흙.
48 난파당하여 살아도 구사일생으로 살게 될 것이라는 뜻이다.
49 크레온은 처음에 자기 명령을 어기는 자를 공개적으로 돌로 쳐서 죽이게 하겠다는 포고령을 내렸으나(36행), 지금은 생질녀에게 그런 벌은 지나치다고 보고 석굴에 가두어 굶겨 죽이되 약간의 음식만 넣어줌으로써 그녀의 죽음이 자연사가 되어 그녀를 죽인 사람들이 죄받지 않게 하기로 생각을 바꾼 것이다.
50 선조들의 신들을 모셔놓은 신전들을 파괴하러 온 폴뤼네이케스와(199행) 하데스를 존중함으로써(519행) 안티고네는 다른 신들을 모욕했다는 뜻이다.
51 781~800행은 세 번째 정립가다.
52 806~882행은 배우와 코로스가 주고받는 서정적 대화인 애탄가다.
53 저승의 강.
54 654행 참조.
55 돌로 변했다는 뜻이다
56 니오베의 아버지는 제우스의 아들인 탄탈로스이고, 어머니는 아틀라스의 일곱 딸로 하늘의 별자리가 된 플레이아데스(Pleiades) 중 한 명인 타위게테(Taygete), 또는 역시 아틀라스의 다섯 딸로 주신 디오뉘소스를 양육해준 공로로 하늘의 별자리가 되었다는 휘아데스(Hyades) 중 한 명인 디오네(Dione)다. 따라서 니오베는 신의 종족인 셈이다.
57 폴뤼네이케스도 고향 샘들의 이름으로 오이디푸스에게 도움을 간청하고 있고(『콜로노스의 오이디푸스』 1333행), 아이아스도 칼로 자결하며 트로이아의 샘들에게 호소하고 있다(『아이아스』 862행 참조).
58 '전차가 많다' 함은 테바이가 전쟁에서 명성을 떨치는 부유한 도시라는 뜻이다. 148행 참조.
59 테바이는 주신 디오뉘소스와, 사후에 신의 반열에 오른 헤라클레스가 태어난 곳이다.
60 그리스어로 Dike.
61 폴뤼네이케스는 테바이에서 추방되자 테바이의 왕권을 찾기 위해 아르고스에 가서 그곳의 왕인 아드라스토스의 딸 아르게이아(Argeia)와 결혼하는데(『콜로노스의 오이디

푸스』 378행 참조), 결과적으로 안티고네는 이 결혼으로 인하여 죽게 된다.
62 하데스의 아내.
63 내가 신들에게 복종한 까닭에 고통당하는데도 신들께서 모른 체하신다면 신들에게 호소해도 소용없는 일이 아니겠느냐는 뜻이다.
64 죽음이 임박했음을 예고한다는 뜻이다.
65 944~987행은 네 번째 정립가다.
66 괴물 메두사의 목을 베어 온 영웅 페르세우스의 어머니.
67 팔자 도망은 못한다는 뜻.
68 시가(詩歌)의 여신.
69 디오뉘소스 신이 자신의 새로운 의식을 전파하기 위해 동쪽에서 왔을 때, 나중에 테바이 왕 펜테우스가 그랬듯이, 트라케 왕 뤼쿠르고스가 신을 박해한 탓에 미쳐서 난폭한 짓을 일삼다가 산속 동굴에 갇혀 야생마들에게 찢겨, 또는 표범들에게 잡아 먹혀 죽었다고 한다.
70 좌 2와 우 2는 역시 갇힌 몸이 된 클레오파트라(Kleopatra)에게 바쳐졌는데, 앞서 133행에서 카파네우스가 그랬듯이, 그녀는 여기서 이름이 거명되지 않고 있다. 그녀의 전설은 다음과 같다. 그녀의 아버지는 트라케 지방에 거주하던 북풍의 신 보레아스(Boreas)고, 어머니는 아테나이 출신인 오레이튀이아(Oreithyia)다. 클레오파트라는 보스포로스 해협에서 멀지 않은 흑해 서안의 트라케 지방 도시 살뮈뎃소스(Salmydessos) 왕 피네우스(Phineus)와 결혼하여 아들 둘을 낳아준다. 그러나 피네우스는 후일 클레오파트라를 버리고 감옥에 가둔다. 그리고 카드모스의 누이 에이도테아(Eidothea)와 결혼하는데, 그녀는 클레오파트라의 두 아들의 눈을 빼고 그들도 감옥에 가둔다. 피네우스는 나중에 그 벌로 눈이 멀었다고 한다. 여기서 소포클레스가 안티고네의 운명과 비교하려는 것은 클레오파트라의 운명이며, 그녀의 두 아들의 운명을 부각시킨 것은 계모의 증오심을 강조하기 위해서인 듯하다.
71 보스포로스 해협에서 흑해로 들어가는 입구의 북쪽에 있는 바위섬들을 말한다.
72 이들 바위섬들은 보스포로스 해안이 흑해 서안과 이어지는 곳에 있고, 살뮈뎃소스 시는 보스포로스 입구에서 북서쪽으로 100킬로미터쯤 떨어진 튀니아스(Thynias) 곶에 있다.
73 올륌포스의 12신들 중 한 명인 아레스는 전쟁과 살육의 신으로 미개한 트라케 지방에 즐겨 머물곤 하는 것으로 알려져 있는데, 여기서는 트라케 지방에나 어울릴 그런 만행을 보고 즐긴다는 뜻이다.
74 아테나이의 전설적인 왕.
75 '넓적다리 살점들' 또는 '넓적다리들'(1008행)은 엄밀히 말하자면 살점이 조금 붙어 있

는 넓적다리뼈를 말한다. 고대 그리스인들은 신들에게 제물을 바칠 때 대개 뼈를 기름 조각에 싸서 구수한 냄새가 하늘로 올라가도록 불에 태워드리고 나서 나머지 살코기는 자신들이 구워 먹었다.

76 은금(elektron)은 금에다 은을 7:3의 비율로 섞은 것이다.

77 '인도'의 그리스어.

78 테바이가 아르고스의 일곱 장수들에게 포위되었을 때, 테이레시아스가 에테오클레스와 크레온에게 테바이의 귀족들인 이른바 '스파르토이들' 중 한 명을 아레스에게 제물로 바쳐야 테바이가 구원받을 것이라고 조언하자 크레온의 아들 메가레우스(Megareus)가 ― 에우리피데스의 『포이니케 여인들』(Phoinissai)에서는 메노이케우스(Menoikeus) ― 자살함으로써 조국을 구한 것을 암시하는 듯하다. 에우리피데스『포이니케 여인들』930~1018행 참조.

79 '상계의 신들'로 해석하는 이들도 있다. 그럴 경우 시신을 지상에 붙들어두는 것은 상계의 신들을 모독하는 짓이란 뜻이 될 것이다.

80 테바이를 공격한 아르고스군에 군대를 보낸 여러 도시들은 실제로 그들의 전사자들에게 매장을 금한 크레온의 처사에 분개하여 원정에서 전사한 일곱 장수들의 아들들이 주축이 되어 테바이를 재차 공격하여 함락시킨다.

81 '너희들은 가서 폴뤼네이케스를 묻어주어라. 나는 그사이 안티고네를 풀어줄 것이다'라는 뜻이다. 그러나 실제로 크레온은 이 두 가지 일에 다 참여한다.

82 테바이의 수호신인 디오뉘소스에게 바쳐진 이 무도가(hyporchema 1115~1154행)는 다섯 번째 정립가를 대신하고 있다.

83 디오뉘소스.

84 여기서는 그리스 식민시들이 있던 남부 이탈리아, 이른바 마그나 그라이키아(Magna Graecia)를 말한다.

85 다음에 나오는 엘레우시스 들판.

86 아테나이 서쪽에 있는 소도시로, 해마다 그곳에서는 농업과 곡식의 여신 데메테르와 그녀의 딸로 저승의 신 하데스의 아내가 된 페르세포네와 이악코스(=박코스?) 신에게 제사 지내던 이른바 '엘레우시스 비의'가 개최되었다.

87 테바이의 강.

88 '주요 이름' 중 '스파르토이들' 참조.

89 테바이는 주신 디오뉘소스와 그의 어머니 세멜레가 태어난 곳이며, 디오뉘소스 숭배가 소아시아에서 트라케를 지나 그리스 본토로 유입되면서 그리스 본토에서는 맨 먼저 정착된 곳이다.

90 델포이 위쪽 가파른 암벽들로 둘러싸인 넓은 분지의 양쪽에 있는 봉우리를 말한다. '쌍

둥이 바위 봉우리 위'란 두 봉우리 위쪽 파르낫소스 산 정상 밑에 있는 고원을 말한다. 이곳에서 한 해 걸러 겨울이 끝날 무렵 디오뉘소스 횃불 축제가 인근에 사는 여인들에 의해 개최되었다고 한다.

91 파르낫소스 산의 동굴.
92 델포이로 흘러내리는 신성한 샘.
93 요정들이 횃불을 휘두를 때 그들 사이에서 디오뉘소스 신의 모습도 보이곤 했다는 뜻이다.
94 요정들이 어린 디오뉘소스를 양육했다는 산.
95 세멜레.
96 1015행 참조.
97 뉘사 산이 에우보이아 섬에 있을 경우 에리포스(Eripos) 해협. '신음한다' 함은 좁은 해협에서 조류가 바뀌면서 늘 요란한 물소리가 난다는 뜻이다.
98 별들도 디오뉘소스의 횃불 축제에 공감하고 호응한다는 뜻이다.
99 여기서는 디오뉘소스 일명 박코스의 다른 이름.
100 튀이아이들(Thyiai)은 디오뉘소스의 여신도들이지만, 여기서는 그를 수행하는 요정들을 말한다.
101 테바이의 왕.
102 아테나 여신의 별명.
103 헤카테.
104 하데스의 다른 이름.
105 하이몬은 절망한 나머지 돌무더기의 일부를 헐고 무덤 안으로 들어갔는데, 잠시 뒤 크레온이 도착했을 때 틈새가 그대로 남아 있었던 것이다.
106 1261~1347행은 애탄가다.
107 하데스는 한번 들어온 사람은 내보내지 않는다.
108 사자. '내 아들아'라는 말이 당시에는 흔히 쓰였는데, '이봐' '젊은이' 정도로 이해하면 될 것이다.
109 주 78 참조.
110 메가레우스.

『콜로노스의 오이디푸스』

1 복수의 여신들.
2 그곳 주민들은 모두 영웅 콜로노스의 이름에서 따와 자신들을 콜로노스인들(Koloneis)이라고 부른다는 뜻이다.

3 영웅 콜로노스.
4 복수의 여신들.
5 아폴론의 별명.
6 복수의 여신들에게는 포도주가 아니라 물과 꿀우유가 제주로 쓰인다(아이스퀼로스『제주를 바치는 여인들』107행 참조). 여기서는 술을 멀리하는 내가 역시 포도주를 마시지 않는 그대들을 유유상종으로 맨 먼저 만나게 된 것은 우연이 아니라는 뜻이다.
7 복수의 여신들은 밤의 여신(Nyx)의 딸들이다.
8 아테나 여신의 별명.
9 117~253행은 등장가다.
10 복수의 여신들. 그들은 결혼한 적이 없다.
11 Jebb은 여기서 3행이 없어졌는데, 첫 번째와 세 번째 행은 안티고네를, 두 번째 행은 오이디푸스를 위한 행으로 보고 있다.
12 Jebb은 여기서 오이디푸스를 위한 1행이 없어진 것으로 보고 있다.
13 오이디푸스의 아버지.
14 오이디푸스의 할아버지.
15 '자비로운 여신들'에게 경외심을 가지라는 뜻에서 한 말이다.
16 176행 참조.
17 자비로운 여신들의 탄원자이므로.
18 코로스가 원림에 오기 전에 사자를 시내로 보냈으니 사자가 오이디푸스의 이름을 알 리 없다는 뜻이다.
19 고귀한 사람은 이기적인 타산에서 남을 돕는 것은 아니지만 열성적인 친구를 얻음으로써 결과적으로 자기에게도 도움이 된다는 뜻이다.
20 시킬리아 섬 동해안에 있는 산으로, 말과 나귀 산지로 유명하다.
21 챙이 넓은 여행용 펠트 모자.
22 '이집트'의 그리스어 이름.
23 오이디푸스가 테바이를 떠난 뒤 그와 관련하여 주어진 신탁들을 말하는 것 같은데 그 내용은 알려진 것이 없다.
24 테바이인들.
25 이 드라마에서는 폴뤼네이케스가 장남으로 나오지만, 다른 문헌에서는 대개 에테오클레스가 장남으로 나온다. 에우리피데스『포이니케 여인들』710행 참조.
26 폴뤼네이케스.
27 언젠가 앗티케 지방을 침범하는 테바이인들이 오이디푸스의 무덤 근처에서 아테나이인들에게 패할 것이란 뜻이다.

28 510~548행은 애탄가다.
29 테세우스가 올 때까지 기다리게 해줌으로써, 그리고 자비로운 여신들에게 제주를 바치는 방법을 가르쳐줌으로써.
30 테바이.
31 세 부녀(父女)가 모두 이오카스테의 배에서 태어났기 때문이다.
32 오이디푸스는 스핑크스의 수수께끼를 풀어 테바이를 구해준 대가로 왕권과 왕비를 선물로 받았을 뿐 요구한 것이 아니라는 뜻이다.
33 라이오스가 먼저 공격하기에 정당방위를 한 것이니까.
34 테세우스는 아버지 아이게우스를 찾아 아테나이로 오기 전 펠로폰네소스 반도 북동부 트로이젠(Troizen)에 있던 외가에서 자랐다.
35 장황하게 자기소개를 할 필요가 없게 해주어 고맙다는 뜻이다.
36 '그리스'의 그리스어 이름.
37 코로스.
38 668~719행은 첫 번째 정립가다.
39 콜로노스에는 백토(白土)로 된 야트막한 민둥산이 두 개나 있다고 한다.
40 디오뉘소스.
41 데메테르와 페르세포네.
42 앗티케 지방에서 가장 큰 강.
43 아프로디테는 참새들, 비둘기들, 또는 백조들이 끄는 수레를 탔다고 한다.
44 펠로폰네소스(Peloponnesos '펠롭스의 섬'이란 뜻) 반도.
45 '저절로 자라났다'를 페르시아 전쟁 때 올리브나무들이 소실된 뒤 저절로 되살아났다는 뜻으로 해석하는 이들도 있다.
46 앗티케 지방에는 사유재산인 올리브나무 외에도 공유지에 있든 사유지에 있든 국유재산으로 간주되던 올리브나무들이 있었는데, 그것은 모리오이(Morioi)라 불리던 이 나무들이 모두 아테나 여신이 포세이돈과 앗티케 지방의 영유권을 다툴 때 아크로폴리스에 돋아나게 했던 원(原) 올리브 나무에서 생겨난 것으로 생각되었기 때문이다. 이 나무들을 뽑는 것은 국유재산 훼손으로 간주되어 처벌되었는데, 그런 의미에서 그 나무들은 재산의 보호자 제우스(Zeus Ktesios)의 보호를 받는다고 할 수 있을 것이다.
47 아테나이. 아테나이 근교인 콜로노스의 주민들도 앗티케 지방의 다른 주민들과 마찬가지로 자신들이 아테나이 시의 자녀들이라고 여겼다.
48 해신 포세이돈은 말(馬)의 신이기도 하다.
49 해신 네레우스의 쉰 명의 딸들은 항해하는 배의 앞과 옆에서 춤추며 배를 안전하게 호송하는 것으로 믿어졌다.

50 테바이는 오이디푸스를 양육해준 만큼 그에 대해 아테나이보다 우선권을 가지며, 이제 가족의 명예를 지켜야 할 처지가 된 크레온은 특히 그럴 권리가 있다는 뜻이다.
51 오이디푸스가 장님임을 암시하는 말이다.
52 오이디푸스가 테바이에서의 모든 권리를 박탈당한 까닭에 크레온 자신이 생질녀 안티고네의 보호자라는 뜻이다.
53 애탄가의 성격을 띤 대목으로 '좌'는 833~843행이며 이에 대응하는 '우'는 876~886행이다.
54 오이디푸스의 성미가 급한 것은, 아버지 라이오스를 치는 장면(『오이디푸스 왕』 807행), 예언자 테이레시아스에게 화내는 장면(『오이디푸스 왕』 345행), 이오카스테에게 화내는 장면(『오이디푸스 왕』 1067행), 제 손으로 제 눈을 멀게 하는 장면(『오이디푸스 왕』 1268행) 등에 잘 나타난다.
55 안티고네.
56 오이디푸스에게 두 아들은 없는 것이나 다름없다는 뜻이다.
57 콜로노스를 통과하는 길이든, 그 북서쪽에 나 있는 길이든 둘 다 키타이론 산의 드뤼오스케팔라이(Dryoskephalai) 고개를 넘어 테바이로 들어가게 되어 있는데, 납치범들보다 먼저 두 길이 만나는 곳에 가 있으라는 뜻이다.
58 829행 이하에 나오는 코로스장의 간언과 위협을 말한다.
59 1044~1095행은 두 번째 정립가다.
60 '퓌토의 해안'은 비의가 열리던 엘레우시스 만의 동쪽 해안을, '횃불이 휘황찬란한 만'은 북서쪽 해안을 말한다.
61 데메테르와 페르세포네.
62 엘레우시스 비의에서의 사제직은 에우몰포스(Eumolpos)의 자손들(Eumolpidai)이 세습했다.
63 '사람들의 입에 자물쇠를 채워둔다' 함은 비의가 시작되기 전에 사제들이 비의 참가자들에게 침묵을 명한다는 뜻으로 해석되고 있다.
64 '오이아(Oia)의 눈 덮인 바위'가 어딘지 확실치 않으나, 앗티케 지방에 있는 아이갈레오스(Aigaleos) 산의 암벽을 가리키는 것으로 보는 이들도 있다.
65 콜로노스.
66 포세이돈.
67 아르테미스.
68 소녀들에게는 장광설이 어울리지 않는다는 뜻이다.
69 테세우스.
70 포세이돈 신에게 올린 기도를 들어줌으로써 그의 뜻대로 포세이돈 신을 만족시키게 해

주라는 뜻이다.
71   1211~1248행은 세 번째 정립가다.
72   리파이 산들(Ripai)은 대지의 최북단에 있다는 산들이다.
73   폴뤼네이케스가 오이디푸스에게 잘못한 것은 함께 테바이로 돌아가면 얼마든지 바로잡을 수 있다는 뜻이다.
74   포세이돈.
75   이스메네가 오이디푸스에게 가져온 신탁(380행 참조)은, 두 아들이 그를 테바이로 소환하는 데 이용하지 않았다는 오이디푸스의 불평으로 미루어 폴뤼네이케스가 추방되기 전에 이미 테바이에 알려졌던 것이 분명하다. 여기서 말하는 신탁은 형제간의 전쟁에 관한 것으로, 폴뤼네이케스가 아르고스의 예언자에게 들었던 것으로 생각된다.
76   안티고네도 자살하기 전에 조국의 샘들을 부르고 있고(『안티고네』 844행 참조), 아이아스도 트로이아에서 자살하기 전에 그곳의 샘들을 부르고 있다(『아이아스』 86행 참조).
77   테세우스.
78   이스메네에게 소식을 들었을 때. 421~427행, 451~452행 참조.
79   폴뤼네이케스는 1)포세이돈 신의 탄원자로서 아버지에게 자비를 베풀어주기를 간청하고(1267행), 2)장남으로서 왕권을 주장하는 데(1293행) 반해, 오이디푸스는 자비 못지않게 정의도 제우스와 함께인데, 폴뤼네이케스가 자식의 도리라는 영원한 법도를 어긴 만큼 그의 탄원과 주장은 아버지의 저주 앞에 효력을 잃게 된다고 대답하고 있다.
80   '아버지 타르타로스의 끔찍한 암흑'에 관해서는 해석이 구구하다. 여기서는 '만물의 아버지인 원초적인 암흑'이란 뜻으로 생각되며, 모욕당한 아버지가 아들을 저주하며 그것을 부르는 것은 '아버지 제우스'를 부르는 것과도 같고, 또 복수의 여신들이 '오래된 암흑의 딸들'이기 때문인 것 같다.
81   복수의 여신들 일명 자비로운 여신들.
82   아레스는 소포클레스의 비극에서는 전쟁의 신이라기보다 여기서처럼 불화에 의해서든, 역병에 의해서든(『오이디푸스 왕』 190행 참조) 맹목적인 파괴자다.
83   폴뤼네이케스가 테바이에서 아르고스로 갔다가, 아르고스에서 앗티케 지방으로 온 것을 말한다.
84   1447~1499행은 애탄가다.
85   폴뤼네이케스 형제에게 예고된 재앙을 말하는 듯하다.
86   오이디푸스는 테세우스가 불가능하다고 여기고 있을 때 테바이로부터의 고통을 예언했고(606행 이하 참조), 크레온은 그 예언을 실행에 옮기며 다가올 전쟁을 암시했다(1037행 참조).
87   땅에 뿌려진 용의 이빨들에서 태어났다는 테바이의 지배계급.

88 천둥소리와 마음의 충동.
89 헤르메스는 사자의 혼백을 저승으로 인도하는 혼백 인도자(psychopompos)이기도 하다.
90 페르세포네.
91 오이디푸스는 장님이 된 뒤 햇빛을 보지는 못하고 느끼기만 했던 것이다.
92 1556~1578행은 네 번째 정립가다.
93 페르세포네. 그녀의 남편 하데스는 '보이지 않는 이'란 뜻이다.
94 하데스.
95 저승의 강 가운데 하나.
96 복수의 여신들.
97 저승의 문을 지킨다는 머리가 세 개 또는 쉰 개인 괴물 개 케르베로스를 말한다.
98 문맥으로 보아(1578행), 죽음(Thanatos)을 가리키는 듯하다.
99 '가파른 문턱'은 땅이 갈라진 곳을, '청동 계단들'은 그리로 내려가는 인공 구조물을 의미하는 것으로 보는 이들도 있다.
100 어디 있는지 알 수 없으나, 지하 바위 동굴이었던 것으로 생각된다.
101 '토리코스 바위'가 어디 있는지 알 수 없으나, 새벽의 여신이 케팔로스(Kephalos)에게 반해 앗티케 지방의 도시인 토리코스(Thorikos)에서 하늘로 납치해 갔다고 하므로, 그곳은 아테나이인들에게는 다른 세계로 가는 것을 연상시켰을 것으로 생각된다.
102 그 언덕에 어린 곡식과 식물의 수호여신인 '데메테르 에우클로오스'(Demeter Euchloos)의 사당이 있었다고 한다.
103 당시 사자에게는 흰옷을 입혔다고 한다.
104 하데스.
105 1670~1750행은 애탄가다.
106 아버지가 고령에 고통 없이 세상을 떠난 것은 불평할 일이 아니라는 뜻이다.
107 유가족들이 충분히 애도했다는 뜻이다.
108 2행이 없어진 것으로 추정된다.
109 오이디푸스 자신이 그것을 엄금했던 것이다. 1592, 1640행 참조.
110 죽은 오이디푸스는 바라던 안식처를 얻었고, 아테나이인들은 지속적인 안전을 약속받았다는 뜻이다.
111 오이디푸스를 불러 간 신적인 힘.
112 맹세(horkos)가 여기서는 맹세를 감시하고 위증 및 파약을 벌주는 제우스의 시종으로 의인화되어 있다.
113 테세우스의 이 약속들은 잘 이행될 것이라는 뜻이다.

『아이아스』

1 오뒷세우스의 아버지.
2 그리스군이 트로이아에 도착하여 함선들을 뭍으로 끌어올리고 나서 진을 치고 막사들을 지었을 때 가장 위험하고 가장 명예로운 자리인 양쪽 가장자리는 아킬레우스와 아이아스가 각각 차지했다.『일리아스』8권 224행 이하, 10권 113행, 11권 7행 이하 참조.
3 라케다이몬(Lakedaimon)은 스파르테(Sparte 라/Sparta)의 다른 이름으로, 스파르테가 도시만을 가리키는 데 반해 도시 또는 그 주변 지역을 가리킨다.
4 아테나 여신과 오뒷세우스의 각별한 관계에 관해서는『오뒷세이아』1권 45~90행, 13권 187~440행 참조.
5 이탈리아 에트루리아 지방의 그리스어 이름.
6 아킬레우스가 파리스의 화살을 맞고 죽은 뒤 그의 무구들을 놓고 오뒷세우스와 아이아스 사이에 경합이 벌어졌을 때 그리스 장군들이 오뒷세우스의 손을 들어주자 아이아스는 심한 모멸감을 느끼고 자살한다.
7 그리스인들.
8 아가멤논과 메넬라오스.
9 아이아스의 아버지.
10 그리스인들.
11 172~200행은 등장가다.
12 타우로폴로스(Tauropolos)는 야생동물의 수호신이자 사냥의 여신인 아르테미스의 별명 중 하나로 '황소를 사냥하는' '황소를 모는'의 뜻이다.
13 아이아스.
14 에뉘알리오스(Enyalios)는 전쟁의 신 아레스의 별명 중 하나로, 전쟁의 여신 에뉘오(Enyo)에게서 유래했다.
15 아폴론의 별명 중 하나.
16 일설에 따르면, 오뒷세우스의 실부(實父)는 라에르테스가 아니라 희대의 사기꾼 시쉬포스(Sisyphos)라고 한다. 그 벌로 시쉬포스는 저승에 가서 돌덩이를 산꼭대기로 굴려 올리게 되었는데 돌덩이가 꼭대기에 도달하기 직전에 도로 아래서 굴러 떨어져 영원토록 이런 고역을 되풀이하고 있다고 한다.
17 아테나이의 전설적인 왕. 여기서 살라미스인들을 아테나이인들이라고 하는 것은 아테나이와 살라미스의 연대감을 강조하기 위해서인 듯하다.
18 프뤼기아는 여기서 소아시아 서북부 지방으로, 트로이아와 동의어로 쓰이곤 한다.
19 코로스의 행수는 원전대로임. 이하 같음.
20 아이아스가 죽을 것임을 처음으로 암시하는 말이다. 그러나 아이아스는 처형되지 않고

21 그리스어로는 aiai aiai이며 아이아스의 이름과 비슷하다.
22 아이아스의 아버지 텔라몬과 아킬레우스의 아버지 펠레우스는 아이아코스의 아들들이고 아이아코스는 제우스의 아들이다.
23 오뒷세우스.
24 아가멤논과 메넬라오스.
25 아테나.
26 트로이아 근처의 강.
27 트로이아 근처의 산.
28 헤라클레스가 약속을 지키지 않은 트로이아 왕 라오메돈(Laomedon)을 응징하러 출병했을 때 텔라몬도 함께 가서 혁혁한 무공을 세우고 라오메돈의 딸 헤시오네(Hesione)를 상으로 받는데, 그녀에게서 태어난 아들이 아이아스의 이복동생 테우크로스다.
29 '그리스'의 그리스어 이름.
30 '에게 해'의 그리스어 이름.
31 『일리아스』 6권 459~462행에서 헥토르는 아내 안드로마케(Andromache)가 그리스로 끌려가 종살이를 하게 되면 비슷한 말을 들을 것으로 상상하고 있다.
32 『일리아스』 6권 432행과 22권 484~506행에서 안드로마케는 헥토르의 고아가 될 또는 고아가 된 아스튀아낙스(Astyanax)에 관해 비슷한 말을 하고 있다.
33 저승.
34 『일리아스』 6권 411~430행에서 안드로마케는 아버지도 어머니도 오라비들도 다 죽은 지금 헥토르야말로 자기에게 남편일 뿐만 아니라 아버지이자 어머니이고 오라비라고 장탄식을 늘어놓는다.
35 그리스인들.
36 '넓은 방패'란 뜻.
37 591~594행에서는 비극의 대화에서 사용되는 단장격 삼절운율(iambic trimeter) 한 행을 두 배우가 나눠서 말하고 있는데 이를 안틸라베(antilabe)라고 한다. 우리말로는 '분행(分行) 대화'라고 할 수 있는데 대개 감정이 고조되었을 때 사용된다.
38 596~645행은 첫 번째 정립가다.
39 아이아스와 헥토르가 일대일로 결투를 한 뒤 서로 선물을 교환한 일에 관해서는 『일리아스』 7권 303행 이하 참조.
40 693~718행은 두 번째 정립가다.
41 판(Pan)은 그리스 신화에서 들판과 숲과 목자들의 신으로, 여기서는 시골 춤의 신으로서 초대받고 있다.

42 퀼레네는 그리스 아르카디아 지방의 북동부에 있는 고산(최고봉 2,376미터)으로 대개 판의 아버지 헤르메스가 태어난 곳으로 알려져 있고, 판은 아르카디아 지방의 마이날론(Mainalon) 산에서 태어난 것으로 알려져 있다.
43 Garvie에 따라 Mysia라고 읽지 않고, Jebb에 따라 Nysia라고 읽는다. 뉘사(Nysa)는 주신 디오뉘소스가 태어나 자란 곳이다.
44 크노소스(Knosos)는 크레테 섬의 수도다. 문맥상으로 뉘사의 춤과 크노소스의 춤은 격렬한 동작이 요구되는 춤인 듯하다.
45 이카로스 해는 이카로스(Ikaros)가 아버지 다이달로스가 만들어준 날개를 달고 너무 높이 날다가 날개를 이어붙인 밀랍이 태양열에 녹는 바람에 추락하여 익사했다는 바다로, 소아시아 서남부 앞바다에 있는 이카로스 섬 주위의 바다를 말한다.
46 트로이아 전쟁 때 그리스군 예언자.
47 태양신.
48 여기서는 트로이아 동쪽에 있는 뮈시아 지방의 올륌포스 산을 말한다.
49 보스포로스(Bosporos)는 '소가 걸어서 건넌 여울'이란 뜻으로 여기서는 흑해와 마르마라(Marmara) 해 사이의 해협이 아니라 헬레스폰토스 해협, 즉 지금의 다르다넬스 해협을 말한다.
50 아테나 여신의 별명 중 하나.
51 오뒷세우스.
52 『일리아스』 22권 395~404행, 464~465행과 24권 15~16행에는 아킬레우스가 이미 숨을 거둔 헥토르를 자신의 전차에 매달아 그리스군 진영으로 끌고 간 것으로 되어 있다.
53 헬레네.
54 헬레네에게 구혼했던 그리스의 저명한 왕들은 그녀의 아버지 튄다레오스에게, 누가 헬레네의 남편으로 선택되든 그에게 어려움이 생기면 남편으로서의 권리를 되찾게 돕겠다는 맹세를 한다. 그래서 후일 헬레네가 파리스에게 납치되자 이 맹세 때문에 그리스의 왕들이 트로이아 원정에 참가하게 된다. 아킬레우스는 나이가 어려 헬레네에게 구혼하지 않았기에 트로이아 전쟁의 마지막 해에 아가멤논과 말다툼이 벌어졌을 때(『일리아스』 1권 참조) 자신의 함대를 이끌고 고향으로 돌아가겠다고 위협할 수 있었다.
55 테우크로스는 트로이아 전쟁 때 그리스군의 으뜸가는 궁수였다.
56 당시 그리스인들은 후미에서 활을 쏘는 것보다 방패와 창 등으로 완전무장하고 선두대열에서 적과 맞서 싸우는 것을 더 자랑스럽게 여겼다.
57 죽은 아킬레우스의 무구를 두고 아이아스와 오뒷세우스가 경합을 벌였을 때.
58 고대 그리스인은 친족이나 친구의 장례 때 애도의 표시로 머리털을 잘라 바치곤 했다.
59 1185~1222행은 세 번째 정립가다.

60 당시 아테나이에 사는 재류외인(在留外人 metoikos)은 법정에서 시민의 입을 통하여 자신의 권리를 주장할 수 있었다.
61 1273~1282행에 관해서『일리아스』12권 참조.
62 『일리아스』7권 참조.
63 흙덩이가 잘 깨지도록.
64 튀에스테스.
65 크레테 왕 카트레우스(Katreus)는 딸 아에로페(Aerope)가 노예와 놀아나다가 발각되자 에우보이아 왕 나우플리오스(Nauplios)에게 보내 익사시키게 하지만 나우플리오스가 살려주자 아트레우스와 결혼한다. 그녀가 그 뒤 시동생인 튀에스테스와 간통하다가 발각되자 아트레우스는 아우의 아이들을 죽여 그 살점으로 요리를 만들어 아우를 대접한다.
66 헤라클레스.
67 제우스.

『트라키스 여인들』

1 아이톨리아 지방의 수도.
2 오이네우스(Oineus)는 데이아네이라뿐 아니라, 멧돼지 사냥으로 유명한 멜레아그로스(Meleagros)와 테바이를 공격한 일곱 장수 가운데 한 명인 튀데우스의 아버지이기도 하다. 헤라클레스가 케르베로스를 끌고 오려고 저승에 갔을 때 멜레아그로스의 혼백이 나타나 그에게 의지가지없는 자기 누이 데이아네이라와 결혼할 것을 간청하자 그는 지상으로 돌아와 연적인 하신 아켈로오스(Acheloios)를 물리치고 그녀와 결혼한다. 그 뒤 그들은 칼뤼돈을 떠나오다가 강(江)을 건너게 되는데 그녀를 업고 강을 건네주던 반인반마(半人半馬)의 켄타우로스족 가운데 한 명인 넷소스(Nessos)가 그녀를 납치하려 하자 헤라클레스가 괴물 뱀 휘드라(Hydra)의 피에 담갔던 독화살로 그를 쏘아 죽인다. 넷소스는 죽으면서 자신의 상처에서 흘러나온 피는 후일 헤라클레스의 사랑이 식었을 때 미약(媚藥)이 될 것이라고 그녀에게 말한다. 나중에 헤라클레스가 오이칼리아를 함락하고 그곳의 젊은 공주 이올레를 첩으로 데려온다는 전령의 말을 듣고 어느새 중년이 된 데이아네이라는 헤라클레스의 웃옷에 넷소스의 피를 묻혀 헤라클레스에게 가져다주라고 건네준다. 그러나 그 웃옷을 입는 순간 몸속으로 타들어가며 격렬한 고통을 안겨주자 헤라클레스는 참다못해 아들 휠로스에게 이올레와 결혼하도록 명령하고 나서 오이테 산으로 가서 화장용 장작더미 위에 누워 산 채로 화장되고, 데이아네이라는 자살한다.
3 그리스 중서부 지방을 지나 이오니아 해로 흘러드는 강이자 그 강의 하신.

4   헤라클레스.
5   헤라클레스는 이피토스(Iphitos)를 죽인 죄를 속죄하기 위해 소아시아 중서부 지방 뤼디아 여왕 옴팔레에게 팔려가 그녀 밑에서 여자 옷을 입고 종살이를 했다고 한다.
6   94~140행은 등장가다.
7   태양신.
8   카드모스는 테바이 시의 전설적 건설자다. 헤라클레스는 테바이에서 태어나긴 했으나 카드모스가 아니라 페르세우스의 자손이므로 '카드모스의 자손'이란 여기서 '테바이의 아들' 정도로 이해해도 될 것이다.
9   제우스.
10 그리스 북서부 에페이로스(Epeiros) 지방에 있는 제우스의 오래된 신탁소. 그곳의 사제들은 참나무 잎이 바람에 살랑거리는 소리를 듣고 신의(神意)를 풀이했다고 한다.
11 도도네에서는 처음에 남자 사제들이, 나중에는 '산비둘기들'(peleiades)이라 불리는 여사제들이 신의를 풀이한 까닭에 '산비둘기들'을 '여사제들'로 번역하는 이들도 있다.
12 남텟살리아 지방의 한 지역.
13 남텟살리아 지방의 산으로, 최고봉 2,152미터.
14 오르튀기에(Ortygie)는 대개 쌍둥이 남매 신 아폴론과 아르테미스가 태어난 델로스 섬의 다른 이름으로 추정되고 있다.
15 요정들은 그리스 신화에서 젊고 아름답고 음악과 무용을 좋아하는 소녀들로, 여신들처럼 영생하지는 않지만 장수한다. 요정들은 실을 잦거나 노래하며 동굴에서 살지만 아르테미스 같은 여신들이나 칼륍소(Kalypso)와 키르케(Kirke) 같은 신분이 높은 다른 요정들의 시중을 들기도 한다. 요정들은 거처에 따라 이름이 다른데 나무 특히 참나무의 요정들은 드뤼아데스(dryades 단수형 dryas), 샘과 시내와 호수의 요정들은 나이아데스(naiades 단수형 nais), 산의 요정들은 오레이아데스(oreiades 단수형 oreias)라고 불린다. 요정들은 제우스, 아폴론, 헤르메스, 디오뉘소스 같은 큰 신들의 주목을 끌기도 하지만, 대개 판, 사튀로스, 프리아포스(Priapos) 따위의 사랑을 받는다.
16 피리로 보는 이들도 있고, 주신 디오뉘소스 일명 박코스로 보는 이들도 있다.
17 담쟁이덩굴은 디오뉘소스에게 바쳐진 식물이다.
18 박코스 축제 때 지르는 환호성이다.
19 에우보이아 섬 북서부에 있는 갑(岬).
20 에우뤼토스와 그의 아들들.
21 헤라클레스가 집으로 돌아오고 있다는 소식.
22 코로스.
23 사랑의 신.

24 '이방인'이란 여기서 상대방을 경멸해서 하는 말이다.
25 '엎지른 물'이란 뜻이다.
26 497~530행은 첫 번째 정립가다.
27 아프로디테의 별명 중 하나. 경우에 따라서는 '사랑'의 뜻으로도 사용된다.
28 제우스. 제우스는 이름난 바람둥이고, 포세이돈도 꽤나 바람을 피우는 편이며, 하데스는 페르세포네를 납치한 것 말고는 바람피운 적이 없다.
29 데이아네이라.
30 오이니아다이(Oiniadai)는 그리스 중서부 아카르나니아(Akarnania) 지방의 도시로, 아켈로오스 강의 어귀에 있다.
31 박코스의 어머니 세멜레는 테바이 왕 카드모스의 딸이다.
32 레르나는 펠로폰네소스 반도 동북부 아르골리스 지방에 있는 지역 및 늪 이름이다. 휘드라(Hydra)는 '물에 사는 짐승' 또는 '물뱀'이란 뜻으로, 이 괴물을 퇴치하는 것이 헤라클레스의 12고역 중 하나였다. 이 괴물은 머리를 베면 더 많은 머리가 자라나기 때문에 헤라클레스는 화전(火箭)을 쏘아, 또는 그가 머리를 베면 그의 조카 이올라오스(Iolaos)가 머리가 잘린 목 부분을 불타는 나무로 지져서 제압할 수 있었다. 나중에 헤라클레스는 자신의 화살들을 휘드라의 독(毒) 또는 피에 담가 독화살들을 만드는데 이 독화살들은 후일 그의 수많은 적들뿐만 아니라 그 자신에게도 간접적으로 파멸을 안겨 준다.
33 헤르메스는 신들의 전령이다.
34 633~662행은 두 번째 정립가다.
35 아르테미스.
36 암피크튀오니아(Amphiktyonia) 동맹을 말한다. 이 동맹은 봄에는 델포이의 아폴론 신전에서, 가을에는 테르모퓔라이(Thermopylai 또는 Pylai) 고갯길 근처 안텔레(Anthele)에 있는 데메테르 신전에서 함께 제물을 바치는 열두 인접 국가들(amphiktyones)이 맺은 동맹이다. 이들 국가들은 델포이 신전을 관리하고 그곳에서 4년마다 개최되던 퓌토(Pytho) 경기를 주관했다.
37 뤼라(lyra)는 길이가 같은 일곱 현으로 된 발현악기로 고대 그리스에서, 지금의 오보에와 비슷한 피리와 더불어 가장 널리 쓰였으며 종교 행사에서도 이들 악기들이 사용되었다.
38 아레스는 전쟁의 신이다. '아레스가 분기충천하다' 함은 헤라클레스가 충동적으로 오이칼리아를 공격했던 일을 빗댄 것이다.
39 넷소스.
40 익시온과 네펠레(Nephele '구름'이란 뜻)의 아들들로, 머리와 가슴과 팔은 사람이고 몸

통과 다리는 말인 괴물들인 다른 켄타우로스들과는 달리, 케이론은 크로노스와 필뤼라(Philyra)의 아들로 크로노스가 아내 레아에게 들키지 않으려고 말로 변신하여 그녀에게 접근한 까닭에 그런 모습이 되었다고 한다. 케이론은 아폴론과 아르테미스에게 의술과 음악과 예언술과 사냥술을 배워 후일 아스클레피오스와 이아손(Iason)과 아킬레우스 같은 영웅들의 스승이 된다. 헤라클레스가 펠리온(Pelion) 산에 와서 독화살들로 다른 켄타우로스들을 공격했을 때, 케이론은 부상당한 켄타우로스를 치료해주다가 독화살에 긁혀, 또는 독화살을 손에 들고 유심히 살펴보다가 실수로 독화살이 발에 떨어져 부상당하자 고통을 참다못해 더 이상 살고 싶지 않아 크로노스에게서 물려받은 불사성(不死性)을 프로메테우스에게 넘겨주고 죽는다. 그러나 제우스가 그를 하늘로 올려 황도12궁 가운데 하나인 사수자리가 되게 한다.

41 821~861행은 세 번째 정립가다.
42 휠로스가 그녀를 어머니로 인정하지 않을 것이기 때문에.
43 947~970행은 네 번째 정립가다.
44 헤라클레스의 12고역은 대부분 그리스를 괴물로부터 해방하는 일이었다.
45 아테나 여신의 별명 중 하나.
46 결혼의 여신인 헤라(Hera)는 남편 제우스가 가까이한 여신들과 여인들은 물론이고 그 자식들까지 미워하는데 다수의 피해자 중에서도 가장 고통받은 것은 헤라클레스였다. 그가 뮈케나이 왕 에우뤼스테우스(Eurystheus) 밑에서 치른 12고역도 헤라의 계략에 의한 것이었다. 그러나 그는 12고역을 성공적으로 치른 까닭에 후일 하늘의 신이 되어 헤라와도 화해하고 제우스와 헤라의 딸인 헤베(Hebe 청춘의 여신)와 결혼한다. 헤라클레스가 '헤라의 영광'이란 뜻의 이런 이름을 갖게 된 것은, 그가 수행한 고역들은 헤라의 영광을 위한 것이기 때문이다. 그러나 헤라가 부과한 고역들을 성공적으로 수행함으로써 그는 결국 신의 반열에 올랐다는 점에서 그 영광은 그 자신의 것이기도 하다.
47 기가스들은 우라노스가 아들 크로노스에게 남근이 잘릴 때 그 피가 대지에 쏟아져 잉태된 거한(巨漢)들로, 신과 인간이 동시에 공격해야만 죽일 수 있었다. 이 중 몇 명은 지상(地上)에 있는 한 죽일 수 없었다고 한다. 엄청나게 힘이 센 데다 다리가 거대한 뱀으로 되어 있는 이 털북숭이 거한들은, 제우스가 티탄 신족을 10년 전쟁 끝에 지하의 타르타로스에 가두자 대지의 여신이 이를 원망하여 제우스를 혼내주려고 낳은 괴물들로서, 이들에 관한 전설은 주로 올륌포스 신들과의 전쟁(gigantomachia)과 관련이 있다. 올륌포스 신들은 처음에 이들에게 고전했으나 제우스와 아테나의 분전과 헤라클레스의 협력으로 이들을 제압하는 데 성공한다.
48 네메아는 펠로폰네소스 반도 동북부 아르골리스 지방에 있는 도시다. 네메아의 사자는 칼이나 화살이나 불에도 부상당하지 않는 괴물로, 그것을 퇴치하는 것이 헤라클레스의

12고역 중 하나였다. 헤라클레스는 그것을 목 졸라 죽이고 나서 그 껍질을 벗겨 몸소 입고 다녔는데, 껍질을 벗길 때 그는 그것의 발톱을 사용했다.

49 주 32 참조.

50 에뤼만토스 산의 멧돼지를 퇴치하는 것도 헤라클레스의 12고역의 하나였다. 그는 이 멧돼지를 추격하던 중 켄타우로스족과 시비가 붙어 본의 아니게 현자 케이론을 죽이게 된다.

51 반은 소녀이고, 반은 뱀인 괴물.

52 케르베로스.

53 제우스가 헤라와 결혼할 때 대지의 여신이 헤라에게 선물로 준 황금 사과나무는 헤스페리데스(Hesperides)라는 요정들이 라돈(Ladon)이라는 용의 도움을 받아 지키고 있었는데, 헤라클레스가 가서 용을 죽이고 황금 사과들을 따온다.

54 알크메네는 남편 암피트뤼온(Amphitryon)이 원정 나가고 집을 비운 사이, 남편의 모습을 하고 접근한 제우스에게서 헤라클레스를 잉태한다.

55 휠로스의 가솔과 헤라클레스의 수행원들.

56 제우스의 가장 오래된 신탁소인 도도네의 사제계급.

57 그 모든 것이 제우스의 뜻이라는 것이다.

『엘렉트라』

1 이오.

2 아폴론. 아폴론의 별명 중 하나인 뤼케이오스는 '빛'이란 뜻의 lyk-, lux에서 유래하여 광명의 신으로서의 아폴론을 가리킨다는 설도 있고, '늑대'(lykos)란 말에서 유래하여 가축 떼와 목자의 보호자로서의 아폴론을 가리킨다는 설도 있는데, 소포클레스는 여기서 후자를 따르고 있다.

3 헤라는 아르고스의 수호여신이다.

4 아트레우스의 아버지, 아가멤논의 할아버지.

5 엘렉트라.

6 당시 소년들의 양육과 교육은 나이든 남자 노예(paidagogos)에게, 소녀들의 양육과 교육은 유모에게 맡겨졌다. paidagogos('소년 인도자'란 뜻)는 소년이 학교와 체육관에 오갈 때 동행하게 되어 있었다.

7 델포이의 옛 이름.

8 아폴론의 별명 중 하나.

9 파노테우스(Phanoteus 또는 Phanopeus)와 크리소스(Krisos)는 사이 나쁜 형제로 유명했는데, 크리소스의 아들 스트로피오스 왕이 아가멤논과 동맹관계에 있었던 까닭에 파

노테우스는 자동적으로 클뤼타임네스트라와 아이기스토스의 동맹자로 간주되었던 것 같다.

10 퓌토 경기는 4년마다 델포이에서 열리던 음악 경연을 곁들인 체육 경기로서 펠로폰네소스 반도 북서부 엘리스 지방의 올륌피아에서 열리던 올륌피아 경기, 코린토스의 지협(地峽)에서 열리던 이스트모스 경기, 펠로폰네소스 반도 북동부 아르골리스 지방의 네메아에서 열리던 네메아 경기와 더불어 고대 그리스의 4대 경기 중 하나였는데, 올륌피아 경기 다음으로 규모가 컸다.

11 고대 그리스인들은 친척이나 친구가 죽으면 애도의 표시로 장례식 때, 성년이 되면 길러준 데 대한 감사의 표시로 고향의 강에다 머리털을 잘라 바치곤 했다.

12 아폴론의 별명 중 하나.

13 전쟁의 신.

14 아테나이 왕 판디온(Pandion)의 딸 프로크네(Prokne)는 트라케 왕 테레우스(Tereus)에게 시집갔으나 남편이 처제 필로멜레(Philomele)를 겁탈하고 혀를 자르자, 아우가 보낸 수놓은 천을 통해 이 사실을 알고는 남편에게 복수하기 위해 아들 이튀스(Itys)를 죽여 그 살점으로 요리를 만들어 남편에게 먹인다. 나중에 이 사실을 알고 테레우스가 두 자매를 죽이려고 덤벼들자, 제우스가 프로크네는 밤꾀꼬리로, 필로멜레는 제비로, 테레우스는 후투티로 변신시킨다. 프로크네는 밤꾀꼬리가 된 뒤 밤만 되면 아들의 이름을 부르며 비통하게 우는데, '이튀스'는 밤꾀꼬리 울음소리의 의성어다.

15 헤르메스는 신들의 전령이자, 사자(死者)들의 혼백을 저승으로 인도해주는 신이기도 하다.

16 121~250행은 등장가다.

17 밤꾀꼬리.

18 소포클레스에 따르면 아가멤논에게는 이피게네이아, 엘렉트라, 크뤼소테미스, 이피아낫사(Iphianassa)의 네 딸이 있었다.

19 크리사(Krisa)는 델포이에서 서남쪽으로 3킬로미터쯤 떨어져 있는, 파르낫소스 산기슭의 도시로, 오레스테스는 그곳의 스트로피오스 왕에게 몸을 의탁하고 있었다.

20 하데스.

21 영리한 크뤼소테미스와는 달리 반항적인 엘렉트라는 노예 취급을 받았던 것이다.

22 호메로스에 따르면 아가멤논은 목욕탕이 아니라 아이기스토스가 베푼 연회석상에서 살해되었다. 『오뒷세이아』 11권 406~411행 참조.

23 '무서운 형상'이란 초자연적 악령으로 의인화된 살인 행위를 말하는 것으로 생각된다.

24 코로스는 그런 끔찍한 범행이 인간에 의해서만 저질러질 수 없다고 생각하고 있다.

25 아가멤논이 살해된 날에는 매달 합창가무단이 찬가를 부르는 가운데 구원의 신 특히 구

원자 제우스(Zeus Soter)와 아폴론과 아르테미스에게 제물이 바쳐졌고, 이어서 잔치가 벌어졌던 것이다.
26 태양신(Helios)은 암흑의 공포를 몰아내는 광명과 정결의 신이고, 만물을 굽어보는 신으로서 범죄와 위험을 적발해낼 수 있기 때문이다.
27 고대 그리스인들은 시신이 난도질당한 자는 사후에 가해자에게 위해를 가할 수 없는 것으로 믿었다.
28 472~515행은 첫 번째 정립가다.
29 '그리스'의 그리스어 이름.
30 이피게네이아.
31 그리스인들.
32 보이오티아 지방의 해안도시. 그리스 원정군의 함대가 트로이아로 출항하려고 이곳에 집결했을 때 계속 역풍이 불어, 또는 여기서처럼 돛을 올릴 바람이 불지 않아 아가멤논이 예언자 칼카스의 조언에 따라 그곳의 수호여신 아르테미스에게 딸 이피게네이아를 제물로 바친다.
33 아르테미스.
34 그리스인들.
35 트로이아의 다른 이름.
36 아르테미스는 여인들이 돌연사하게 하는 여신이다.
37 아폴론 상.
38 그녀와 아이기스토스와 고분고분한 자녀들.
39 여기서는 코린토스 만 서남쪽에 있는 아카이아(Achaia) 지방 출신 남자라는 뜻인 듯하다.
40 리뷔에인이란 여기서 그리스인들만이 이런 경기에 참가할 수 있었던 점으로 미루어 북아프리카의 그리스 식민시 퀴레네(Kyrene) 출신 남자를 가리키는 듯하다.
41 '몰이 막대기'란 끝에 화살촉 모양의 침이 둘 달린 막대기로, 말이나 가축을 모는 데 사용되었다.
42 바르케(Barke)는 북아프리카 퀴레네 지방(Kyrenaia)의 도시다.
43 왼쪽 경주마의 고삐를 당기면서 오른쪽에서 왼쪽으로 바싹 붙어 돌다가 조금 일찍 이 고삐를 늦추는 바람에 말이 세차게 앞으로 내달아 왼쪽 바퀴통이 기둥을 들이받았다는 뜻이다.
44 망가진 여덟 대의 전차를 몰던 자들은 여전히 경기장에 남아 있었던 상황.
45 '죽은 사람의 네메시스 여신'이란 죽은 자에게 가해진 비행을 복수하는 여신이란 뜻이다.

46 네메시스 여신은 몰인정한 아들을 처벌해달라는 어머니의 기도를 들어주었다는 뜻이다.
47 790행 참조.
48 823~870행은 애탄가다.
49 아내 에리퓔레.
50 에리퓔레.
51 암피아라오스와 에리퓔레의 아들 알크마이온. 그는 아버지가 지시한 대로 어머니를 죽이고 '테바이를 공격한 일곱 장수들'의 다른 아들들과 함께 테바이를 재차 공격하여 함락시킨다.
52 그때도 오레스테스를 구출했다는 사실이 말해주듯, 의지는 지금이나 다름없었지만, 전체적인 상황을 파악하거나 범행을 예방할 수 있을 만큼 판단력은 충분하지 못했다는 뜻이다.
53 크뤼소테미스가 그녀와 같은 감정을 가지고 같이 행동해주기를 바란다는 것은 허황된 꿈이라는 뜻이다.
54 1058~1097행은 두 번째 정립가다.
55 아가멤논.
56 주 14 참조.
57 클뤼타임네스트라와 아이기스토스.
58 가장 고귀한 자식이라는 칭찬.
59 화장용 장작불.
60 나는 너의 유모였고, 너에게는 누이가 여럿 있었지만 늘 나를 '누나'라고 불렀다는 뜻이다.
61 크리사에서 뮈케나이로 오는 길. 기대했던 복수자가 유골이 되어 돌아왔기 때문에 이 길이 엘렉트라에게는 끔찍한 것이다.
62 고대 그리스인들은 간청할 때 왼손으로는 상대방의 무릎을 잡고 오른손은 턱을 향해 내미는 풍습이 있었다.
63 1232~1287행은 이른바 melos('노래'란 뜻)로, 엘렉트라와 오레스테스 남매가 주고받는 노래다.
64 아가멤논.
65 어머니와의 오랜 불화(?).
66 천만뜻밖에 온 것이 아니라 오랫동안 기다리다가 아폴론의 신탁을 듣는 즉시 서둘러 왔다는 뜻이다.
67 Jebb은 여기서 1행이 없어진 것으로 보고 있다.
68 오레스테스가 죽었다는 소식을 듣고 클뤼타임네스트라가 기뻐하며 마음을 놓는 것을

69 가정교사가 오레스테스를 데리고 포키스로 갔던 일과 포키스에서 온 일을 말한다.
70 아이기스토스의 경호원들.
71 당시 궐문 앞에는 으레 아폴론 상과 헤르메스 상이 있었다.
72 1384~1397행은 세 번째 정립가다.
73 복수의 여신들.
74 곧 적을 이기거나 죽게 될 것이라는 뜻이다.
75 아가멤논의 혼백과 하데스와 그 밖에 엘렉트라가 불렀던 지하의 힘들(110행 이하 참조)을 말한다.
76 1398~1441행은 애탄가다.
77 여기서 엘렉트라를 위한 2행이 없어진 것으로 추정된다.
78 여기서 오레스테스를 위한 1행이 없어진 것으로 추정된다.
79 여기서 오레스테스를 위한 1행이 없어진 것으로 추정된다.
80 시신을 뜯어 먹게 될 개 떼와 새 떼를 말한다.

『필록테테스』

1 이 드라마에서는 에게 해의 북동부에 있는 큰 섬인 렘노스에 사람이 살지 않는 것으로 설정되어 있으나, 『일리아스』 7권 467행과 21권 40행에서는 사람이 살고 있는 것으로 나온다. 소포클레스는 사건의 진행상 이 섬이 무인도인 것이 좋겠다고 생각하고 고의적으로 호메로스의 언급을 무시했거나, 아니면 이 섬의 일부에는 사람이 살고, 일부는 사람이 살지 않았던 것으로 보아야 할 것이다.
2 '그리스'의 그리스어 이름.
3 아트레우스의 두 아들 아가멤논과 메넬라오스.
4 아침에는 남쪽 또는 동남쪽으로 난 바다 쪽 동굴 입구에, 오후에는 북쪽 또는 북서쪽으로 난 입구에 햇볕이 든다는 뜻인 듯하다.
5 그리스인들.
6 그리스인들.
7 트로이아의 다른 이름.
8 포로로 잡힌 트로이아의 왕자 헬레노스가 네옵톨레모스의 참전이 트로이아 함락의 한 가지 필수조건이라고 예언하자 오뒷세우스와 포이닉스(Phoinix)가 파견되어 어린 네옵톨레모스를 스퀴로스 섬에서 데려갔던 것이다.
9 트로이아 왕가의 시조.
10 그리스의 이름난 왕들이 헬레네에게 구혼했을 때 헬레네의 아버지 튄다레오스는 오뒷

10 세우스의 조언에 따라 누가 헬레네의 남편이 되든 그의 남편으로서의 권리를 지켜주겠다는 맹세를 구혼자들에게서 받아둔 터라 파리스와 도주한 헬레네를 찾기 위해 메넬라오스가 원정대를 조직하며 지난날의 맹세를 지켜줄 것을 요구하자 그리스 왕들은 마지못해 원정에 참가했다.
11 오뒷세우스는 아내와 아들을 두고 먼 길을 떠나는 게 내키지 않아 미친 체해보았으나 팔라메데스(Palamedes)에게 발각되어 마지못해 원정에 참가했다.
12 본래의 원정대에 참가하지 않고 전쟁이 시작된 지 10년째 되던 해에 트로이아로 건너간 네옵톨레모스는 필록테테스를 무인도에 유기한 것에 책임이 없다는 뜻이다.
13 주 8 참조.
14 135~218행은 등장가다.
15 아가멤논과 메넬라오스.
16 케팔렌인(Kephallen 복수형 Kephallenes)들이란 당시는 사모스(Samos) 또는 사메(Same)라 불리던 케팔레니아(Kephallenia) 섬 주민들뿐만 아니라, 이타케(Ithake) 섬과 자퀸토스(Zakynthos) 섬과 아카르나니아 지방 앞바다에 있는 섬들과 본토 일부의 주민들을 말하며, 이들은 당시 오뒷세우스의 통치를 받았다.
17 오뒷세우스.
18 아킬레우스.
19 아폴론의 별명 중 하나.
20 포이닉스. 주 8 참조.
21 트로이아 북서쪽에 있는 이 갑(岬)이 네옵톨레모스에게 쓰라린 것은 그곳에 아버지 아킬레우스의 무덤이 있고, 이곳에서 그가 부당한 대우를 받았기 때문이다.
22 381~402, 507~518행은 활발한 몸짓이 수반되는 일종의 무도가인 휘포르케마(hyporchema)다.
23 소아시아 뤼디아 지방의 강으로, 사금이 많이 나기로 유명하다.
24 소아시아의 지모신(地母神) 퀴벨레. 그녀는 그리스 신화에 흡수되면서 흔히 제우스의 어머니 레아(Rhea)와 동일시되곤 했다.
25 트로이아.
26 디오메데스.
27 오뒷세우스는 수단 방법을 가리지 않는 비정한 인간이라 하여 그의 실부(實父)는 라에르테스가 아니라 희대의 사기꾼 시쉬포스라는 말도 있다.
28 '큰 아이아스'와 안틸로코스.
29 전에 아킬레우스가 죽고 오뒷세우스가 살아남았듯이.
30 씨름꾼은 꾀를 써서 이기기 때문이다.

31 저승을 다스리는 하데스는, 아내가 장례를 치르지 않았으니 지상에 나가 장례를 치르는 대로 다시 돌아오겠다는 희대의 사기꾼 시쉬포스의 거짓말에 속아 그를 저승에서 내보낸 적이 있었다.

32 네옵톨레모스가 필록테테스를 고향으로 호송해줄 경우 맨 먼저 그의 집에 소식을 전하게 될 것이라는 뜻이다.

33 데모폰(Demophon)과 아카마스(Akamas). 이들은 호메로스에서는 보이지 않으나 이들의 아버지 테세우스가 스퀴로스에서 뤼코메데스에게 살해된 까닭에 네옵톨레모스의 적으로 간주된 듯하다.

34 시쉬포스. 주 27 참조.

35 주 31 참조.

36 헤라클레스가 온몸에 휘드라의 독이 퍼져 고통을 견디다 못해 제 발로 올라가 화장용 장작더미 위에 누워 있을 때, 잃어버린 가축 떼를 찾으려고 우연히 그 옆을 지나던 필록테테스 또는 그의 아버지 포이아스가 헤라클레스의 간절한 부탁을 거절하지 못하고 그 장작더미에 불을 붙여주고 그 보답으로 헤라클레스의 활을 얻게 되었던 것이다.

37 676~729행은 첫 번째 정립가다.

38 제우스.

39 렘노스에서 10년 세월을 보낸 뒤라는 뜻이다.

40 제우스.

41 필록테테스는 자신의 고통과 헤라클레스의 수많은 시련들이 활 때문인 것처럼, 다시 말해 활을 소유한 임자들이 그 과분한 행운 때문에 신들의 시기를 받아 불행하게 된 것처럼 말하고 있다.

42 오뒷세우스. 주 16 참조.

43 '렘노스의 불'이란 렘노스의 모쉬클로스(Mosychlos) 화산을 말하는데, 이 섬의 동남쪽 갑(岬)에 있었던 것으로 보이며 필록테테스의 동굴도 그 가까이 있었던 것으로 생각된다.

44 헤라클레스.

45 주 36 참조.

46 827~864행은 애탄가로 두 번째 정립가를 대신한다.

47 '그런 의도'란 필록테테스를 그의 고향에 데려다주는 척하며 트로이아로 데려가는 것을 말하며, 그럴 경우 그는 자신이 속았음을 알고 분통을 터뜨리며 배신자들을 저주할 것이란 뜻이다.

48 필록테테스가 트로이아로 가야 한다는 것을 숨김으로써, 그리고 그가 고향으로 가고 있다고 속임으로써.

49 불은 무자비한 파괴의 상징이다. 여기서는 네옵톨레모스가 그를 절망 속에 빠뜨렸다는 뜻인 것 같다.
50 모쉬클로스 화산의 분화구에서 흘러내리는 화염을 말한다.
51 주 10, 11 참조.
52 1081~1217행은 애탄가로 세 번째 정립가를 대신한다.
53 필록테테스가 트로이아로 가야 한다는 말을 처음 들었을 때의 고통을 말한다. 622, 917, 999행 참조.
54 당장 떠나라는 명령(1177행)을 말한다.
55 제우스.
56 스페르케이오스.
57 그리스인들.
58 여기서 오뒷세우스를 위한 대사의 일부가 없어진 것으로 보이며, 문맥상 '그대는 내 이 손도 두렵지 않소?'라는 뜻일 것으로 추정된다.
59 '거짓 전령들'이란 오뒷세우스가 '전군의 이름으로' 필록테테스에게 그의 무기를 돌려주지 못하게 한 것(1293~1294행)과, 전군에 네옵톨레모스를 고발하겠다고 위협한 것(1257~1258행)을 암시하는 말로 생각된다.
60 지난 10년 동안의 고통은 피할 수 없는 것이었다 하더라도 그 고통을 연장하는 것은 전적으로 필록테테스의 뜻에 달려 있기 때문이다.
61 마카온(Machaon)과 포달레이리오스(Podaleirios).
62 410행으로 미루어 필록테테스는 아킬레우스의 무구들을 둘러싼 이른바 '무구재판'에 관해 모르고 있었음이 분명하므로, 이 구절은 후일 가필된 것으로 추정된다.
63 전리품의 일부(대개 10분의 1)를 그의 활에 대한 감사의 공물로 오이테 산에서 그가 화장된 곳에다 바치라는 뜻이다.
64 필록테테스.
65 헤라클레스는 아마조네스족의 나라에서 돌아오는 길에 트로이아에 상륙하게 되는데, 그때 트로이아는 라오메돈(Laomedon) 왕이 포세이돈과 아폴론에게 성벽을 쌓아준 대가를 주지 않아 이들 신들이 보낸 역병(疫病)과 바다 괴물에 시달리고 있었다. 그래서 라오메돈이 딸 헤시오네(Hesione)를 바다 괴물에게 제물로 바치지 않으면 재앙에서 벗어날 수 없으리라는 신탁에 따라 헤시오네가 바닷가 바위에 묶여 괴물의 밥이 되려는 순간 헤라클레스가 나타나 그녀를 구해준다. 그러나 라오메돈이 딸을 구해주면 가뉘메데스(Ganymedes)를 하늘로 데려간 대가로 제우스가 그의 아버지 트로스(Tros) 왕에게 주었던 불사(不死)의 말[馬]들을 주겠다고 해놓고 약속을 이행하지 않자 헤라클레스는 몇 년 뒤 12고역에서 벗어났을 때 군대를 이끌고 가서 트로이아를 함락한 뒤 라오메돈

과 그의 아들들을 모두 죽이고 헤시오네는 큰 공을 세운 텔라몬에게 아내로 준다.
66 트로이아가 함락되었을 때, 네옵톨레모스는 가정의 보호자 제우스(Zeus Herkeios)의 제단으로 피신한 프리아모스 왕을 죽이고, '작은 아이아스'는 아테나 여신의 신상을 꼭 붙들고 있던 캇산드라의 머리끄덩이를 잡고 끌어낸다. 그 벌로 전자는 델포이에서 사제들의 손에 죽고, 후자는 귀향 도중 바다에서 익사한다.
67 경건한 사람은 생전에도 그렇지만 사후에도 복 받기 마련이라는 뜻인 듯하다.
68 '그곳'이란 여기서 동굴 일대를 말하는 것으로 생각된다.
69 헤르마이온 산(Hermaion oros)이 렘노스 섬의 북동부에 있는 지금의 플라카(Plaka) 곶을 가리키는 것으로 보는 이들도 있다.
70 뤼키온 샘(Lykion poton)은 아폴론의 별명 중 하나인 뤼케이오스(Lykeios)에서 이름을 따온 듯하다. 일설에 따르면, 아폴론은 필록테테스의 고통을 덜어주려고 렘노스 섬에 두 개의 샘이 솟아나게 해주었다고 한다.
71 제우스. 헤라클레스는 제우스의 뜻을 전해줄 뿐이다.

옮긴이 해설__ 소포클레스 비극의 세계

이 글은 현존하는 소포클레스의 비극 7편에 대한 해설에 그의 생애에 관한 자료를 덧붙인 것으로, 소포클레스의 비극들 가운데 일부 또는 전부를 읽었거나 관심 있는 독자들에게 길라잡이가 되었으면 한다. 이 글에서는 소포클레스의 비극들을 주제별로 묶어 설명하지 않고, 개별적으로 설명하는 방법을 택했다. 작품의 주제에 대한 이해는 대단히 중요한 작업이지만, 그 또한 궁극적으로는 개별 작품을 이해하는 작업의 하나라고 생각하기 때문이다. 개별 작품의 이해를 위해 작품의 줄거리가 제시되는데, 이는 이미 그 작품을 읽은 독자들의 기억을 새롭게 하고, 눈여겨보지 않았던 부분에 주목하게 해줄 것이다.

1. 생애

그리스 3대 비극작가 가운데 한 사람인 소포클레스는 기원전 497/6년 아테나이 근교 콜로노스(Kolonos)에서 부유한 무기 제조업자 소필로스(Sophilos)의 아들로 태어났다. 아이스퀼로스(기원전 525/4~456년)가 전사(戰士)로 참전한 사실을 자신의 묘비명에 새기게 할 만큼 자랑스럽게 여겼던 마라톤 전투(기원전 490년) 때, 소포클레스는 겨우 6, 7세의 어린아이였다. 그러나 10년 뒤 살라미스 해전에서 그리스 동맹군이 승리를 거두었을 때, 소포클레스는 소년합창단의 선창자(先唱者)로 전쟁의 승리를 신에게 감사드리는 찬신가(paian)를 선창한다. 또한 소포클레스가 활동하던 기원전 5세기, 그중에서도 특히 살라미스 해전이 끝난 뒤에도 여전히 그리스 반도에 남아 있던 페르시아 육군이 완전히 패퇴한 기원전 479년부터 결국 그리스를 쇠진하게 한 펠로폰네소스 전쟁이 발발한 기원전 431년까지의 50년은 아테나이뿐만 아니라 그리스 문화의 최전성기였다.

무엇보다도 이 기간에 3대 비극작가들의 비극들과 대부분의 아리스토파네스(Aristophanes 기원전 450년경~385년경)의 희극들이 대 디오뉘소스제(祭)와 그 밖의 각종 제전에서 공연되었다. 또한 헤로도토스(기원전 480년경~425년경)의 『역사』가 집필되고, 폴뤼그노토스(Polygnotos 기원전 480~440년 사이에 활동)의 그림들이 '채색주랑'(彩色柱廊 Stoa Poikile)의 벽면에 그려졌다. 그리고 조각가 페이디아스(Pheidias)의 감독 아래 익티노스(Iktinos)와 칼리크라테스(Kallikrates)가 서양의 가장 아름다운 건축물로 남아 있는 파르테논(Parthenon) 신전을 세우는 등 도시가 아름다운 예술품들로 장식되었다. 정치적으로는 살라미스 해전에서 승리하는 데 결정적으로 기여한 도시 빈민층이 득세하여 페리클레스(Perikles)가 주도하는 민주주의가 꽃피었다.

살라미스 해전에서 승리한 뒤 아테나이는 델로스(Delos) 해상 동맹(기원전 478/7년)의 맹주로서 절망적인 상황에서도 흔들리지 않는 의연함과 침착성, 검소한 생활 태도와 신 앞에서의 겸손함 같은 마라톤 정신을 차츰 망각하고, 기적 같은 승리와 해상 동맹의 맹주로서의 권력에 도취한 나머지 도시국가(polis)에서 제국(帝國)으로 발전하게 되면서 동맹국에서 속국으로 지위가 전락한 다른 도시국가들이 반발하기 시작한다. 특히 생존의 위협을 느낀 스파르테의 질시는 펠로폰네소스 전쟁(기원전 431~404년)의 도화선이 된다. 이 전쟁에 휘말린 아테나이는 27년 동안 전란에 시달리다 스파르테에 패하는데, 이를 기점으로 그들의 찬란한 문화도 서서히 막을 내리기 시작한다.

그러나 아이스퀼로스가 만년에 시칠리아로, 에우리피데스(기원전 485/4 또는 480~406년)가 마케도니아(Makedonia)로 떠나 그곳에서 객사한 것과 달리 소포클레스는 외국의 초청도 거절하고 아테나이에서 생을 마감함으로써 '가장 아테나이를 사랑하는 사람'(philathenaiotatos)[1]으로 불리는데, 다행히도 그는 아테나이가 파국을 맞기 직전인 기원전 406/5년에 세상을 떠난다.

기원전 406/5년 초 대 디오뉘소스 제전 중에 에우리피데스가 죽었다는 소식이 아테나이에 전해지는데, 소포클레스는 프로아곤(proagon)에서 에우리피데스의 죽음을 슬퍼하여 코로스(choros)로 하여금 관(冠)을 벗고 상복을 입게 했다는 기록이 있다. 프로아곤이란, 경연 하루 또는 이틀 전에 경연에 참가할 시인들과 배우들과 코로스들과 코로스의 분장 및 훈련 비용을 부담하는 코레고스(choregos)를 미리 선보이는 행사다. 또한 기원전 405년 레나이아 제(Lenaia)[2]에서 공연된 아리스토파네스의 희극 『개구리』에서 소포클레스는 이미 이 세상 사람이 아닌 점으로 미루어, 그의 사망 연대는 기원전 406년 가을에서 405년 초쯤으로 추정된다.

고대 그리스인들은 역사적으로 중요한 사건들이 동시에 일어난 것으로 기술하려는 경향이 강한데, 3대 비극작가들의 생애에 관해서도 살라미스 해전과 관련지어, 아이스퀼로스는 전사로서 몸소 이 전투에 참가했고, 소포클레스는 소년합창단의 선창자로서 이 전투의 승리를 감사드리는 찬신가를 주도했으며, 에우리피데스는 전투가 있던 바로 그날 태어났다는 일화를 남기고 있다. 이 일화는 에우리피데스에 관한 부분은 다소 신빙성이 떨

---

1 『생애』 10 참조.
   소포클레스의 생애에 관한 기록들의 주요 출전들로는 여러 가지 필사본으로 남아 있는 『생애』(Bios 라/Vita)와 10세기에 비잔틴에서 발간된 일종의 백과사전인 『수다 사전』(Souda) 등이 있다. 이 중 소포클레스 전기의 축소판으로 짤막짤막한 단락으로 쓰여진 『생애』의 주요 출전들은 아리스토크세노스(Aristoxenos), 사튀로스(Satyros), 이스트로스(Istros)의 기록들이다.
2 레나이아 제는 1월에서 2월 사이에 앗티케 지방에서 행해지던 디오뉘소스 제의 하나로, 여기서는 주로 희극 경연이 있었다.

어지지만 세 비극작가의 작품을 이해하는 데는 중요한 단서를 제공한다. 도저히 사실로 믿기지 않는 기적 같은 승리에서 페르시아인들의 '오만'(hybris)을 응징하는 신들의 위대한 힘과 교육적 의지를 몸소 겪었던 아이스퀼로스는 평생 동안 자신의 드라마에서 신들의 위대함을 찬미하고 신들의 섭리에 관하여 사색했다. 반면, 다른 세대로부터 이 승리를 전해 들었을 뿐인 에우리피데스는 소피스트(sophistes)의 상대주의에도 영향을 받아 모든 정신적 유산을 비판적으로 수용하려는 태도를 견지했다. 그런데 소포클레스는 아테나이의 욱일승천(旭日昇天)과 서산낙일(西山落日)을 모두 경험했다. 아이스퀼로스 못지않게 신들의 힘과 위대함을 인식하고 신을 공경하는 경건한 생활을 하지만 그에게 신은 항상 인간으로서는 알 수 없는 수수께끼 같은 존재였다. 아이스퀼로스가 시종일관 신들의 섭리를 증명하려 했다면, 소포클레스는 인간 존재의 한계를 보여주려 했다고 말할 수 있다. 신에 대하여 불가지론적 입장을 취하는 소포클레스의 종교관은 따라서 델포이 신전의 문 위에 새겨져 있었다는 '너 자신을 알라'는 금언에 가깝다 하겠다. 신에 대한 이러한 상이한 태도는 아이스퀼로스의 비극에서는 신이 주역이지만, 소포클레스 비극에서는 인간이 주역이 되는 것과 밀접한 관계가 있다.

우리는 15세쯤의 소포클레스가 살라미스 해전의 승리를 감사드리는 찬신가를 선창했다는 기록에서 그의 음악적 재능과 용모를 짐작할 수 있다. 실제로 그는, 아이스퀼로스가 창작 활동 초기에 그랬듯이 비극작가가 곧 배우로서 활동하던 당시의 관습에 따라, 무사(Mousa) 여신들에게 노래 시합을 자청했다가 져서 그 벌로 장님이 된 트라케(Thraike)의 전설적인 가인(歌人) 타뮈리스(Thamyris)의 이야기를 소재로 한 초기작 『타뮈리스』에서 키타라[3]를 들고 등장했는데, 키타라를 든 소포클레스의 모습은 나중에 폴뤼그노토스에 의해 채색주랑에 그려졌다고 한다.[4] 또 『오뒷세이아』(Odysseia) 6권에 나오는 나우시카아(Nausikaa) 공주의 이야기를 다룬 『나우시카아』에서는 공놀이로 관객들을 매료시켰다고 한다. 그러나 목소리가 작아 점차 배우로서의 활동은 포기했다고 한다.[5]

소포클레스는 람프로스(Lampros)에게서 음악을 배웠다. 그런데 람프로스의 음악은 핀다로스(Pindaros)의 송시(訟詩)들처럼 진지하고 절도가 있어, 에우리피데스에게 영향을 주었다고 하는 티모테오스(Timotheos)의 음악처럼 거칠고 사실적이지는 않았다고 한다.[6] 또한 소포클레스는 비극의 작시(作詩)를 아이스퀼로스에게 배웠다고 한다. 이 부분은 두 시인 사이에 개인적인 친분이 없지 않았겠으나 소포클레스가 처음에 아이스퀼로스에게서 많은 영향을 받았다는 뜻으로 받아들여도 좋을 것이다. 소포클레스 스스로도 자신은 먼저 아이스퀼로스의 화려함(onkos)에서 벗어나고, 다음으로 자신의 엄격함과 기교주의를 극복하고 나서야 비로소 등장인물의 성격에 맞는 최선의 문체에 도달할 수 있었다고 말하고 있다.[7]

소포클레스는 서른이 안 된 기원전 468년에 세 명의 비극작가가 참가하는 대 디오뉘소스 제의 비극경연대회에서 『트립톨레모스』(Triptolemos)가 포함된 첫 4부작으로 아이스퀼로스를 누르고 우승한 뒤로 대 디오뉘소스 제의 비극경연대회에서 모두 18번이나 우승한다. 아이스퀼로스가 13번, 에우리피데스가 사후의 1번을 포함해 5번 우승한 것과 비교하면 그의 인기를 짐작할 수 있다. 특히 비극경연대회에서 3등을 한 적은 한 번도 없다[8]고 하니 기원전 415년처럼 우승한 시인과 2등 한 시인의 이름이 밝혀진 해에는 경연에 참가하지 않았다고 봐야 할 것이다.

3 고대 그리스의 대중적 발현악기인 뤼라(lyra)와 키타라(kithara)는 둘 다 길이가 같은 7현으로 만들어졌으나, 후자가 더 크고 소리가 잘 울렸다고 한다.
4 『생애』 5 참조.
5 『생애』 4 참조.
6 플루타르코스(Ploutarchos), 『음악에 관하여』(De musica) 31. 1142b 참조.
7 플루타르코스, 『미덕의 향상에 관하여』(De profectu in virtute) 7. 79b 참조.
8 『생애』 8 참조.

그는 123편에 달하는 작품을 썼다고 하는데, 그 가운데 작품명이 알려진 것은 114편이고, 온전한 상태로 남아 있는 것은 후기작들인 비극 7편뿐이다. 1911년 새로운 파피루스가 발견됨으로써 그의 초기작에 속하는 사튀로스 극 『추적자들』이 추가되는데, 이 작품은 완전하지는 않지만 그 줄거리를 충분히 알 수 있을 만큼 보존 상태가 양호하다.

소포클레스는 드라마 외에도 비가(elegeia)들과 찬신가들, 그리고 『코로스에 관하여』(Peri chorou)라는 산문을 썼다고 전한다. 자신은 이상적인 인간을, 에우리피데스는 있는 그대로의 인간을 그린다는 그의 발언[9]과, 앞서 말한 바 있는 그의 문체의 3단계에 관한 언급, 그의 공적의 하나로 일컬어지고 있는 코로스의 수를 12명에서 15명으로 늘리는 문제에 관한 그의 견해 등이 『코로스에 관하여』에 수록되었으리라 추정된다.

소포클레스는 대체로 전통을 존중하는 편이지만 비극의 개혁에도 여러 가지 노력을 기울였다. 그리하여 마치 아이스퀼로스가 제2의 배우를 추가함으로써 그리스 비극의 창시자가 되었듯 그는 제3의 배우를 추가함으로써 그리스 비극의 완성자가 되었으며, 그 밖에도 무대에 배경 그림을 도입했다.[10] 또한 비극 3부작에서 3부작 모두가 하나의 소재를 연속해서 다루는 이른바 '연속 3부작'(the connected trilogy, Inhaltstrilogie)이라는 아이스퀼로스의 기법을 버리고, 개개의 비극이 그 자체로 완결되도록 했다. 이 역시 인간 운명의 주역을 신이 아닌 인간으로 보는 그의 인생관과 무관하지 않다.

소포클레스는 당시의 여러 저명인사들과 접촉했는데, 당시 아테나이 시의 규모나 그의 인기로 보아 자연스러운 일로 보인다. 그는 페리클레스와 함께 관직에 있었고, 55세에는 역사가 헤로도토스에게 비가를 한 편 지어 헌정했다고 하며, 소크라테스는 이 노(老) 시인에게서 애욕으로부터 해방된 것이 얼마나 다행인지 모르겠다는 말을 들었다고 주장하고 있다.[11]

아이스퀼로스나 에우리피데스에 비해 정치 문제에 관하여 언급이 드물었던 그였지만 두 시인과 달리 아테나이의 높은 관직에 자주 취임했고 오직 공무를 위해서만 아테나이를 떠났을 뿐 외국의 왕들의 초청에는 일절 응하지 않았다.[12] 아테나이에 대한 동맹국들의 조공이 재편되던 중요한 시기인 기원전 443/2년 소포클레스는 델로스 동맹의 재무관(財務官)에 취임했고, 그 뒤 사모스(Samos)의 반란을 진압하기 위한 전쟁(기원전 441~439년)에서는 페리클레스와 함께 10인의 장군(strategos) 가운데 한 명으로 선출되었다. 『안티고네』의 내용 설명(hypothesis)[13]에는, 이 드라마 덕분에 그가 아테나이인들에 의해 장군으로 선임되었다는 말이 나온다.

기원전 440년 여름, 페리클레스가 트라기아(Tragia)에서 사모스인들을 격퇴하는 동안 소포클레스는 원군을 청하기 위해 함대의 일부를 이끌고 키오스(Chios)와 레스보스(Lesbos)로 갔다가 키오스 출신 시인 이온(Ion)과 함께 저녁식사를 하게 된다. 이때 이온은 소포클레스가 식사 시중을 들던 어떤 미소년에게서 아주 세련되고 재치 있게 키스를 빼앗았다고 했는데, 일상에서 소포클레스의 매너가 어떠했는지 엿볼 수 있는 일화다. 또한 이온은 소포클레스에 대해 "정치적인 문제에서 그는 현명하지도 능동적이지도 않았으며 선량한 아테나이인들 가운데 한 사람이었을 뿐이다."라는 인물평을 남기고 있다. 이러한 평은, 바로 그 대목에 나오는 "페리클레스는 나를 좋은 시인이지만 나쁜 장군이라고 부른다."는 소포클레스 자신의 진술과도 일치한다.[14] 그럼에도 아테나이인들은 이어진 아나이아(Anaia)인

9   아리스토텔레스, 『시학』 1460b 참조.
10 같은 책, 1449a 참조.
11 플라톤, 『국가』 1권 329b 참조.
12 『생애』 10 참조.
13 '내용 설명'(hypothesis '토대' '기초 자료'란 뜻)은 후기에 학자들이 덧붙인 것이다. 드라마의 경우 작가가 소재를 형상화한 방법 외에도 같은 소재를 다룬 유명 극작가의 이름, 사건이 전개되는 장소, 코로스의 구성원, 프롤로고스의 화자, 경연에 참가한 다른 극작가들의 이름과 작품명, 경연에서의 등수(等數) 및 작품에 대한 평가 등이 들어 있다.
14 Ion von Chios, *Die Reste seiner Werke*, hrsg. A. v. Blumenthal, Stuttgart/Berlin 1939. *Davon besonders* Epidemias Fr. 8 참조.

들과의 전쟁(기원전 428년)에서 그를 다시 장군으로 선출했으며,[15] 에우리피데스가 현존하는 비극 『힙폴뤼토스』(*Hippolytos*)로 경연에서 우승하던 그해에 소포클레스는 경연에 참가하지 않았다.

그 뒤 기원전 413년 시칠리아 원정에서 아테나이의 함대가 전멸하여 국정이 동요하기 시작했을 때, 소포클레스는 10인의 국가최고위원(probouloi) 중 한 명으로 선출된다.[16] 국가적 위기에 직면하여 민심의 동요를 막는 데 아마도 그가 누리던 국민적 신망과 권위가 필요했던 듯하다.

소포클레스는 국가의 종교와도 깊은 관계를 맺게 된다. 펠로폰네소스 전쟁 초기 역병이 만연하자 아테나이인들은 에피다우로스(Epidauros)로부터 의신(醫神) 아스클레피오스(Asklepios)를 맞이하게 되는데(기원전 420년), 이때 그는 작은 의신인 할론(Halon)의 사제였다.[17] 당시에 그는 공적인 성역(聖域)이 완성될 때까지 아스클레피오스를 자신의 사저(私邸)에 모시면서 찬신가를 지어 바쳤으며, 이 경건한 봉사에 대한 보답으로 사후에 그는 덱시온(Dexion)이라는 이름으로, 복을 가져다주는 영웅으로서 추앙받았다고 한다. 자신도 행복하거니와 남에게도 행복을 가져다주는 사람, 바로 그런 사람으로 아테나이인들은 소포클레스를 보았고, 우리 눈에도 그는 그렇게 보인다.

소포클레스에 관한 일화 중에는 소송에 관한 일화가 유명하다. 그는 아내 니코스트라테(Nikostrate)에게서 나중에 비극작가로 활동한 이오폰(Iophon)이라는 아들을 얻는다. 그리고 시퀴온(Sikyon) 여인 테오리스(Theoris)에게서 아리스톤(Ariston)이라는 아들을 얻는다. 이 아리스톤이 다시 조부와 이름이 같은 소포클레스를 낳는데, 이 손자 역시 비극작가로 이름을 날렸고 조부의 작품들도 자주 공연하곤 했다. 그래서 이름이 같은 손자만을 편애하고 자신은 돌봐주지 않는다고, 아들 이오폰이 소포클레스를 정신병자로 고발하자, 노(老) 시인은 재판관들 앞에서 자신의 작품 『콜로노스의 오이디푸스』의 일부를 암송함으로써 정신병자가 아님을 몸소 입

증했다고 한다. 하지만 이 일화는 어떤 희극작가의 기발한 발상일 뿐 신빙성이 없다는 것이 일반적인 견해다.

아테나이가 펠로폰네소스 전쟁에서 스파르테에게 패배하기 2년 전인 기원전 406년 가을에서 405년 초 사이, 소포클레스는 90세의 고령으로 세상을 떠난다. 사망 원인에 대해서는 의견이 분분한데, 포도를 먹다가 포도 알에 질식해서, 『안티고네』의 긴 단락을 쉬지 않고 큰 소리로 읽다가 과로해서, 또는 자신의 어떤 작품이 우승한 것을 기뻐하다가 죽었다는 등 여러 일화가 전해지고 있다. 그의 장례 때에는, 비록 꿈이었지만 두 번씩이나 디오뉘소스 신의 경고를 받은 스파르테 장군 뤼산드로스(Lysandros)가 작가의 장례 행렬이 교외에 있는 가족 묘지로 나갈 수 있도록 아테나이 시의 포위를 일부 풀어 길을 내주었다고 한다.

2. 『아이아스』

한 드라마가 외형상 두 부분으로 나뉘는, '양분 구성'(the diptychform, die Diptychonkomposition)은 소포클레스 초기 드라마의 공통점이다. 이외에도 삼일치의 법칙에 어긋나는 장면 전환, 공연 중 무대가 완전히 비는 것과 같은(814행) 공연 기법상의 미숙함, 아이스퀼로스가 쓰던 어휘가 많이 발견된다는 점 등으로 미루어 『아이아스』는 현존하는 소포클레스의 비극 7편 가운데 가장 오래된 것으로, 기원전 442년 전후에 공연된 것으로 추정되는 『안티고네』보다 훨씬 앞서 쓰여진 것으로 추정된다. 이 드라마의 저작 연대는 기원전 450년대까지 거슬러 올라간다고 보는 것이 오늘날의 일반적인 견해이다.

드라마의 소재가 된 무구재판(武具裁判)은 서사시권(敍事詩圈 epikos

---

15 『생애』 9 참조.
16 아리스토텔레스, 『수사학』 3권 1419a 참조.
17 『생애』 11 참조.

kyklos)¹⁸ 서사시 『아이티오피스』(Aithiopis)와 『소(小) 일리아스』(Ilias mikra 라/Ilias parva)에 나오며 아이스퀼로스의 작품에도 등장하는데, 그 줄거리는 다음과 같다.

아킬레우스가 전사한 뒤, 불의 신 헤파이스토스(Hephaistos)가 손수 만들어준 그의 무구를 서로 차지하기 위해, 아킬레우스 다음으로 용력이 뛰어난 아이아스와 지략이 뛰어난 오뒷세우스가 치열한 경합을 벌인다. 그런데 그리스군 장수들이 자신의 기대와 달리 오뒷세우스에게 그 소유권을 인정하자, 아이아스는 밤에 칼을 빼들고 그리스군 장수들을 습격한다. 이때 아테나 여신이 아이아스를 미치게 하여 그는 가축 떼를 닥치는 대로 도륙한다. 아이아스가 막사로 돌아와 적을 무찌른 줄 알고 기뻐하고 있을 때 아테나가 그를 다시 제정신으로 돌아오게 하자 그는 죽음 외에는 달리 해결책이 없음을 알고 해변으로 나가 자살한다.

그런데 소포클레스 드라마에서 이 소재의 결정적인 사건은 드라마 시작 전에 이미 발생한 상태다. 수상한 흔적을 좇는 오뒷세우스가 아이아스의 막사 앞에 이르렀을 때, 그의 수호신 아테나 여신이 음성으로 사건의 전말과 사건의 의미를 명료하게 알려준다. 신의 힘 앞에서 인간의 위대함 따위는 무(無)와 같은 것, 하루아침에 치솟을 수도 떨어질 수도 있는 것이다. 그러므로 인간은 자신을 알고 신 앞에 겸손해야 한다. 이런 취지의 말로 여신은 이 드라마의 프롤로고스를 끝맺는다.

여기서 우리는 소포클레스를 이해하는 데 중요한 문제와 마주치게 된다. 아이스퀼로스는 인간사란 죄와 벌의 끊임없는 반복이고 인간은 오직 고난을 통해 지혜에 이른다고 했는데, 소포클레스의 아이아스도 죄를 짓고 벌을 받은 것으로 보아야 할 것인가? 아이아스는 미치기 전에 이미 살육을 계획했고, 사자(使者)의 보고(762행 이하)에는 아이아스가 신들, 특히 아테나의 미움을 사게 된 것은 트로이아로 출정하면서 신들의 도움 없이 혼자서 승리를 쟁취하겠다고 호언장담한 '오만'(hybris) 때문이라는 예언자 칼카스(Kalchas)의 진술이 나온다. 그러나 외면적 가치와 내면적 가치가 아직 구분되지 않던 호메로스 시대에 무구재판의 판결은 아이아스에게는 완전한 파멸을 의미할 수도 있었을 것이다. 말하자면 그런 판결이 난 뒤에 그가 진영에 머문다는 것은 한마디로 불가능했을 것이다. 그리고 칼카스가 말한 '오만'이, 『아가멤논』에서 캇산드라의 발언들처럼, 작품의 궁극적 의미를 밝혀준다고 보는 것은 확대 해석이 될 것이다. 무엇보다 아테나 여신이 이렇게 말하고 있지 않는가!(119~120행)

18 서사시권(敍事詩圈)이란 호메로스와 헤시오도스(Hesiodos)의 것을 제외한 다른 서사시들에 대한 총칭이다. 이들 서사시들은 현재 남아 있지 않아 기원후 2세기의 작가 프로클로스(Proklos)의 산문 요약본을 통해 그 내용을 알 수밖에 없다. 호메로스의 양대 서사시의 내용을 보완하여 우라노스(Ouranos 하늘)와 가이아(Gaia 대지)의 결합에서부터 오뒷세우스의 사후 그의 가족들의 정착까지를 그리고 있다. 그중 기원전 8세기 퀴프로스(Kypros) 출신 스타시노스(Stasinos) 작(作)이라는 『퀴프리아』(*Kypria*)는 아킬레우스의 양친의 결혼과 파리스의 심판, 헬레네의 납치와 아울리스 항(港)에서의 사건을 다루고, 기원전 8세기 밀레토스(Miletos) 출신 아르크티노스(Arktinos) 작이라는 『아이티오피스』는 『일리아스』에 이어 아마조네스족의 여왕 펜테실레이아(Penthesileia)와 아이티오페스족의 왕 멤논(Memnon)에 대한 아킬레우스의 승리와, 파리스와 아폴론에 의한 아킬레우스의 죽음 및 장례와 그의 사후 그의 무구를 둘러싼 재판까지를 다룬다. 기원전 7세기 레스케스(Lesches) 작이라는 『소 일리아스』는 목마(木馬)의 트로이아 입성까지를, 기원전 8세기 아르크티노스 작이라는 『일리온의 함락』(*Iliou persis* 라/*Iliupersis*)은 트로이아의 함락에서 그리스군의 출범까지를, 호메로스 또는 트로이젠(Troizen) 출신 하기아스(Hagias) 작이라는 기원전 7세기의 『귀향들』(*Nostoi*)은 오뒷세우스 외의 다른 그리스 장수들의 귀향을 다룬다. 이들 트로이아 전설권에 속하는 서사시권 서사시들 외에, 호메로스의 양대 서사시에 나오는 테바이를 둘러싼 전투들과 아르고호 선원들의 항해와 헤라클레스에 관한 서사시들도 서사시권에 포함되는데, 테바이 전설권 서사시들 중 『오이디포데이아』(*Oidipodeia*)는 괴물 스핑크스의 퇴치와 근친상간을, 호메로스 작으로 잘못 알려진 기원전 8세기의 『테바이스』(*Thebais*)는 두 아들에 대한 오이디푸스의 저주와 두 아들이 결투에서 서로 죽이고 죽음으로써 이 저주가 실현되고 테바이를 공격한 일곱 장수의 계획이 수포로 돌아가는 과정을, 역시 호메로스 작으로 잘못 알려진 기원전 7세기의 『후예들』(*Epigonoi*)은 테바이 공격에 실패한 일곱 장수의 아들들이 10년 후 결국 테바이를 함락하는 과정을 다룬다. 헤라클레스에 관한 서사시권 서사시로는, 호메로스 또는 사모스의 크레오퓔로스(Kreophylos) 작이라는 『오이칼리아의 함락』(*Oichalias halosis*)이 유명한데, 오이칼리아의 함락과 이올레의 납치를 그린 이 서사시는 소포클레스의 비극 『트라키스 여인들』(*Thrachiniai*)의 소재가 되었다.

그대는 저자보다 더 선견지명이 있는 사람을, 또는 어떤 일을
해야 할 때 저자보다 더 민첩하게 행동하는 사람을 본 적이 있는가?

죄와 벌의 모티브는 소포클레스 드라마의 중심 주제라기보다 아이스퀼로스에게 받은 영향의 잔재로 보는 것이 사실에 가까울 것이다. 후기 드라마로 갈수록 쉽게 드러나는데『오이디푸스 왕』이 좋은 예다. 오이디푸스의 비극은 죄가 아니라 과실(過失)에서 비롯되며, 특히『콜로노스의 오이디푸스』에서 오이디푸스는 매우 강한 어조로 자기는 '행한 자'가 아니라 '당한 자'라고 거듭 강조한다. 죄의 모티브에 대한 소포클레스의 태도는 아이스퀼로스의 그것과는 사뭇 다르다. 소포클레스의 작품 세계 역시 신들로 가득 차 있고, 만사가 신들에게서 비롯된다.『트라키스 여인들』의 마지막 행이 단적인 예다.

하지만 그중에 제우스가 아닌 것은 하나도 없어요.

아이스퀼로스도『오레스테스』3부작 끝머리에서 제우스와 운명은 일체라고 말한다. 일단 죄를 지으면 당사자는 물론이고 그 후손들이 대물림하여 벌을 받기 마련이고, 이러한 고통의 과정을 통해 좋든 싫든 깨달음에 이르게 되는데, 이것이 바로 제우스의 은총이라는 죄와 벌의 변증법이 아이스퀼로스 작품들에 담긴 중심 주제다. 반면 소포클레스는 결코 인간사의 뒤안길에 숨은 궁극적 의미를 파고들지 않는다. 존재하는, 그리고 발생하는 모든 것은 신에게서 비롯되지만, 제우스와 다른 모든 신들의 활동의 궁극적 의미는 인간에게 하나의 수수께끼일 뿐이다. 소포클레스에 따르면, 신의 섭리를 알아내려는 주제넘은 행동도, 인간에게 가해지는 운명의 타격에 반항하는 것도 옳지 않고, 자신의 한계와 분수를 아는 인간의 지혜롭고 건강한 마음만이 신들의 사랑을 받는다는 것이다.

『아이아스』의 프롤로고스가 소포클레스의 드라마에서 가장 인상적인 장면의 하나가 된 것은 오뒷세우스의 태도 때문이다. 여기서 아테나는 인간에게 친절한 원조자도 잔인한 파괴자도 될 수 있는 호메로스적 신들의 특징을 모두 갖추고 있다. 여신은, 인간의 무력함에 대한 엄중한 경고에 앞서 오뒷세우스에게 추락한 적대자의 참상을 보여주겠다며 "적들을 비웃어주는 것이야말로 가장 달콤한 웃음이 아닐까?"(79행)라고 말한다. 그러나 오뒷세우스는 환성을 올리며 기뻐하기는커녕 추락한 적대자에게 깊은 연민을 느끼며 그의 운명에서 자신의 운명을 본다. 이 장면은 후반부에서 아이아스의 장례를 둘러싸고 아이아스의 이복동생인 테우크로스(Teukros)와 아트레우스의 두 아들, 메넬라오스와 아가멤논이 말다툼을 벌일 때 인간적으로 문제를 해결하는 오뒷세우스의 모습을 미리 보여주는 것이라고 할 수 있다.

이어 아이아스가 고향 살라미스에서 데려온 선원들로 구성된 코로스가 소문을 좇아 등장한다. 코로스는 아이아스가 전쟁에서 얻은 애첩 테크멧사에게 사건의 전말을 듣고, 죽음 말고는 다른 길이 없다고 말한다. 테크멧사가 만류하지만 아이아스의 자살 결심은 그의 본성(physis)에 깊이 뿌리박고 있어 돌이킬 가능성이 없어 보이므로 코로스도 설득하기를 그만둔다.

그때 막사에서 나온 아이아스는 마음이 바뀌었다고 말한다. 처자를 버리지 않겠다, 바닷가에 나가 목욕재계하고 신들과 화해하겠다, 가축 떼를 도륙하는 데 썼던 재앙의 칼은 인적이 끊긴 곳에 숨기겠다, 세상만사가 변하듯 나도 마음을 바꿔 아트레우스의 아들들과 화해하겠다고. 구구절절이 거짓말이다. 하지만 이런 '거짓말'들은 공연 기법상 필요에 의한 것이다. 주위 사람들이 그의 자살을 돌이킬 수 없는 것으로 받아들이고 있고, 그의 자살을 기정사실로 받아들이게 설득한 사람이 다름 아닌 아이아스 자신이었던 상황에서 주위 사람들로부터 벗어나 자살하겠다는 자신의 결의를 실현하기 위해서는 이런 거짓말이 불가피하다.

그리고 한 꺼풀만 벗기면 그의 '거짓말'은 아이러니로 가득 차 있다. 신들과 화해하되 죽음을 통한 화해이고, 칼을 숨기되 자신의 몸 안에 숨기는 것으로 그는 자살을 암시한다. 이 '거짓말'은 자신이 처한 현실의 비극적인 관계를 아이러니를 통해 극명하게 인식하는 독백이기도 하다. 어쨌거나 코로스는 이 '거짓말'을 믿고 아이아스가 떠난 뒤 환호한다. 이것을 '비극의 확대'(parekstasis tragica)라고 하는데, 코로스로 하여금 파국 직전에 안도의 노래를 부르게 하는 이런 기법을 소포클레스는 즐겨 사용한다. 이러한 비극적 아이러니는 인간의 생각과 현실 사이에 있는 큰 간극을 보여주며, 이어지는 파국의 깊이를 더해준다.

1420행의 드라마에서 아이아스의 독백은 865행으로 끝난다. 이 드라마는 말하자면 아이아스의 죽음을 중심으로 전반부와 후반부로 나뉘는 '양분 구성'인데, 이와 관련하여 아이아스가 죽은 뒤 드라마를 무리하게 늘이고 있다는 견해가 있다. 이에 대해서는 전반부가 자살에 이르는 내림세라면 후반부는 명예 회복에 이르는 오름세로, 양자가 합쳐져 긴장감 넘치는 조화를 이룬다고 말할 수 있다. 그러나 이런 구성 형식은 처음부터 끝까지 주인공을 중심으로 사건이 전개되는 『오이디푸스 왕』이나 『엘렉트라』의 그것과는 다르다.

3. 『안티고네』

소포클레스의 현존하는 비극들의 최초 공연 연대에 관하여 확실히 말할 수 있는 것은 이렇다. 『아이아스』 『안티고네』 『트라키스의 여인들』은 전기에, 그리고 『엘렉트라』 『필록테테스』 『콜로노스의 오이디푸스』는 후기에, 『오이디푸스 왕』은 그 중간기에 공연되었다. 모호한 것은 『안티고네』와 『트라키스 여인들』 중 어느 작품이 먼저 공연되었느냐 하는 것인데, 두 작품이 거의 비슷한 시기에 공연되었지만 『안티고네』가 먼저라는 것이 오늘날 대부분 학자들의 견해다.

『안티고네』의 소재는 출처가 불분명하다. 서사시권에 속하는『테바이스』는, 폴뤼네이케스의 시신이 화장된다는 점에서 이 드라마의 출전으로 보기 어렵다. 그럼에도 이 드라마의 줄거리는 작가의 순수한 창작이라기보다는 테바이 지방의 전설 가운데 하나로 보는 것이 진실에 더 가까울 것이다.

아이아스가 본성에 따르는 길을 선택했듯, 안티고네도 본성에 따라 주어진 길을 갈 수밖에 없었다. 『안티고네』는, 아이스퀼로스의 『테바이를 공격한 일곱 장수』의 무시무시한 포위가 풀리고 오이디푸스의 두 아들 에테오클레스와 폴뤼네이케스가 일대일 결투에서 함께 전사함으로써, 저주받은 가문의 남계(男系) 혈통이 끊긴 시점에서 시작된다.

도시의 새로운 통치자가 된 크레온은 오이디푸스의 두 아들의 장례에 대해 상반된 명령을 내린다. 에테오클레스는 조국의 수호자로 전사했으니 장사를 후하게 지내되, 폴뤼네이케스는 조국을 공격하다가 죽었으므로 매장은 불가하다는 것이다. 이를 두고 폴뤼네이케스를 매장하겠다는 안티고네와 크레온의 금령(禁令)에 순응해야 한다는 동생 이스메네의 대립이 돋보인다. 『엘렉트라』의 엘렉트라와 크뤼소테미스 자매 사이에서도 나타나는 이런 동기간의 대립에서 우리는 소포클레스의 비극들에 등장하는 주인공들의 '절대 의지'와 '절대 고독'을 엿볼 수 있다. 드라마 전반부에 크레온의 아들이자 안티고네의 약혼자 하이몬은 등장하지 않는다. 드라마 전체에서 안티고네가 하이몬과 함께 등장하는 장면도 없다. 에우리피데스의 비극과 달리 소포클레스의 비극에 개인적인 애정을 위한 공간이 존재하지 않기 때문이기도 하지만 '절대 고독'의 측면도 함께 보아야 할 것이다.

무엇보다도 이 작품에서 돋보이는 부분은 인간의 위험천만한 위대성에 대한 저 유명한 노래(332~373행)다. 여전히 이 노래를 드라마의 특정 부분과 관련지어 해석하려는 시도가 끊이지 않는데, 역시 작가 자신의 고백으로 보는 편이 옳을 듯하다. 말하자면 이 노래는 앗티케의 비극작가들이 디오뉘소스 극장의 오르케스트라에서 당대의 아테나이인들을 향해 던지는 일종의 경고나 호소다. 이 드라마의 공연 시기로 추정되는 기원전 442년 무렵에는 모든 생활 영역에서 신성시되고 보편타당한 것으로 받아들여졌던 종래의 규범과 전통들이 이성에 의해 그 타당성을 새롭게 검증받아야만 했다. 이성만이 낡은 것의 심판관이요, 새 시대의 주춧돌이 되어야 한다! 소피스트의 이런 주장들이 걷잡을 수 없이 확산되는 가운데 아테나이는 계속하여 오만하고도 위태로운 도약을 시도했고, 이런 사태가 어디까지 발전할 것인지 불안하기 그지없던 때였다.

이러한 시대를 향하여 소포클레스는 자연 안에서 끊임없이 자기 영역을 확대해 나가는 인간의 무시무시한 능력에 대한 자신의 노래를 불렀던 것이다. 특히 이 노래의 마지막 연(聯)은 신들에 대한 믿음과 신들에 의해 세워진 규범들조차 비판 대상으로 삼는 소피스트에 대한 강력한 항의로 보인다.

발명의 재능에서   365
기대 이상으로 영리한 사람은
때로는 악의 길을 가고,
때로는 선의 길을 간다네.
그가 국법과, 신들께 맹세한 정의를
존중한다면 그의 도시는 융성할 것이나,   370
무모하게도 불미스런 것과 함께하는 자는
도시를 갖지 못하는 법이라네. 그런 짓을
하는 자는 결코 내 화롯가에 앉지 말기를!
나는 그런 자와는 생각을 같이하고 싶지 않노라.   375

과연 이 노래가 기원전 5세기 아테나이인들을 넘어 인간 자체에 대한 경고인가, 하는 물음에 대해서는 작가 자신이 대답하고 있다고 보아야 할 것이다.

또 하나, 눈에 띄는 부분은 안티고네가 두 번씩이나 매장을 시도하는 부분이다. 여러 해석이 제시되었으나 '연극의 기법상 필요해서'가 설득력이 있다. 첫 번째 파수꾼 장면에서 누군가 파수꾼들에게 들키지 않고 시신을 매장하고 도주한 것에 크레온이 잔뜩 화가 나 있는 상황에, 안티고네는 매장을 재시도하다 잡힘으로써 두 적대자 사이의 대결은 그만큼 첨예화될 수밖에 없다. 안티고네가 사형선고를 받음으로써 끝나는 이 대결 장면은 역시 '양분 구성'을 가진 이 드라마의 전반부의 절정을 이루는데, 여기서 그녀는 자기가 무엇을 위해 죽음을 각오하고 싸우는지를 밝힌다. 그것은 신들의 위대한 불문율로, 그 앞에서 인간의 법이나 명령 따위는 효력을 상실한다(454행 이하)는 것이다. 윤리적 규범을 어기면서까지 자기주장을 관철하려는 국가지상주의에 대한 이러한 항의는 확실히 기원전 5세기의 아테나이에만 적용되는 것은 아닐 것이다. 그 밖에도 이 대결 장면에는 안티고네의 또 하나의 고백이 포함되어 있다.

나는 서로 미워하기 위해서가 아니라, 서로 사랑하려고 태어났어요.
(523행)

이 발언은 폴뤼네이케스에 대한 그녀의 입장 표명일 뿐 아니라, 자신의 본성에 대한 고백이다. 증오에도 한계가 있다는 이러한 생각은 『아이아스』(1347행)에서 이미 오뒷세우스가 말한 바 있다. 명령불복종보다 자신만만한 안티고네의 신념에 더욱 화가 난 크레온은 그녀가 꺾일 수는 있어도 굽힐 수는 없음을 알고 사형을 선고하는데, 그의 격분은 곧 그가 패배자임을 말해준다.

끌려가며 안티고네가 코로스와 나누는 대화에는 결혼도 하지 못하고 죽는다는 한탄이 나온다. 이스메네나 다른 여인들처럼 안티고네도 여인의 소망을 지닌 한 인간으로 한탄하는 것이다. 목숨을 걸고 오라비를 매장한 의

연한 행동은 융통성 없는 어떤 교리나 국가 권력에 대항하려는 영웅심의 발로가 아니라는 것을 보여주며 안티고네라는 인물이 인간적으로 타당성을 획득하는 대목이다. 또한 그런 그녀의 자기희생이 얼마나 큰 것인지 관객들은 깨닫게 된다. 헤겔(Hegel)이 이 드라마에서 국가의 요구와 가정의 요구라는 두 가지 정당한 요구의 객관적인 갈등[19]을 보려고 한 이후 이와 유사한 해석이 끊임없이 시도되고 있다. 그러나 드라마 후반부에 크레온이 자기 과실에 대한 가혹한 벌을 받는다는 점에서 이러한 해석은 견지하기 어렵다. 그녀의 말처럼 안티고네가 국가도 못 말리는 신의 불문율을 위해 투쟁한 것은 사실이지만, 크레온의 행동은 국가적 요구를 대변한다기보다는 그 자신에게도 국가에도 전혀 도움이 안 되는 오만과 횡포일 뿐이다. 그런 의미에서 『안티고네』는 고전적 '저항극'이라 할 수 있다.

　자신에게 가해질 운명의 타격에 불안감을 느낀 크레온은 마음을 바꿔 안티고네를 풀어주고 시신을 매장할 것을 허용한다. 그러나 크레온은 코로스가 권하는 순서와 달리 시신을 매장한 다음 안티고네를 풀어주라고 명령한다. 일의 순서가 바뀐 것이 돌이킬 수 없는 파국의 원인이 된다. 안티고네는 이미 갇혀 있던 석굴(石窟)에서 목을 맸고, 크레온의 아들 하이몬은 죽은 약혼녀 곁에서 자살을 한다. 이 소식을 들은 왕비 에우뤼디케는 『트라키스 여인들』의 데이아네이라처럼 말 한마디 없이 궁전으로 들어가 자살한다. 이렇게 신의 영원한 불문율은 그것을 지키려다 목숨을 바친 안티고네의 자기희생에 의해, 그것에 대항하려고 한 크레온의 파멸에 의해 다시금 확인된다.

　『안티고네』 역시 『아이아스』처럼 '양분 구성'으로 전개된다. 전반부에는 안티고네가 후반부에는 크레온이 전면에 등장하는데, 둘 가운데 어느 한 인물을 주역으로 보려는 어떠한 시도도 설득력이 없다는 점에서 『안티고네』는 '두 주인공 극'이라고 할 수 있다.

4. 『트라키스 여인들』

이 드라마의 최초 공연 연대는 앞서 이미 설명한 바 있다. 드라마의 소재는 서사시권 서사시『오이칼리아의 함락』과 헤시오도스의『여인들의 목록』(Gynaikon katalogos) 등의 결합으로 보인다. 두 이야기가 '언제' '누구에 의해' 하나의 이야기로 결합되었는지는 확실하지 않다. 그리고 굳이 정리하면, 인간의 의지는 인간이 알 수 없는 운명의 힘에 의해 정반대의 결과를 가져올 수 있다는 것이 이 드라마의 주제다. 프롤로고스는 현존하는 소포클레스의 비극들 가운데 유일하게 독백으로 시작되는데, 헤라클레스의 아내 데이아네이라의 이 독백을 통해 독자(관객)들은 어느 정도 이 드라마의 전사(前史)와 상황을 파악하게 된다. 그 내용은 다음과 같다.

괴물 같은 하신(河神) 아켈로오스(Acheloios)가 데이아네이라에게 구혼했을 때, 이 무시무시한 구혼자로부터 헤라클레스가 그녀를 구해주었다. 그러나 지금 헤라클레스는 에우보이아(Euboia) 섬의 오이칼리아 왕 에우뤼토스(Eurytos)에게 모욕당한 분풀이로 그의 아들 이피토스(Iphitos)를 살해한 뒤, 15개월 동안이나 알 수 없는 먼 곳에 머물고 있다. 그래서 그녀는 트라키스 친지의 집에 머물며 남편의 소식을 애타게 기다린다.

이 드라마에서 눈여겨볼 부분은 소포클레스 비극의 특징 중 하나인 '비극의 확대'다.

헤라클레스가 오이칼리아를 함락한 것은 뤼디아에서 받은 수모 때문이 아니라 에우뤼토스가 그에게 '은밀한 잠자리'(360행)를 위하여 딸 이올레를 내주려 하지 않았기 때문이다. 사자(使者)의 말에 데이아네이라는 충격을 받았지만 남편의 뜻에 따르겠다고 말한다. 그러면서도 코로스의 여인들에게 남편의 행동은 견딜 수 없는 고통이며 자신은 그것을 막아내겠다고

---

19 Hegel, *Ästhetik*, hrsg. von F. Bassenge 1955 Berlin. Bd.II p. 564f. 3. Teil, 3. Abschn., 3. Kapitel, die dramatische Poesie 참조.

말한다. 반인반마(半人半馬)의 켄타우로스(Kentauros)인 넷소스(Nessos)가 삯을 받고 강을 건네주다가 그녀를 폭행하려다 헤라클레스의 독화살을 맞고 죽으면서, 헤라클레스의 애정이 흔들릴 때 미약(媚藥)이 될 거라며 준 피가 있다는 것이다. 데이아네이라는 넷소스의 피를 바른 옷을 사랑하는 남편을 위한 승리의 선물이라며 전령 편에 보내면서도 자기 행위가 사술(邪術)이라고는 생각하지 않는다. 오히려 사술 같은 것을 쓰는 자는 가증스럽다고 말한다. 바로 이 대목에서 '비극의 확대'가 시작된다. 폭풍 전야 같은 파국 직전에 코로스들이 부르는 안도의 노래를 전환점으로 데이아네이라는 재앙을 직감한다. 『아이아스』에서 가증스런 적장 헥토르에게서 받은 칼이 아이아스에게 파멸의 도구가 되었듯, 이 드라마에서도 가증스런 넷소스의 선물은 결국 데이아네이라에게 파멸을 안겨준다.

  이 드라마 후반부의 중심인물은 헤라클레스인데, 힘과 참을성을 겸비한 이상적인 도리스(Doris)적 남성상은 조금도 보이지 않고, 전혀 호감이 가지 않는 난폭한 무법자로 나온다. 들것에 실려 등장한 헤라클레스는 고통에 발작하며 일어나 비참하게 몸부림친다. 인간으로서 감당하기 어려운 온갖 고역을 이겨낸 영웅적 생애의 마지막 순간에 남은 것이라고는 데이아네이라에 대한 야만적인 복수심뿐이다. 그러나 데이아네이라가 넷소스의 피로 본의 아니게 그에게 죽음을 가져다주었다는 말을 듣는 순간, "죽은 자가 그를 죽이리라."는 신탁이 마침내 실현되었음을 알고 모든 것을 운명으로 받아들인다. 이 드라마에서 헤라클레스의 행동을 일부나마 이해하게 되는 것은 운명에 대한 이러한 겸허한 자세와 지상의 악을 퇴치하는 데 앞장섰던 12고역의 후광 때문일 것이다.

  헤라클레스를 화장터로 인도하는 행렬이 무대를 떠나는 가운데 휠로스가 내뱉는 절규는 주목할 만하다. 고통을 참다못한 그는 아버지들이라고 불리면서도 수치스럽게 이런 일이 일어나게 했다며, 소포클레스의 현존 비극에서는 그 유례를 찾아볼 수 없는 격렬한 어조로 신들에게 반항한다. 그러나 휠로스의 절규도 "하지만 그중에 제우스 아닌 것은 하나도 없어요."라는 마지막 행 코로스장의 말에 묻히고 만다.

앞의 두 드라마처럼 '양분 구성'을 보이는데, 데이아네이라 부분보다 헤라클레스의 부분이 훨씬 짧다. 그러나 데이아네이라의 비극은 사실상 그녀의 자살에 대한 보고로 끝이 나고, 헤라클레스의 장면들을 하나의 부록(附錄)으로 본다면 그것은 잘못이다. 전후 두 부분의 내면적 통일성은 의심의 여지가 없다. 사랑하는 여인의 비극적 과실은 헤라클레스의 엄청난 고통 속에 그 실체를 완전하게 드러내는 '두 주인공 극'이라고 할 수 있다. 그러나 이 드라마에서 두 주인공의 태도는 『안티고네』에서와는 다르다. 『안티고네』에서 두 주인공은 '행동'하고 '투쟁'하며 '대결'하지만, 이 드라마에서 헤라클레스는 데이아네이라의 본의 아닌 과실에 의해 '희생'되기 때문이다.

이미 언급했듯 현존 소포클레스의 비극들 가운데 유일하게, 에우리피데스의 비극에서 흔히 볼 수 있는, 관객을 향한 독백성 프롤로고스로 드라마가 시작된다. 이 점에서 이 드라마가 에우리피데스의 영향을 받은 것으로 여겨져왔다. 그러나 오래전에 이 드라마의 프롤로고스는 에우리피데스의 그것과 유사점보다 차이점이 더 많음이 밝혀졌다.[20] 무엇보다도 에우리피데스의 프롤로고스는 후속 부분들과의 관계가 느슨한 반면 소포클레스의 프롤로고스는 전체적 구조와 불가분의 관계에 있다. 그리고 데이아네이라의 미약은 에우리피데스의 『힙폴뤼토스』나 『메데이아』에서 볼 수 있는 '음모'와는 본질적으로 다르다. 헤라클레스를 자기에게로 이끌어주리라, 굳게 믿었던 미약이 그와 그녀 자신을 파멸로 이끄는데, 이렇듯 인간의 피상적인 지식과 맹목적인 믿음은 신들이 정해놓은 운명 앞에서 좌초하고 만다는 점에서, 이 드라마는 『메데이아』나 『힙폴뤼토스』보다는 『오이디푸스 왕』에 훨씬 가깝다.

---

[20] Gordon M. Kirkwood, *Annähernde Datierung der Trachinierinnen*, in: Sophokles, Wege der Forschung 95, Darmstadt 1967. p. 184 참조.

5. 『오이디푸스 왕』

최초 공연 연대 순으로 볼 때, 『오이디푸스 왕』은 소포클레스의 현존 비극들 한가운데에 있으며 예술성에서도 정점에 있다. 하지만 이 드라마가 처음 공연된 정확한 연대는 알 수 없다. 다만 일부(629행)가 기원전 425년에 공연되었던 아리스토파네스의 『아카르나이 구역민들』(Acharnes)(27행)에서 패러디되고 있어, 그 하한선을 기원전 425년으로 볼 수 있을 것이다. 그 상한선은 프롤로고스에서 묘사되는 역병이 펠로폰네소스 전쟁 초기인 기원전 429년 아테나이에서 창궐했던 역병의 반영일 수 있다는 점에서 기원전 420년대 전반으로 보아도 무방할 것이다.

이 드라마의 소재는, 테바이 전설권에 속하는 서사시권 서사시들의 내용이 별로 알려지지 않아 이들 서사시와의 상관 관계는 단정할 수 없다. 다만, 그 중요한 줄거리는 이 드라마 이전에 이미 주어진 것으로 보인다. 핀다로스(Pindaros)가 『올림피아 송시』(Olympionikai)(2. 38)에서 라이오스에게 주어진 신탁과 숙명적인 부자 상봉에 관하여 언급한 바 있고, 아이스퀼로스의 『테바이를 공격한 일곱 장수』(783행)에서도 오이디푸스가 제 손으로 제 눈을 멀게 했다는 대목이 나온다.

이 드라마의 결정적인 사건들, 곧 오이디푸스가 아버지 라이오스를 살해하고 어머니 이오카스테와 결혼하는 사건 등은 극이 시작되기 여러 해 전 일이다. 이 드라마는 일종의 분석극(分析劇 das analytische Drama)으로, 말하자면 오이디푸스가 '어떻게' 스스로 저지른 행위들의 과정과 의미를 깨닫게 되며, 나아가 '어떻게' 이러한 절망적 상황에 대응하느냐를 다룬다.

역병으로 고통 받는 테바이 백성들은 오이디푸스에게 스핑크스(Sphinx)의 수수께끼를 풀어 테바이를 구해준 일을 상기시키며 이번에도 역병의 고통에서 벗어나게 해달라고 애원하며, 극은 시작된다. 오이디푸스는 인자하고 유능한 통치자답게 "내 가엾은 아들들이여!"라고 부르며 기꺼이 도움을 약속한다. 이 장면을, 스스로 장님이 된 오이디푸스가 자기를 추방해달라 애걸하는 드라마의 마지막 장면과 비교해보면 오이디푸스가 겪는 불행의 깊이를 짐작할 수 있다.

이 드라마에서 눈에 띄는 부분은 오이디푸스와 테이레시아스의 박진감 넘치는 대결로, 『안티고네』의 크레온과 테이레시아스의 대결과 비교되기도 한다. 두 장면은 결국 무서운 진실 또는 재앙이 예고된다는 점에서는 유사하면서도 거기에 이르는 방법은 다르다. 『안티고네』에서는 직선적이지만 이 드라마에서는 숱한 우여곡절이 있다. 처음에 예언자가 진실을 말하지 않자 성급한 오이디푸스는 대뜸 화를 내며 테이레시아스야말로 이 범행을 모의한 것이라고 비난한다. 그러자 예언자도 참다못해 다름 아닌 오이디푸스 자신이 친부를 살해하고 친모와 결혼하여 나라를 더럽힌 범인이라고 말한다. 결정적인 비밀을 서두에 폭로하는 일은 앞으로의 극적 긴장을 유지하고 고조시키기가 쉽지 않다는 점에서 극작가로서는 적잖은 모험이다. 하지만 폭로된 비밀이 너무 엄청난지라 믿기지 않고, 따라서 오이디푸스도 그것을 일고의 가치도 없는 것으로 여긴다.

또 하나 주시할 부분은, 사건의 전말을 파악한 이오카스테가 자기 출생의 비밀을 밝혀내기로 결심한 오이디푸스에게는 애원도 소용없음을 깨닫고 비명을 지르며 퇴장하는 장면이다. 여기서 사건의 전말을 아직 알지 못하는 코로스는 오이디푸스에게 그를 낳아준 것은 아마도 어떤 신, 이를테면 판, 아폴론, 헤르메스 또는 박코스일 거라며 파국 직전의 안도 또는 환희의 노래를 부른다. 소포클레스가 즐겨 쓰는 '비극의 확대'다.

노래가 끝나자 기다리던 목자가 도착하고, 테이레시아스처럼 진실을 말하지 않으려는 목자에게 오이디푸스는 빼앗다시피 진실을 토로하게 한다. 이제야 모든 것을 알게 된 오이디푸스는 "오오, 햇빛이여, 내가 너를 보는 것도 지금이 마지막이기를!"(1183행) 하고 외치며 궁전 안으로 뛰어 들어간다. 코로스가 오이디푸스를 예로 들며 인간 행복의 무상함을 탄식하는데, 이때 등장한 사자가 궁전에서 일어난 일들을 보고한다. 이오카스테는 목매달아 죽고, 오이디푸스는 그녀의 시신 곁에서 그녀의 브로치로 자기 눈을 찔렀다는 것이다. 이어서 드라마가 시작됐을 때만 해도 도시에 닥친 재난을 극복하려는 인자하고 유능한 왕의 모습을 보여주던 바로 그 장소에, 더없이 비참한 몰골의 오이디푸스가 등장한다.

그 다음 장면들도 눈여겨볼 필요가 있다. 절망한 오이디푸스는 자기를 추방해줄 것과 자식들, 특히 딸들과 작별인사를 하게 해달라고 애원한다. 그는 굳이 아들들은 찾지 않는데, 이것은 훗날 그와 아들들과의 불화를 암시하는 듯하다. 『안티고네』에서의 폭군 이미지와는 전혀 다른, 온건하고 절도 있는 크레온은 그의 첫 번째 간청은 델포이의 신탁에게 물을 것이니 기다려달라고 하고 두 번째 간청은 기꺼이 승낙한다. 이어지는 혈육지간의 고통과 애정 어린 상봉 장면의 감동은 다른 비극작가들에게서는 볼 수 없지만 소포클레스의 다른 작품 『엘렉트라』와 『콜로노스의 오이디푸스』에서 다시금 연출된다.

이 드라마도 인간의 의지와 신이 내린 운명의 대립이라는 소포클레스다운 주제를 유감 없이 보여준다. 그리고 해소될 수 없는 이러한 대립은, 오이디푸스가 라이오스의 살해범을 저주하며 라이오스가 마치 그의 친부(親父)인 양(264행) 복수를 위해 싸우겠다며 쏟아내는 호언(豪言)이나, 이오카스테와 코린토스의 사자가 그를 안심시키려고 한 말이 도리어 그를 파멸로 인도하는, 비극적 아이러니에 의해 극대화된다.

흔히 이를 두고 운명극(運命劇)이라고 하는데, 드라마의 내용과 맞지 않는 용어다. 신들이 오이디푸스에게 내린 운명은 더없이 가혹하고, 그 운명과 맞선다는 것은 처음부터 가망이 없어 보인다. 그럼에도 오이디푸스는 일말의 동요 없이 적극적으로 자신의 운명과 끝까지 대결하고, 또한 그것을 자신의 의지로 받아들임으로써 극복한다. 바로 여기에 오이디푸스뿐만 아니라 아이아스, 안티고네, 엘렉트라 같은 소포클레스적 인간들의 위대함이 있다. 순응하고 회피하고 다가오는 무서운 진실 앞에서 마지막 순간까지 눈을 감으려 하는 이오카스테, 테크멧사, 이스메네, 크뤼소테미스 등과는 다르다. 그들은 마지막 순간에, 지금까지 들춰낸 진실을 외면하기만 해도 파멸을 피할 길이 있음에도 결연하게 생존보다는 명예를, 외면적 가치보다는 내면적 가치를, 정신의 죽음보다는 육체의 죽음을 선택한다. 그리고 바로 이러한 절대 의지, 비타협성, 운명애(運命愛)에 힘입어 그들은 비극의 훌륭한 주인공 자격을 획득한다. 마지막 진실이 밝혀지기 전 목자와 오이디푸스가 주고받는 다음의 대화(1169~1170행)가 그 좋은 예다.

아아, 이제야말로 끔찍한 말을 하지 않을 수 없게 되었구나!
그리고 나는 듣지 않을 수 없고. 그래도 기어이 들어야겠다.

죄를 지은 인간은 당사자는 말할 것도 없고 그 후손들이 대물림해서라도 반드시 신의 응징을 받는다. 이 과정에서 인간은 좋건 싫건 고통을 통해 지혜에 도달한다. 대체로 이런 중심 주제를 가진 아이스퀼로스의 비극에서는 신이 드라마의 주역이고 인간은 신의 의지가 실현되는 장(場)에 불과하다. 반면, 소포클레스의 비극에서 드라마의 주역은 자신의 운명과 자발적으로 적극적으로 대결하는 인간이다. 신보다는 인간을, 가문보다는 개인을 드라마의 중심으로 세우는 소포클레스의 견해는 드라마의 형식에도 반영되어, 아이스퀼로스의 경우 3부작 전체가 하나의 사건을 다루는 이른바 '연속 3부작'인 데 반해, 소포클레스의 거의 모든 3부작은 거기 속한 드라마가 저마다 독립성을 갖는다. 그리고 이쯤에서 아이퀼로스가 배우 수를 한 명에서 두 명으로 늘려 대화가 드라마의 중심이 되게 한 것을, 소포클레스가 다시 배우의 수를 두 명에서 세 명으로 늘린 것이 이해가 된다. 소포클레스가 지향하는, 인간이 주역인 드라마에서는 다양한 인간관계를 통해, 다양한 시각에서 등장인물들의 성격과 의도와 행위를 조명할 필요가 절실했을 것이다. 예컨대 『엘렉트라』에서 오레스테스가 죽었다는 소식을 전해 들은 클뤼타임네스트라와 엘렉트라가 대조적인 반응을 보이는 장면은 배우가 세 명일 때라야 가능하다.

다행히도 오늘날에는 오이디푸스의 파멸이 오로지 그가 지은 죄 때문이라는 주장은 없는 것 같다. 오이디푸스를 파멸케 한 'hamartia'[21]가 도덕과는 무관한 단순 과실이라는 데 이의를 제기하는 사람도 없다.[22] 또한 이 드라마가 그 플롯을 듣기만 해도 공포와 연민의 감정을 불러일으킬 만큼[23] 시종일관 관객 또는 독자를 사로잡는 걸작이 된 데에는 키타이론 산에서 갓 태어난 오이디푸스를 주고받은 두 목자들이 나중에 한 명은 라이오스가 살해될 때 구사일생으로 도망쳐 온 바로 그 하인으로, 다른 한 명은 코린토스의 사자로, 오이디푸스 앞에서 다시 만나게 되는 등의 압축 효과도 적잖은 몫을 했으리라.

6. 『엘렉트라』

오늘날 『엘렉트라』가 소포클레스의 후기작품 군(群)에 속한다는 데 이의를 제기하는 사람은 없는 것 같다. 확실치는 않지만 이 드라마의 최초 공연 연대는 대략 기원전 410년대로 추정되나 에우리피데스의 『엘렉트라』와의 관계는 확실히 밝혀지지 않고 있다.

드라마는 오레스테스와 퓔라데스가 오레스테스의 어릴 적 가정교사와 함께 뮈케나이 궁전 앞에 도착하면서 시작된다. 때마침 떠오르는 아침 햇살은, 탄탈로스(Tantalos) 이후로 그 아들 펠롭스(Pelops), 그 아들 아트레우스(Atreus)와 튀에스테스(Thyestes), 그리고 아트레우스의 아들 아가멤논으로 이어지며 대대로 저주받았던 이 가문에 새로운 서광이 비칠 것임을 암시한다.

그런데 복수 과정을 담은 이 드라마의 주역인 오레스테스의 복수 동기가 눈에 띈다. 신의 지시에 따라 아버지 무덤에 제물과 자신의 머리털을 바친 오레스테스는 덤불 속에 숨겨둔 청동단지를 들고 궁전에 들어가 바로 그

안에 오레스테스의 유골이 들어 있다고 말한다. 이때 오레스테스는 그의 복수는 명성을 가져다주는 정당한 행위라고 말하는데, 이러한 오레스테스라면 복수를 결행함에 있어 역시 같은 소재를 다루는 아이스퀼로스의『제주를 바치는 여인들』에서처럼 신의 무서운 위협 같은 것은 필요하지 않을 것임을 예상하게 한다.

그렇다면 오레스테스의 누이이자 이 드라마의 주역인 엘렉트라의 복수 동기는 어떠한가? 이어서 등장하는 그녀의 비탄에 그녀의 성격과 그녀가 처한 상황이 제시되는데, 요약하면 끊임없는 학대, 아버지의 죽음에 대한 잊을 수 없는 울분, 타오르는 복수심, 망명 중인 오라비에 대한 기대 등이다. 등장가(121~250행)에서 뮈케나이의 여인들로 구성된 코로스는 오레스테스의 생존과 제우스의 정의를 상기시키며 엘렉트라를 위로하고 한편으로는 과도한 증오심은 끝내 통치자들을 더욱더 적(敵)으로 만들 것이라고 경고한다. 제1삽화(251~471행) 첫 부분에서 엘렉트라는 코로스장에게 말한다. 아이기스토스는 아버지의 왕권을 차지하고 있고, 어머니는 그와 잠자리를 같이하며 아버지를 살해한 날을 축하할 만큼 인면수심의 여인이다. 이 마당에 어떻게 격정적이지 않을 수 있겠느냐, 위대하고 의로운 사람들도 지나친 불의와 불행을 당하고 파괴된 질서 속에서 사악한 자들에게 둘러싸이게 되면 절제와 경건을 버리고 그들 자신도 사악해질 수밖에 없다고. 굳이 비교한다면 오레스테스에 비해 엘렉트라의 동기는 훨씬 구체적이고 그 인간적인 고뇌가 깊다.

그렇다면 엘렉트라와 자매간인 크뤼소테미스에게 복수는 어떤 것일까? 크뤼소테미스 장면(327~471행)에 등장하는 두 자매 사이의 이전 작품에서는 볼 수 없는 다양한 논증과 반론에서 그 대답을 찾을 수 있다. 크뤼소

---

21 아리스토텔레스,『시학』1453a.
22 K. v. Fritz, *Antike und moderne Tragödie*, Berlin 1962 참조.
23 아리스토텔레스,『시학』1453b.

테미스는 통치자와 타협하며 적당히 살아가려는, 불의를 조심스럽게 회피하는, 말하자면 이스메네나 이오카스테와 닮은 자임이 드러나고 그런 이유로 엘렉트라에게 심한 꾸지람을 듣는다. 오히려 크뤼소테미스는, 비탄하는 언니에게 자중 자애할 것을 충고하고 애원하지만 엘렉트라는 단호히 거부한다. 그리하여 두 자매 사이는 더욱 멀어지는데, 크뤼소테미스의 현실 대응 방식에 대비됨으로서, 엘렉트라의 선택이 두드러지게 된다.

얻을 것 없는 두 자매의 대화 끝자락에 흥미로운 대목이 있다. 어디 가느냐는 엘렉트라의 물음에 크뤼소테미스는 간밤에 무서운 꿈을 꾼 클뤼타임네스트라가, 아가멤논의 무덤에 제주를 바치게 했다고 대답한다. 클뤼타임네스트라는 죽은 남편이 돌아와 그가 생전에 가지고 다니던 왕홀(王笏)을 화로에 심자 거기서 가지가 힘차게 뻗어 나와 온 뮈케나이에 그늘을 드리우는 꿈을 꾸었다는 것이다. 여기서 소포클레스는 아이스퀼로스의 『제주를 바치는 여인들』에 등장하는 거창한 뱀꿈을 친구 헤로도토스의 『역사』(I. 108)에 나오는 페르시아의 퀴로스(Kyros) 대왕의 어머니 만다네(Mandane)에 관한 꿈으로 재치 있게 대치하고 있다.

클뤼타임네스트라의 꿈은 복수가 가까워졌음을 의미한다는 코로스의 노래에 이어 이 드라마의 중심부인 제2삽화(516~822행)가 전개된다. 어머니 클뤼타임네스트라와 딸 엘렉트라 사이에 펼쳐지는 대결이 흥미로운 이 삽화는 두 부분으로 구성된다. 전반부에서 클뤼타임네스트라는 엘렉트라에게 일종의 방어용 선제공격을 시작한다. 클뤼타임네스트라는 자신이 아가멤논을 살해한 것은 사실이지만 아가멤논이 딸을 제물로 바친 데 대한 정당한 보복이므로 양심의 가책을 느끼지 않는다고 말한다. 이에 무서울 만큼 냉정하게 그녀의 자기변호의 허구성을 하나하나 파헤치며 대응하는 엘렉트라의 모습이 돋보인다. 설사 남편을 살해한 행위가 정당한 복수였다 하더라도, 그분의 원수였던 자와 잠자리를 같이하고 자식들을 돌보지 않고 내팽개쳐야만 했느냐고 반문함으로써 결정적 타격을 가한다. 그리고 마침

내 오레스테스의 이름을 거론함으로써 노골적인 위협을 가하여, 엘렉트라는 이 대결에서 이긴다.

소포클레스의 드라마에 등장하는 코로스는 주어진 드라마의 보조역이면서도 주역들과 활발한 그리고 팽팽한 대화를 나누는데, 이 드라마에서도 이런 특징이 두드러진다. 모녀의 대화를 지켜본 코로스는 엘렉트라에게 그녀의 언행이 지나치다고 지적하는데, 그것은 『안티고네』 전반부에서도 볼 수 있는 것과 같은 권력 앞에 굽실대는 코로스의 목소리다. 다음의 애탄가(哀嘆歌 kommos)[24](823~870행)에서도 코로스와 엘렉트라 사이의 활발한 대화가 눈에 띈다. 코로스가 예언자 암피아라오스(Amphiaraos)도 아내 에리퓔레(Eriphyle)가 폴뤼네이케스의 황금 목걸이에 매수되어 출전(出戰)을 강요한 까닭에 자신의 죽음을 예견하면서도 마지못해 테바이를 공격한 일곱 장수의 한 사람이 되었다가 제우스의 벼락에 갈라진 대지에 삼켜지고 말았으나 지금은 저승에서 존경받고 있다고 위로한다. 이에 엘렉트라는 암피아라오스는 그 아들 알크마이온(Alkmaion)이 어머니를 죽여 아버지의 원수를 갚았으나 오레스테스는 죽고 없으니 누가 아버지의 원수를 갚겠느냐며 슬퍼한다.

앞서 안티고네가 결혼도 하지 못한 자신의 슬픈 운명을 비탄함으로써 인간적인 모습을 보여주었듯, 이 드라마의 엘렉트라도 인간적인 면모를 보여준다. 중간에 애탄가가 들어 있는 제4삽화(1098~1383행)에서 자기 정체를 숨긴 오레스테스가 유골단지를 들고 등장하자 엘렉트라는 유골단지를 붙잡고 비탄과 절망의 말을 늘어놓는 대목이 그것이다. 복수심에 불타 타협을 모르던 불굴의 여인도 이 비탄을 통해 누이다운, 아니 어머니다운 애정을 보여준다. 태어나면서부터 오레스테스는 자기가 길렀으니 사실 그 애

---

[24] 애탄가는 코로스와 배우 사이의 서정적인 대화로, 모든 비극에 공통된 것이 아니라 일부 비극에서만 보이는 특징이다.

는 자기 아이나 다름없는데 그가 죽고 없다니 자기도 죽어 그 단지 속에서 그와 함께하고 싶다며 극진한 애정을 표시한다. 이 장면에서 오레스테스가 슬퍼하는 낯선 여인의 정체를 알게 되는 과정은 섬세하며 자연스럽다. 반면 아이스퀼로스와 에우리피데스의 드라마에서 오레스테스를 알아보는 과정은 복잡한데, 소포클레스는 엘렉트라를 확신시키기 위해 오레스테스로 하여금 아가멤논의 인장반지를 보여주게 하여 간명하게 처리한다.

엑소도스(1398~1510행)에서는 두 건의 살인으로 아트레우스 가(家)의 운명이 뒤바뀌는데, 그 순서가 아이스퀼로스와 에우리피데스의 작품과는 반대다. 소포클레스의 드라마에서는 먼저 클뤼타임네스트라가 쓰러지고 아이기스토스가 나중 쓰러진다. 왜 그랬을까? 이렇게 함으로써 아이기스토스의 죽음이 마지막 절정을 이루게 되어 클뤼타임네스트라의 죽음은 그만큼 빛이 바랜다. 또한 엘렉트라도 혼자서라도 아이기스토스를 살해하겠다고 했으니, 오레스테스는 그만큼 죄책감을 덜게 된다. 엘렉트라에게도 그것은 아버지를 위한 복수이자 생존을 위한 정당방위였던 만큼 죄책감까지 느낄 필요는 없었으리라. 아이기스토스의 불의의 등장으로부터 오레스테스와 퓔라데스를 보호하기 위해, 다시 궁전 밖으로 나온 엘렉트라는 잠시 뒤 클뤼타임네스트라의 비명이 들리자, "한 번 더 쳐라, 네가 그렇게 할 수만 있다면."(1415행) 하고 소리친다.

특히 이 드라마는 엄격한 구성이 돋보인다. 드라마의 중심부는 엘렉트라의 도덕적 승리와 실질적 패배라는 두 부분으로 이루어져 있고, 이 중심부는 두 개의 크뤼소테미스 장면으로 둘러싸여 있다. 거기서 밖으로 나가면 앞쪽에는 엘렉트라의 '불행'과 '비탄'이 있고, 뒤쪽에는 '발견'과 '환성'이 있어 서로 대응한다. 소포클레스의 이 드라마가 아이스퀼로스나 에우리피데스의 드라마와 다른 점은 무엇보다도 모친 살해의 문제가 중심 주제가 아니라는 점이다. 소포클레스가 보여주고자 한 것은 엘렉트라라는 한 위대한 인간의 고통과 슬픔과 자기주장이다. 아이스퀼로스의 『제주를 바치는 여인들』에서는 전반부가 끝난 뒤 엘렉트라는 다시 무대에 나타나지 않는다. 하지만 소포클레스의 이 드라마에서 그녀는 프롤로고스에서의 거사 모의 이후, 오레스테스와 퓔라데스를 궁전 안으로 안내하기 위해 잠시 자리를 비운 것 말고는, 한 번도 무대를 떠나지 않는다. 그녀가 드라마의 주역이기 때문이다.

한 위대한 인간이 가혹한 운명과 씨름하며 어떻게 자기주장을 관철하는지를 보여준다는 점에서 이 드라마도 『아이아스』나 『안티고네』, 『오이디푸스 왕』과 다를 바 없으나 여기에도 차이점은 있다. 말하자면 이 드라마에도 의심할 여지 없이 신들의 세계가 존재하는데, 그것은 상당히 먼 배경일 뿐이다. 그보다는 철저히 파괴된 질서 속에서도 흔들리지 않고 정의의 길을 걸어가야만 하는 인간 내면에 대한 통찰이 돋보인다. 아무리 위대하고 의로운 사람이라도 과도한 불의를 당하고 사악한 자들에 둘러싸이게 되면 절제와 경건의 미덕을 지키고 싶어도 결국 그들 자신도 사악해질 수밖에 없다. 소포클레스 드라마의 주역들이 공유하는 인식이긴 하나 『엘렉트라』만큼 두드러지지는 않았다.

7. 『필록테테스』

기원전 409년대 디오뉘소스 제의 비극경연대회에서 이 드라마로 우승했을 때, 소포클레스는 아흔이 다 된 노인이었다. 그러나 그의 창작력은 여전히 왕성했던 것 같다.

트로이아 전쟁이 끝나갈 무렵 포로가 된 트로이아 왕자 헬레노스는 만약 스퀴로스(Skyros) 섬에서 아킬레우스의 젊은 아들 네옵톨레모스를 데려오지 못한다면, 그리고 필록테테스와 그가 헤라클레스로부터 물려받은 활의 도움을 받지 못한다면 트로이아는 함락되지 않는다고 예언한다. 그래서 그리스군은 트로이아로 가던 길에 독사에 물려 심한 악취를 풍기며 끔찍한 비명을 지르는 까닭에, 렘노스(Lemnos) 섬에 버린 필록테테스를 다시 찾아간다. 이 소재는 서사시권 서사시인들에게도 알려져 있었을 뿐 아니라, 3대 비극작가 모두 다룬 바 있다. 그러나 소포클레스의 작품만 온전하고, 다른 작가의 경우 단편만 남아 있다.

아이스퀼로스와 에우리피데스의 드라마에서는 렘노스 섬 주민들로 코로스가 구성되는데, 소포클레스의 드라마에서 이 섬은 무인도다. 아이스퀼로스의 드라마에서 오뒷세우스는 혼자서 임무를 수행하는데, 필록테테스에게 정체를 노출하지 않은 채 그리스군의 원정 계획이 수포로 돌아갔다는 말로 환심을 산 뒤, 계략을 써서 문제의 활을 손에 넣는다. 이때 필록테테스의 발작(發作)이 중요한 역할을 했으리라. 또한 기원전 431년 『메데이아』와 함께 공연된 에우리피데스의 드라마에서 오뒷세우스는 디오메데스(Diomedes)와 파견되고, 아테나 여신에 의하여 다른 사람으로 변신한다. 그리고 그는 이때 트로이아인들도 필록테테스를 동맹자로 삼기 위해 사절단을 보냈다는 것을 알고 있다. 그러나 결국 필록테테스는 그리스군 쪽으로 합류하기로 결심하는데, 그 과정은 확실치 않다. 다른 작품의 이런 내용들과 비교하면서 이 작품을 읽는다면 더욱 흥미로울 것이다.

소포클레스의 드라마에서는 프롤로고스 장면(1~134행)이 여러 기능을 하는데, 여기서는 드라마의 상황에 필요한 정보가 제공되고, 성격이 판이한 세 남자들 — 이 드라마에는 여자가 등장하지 않는다 — 의 대립에서 중요한 역할을 하는 두 사람, 곧 오뒷세우스와 네옵톨레모스의 성격이 제시되며, 필록테테스가 등장하기 전에 그의 비참한 생활도 먼저 소개된다.

프롤로고스에서 대화를 시작하고 주도하는 것은 오뒷세우스이며 그 후 그는 극에 직접 등장하지 않으면서도 마치 무대 연출자처럼 시종일관 극을 이끌어간다. 그렇게 오뒷세우스의 계산된 지시와 필록테테스를 접하며 자라나는 연민 사이에서 네옵톨레모스의 갈등은 깊어진다. 제1삽화(219~675행)에서 필록테테스는 나그네들이 우선 그리스인들이고, 자기 앞의 젊은이가 아킬레우스의 아들이라는 사실에 크게 반긴다. 그리고 버림받은 일, 겪고 있는 불행 등을 들려준다. 삽화 끝부분에서 자신을 고향으로 데려 다주겠다고 약속한 네옵톨레모스에게 필록테테스는 얼른 출발하자고 재촉하며 출발에 앞서 사용하던 약초와 화살을 챙기려고 네옵톨레모스의 부축을 받으며 동굴로 들어가는데, 본성이 고귀한 두 사람 사이에 싹트는 우정의 시작으로 보아도 좋을 것이다.

특히 정립가(676~729행)에서의 코로스는 필록테테스의 불행에 깊은 연민의 정을 느끼게 하며, 두 사람의 우정이 깊어진 상태를 암시한다. 이제 만사가 잘 해결되어 고향으로 돌아갈 수 있게 되었다는 코로스의 노래는 지금까지 사건들의 서정적 요약에 가깝다. 짧은 제2삽화(739~826행)에서 두 사람이 막 동굴을 떠나려는 순간 필록테테스는 발작을 일으킨다. 소망이 이루어지려는 결정적인 순간이기에 그는 참으려 하고, 네옵톨레모스는 그 모습에 감동한다. 졸리기 시작하자 필록테테스는 활과 화살을 친구에게 맡기고, 네옵톨레모스는 마침내 힘들이지 않고 원하던 활을 손에 넣게 된다.

그럼에도 제3삽화(865~1080행)에서 잠에서 깨어난 필록테테스가 잠든 사이 지켜주어 고맙다고 말하는데, 네옵톨레모스에게는 결정적인 부담이 되는 말이다. 그들은 배가 정박해 있는 곳을 향해 출발하려고 한다. 필록테테스가 그를 믿고 오직 그의 부축만을 받으려 하자, 그는 가면을 벗어 던지고 사실을 털어놓는다. 그러자 절망한 아이아스가 그랬듯이, 필록테테스는 만(灣)과 암벽과 산짐승들과 가파른 바위 같은 주변 자연에게 자신의 불행을 호소한다. 네옵톨레모스가 환부의 치유와 트로이아의 함락을 약속하지만, 원한이 사무친 그는 트로이아로 가느니 차라리 이 섬에서 굶어 죽겠다고 말한다. 이제 필록테테스의 유일한 희망은 젊은이가 마음을 돌리는 것. 이에 젊은이는 큰 충격을 받지만 결단을 내리지 못한다. 필록테테스는 모든 것을 없던 일로 하겠다는 듯 "악당들에게 배워 이런 나쁜 짓을 하게 된 것 같소. 이제 그대는 나쁜 짓일랑 나쁜 짓이 어울리는 다른 사람들에게 맡기고 출항하시오. 내 무기들을 돌려주고."(971행 이하)라고 말한다.

엑소도스(1218~1471행)에서는 어떤 설득도 소용없자 코로스가 필록테테스의 곁을 떠나려 하는데, 네옵톨레모스가 활을 들고 급히 뛰어오고 그 뒤를 오뒷세우스가 바짝 뒤쫓는다. 자신의 본성을 되찾은 네옵톨레모스는 활을 임자에게 돌려줄 작정이라고 말한다. 아무리 달래도 소용없자 오뒷세우스는 그의 배신을 그리스군에 고발하겠다며 그곳을 떠난다. 네옵톨레모스는 필록테테스를 동굴에서 불러내어 활을 돌려준다. 다시 나타난 오뒷세우스가 제지하려고 하나 활은 이미 필록테테스의 수중에 들어가 있어, 만약 젊은이가 막지 않았더라면 그를 향해 화살이 날아갔을 것이다.

이상이 필록테테스와 젊은 네옵톨레모스가 오뒷세우스의 일관된 방해에도 불구하고 친구가 되는 과정이다. 다시 친구가 된 젊은이는, 신탁에 따르면 그는 트로이아로 가서 환부를 치유하고 불멸의 명성을 얻도록 되어 있다며 진지하게 마지막 설득을 한다. 필록테테스는 트로이아로 갈 뜻이 없으면서도 친구의 청을 거절하지 못해 잠시 망설이다가, 전에 당한 불행이 아니라 앞으로 당할 불행 때문에 자기로서는 아트레우스의 아들들과 오뒷세우스와는 도저히 함께할 수 없다는 변명을 늘어놓으며 고향으로 데려다주겠다던 약속을 이행하라고 재촉한다. 마지막 설득마저 실패하자 젊은이는 달리 방법이 없음을 알고 출발하자면서도 그리스군의 보복을 걱정한다. 필록테테스는 헤라클레스에게 받은 활로 그를 지켜주겠다고 말한다. 그러나 네옵톨레모스로서는 배가 있는 곳으로 가는 길은 귀향의 길이면서 기대와 의리를 저버리는 자기희생의 길이다. 그러나 다행히도 그는 그 길을 갈 필요가 없게 된다. 왜냐하면 이때 제우스의 뜻을 전하기 위해 헤라클레스가 하늘에 나타나기 때문이다.

에우리피데스의 '기계장치에 의한 신'(deus ex machina)[25]에 비하면 다소 짧은 대사를 통해 헤라클레스는 전에 오이테 산에서 활을 준 적이 있는 필록테테스에게 자신의 경우를 예로 들며 자기도 수많은 노고 끝에 불멸의 명성을 얻었듯, 그도 고생 끝에 트로이아에서 병을 치유하고 큰 명성을 얻게 되어 있다고 일러준다. 또한 그와 네옵톨레모스는 '사이좋은 한 쌍의 사자'처럼 서로를 지켜주라고 충고함으로써 두 사람의 우정을 굳건히 해준다.

소포클레스는 서사시인들이나 다른 두 비극작가와 달리, 이 드라마에 네옵톨레모스를 등장시킴으로써 성격이 판이한 세 사람의 대결을 통해 사건이 막힘없이 전개되도록 하고 있다. 네옵톨레모스가 등장하지 않았다면 어떻게 되었을까? 오뒷세우스나 디오메데스가 필록테테스를 트로이아로 데려가려다 실패할 경우 달리 대안이 없다. 다른 두 비극작가가 오뒷세우스의 계획이 반드시 성공할 수밖에 없도록 다소 무리한 플롯을 구성했던 것도 그런 이유 때문일 것이다. 오뒷세우스의 계획이 실패할 때는 '기계장치에 의한 신'도 그다지 만족스런 결과를 가져다주지 못한다. 뿐만 아니라 극한의 상황에 몰린 필록테테스에게서 이 드라마에서 볼 수 있는 것과 같은 따뜻한 인간적 면모를 기대한다는 것은 애당초 무리일 것이다.

트로이아의 함락을 위하여 필록테테스를 렘노스 섬에서 데려가는 과정에서 젊은 네옵톨레모스가 겪은 내면적 변화가 이 드라마의 사실상 주제라면, 앞서 한 말이 거짓말이라는 고백, 손에 넣었던 활을 임자에게 되돌려주는 행위, 자기희생이 따르더라도 필록테테스와의 약속을 지키겠다는 결의까지 세 단계를 거치는 네옵톨레모스의 내면적 변화를 총괄적으로 설명해줄 수 있는 개념은 무엇일까?

흔히 네옵톨레모스의 그러한 내면적 변화를 성격이란 개념으로 설명해보려고 하지만 소피스트의 상대주의에 영향을 받은 에우리피데스의 드라마라면 몰라도 소포클레스를 포함한 그 이전의 비극작가들의 드라마에서

25 '기계장치에 의한 신'이란 인간으로서는 풀기 어려운 사건의 해결을 위하여 기중기 비슷한 장치를 타고 나타나는 신을 말한다. '기계장치에 의한 신'은 일반적으로 인간으로서는 알 수 없는 먼 옛날 또는 먼 훗날의 일을 알려준다.

그것은 유효한 개념이 아니다. 네옵톨레모스뿐만 아니라 아이아스, 안티고네, 오이디푸스, 엘렉트라 같은 소포클레스 드라마에 등장하는 인물들은 그 누구도 성격이 변하지 않는다. 이 드라마의 주제를 총괄적으로 설명해줄 수 있는 개념은 이 드라마에서 누차 언급되는 본성(本性 physis)[26]이라는 개념이다. 말하자면 이 드라마가 보여주고자 하는 것은 네옵톨레모스라는 젊은이의 성격 변화가 아니라 그런 줄 알면서도 제 본성에서 벗어났다 고통스런 과정을 거쳐 다시 제 본성으로 돌아가는 내면적 변화다.

소포클레스적 인간의 본질을 가장 잘 설명해주는, 환경과 교육에 의해서도 변하지 않는 타고난 '본성'이란 개념은 귀족사회의 유물로, 귀족계급이 지배하던 아르카익 시대의 문학을 대표하는 핀다로스의 시(詩)에서는 자주 눈에 띈다. 핀다로스는 타고난 재능은 습득한 재능보다 우월하며,[27] 본성은 숨길 수 없으며,[28] 인간의 본성은 주어지는 것이므로 물릴 수 없다[29]고 말한다. 이러한 사고방식은 소피스트뿐 아니라 소크라테스의 그것과도 다른 것이다.

이 드라마에서 오뒷세우스는 『아이아스』에서와는 전혀 다른 모습을 보여주는데, 목적을 위해서는 수단과 방법을 가리지 않는다고 하여, 그를 메피스토펠레스(Mephistopheles) 같은 인물로 보는 것은 지나치다 하겠다. 그는 젊은 네옵톨레모스에게 거짓말을 하게 하는 유혹자임에는 틀림없지만 그것이 나쁜 동기에서 나온 것은 아니다. 그는 그리스군의 결정의 집행자에 불과하며 그런 점에서 그의 행동에도 제약이 따른다. 그러나 그가 자신의 역할에 사명감을 느끼는 것도 사실이다. 네옵톨레모스가 본성이 다른 오뒷세우스로부터 고통스런 과정을 거쳐 본성이 같은 필록테테스에게로 나아간다는 점에서, 두 사람 못지않게 오뒷세우스도 제 역할을 부여받은 이 드라마의 주역이라고 할 수 있다.

이 드라마에 나오는 '기계장치에 의한 신'은 드라마 전체의 작품 구조와 밀접한 관계가 있다는 점에서 에우리피데스의 그것들과는 다르다. 헤라클레스에게 필록테테스는 자신의 화장용 장작더미에 불을 붙여준 대가로 활과 화살들을 물려준 인연이 있으며, 헤라클레스야말로 고난을 통해 불멸에 이른 위대한 본보기인 것이다. 또한 인간으로서는 풀 수 없는 한계 상황에 그의 등장은 해결을 위하여 불가피한 것이기도 하다.

8. 『콜로노스의 오이디푸스』

현존하는 소포클레스의 비극들 가운데 마지막 작품인 『콜로노스의 오이디푸스』는 그 두 번째 '내용 설명'에 따르면 사후 기원전 401년에 그와 이름이 같은 손자에 의해 처음 공연되었다. 소포클레스의 출생지이기도 한 콜로노스 힙피오스(Hippios)는 아테나이 북서쪽 근교에 있는 해발 56미터의 야산으로, 이곳에 오이디푸스의 무덤이 있다는 지역 전설은 에우리피데스의 『포이니케 여인들』(Phoinissai)에서(1707행) 처음 눈에 띈다.

먼저 드라마를 이해하려면 『오이디푸스 왕』 이후부터 이 드라마가 시작되기 직전까지의 대략적인 상황을 파악해야 한다. 두 드라마 사이에는 많은 세월이 흘렀다. 오이디푸스가 아버지를 살해하고 어머니와 결혼했다는 사실이 밝혀진 뒤, 그의 두 아들 폴뤼네이케스와 에테오클레스는 아직 어린 소년들이라 그의 처남 크레온이 테바이를 통치한다. 제 손으로 눈을 멀게 한 오이디푸스는 고뇌와 절망을 이기지 못해 추방을 원하지만, 크레온은 아폴론 신에게 물어보기 전에는 어찌할 수 없다고 말한다. 이후 상황을 『콜로노스의 오이디푸스』에 산재해 있는 암시에 의해 재구성하면 다음과 같다.

오이디푸스의 거취를 신에게 묻겠다던 크레온의 약속은 지켜지지 않는

---

26 '본성' 또는 이와 비슷한 말이 나오는 행수는 79, 88, 874, 902, 950, 1014, 1284, 1310, 1372 등이다.
27 『올륌피아 송가』 9. 100.
28 같은 책, 13. 13.
29 같은 책, 9. 28.

다. 오이디푸스는 테바이를 떠나지 못했고, 세월이 흐르자 고통과 절망도 누그러져 은둔 생활에 적응하게 된다. 그러다가 결국 테바이인들에 의해, 그들이 아니라면 최소한 크레온의 심경 변화로 오이디푸스는 추방된다. 특별한 언급이 없는 것으로 미루어 신탁의 지시는 아니었던 것으로 생각된다. 그랬더라면 오이디푸스가 자신의 추방에 대한 책임을 이 드라마에서처럼 테바이인들에게 돌리며 그들을 증오하지는 않았으리라. 그가 가장 섭섭하게 생각한 것은, 그 사이 성년이 된 두 아들이 추방을 만류하는 한마디 말도 보태지 않았다는 사실이다.

무심한 두 아들과 달리 안티고네는 온갖 고생을 무릅쓰며 혼자서 눈먼 걸인 아버지를 따라다니며 시중들고, 이스메네는 테바이에 머물며 아버지를 위해 사태의 추이를 살피고 있다. 궁핍한 유랑 생활을 하던 오이디푸스가 어느새 노인이 되었을 때, 테바이인들은, 자신들의 안녕이 그가 살아 있을 때에도 죽은 뒤에도 오이디푸스에게 달려 있다는 신탁에 따라, 국경 근처에 그를 정착시키려 한다. 그래야 과거사를 반성하는 것도, 그를 다시 받아들이는 일도 피하면서, 살아 있는 그를 자신들의 통제하에 둘 수 있고 죽어서는 그의 무덤이 자신들을 지켜줄 것이라고 생각한 것이다.

새로운 신탁은 테바이에 남아 있는 오이디푸스의 두 아들이 마음만 먹는다면 추방된 아버지를 복권시킬 좋은 기회가 된다. 아폴론 신이 마지막 신탁으로 오이디푸스의 이름에 붙어 다니는 오욕을 씻어준 것이며, 테바이의 운명을 결정하게 될 것이라고 신이 선언한 사람이 테바이에 있다고 하여 테바이가 더럽혀진다는 것은 자가당착이라고 강력히 항의할 수 있기 때문이다. 그러나 두 아들은 그럴 만큼 마음의 여유가 없다. 그들은 성년이 되었을 때 처음에는 가문의 저주와 출생의 오욕에 짓눌려 통치권마저 외숙부인 크레온에게 양보하고 자기 존재를 부정하며 생활하다가, 이제는 어떤 신의 부추김 때문인지 권력에 눈이 뒤집혀 권력을 독점하려고 서로 처절한 투쟁을 벌이고 있다.

동생 에테오클레스[30]가 민심을 얻게 되자 테바이에서 추방된 폴뤼네이케스는 아르고스로 가서 그곳 왕인 아드라스토스(Adrastos)의 딸과 결혼한다. 그리고 펠로폰네소스의 이름난 전사들을 동맹군 삼아 테바이를 공격하려 한다. 바로 그때 폴뤼네이케스는 누구든 눈먼 걸인 오이디푸스를 자기편으로 삼는 자가 이길 것이라는 신탁을 소문으로 듣게 된다. 이상이 이 드라마가 시작되기 전 상황이다.

드라마의 프롤로고스(1~116행)에서, 오이디푸스는 자신이 도착한 곳이 '자비로운 여신들'의 성역이라는 말에 그곳을 떠나지 않겠다고 버틴다. 그리고 이 나라의 왕이 테세우스라는 말을 듣자, 자신이 이곳에 있는 것이 왕에게 이익이 될 테니 왕을 불러달라고 간청한다. 안티고네와 둘이 남게 되자 오이디푸스는 '자비로운 여신들'에게 기도하며 그가 이 성역을 떠나기를 거부한 까닭을 말한다. 먼 옛날 젊은 그가 델포이에 가서 부모에 관해 물었을 때, 아폴론 신은 앞으로 닥칠 재앙을 예언하면서 '자비로운 여신들'의 성역에 이르러서야 마침내 평화를 얻고 고통스런 생을 마감하게 될 것인즉, 그때는 고생한 보답으로 그를 반갑게 맞이하는 자에게는 이익을, 그를 내쫓는 자에게는 재앙을 줄 수 있는 힘을 주겠노라고 약속했다는 것이다. 그리고 지진이나 천둥이나 번개가 최후를 알릴 것이라는 그의 진술에 따라 이 드라마의 프롤로고스와 엑소도스는 자연스럽게 하나의 순환 고리로 연결된다.

제1삽화(254~509행)에서, 오이디푸스의 과거에 대한 새로운 시각이 나타나는데, 이러한 시각은, 앞서(240행) 안티고네도 언급한 바 있지만, 이 드라마의 끝까지(521, 539, 547, 964, 966행) 유지된다. 말하자면 오이디푸스의 이름에 붙어 다니는 끔찍한 오욕은 행한 것이 아니라 당한 것으로,

---

[30] 에우리피데스의 『포이니케 여인들』에서는 일반적인 관례에 따라 에테오클레스가 형으로, 폴뤼네이케스가 동생으로 되어 있다.

그는 도덕적으로 아무 죄가 없다는 것이다. 그렇다고 오욕 자체가 없어지는 것이 아니라는 것은 오이디푸스도 안다. 테세우스의 손과 얼굴을 만지고 싶어도 자기처럼 흠 있는 사람으로서는 결코 그럴 수 없다(1132행)는 그의 모순된 발언도 이와 같은 이중의식에 의해서만 이해될 수 있다.

이어 안티고네의 아우 이스메네가 찾아오고, 아버지와 두 딸의, 괴롭고 애정 어린 상봉 장면이 전개된다. 오이디푸스는 두 아들의 안부를 묻고, 이스메네는 형제간의 권력투쟁으로 추방된 폴뤼네이케스가 아르고스로 달아난 일, 테바이인들은 자신들의 안녕이 오이디푸스에게 달려 있다는 새로운 신탁을 받았다는 사실을 전한다. 여기서 신들은 넘어뜨린 자를 다시 일으켜 세울 수 있다는 모티브(394행)가 나오는데, 이 모티브는 나중에 중요한 의미를 갖게 된다. 오이디푸스는 두 아들도 새로운 신탁을 알고 있다는 말에 격노하여 그럼에도 아비를 고향으로 데려가 복권시키지 않는 것과 추방당할 때에도 자기를 위하여 말 한마디 해주지 않았다며 두 아들을 저주한다. 여기서 소포클레스는 두 편의 오이디푸스 드라마를 의식적으로 연결하고 있다.

『필록테테스』에서처럼 이 드라마에도 정립가 대신 애탄가(510~548행)가 이어지는데, 코로스와 오이디푸스 사이의 이 서정적 대화에서 코로스는 짓궂게 오이디푸스의 과거를 캐묻고, 오이디푸스는 그와 관련하여 자신에게는 도덕적으로 죄가 없음을 주장한다. 코로스의 짓궂은 질문은 앗티케적 인간성의 가장 아름다운 기념비라 할 제2삽화(549~667행)의 테세우스 장면을 더욱 돋보이게 한다. 이어지는 정립가(668~719행)는 호의적이고 개방적이고 너그러운 국왕의 반영(反映)으로 소포클레스가 자신의 고향, 콜로노스에 바치는 아름다운 찬가다.

제3삽화(720~1043행)에서 안티고네는 크레온의 도착을 알린다. 크레온은 오이디푸스의 고통스런 유랑 생활에 동정을 표하고 이제 테바이인들의 뜻에 따라 그를 고향으로 데려가겠다며 장황한 말로 설득한다. 오이디푸스도 장황하게 답변을 늘어놓으며 그의 가면을 벗겨낸다. 여기서도 소포클레스는 두 편의 오이디푸스 드라마를 내용 면에서 연결하고 있다. 설득이 실패로 끝나자 크레온은 가면을 벗어던지고 거리낌 없이 완력을 행사한다. 근처의 포세이돈 제단에서 제물을 바치던 테세우스가 비명을 듣고 급히 달려온다. 테세우스는 납치된 두 소녀를 당장 데려오라고 명령하고 그의 행동은 불법이라며 크레온을 비난한다. 이에 맞서 크레온은 살인죄를 재판하는 아레이오스 파고스(Areios pagos) 법정을 가진 이 도시가 아버지를 살해하고 어머니와 결혼한 자를 받아들일 줄은 몰랐다, 나의 행동이 거칠었다면 그것은 오이디푸스의 말이 거칠었기 때문이라고 변명한다. 이에 대한 오이디푸스의 답변을 통해 소포클레스는 오이디푸스의 과거를 새로운 시각에서 바라본다. 죽이려고 덤벼드는 낯선 자에게 "당신 혹시 내 아버지 아니오?" 하고 이것저것 캐묻는다는 것은 사실상 불가능하다. 그러므로 삼거리에서 행한 살인은 불가피한 정당방위였으며(993행), 따라서 오이디푸스에게는 도덕적으로 아무런 죄가 없다는 것이다.

제4삽화(1096~1210행)는 폴뤼네이케스 장면으로 시작된다. 오이디푸스는 자신에게 면담을 청한 나그네가 아들 폴뤼네이케스임을 알고 단호히 거절한다. 그러나 안티고네가 간청하고 테세우스도 제단 가에서의 탄원자의 권리를 상기시키자 마지못해 면담을 수락한다.

제3정립가(1211~1248행)는 극중 사건에 대한 성찰이라기보다는 다가오는 오이디푸스의 죽음을 예감하게 한다. "태어나지 않는 것이 최선이고, 되도록 일찍 죽는 것이 차선이며, 가장 어리석은 것은 오래 살기를 바라는 것이다. 온갖 세파에 시달리는 저 노인을 보라! 오래 살면 칭찬도 사랑도 친구도 멀어지고 남는 것은 고생뿐이며, 그것의 구원자는 죽음뿐이다."라고 코로스는 노래한다. 그런데 이 노래는 술에 취해 사로잡힌 반인반마(半人半馬)의 실레노스(Silenos)가 미다스(Midas) 왕에게 말해주었다는 인생의 지혜를 소포클레스가 나름대로 부연한 것으로, 아흔이 넘은 노인으로 이미 죽음의 문턱에 서 있던 노(老) 시인의 쓸쓸한 심경을 엿보게 한다.

제5삽화(1249~1446행)는 죽은 뒤 지하에서 친구에게는 축복을, 적에게는 저주를 보낼 수 있는 큰 힘이 오이디푸스에게 있음을 보여준다. 폴뤼네이케스는 아버지의 비참한 모습에 충격을 받고 눈물을 흘리지만, 고개 돌린 오이디푸스는 말이 없다. 폴뤼네이케스가 누이들에게 자기를 위하여 간청해달라고 애원하자 안티고네는 오라비에게 찾아온 목적을 직접 말하라고 한다. 그는 자신이 추방된 일로부터 그간 겪은 일을 장황하게 늘어놓으며 일곱 장수가 이미 테바이 앞에 집결해 있으니 도와달라고 아버지에게 간청한다.

오이디푸스는 마침내 코로스의 요청에 따라 침묵을 깨고, 이렇게 걸인 생활을 하게 한 장본인이라고 폴뤼네이케스를 질타하며 서로가 서로의 손에 죽게 될 것이라고 두 아들을 저주한다. 성난 아버지 곁을 떠나는 폴뤼네이케스는 자기가 죽거든 묻어줄 것을 누이들에게 부탁한다. 내용적으로 『안티고네』와 연결되는 장면이다. 안티고네가 불운한 전쟁을 그만두라고 말리지만 그는 죽을 줄 알지만 전사로서의 명예를 위하여 그럴 수 없다며 떠난다. 폴뤼네이케스의 이러한 비장한 태도는 아이스퀼로스의 『테바이를 공격한 일곱 장수』에서의 에테오클레스를 떠오르게 한다.

서사시권 서사시인 『테바이스』와 아이스퀼로스의 『테바이를 공격한 일곱 장수』와 에우리피데스의 『포이니케 여인들』에서는, 두 아들 사이에 불화가 생기기 전에 오이디푸스가 테바이에서 칼로 유산(遺産)을 나누라고 이들을 저주한다. 따라서 형제간의 불화는 아버지의 저주의 직접적인 결과다. 그러나 소포클레스의 드라마에서 형제간의 불화는 아버지의 저주와 직접적인 관계가 없고 어떤 신의 사주와 그들 자신의 사악한 생각이나 선택에서 비롯된다. 오이디푸스가 두 아들을 저주하는 것은 형제간의 불화 때문이 아니라 그 뒤 그들이 이기적인 야심의 포로가 되어 아버지를 복권할 수 있는 기회를 잡지 않기 때문이다.

　소포클레스의 이러한 해석에는 극적 효과를 높이는 두 가지 이점이 있다. 첫째, 두 아들은 더 이상 운명의 수동적인 제물이 아니라는 점이다. 그들 스스로 도덕적인 과오를 저질렀고, 따라서 아버지의 노여움도 당연하다. 둘째, 두 형제가 결투하기 직전 폴뤼네이케스가 오이디푸스에게 도움을 호소할 때 이 위험한 고비에서 아들들을 칠 수 있는 무기가 아직도 눈먼 걸인인 아버지의 수중에 있다는 것은 그만큼 극적 긴장을 높여준다.

　신은 영원한 법도를 어긴 인간을 고통의 구렁텅이에 빠뜨림으로써 그를 예측하기 어려운 신의 섭리의 증인으로 삼는다. 하지만 바로 그 때문에 그를 강력한 힘을 가진 영웅으로 다시 일으켜 세운다. 소포클레스의 위대한 이 역설은 해명할 수도 없고 해명하려고 해서도 안 될 것이다. 소포클레스에게 신의 세계는 인간으로서는 알 수도 해석할 수도 없다. 인간이라면 다만 경건한 마음으로 겸허하게 받아들여야 할 비합리적 수수께끼의 영역이다. 이와 관련하여, 오이디푸스가 고통에 의해 그만큼 순화되고 정화되었다는 해석을 시도하려 한다면 이것은 적절치 못한 접근이다. 오이디푸스는 고통 속에 살면서 약간의 조심성을 배우기는 했으나 조급한 성질은 본질적으로 달라진 게 없기 때문이다. 이 드라마가 세 명의 배우로 공연될 수 있느냐 아니면 제4의 배우를 필요로 하느냐 하는 문제에 관해서는 아직도 의견이 엇갈리고 있다.

참고문헌

I. 텍스트와 주석

Sophocles, *The Plays and Fragments*, edited with Critical Notes, Commentary and Translation in English Prose by R. C. Jebb, 7vols., Cambridge, 1883-1907, repr. Amsterdam 1962/63.

Sophocles, *Ajax*, edited with Introduction, Translation and Commentary by A. F. Garvie, Aris & Phillips Classical Texts, 1998.

Sophocles, *Antigone*, edited by M. Griffith, Cambridge, 1999.

Sophocles, *Electra*, edited by J. H. Kells, Cambridge, 1973.

Sophocles, *Oedipus Rex*, edited by R. D. Dawe, Cambridge, 1982.

Sophocles, *Trachiniae*, edited by P. E. Easterling, Cambridge, 1982.

Sophocles, *Philoctetes*, edited by T. B. L. Webster, Cambridge, 1970.

II. 연구서

Adams, S. M., *Sophocles the Playwright*, University of Toronto Press, 1957.

Bowra, C. M., *Sophoclean Tragedy*, Oxford, 1944.

Diller, H.(Hrsg.), *Sophokles*, Wege der Forschung 95, Darmstadt, 1967.

Earp, F. R., *The Style of Sophocles*, Cambridge, 1943.

Easterling, P. E.(ed.), *The Cambridge Companion to Greek Tragedy*, Cambridge, 1997.

Gellie, G. H., *Sophocles: A Reading*, Melbourne University Press, 1972.

Goldhill, S., *Reading Greek Tragedy*, Cambridge, 1986.

Kitto, H. D. F., *Dramatist and Philosopher: Three Lectures*, London, 1958.

Knox, B. M. W., *The Heroic Temper: Studies in Sophoclean Tragedy*, Berkeley/Los Angeles, 1964.

Latacz, J., *Einführung in die griechische Tragödie*, Göttingen, 1993.

Lesky, A., *Die tragische Kunst der Hellenen*, Göttingen, ^{3}1972.

Reinhardt, K., *Sophokles*, Frankfurt a. M., 1933, ⁴1976(Eng. trans. Oxford 1979).

Segal, C. P., *Tragedy and Civilization: An Interpretation of Sophocles*, Cambridge, Mass., 1981.

Waldock, A. J. A., *Sophocles the Dramatist*, Cambridge, 1951, repr. 1966.

Webster, T. B. L., *An Introduction to Sophocles*, Oxford, 1939, London, ²1969.

Whitman, C. H., *Sophocles: A Study of Heroic Humanism*, Cambridge, Mass., 1951.

Wilamowitz-Moellendorff, T. v., *Die dramatische Technik des Sophokles*, Berlin, 1917.

Winkler, J. J./Zeitlin, F. I., *Nothing to do Dionysos? Athenian Drama in its Social Contexts*, Princeton, 1990.

Winnington-Ingram, R. P., *Sophocles: An Interpretation*, Cambridge, 1980.

Woodard, T.(ed.), *Sophocles: A Collection of Critical Essays*, Englewood Cliffs, N. J., 1966.

Zimmermann, B., *Die griechische Tragödie, Eine Einführung*, München/Zürich, ²1992.

_____ *Europa und die griechische Tragödie: Vom kultishen Spiel der Gegenwart.* Frankfurt a. M., 2000.

주요 이름

(ㄱ)

가이아(Gaia) 카오스(Chaos)의 딸로, 대지의 여신이다. 우라노스(Ouranos '하늘')의 남편. 티탄(Titan) 신족의 어머니.

가뉘메데스(Ganymedes) 트로이아의 미남 왕자. 제우스가 독수리로 하늘로 채어 가 미동(美童) 겸 술 따르는 시동으로 삼는다.

게뤼온(Geryon) 머리 또는 몸이 셋인 전설적인 거한(巨漢). 지금의 스페인 카디스 (Cadiz)에 살았다고 전해진다.

고르고(Gorgo 복수형 Gorgones) 머리털이 뱀인 무서운 여자 괴물로, 그녀를 보는 이는 돌로 변했다고 한다. 고르고 세 자매 중 유일하게 죽을 운명을 타고난 메두사는 영웅 페르세우스(Perseus)가 직접 보지 않고 청동 방패에 비친 모습을 보고 목을 베어 왔는데, 그녀의 머리는 아테나 여신의 방패에 부착되었다.

기가스(Gigas 복수형 Gigantes) 우라노스가 아들 크로노스에게 남근이 잘릴 때 그 피가 대지에 쏟아져 잉태된 거한들로, 신과 인간이 동시에 공격해야만 죽일 수 있었다.

(ㄴ)

나르킷소스(Narkissos) 물에 비친 제 그림자에 반한 젊은이.

나우플리아(Nauplia) 아르고스인들의 주요 항구.

네레우스(Nereus) 바다의 신. 아킬레우스의 어머니 테티스는 그의 쉰 명의 아리따운 딸들 중 한 명이다.

네레우스의 딸들(Nereides) 네레우스와 도리스(Doris)의 쉰 명의 아리따운 딸들.

네메시스(Nemesis) 인간의 지나친 행운과 오만을 벌주는 응보(應報)의 여신.

네메아(Nemea) 펠로폰네소스 반도 동북부 아르골리스 지방에 있는 도시.

네스토르(Nestor) 트로이아 전쟁 때 장수들의 회의에서 훌륭한 조언을 해주던 그리스군의 노장(老將).

네이스 문(Neistai pylai) 테바이의 일곱 성문 중 하나.

네옵톨레모스(Neoptolemos) 아킬레우스의 아들. 그는 트로이아 전쟁이 끝날 무렵 참전하여 프리아모스 왕을 죽이고 헥토르의 어린 아들 아스튀아낙스를 성벽에 떨어뜨려 죽이고 헥토르의 아내 안드로마케를 노예로 삼는 등 잔인한 일면을 드러내지만, 소포클레스의 『필록테테스』에서는 인간미 넘치고 호감이 가는 순진무구한 젊은이로 나온다.

넷소스(Nessos) 켄타우로스족 가운데 한 명. 데이아네이라를 업고 강을 건네주다가 그녀를 겁탈하려 한 까닭에 헤라클레스의 독화살을 맞고 죽는다.

뉘사(Nysa) 요정들이 어린 디오뉘소스를 양육했다는 산으로, 그 위치는 확실치 않다.

니오베(Niobe) 탄탈로스의 딸. 펠롭스의 누이. 암피온의 아내. 여신 레토는 아폴론과 아르테미스 남매밖에 낳지 못했지만 자기는 7남 7녀 또는 6남 6녀를 낳았다고 자랑하다가, 아들들은 아폴론이 쏜 화살에, 딸들은 아르테미스가 쏜 화살에 맞고 모두 죽자, 하염없이 눈물을 흘리는 그녀를 제우스가 소아시아 뤼디아 지방에 있는 시퓔로스(Sipylos) 산의 바위로 변하게 한다.

(ㄷ)

다나에(Danae) 아크리시오스(Akrisios)의 딸. 황금 비[雨]로 변신하여 접근한 제우스에 의해 영웅 페르세우스의 어머니가 된다.

다나오스(Danaos) 이오의 증손으로, 벨로스(Belos)의 아들. 아이귑토스의 아우. 그에게는 쉰 명의 딸이 있었는데 사촌간인 아이귑토스의 아들들과 억지로 결혼하게 되자 아버지가 시킨 대로 첫날밤에 휘페메스트라(Hypermestra 또는 Hypermnestra) 한 명만 제외하고 모두 신랑을 살해한다.

다나오스 백성들(Danaoi) 좁은 의미로는 아르고스인들, 넓은 의미로는 그리스인들을 뜻한다.

다르다노스(Dardanos) 트로이아 왕가의 시조.

다울리아(Daulia) 파르낫소스 산 동쪽에 있는 포키스 지방의 한 지역. 테바이에서 델포이로 가는 도로의 북쪽에 있다.

다이달로스(Daidalos) 크레테 섬의 미궁을 지은 천재적인 기술자. 후일 날개를 만들어 달고 아들 이카로스와 함께 크레테를 탈출하지만 이카로스는 너무 높이 날다가 태양열에 날개를 이어 붙인 밀랍이 녹는 바람에 이카로스 해에 떨어져 죽는다.

데메테르(Demeter) 제우스의 누이로, 올륌포스의 12신들 중 한 명. 농업과 곡물의 여신. 저승의 신 하데스의 아내가 된 딸 페르세포네와 함께 엘레우시스(Eleusis) 비의(秘儀)를 주재한다.

데이아네이라(Deianeira) 오이네우스의 딸. 헤라클레스의 아내. 휠로스의 어머니.

델로스(Delos)　에게 해의 남동부 퀴클라데스(Kyklades) 군도의 중앙에 있는 작은 섬. 아폴론과 아르테미스 남매 신이 태어난 곳.

델포이(Delphoi)　아폴론의 신전과 신탁으로 유명한 중부 그리스의 소도시.

도도네(Dodone)　그리스의 북서부 에페이로스(Epeiros) 지방에 있는 마을. 제우스의 가장 오래된 신탁소로 유명했다. 그곳에서는 사제가 참나무 잎들이 바람에 살랑거리는 소리를 듣고 신의(神意)를 풀이했다고 한다.

드뤼아스(Dryas)　디오뉘소스를 박해하다가 발광한 트라케 왕 뤼쿠르고스의 아버지.

디르케(Dirke)　테바이의 강.

디오뉘소스(Dionysos)　제우스와 세멜레의 아들이자 주신(酒神). 일명 박코스로도 불린다.

디오메데스(Diomedes)　튀데우스의 아들. 트로이아 전쟁 때 큰 공을 세운 그리스군 장수.

(ㄹ)

라다만튀스(Rhadamantys)　제우스의 아들. 저승의 세 판관(判官) 가운데 한 명.

라릿사(Larissa)　페르세우스가 실수로 외조부를 죽인, 텟살리아 지방의 소도시.

라에르테스(Laertes)　오뒷세우스의 아버지.

라이오스(Laios)　오이디푸스의 아버지.

라케다이몬(Lakedaimon)　스파르테의 다른 이름으로, 스파르테가 도시만을 가리키는 데 반해 도시 및 그 주변 지역도 가리킨다.

랍다코스(Labdakos)　라이오스의 아버지. 오이디푸스의 할아버지.

레다(Leda)　제우스에 의해서는 헬레네와 폴뤼데우케스(Polydeukes)의, 스파르테 왕 튄다레오스(Tyndareos)에 의해서는 클뤼타임네스트라와 카스토르(Kastor)의 어머니가 된 스파르테 왕비.

레르나(Lerna)　펠로폰네소스 반도 동북부 아르골리스(Argolis) 지방에 있는 지역 및 늪.

레아(Rhea)　크로노스의 아내. 제우스, 포세이돈, 하데스, 헤라, 데메테르, 헤스티아의 어머니. 가끔 모든 신들의 어머니로 여겨진다. 후일에는 프뤼기아의 지모신(地母神) 퀴벨레(Cybele)와 동일시된다.

레테(Lethe)　저승에 있는 망각의 강.

레토(Leto)　제우스에 의해 아폴론과 아르테미스의 어머니가 된 여신.

렘노스(Lemnos)　에게 해 북동부의 큰 섬.

로크리스(Lokris)　그리스 본토 중동부 지방.

록시아스(Loxias)　예언의 신으로서의 아폴론의 별명. loxos('애매하다'는 뜻) 또는 logos('말'이란 뜻)란 단어에서 유래한 것으로 보인다.

뤼디아(Lydia) 소아시아 중서부 지방. 수도는 사르데이스(Sardeis).

뤼라(lyra) 하프와는 달리 현의 길이가 모두 같은 고대 그리스의 발현악기(撥弦樂器)로, 기원전 7세기 경에는 일곱 현으로 확정되었다. 뤼라는 서정시의 반주에 가장 널리 사용되었다. 소리가 잘 울리게 뤼라를 개량한 것이 키타라(kithara)다.

뤼카온(Lykaon) 잔인하기로 유명한 아르카디아 왕. 제우스의 전지(全知)를 시험해보려고 제 자식을 죽여 그 살점으로 요리를 만들어 내놓다가 제우스에 의해 늑대로 변했다고 한다.

뤼케이오스(Lykeios) 아폴론의 별명 중 하나. '늑대'란 뜻의 그리스어 lykos에서 유래한 것은 확실하나 그 연관성에 대해서는 의견이 구구하다.

뤼코메데스(Lykomedes) 스퀴로스 왕. 아킬레우스의 장인. 네옵톨레모스의 외조부.

뤼쿠르고스(Lykourgos) 트라케 지방의 스트뤼몬(Strymon) 강변에 살던 에도노이족(Edonoi 또는 Edones)의 왕. 디오뉘소스 숭배를 억압하려다 발광한다.

뤼키아(Lykia) 소아시아의 서남 지방.

리뷔에(Libye) 지금의 북아프리카.

(ㅁ)

마그네시아(Magnesia) 텟살리아 지방의 반도.

마르쉬아스(Marsyas) 반인반수인 사튀로스 중 한 명. 피리 연주의 명수. 아폴론에게 연주 시합을 하자고 도전하다가 져서 산 채로 껍질이 벗겨진다.

마이나스(Mainas) '광란하는 여인'이란 뜻으로, 박코스의 여신도.

마이아(Maia) 나중에 하늘의 별자리가 된, 아틀라스와 플레이오네(Pleione)의 일곱 딸들 플레이아데스들(Pleiades) 가운데 한 명. 제우스에 의해 헤르메스의 어머니가 된다.

말레아(Malea) 1)펠로폰네소스 반도 동남단의 갑(岬). 2)에게 해 북동부 레스보스 섬의 갑.

메가레우스(Megareus) 크레온과 에우뤼디케의 아들. 테바이가 일곱 장수들이 이끄는 아르고스군에 포위되었을 때 자살하여 도시를 구한다.

메넬라오스(Menelaos) 스파르테 왕. 아가멤논의 아우. 헬레네의 남편.

메데이아(Medeia) 흑해 동안에 있는 콜키스(Kolchis) 시의 아리따운 공주. 이아손에게 반해 그가 황금 양모피를 얻도록 도와주고 결혼한다. 10년 동안 행복하게 살다가 이아손이 코린토스 공주와 결혼하려 하자 배신감에 남편의 자식들을 제 손으로 죽인다.

메두사(Medousa) 고르고 세 자매 가운데 유일하게 죽을 운명을 타고난 그녀의 눈은 보는 이를 돌로 변하게 하는 힘을 가지고 있었다. 그래서 영웅 페르세우스는 그녀를 직접 보지 않고 청동 거울을 이용하여 그녀를 죽이고 목을 베어 온다.

메로페(Merope) 코린토스의 왕비. 오이디푸스의 양모.

메키스테우스(Mekisteus) 아르고스의 전사(戰士).

멜리스(Melis) 텟살리아 지방의 남부 지역.

몰롯시아(Molossia) 그리스 북서부 에페이로스 지방의 한 지역으로, 명견(名犬)의 산지다.

무사(Mousa 복수형 Mousai) 여신들 제우스와 므네모쉬(Mnemosyne)의 아홉 딸들로, 시가(詩歌)의 여신들.

뮈르미도네스족(Myrmidones) 아킬레우스를 따라 트로이아 전쟁에 참가했던 남텟살리아 지방의 부족.

뮈르틸로스(Myrtilos) 오이노마오스 왕의 마부로, 펠롭스에게 매수되어 펠롭스가 전차 경주에서 이기게 해주었으나 그에게 배신당하고 바닷물에 던져져 익사하며 펠롭스 가(家)를 저주한다.

뮈케나이(Mykenai) 펠로폰네소스 반도 북동부 아르골리스 지방의 수도. 그곳의 거석으로 쌓은 성벽은 거한들인 퀴클롭스들이 쌓은 것으로 믿어졌다. 아트레우스 가(家) 비극의 무대.

(ㅂ)

박코스(Bakchos) 주신 디오뉘소스의 다른 이름.

보레아스(Boreas) 북풍의 신.

보이오티아(Boiotia) 앗티케 지방 북서쪽에 있는 그리스 중동부 지방. 그 수도가 테바이다.

복수의 여신(Erinys 복수형 Erinyes)들 특히 친족간의 살인 행위를 벌주는 복수의 정령들. 일명 '자비로운 여신들'.

브로미오스(Bromios) 주신 디오뉘소스 일명 박코스의 별명 중 하나. '떠들썩한 자'란 뜻.

(ㅅ)

사로니코스(Saronikos) 해 앗티케 남서쪽, 펠로폰네소스 반도 북쪽의 바다. 지금은 운하가 개설되어 코린토스 만과 연결되어 있다.

사르데이스(Sardeis) 소아시아 중서부 뤼디아 지방의 수도.

살라미스(Salamis) 앗티케 지방 앞바다의 섬. 텔라몬과 그의 아들 아이아스의 고향.

세멜레(Semele) 카드모스의 딸로, 제우스에 의해 주신 디오뉘소스 일명 박코스의 어머니가 된다. 본래의 모습을 보여 달라고 제우스에게 조르다 그의 벼락을 맞고 죽는다.

셀로이족(Selloi) 제우스의 가장 오래된 신탁소가 있던 도도네의 사제계급.
수니온(Sounion) 앗티케 지방의 동남단에 있는 갑(岬).
쉼플레가데스(Symplegades) '맞부딪치는 바위들'이란 뜻으로, 에게 해에서 흑해로 들어가려면 이 바위들이 맞부딪쳤다가 떨어지는 순간 그 사이를 통과해야 했다.
스카만드로스(Skamandros) 트로이아의 강.
스퀴로스(Skyros) 에우보이아 동쪽에 있는 에게 해의 섬.
스퀴티스(Skythis) 지금의 남러시아 지방. 기마 유목민족 스퀴타이족(Skythai)이 살던 곳.
스틱스(Styx) 저승의 강.
스트로피오스(Strophios) 포키스 왕. 오레스테스의 죽마고우 퓔라데스의 아버지.
스파르토이들(Spartoi) '뿌려진 자들'이란 뜻으로, 카드모스가 샘을 지키던 용을 죽이고 그 이빨들을 뿌리자 대지에서 태어났다고 하는 전사들을 말한다. 이들의 자손들이 테바이의 지배계급이 되었다.
스파르테(Sparte) 펠로폰네소스 반도 동남부에 있는 라케다이몬 또는 라코니케(Lakonike) 지방의 수도. 스파르타라는 라틴어 이름으로 더 잘 알려져 있다.
스페르케이오스(Spercheios) 멜리스 만으로 흘러드는 텟살리아 지방의 강.
스핑크스(Sphinx) '목 졸라 죽이는 자'란 뜻. 여인의 얼굴에 사자의 몸을 가진 날개 달린 괴물. 행인들에게 수수께끼를 내어 맞히지 못하면 잡아먹었다.
시게이온(Sigeion) 트로이아 북서쪽에 있는 갑(岬).
시쉬포스(Sisyphos) 코린토스 왕. 가장 교활한 인간으로 온갖 기만과 악행을 일삼다가 죽은 뒤 저승에서 돌덩이를 산정으로 굴려 올리는 벌을 받게 되는데, 돌덩이가 산정에 닿으려는 순간 매번 도로 아래로 굴러내려 다시 굴려 올려야 한다고 한다.

(ㅇ)

아가멤논(Agamemnon) 아트레우스의 아들. 메넬라오스의 형. 클뤼타임네스트라의 남편. 이피게네이아, 엘렉트라, 오레스테스의 아버지. 아르고스(=뮈케나이)의 왕이자 트로이아 전쟁 때 그리스군 총사령관.
아게노르(Agenor) 테바이를 건국한 카드모스의 아버지.
아레스(Ares) 전쟁의 신. 테바이의 수호신.
아레이오스 파고스(Areios pagos) '아레스의 언덕'이란 뜻으로, 아크로폴리스 서쪽에 있는 언덕. 이곳에서 살인 사건에 대한 재판이 열렸다.
아르고스(Argos) 펠로폰네소스 반도의 북동부에 있는 도시로, 비극에서는 흔히 뮈케나이와 동의어로 쓰이며, '아르고스인들'은 넓은 의미로는 '그리스인들'이란 뜻이다.

아르카디아(Arkadia) 펠로폰네소스 반도의 내륙 지방.

아르테미스(Artemis) 레토의 딸. 아폴론의 쌍둥이 누이. 사냥과 출산과 달의 여신. 야생 동물의 보호신.

아바이(Abai) 테바이 북쪽에 있던 아폴론의 신탁소.

아스클레피오스(Asklepios) 아폴론과 코로니스(Koronis)의 아들로, 의술의 신이다.

아울리스(Aulis) 에우보이아(Euboia) 섬 맞은편, 에우리포스(Euripos) 해협에 있는 보이오티아(Boiotia) 지방의 해안 도시. 트로이아 전쟁 때 그리스군은 이곳에 집결하여 트로이아로 출항을 시도했으나, 역풍이 불어 또는 바람이 불지 않아 항해를 할 수 없게 되자 아가멤논은 예언자 칼카스가 시키는 대로 딸 이피게네이아를 제물로 바친다.

아이게우스(Aigeus) 아테나이 왕. 테세우스의 아버지.

아이기스토스(Aigisthos) 튀에스테스의 아들. 클뤼타임네스트라의 정부(情夫). 아가멤논의 왕위 찬탈자.

아이니아네스족(Ainianes) 텟살리아 지방 남부, 스페르케이오스(Spercheios) 강 중상류에 있는 오이테(Oite) 산의 고산 지대에 살던 부족.

아이아스(Aias) 살라미스 왕 텔라몬의 아들. 트로이아 전쟁 때 아킬레스 다음가는 그리스군 용장. 아킬레스가 죽은 뒤 그의 무구를 놓고 오뒷세우스와 경쟁했으나, 그리스군 장수들이 오뒷세우스에게 투표하자 모욕감을 느끼고 자살한다. 체격이 커서 흔히 '큰 아이아스'라고 불리기도 한다.

아이아코스(Aiakos) 제우스의 아들. 펠레우스와 텔라몬의 아버지.

아이톨리아(Aitolia) 그리스 본토의 중서부 지방.

아이트네(Aitne) 시칠리아 섬 동해안에 있는 산.

아카이오이족(Achaioi) 트로이아 전쟁 때 펠로폰네소스 반도 북부에 웅거하던 그리스의 강력한 부족. 대개 '그리스인들'이란 넓은 뜻으로 쓰인다.

아케론(Acheron) 저승의 강.

아켈로오스(Acheloios) 그리스 중서부 지방을 지나 이오니아 해로 흘러드는 강이자 그 강의 하신.

아킬레우스(Achilleus) 펠레우스와 테티스의 아들. 트로이아 전쟁 때 그리스군 최고의 영웅. 불의 신 헤파이스토스가 만들어준 무구를 입고 트로이아의 맹장 헥토르를 죽이지만 곧 파리스가 쏜 화살을 맞고 전사한다.

아테나(Athena) 제우스의 딸로, 아테나이의 수호여신이다. 전쟁과 공예와 직조의 여신.

아트레우스(Atreus) 펠롭스와 힙포다메이아(Hippodameia)의 아들. 튀에스테스의 형. 아가멤논과 메넬라오스의 아버지.

아틀라스(Atlas) 프로메테우스와 형제간. 티탄 신족과의 전쟁 때 프로메테우스가 올륌포스 신들 편을 든 것과는 달리 아틀라스는 티탄 신족 편을 든 까닭에 전쟁이 끝난 뒤 대지의 서쪽 끝 어딘가에서 하늘이 대지로 내려앉지 않도록 어깨로 하늘을 떠메는 벌을 받는다.

아폴론(Apollon) 아르테미스의 쌍둥이 오라비. 음악, 궁술, 치유, 예언, 광명의 신.

아프로디테(Aphrodite) 미와 사랑의 여신. 바다 거품에서 태어나 맨 먼저 퀴프로스(Kypros) 섬에 상륙한 까닭에 퀴프리스라고도 불린다.

아피아 땅(Apia ge) 아르고스의 전설적인 왕 아피스(Apis)에게서 유래한 이름으로 펠로폰네소스 반도, 특히 아르골리스 지방을 말한다.

안티고네(Antigone) 오이디푸스와 이오카스테의 딸.

안틸로코스(Antilochos) 트로이아 전쟁 때 활약했던 그리스군 노장 네스토르의 아들로, 아킬레우스의 절친한 친구.

알크메네(Alkmene) 헤라클레스의 어머니.

암피아라오스(Amphiaraos) 오이클레스(Oikles)의 아들. 아폴론의 사제. 테바이의 일곱 성문 중 호몰로이스 문(Homoloides pylai)을 공격한 아르고스군 장수. 그는 테바이를 공격하는 장수들이 모두 전사할 것임을 알고 참전하기를 거절하지만, 아내 에리퓔레(Eriphyle)가 폴뤼네이케스가 준 하르모니아의 황금 목걸이에 매수되어 참전을 강요한 까닭에 마지못해 참전하며 아들 알크마이온(Alkmaion)에게 후일 어머니를 죽이고 테바이를 재차 공격하라고 이른다.

암피온(Amphion) 제토스(Zethos)와 더불어 제우스와 안티오페(Antiope)의 쌍둥이 아들. 니오베의 남편. 이들 쌍둥이 형제는 테바이 왕이 되자 전에 카드모스가 세운 성채인 카드메이아(Kadmeia) 주위에 성벽을 쌓아 테바이를 난공불락의 도성으로 만들었다.

암피트리테(Amphitrite) 해신 포세이돈의 아내.

앗티케(Attike) 그리스의 남동부 지방. 그 수도가 아테나이다. '앗티카'라는 라틴어 이름으로 더 잘 알려져 있다.

에도노이족(Edonoi 또는 Edones) 트라케 지방의 스트뤼몬 강변에 살던 부족.

에렉테우스(Erechtheus) 아테나이의 전설적인 왕.

에로스(Eros) 아프로디테의 아들. 사랑의 신.

에뤼만토스(Erymanthos) 서(西)아르카디아 지방의 높은 산.

에리보이아(Eriboia) '큰 아이아스'의 어머니.

에우뤼디케(Eurydike) 크레온의 아내. 하이몬의 어머니.

에우뤼사케스(Eurysakes) 아이아스와 테크멧사의 아들.

에우보이아(Euboia) 보이오티아 지방 동쪽에 있는, 그리스에서 크레테 다음으로 큰 섬.

에키드나(Echidna) 반은 소녀이고, 반은 뱀인 괴물. 저승의 문을 지키는 괴물 개 케르베로스와 휘드라, 키마이라(Chimaira), 스핑크스의 어머니.

에테오클레스(Eteokles) 오이디푸스의 아들. 안티고네의 오라비.

에테오클로스(Eteoklos) 테바이의 네이스 문(Neistai pylai)을 공격한 아르고스군 장수.

엘레우시스(Eleusis) 아테나이에서 서쪽으로 20킬로미터쯤 떨어진 소도시로, 해마다 엘레우시스 비의가 개최되던 곳이다.

엘렉트라(Elektra) 아가멤논과 클뤼타임네스트라의 딸. 오레스테스의 누이로, 그의 친구 퓔라데스와 결혼한다. 오레스테스가 아버지의 원수를 갚을 수 있도록 적극 도와준다.

오뒷세우스(Odysseus) 라에르테스의 아들. 페넬로페의 남편. 텔레마코스의 아버지. 이타케 왕. 트로이아 전쟁 때 그리스군 제일의 지장. 목마(木馬)도 그가 생각해낸 것이라고 한다.

오레스테스(Orestes) 아가멤논과 클뤼타임네스트라의 아들. 엘렉트라의 오라비. 아버지를 죽인 어머니를 죽인 뒤 복수의 여신들에게 쫓기지만 아폴론의 도움으로 천신만고 끝에 아르고스의 왕위에 오른다.

오르페우스(Orpheus) 트라케의 전설적인 가인(歌人). 그의 노래를 들으면 맹수들도 유순해졌다고 한다. 그가 죽은 아내 에우뤼디케(Eurydike)를 찾으러 저승에 갔을 때 저승의 신 하데스도 그의 음악에 감동하여 그의 아내를 이승으로 데려가도록 허락해주었다고 한다.

오이디푸스(Oidipous) 라이오스와 이오카스테의 아들.

오이칼리아(Oichalia) 에우보이아 섬에 있는 지역 및 도시.

오이테(Oite) 남텟살리아의 멜리스(Melis) 만으로 흘러드는 스페르케이오스(Spercheios) 강 중상류에 있는 산. 최고봉 2,152미터.

오케아노스(Okeanos) 가이아와 우라노스의 아들. 테튀스(Tethys)의 남편. 수많은 요정들의 아버지. 대지를 감돌아 흐르는 세상에서 가장 큰 강.

올륌포스(Olympos) 그리스 북부에 있는 높은 산. 그리스인들은 자신들의 주요 신들이 그곳에 사는 것으로 믿었다.

올륌피아(Olympia) 펠로폰네소스 반도 북서부에 있는 제우스의 성역. 이곳에서 기원전 776년부터 근대 올림픽 경기의 전신인 올륌피아 경기가 개최되었다.

옴팔레(Omphale) 헤라클레스가 속죄하기 위해 팔려가 여주인으로 모셨던 뤼디아의 여왕.

옷사(Ossa) 텟살리아 지방의 높은 산.

요정(妖精 nymphe) 자연의 생명력을 대표하는 젊은 여성적 존재로서 영생하지는 않지만 장수한다. 산의 요정들(orestiades), 물의 요정들(neiades), 샘의 요정들(krenaiai) 및 나무의 요정들(dryades)이 있다.

우라노스(Ouranos '하늘') 대지의 여신 가이아의 남편. 티탄 신족의 아버지. 막내아들 크로노스에 의해 거세되고 권좌에서 축출된다.

운명의 여신들(Moirai) 운명을 관장하는 세 명의 여신. 헤시오도스(Hesiodos)에 따르면, 그들은 밤의 여신의 딸들이며, 이름은 클로토(Klotho), 라케시스(Lachesis), 아트로포스(Atropos)다.

이나코스(Inachos) 오케아노스의 아들. 이오의 아버지. 아르고스 지방의 강 겸 하신(河神).

이데(Ide) 트로이아 근처의 산. 파리스가 태어나자마자 내다버려져 목자들의 손에 구출되어 자라난 곳.

이스메네(Ismene) 오이디푸스의 딸. 안티고네의 아우.

이스메노스(Ismenos) 테바이의 강.

이스트로스(Istros) 흑해로 흘러드는 도나우 강의 하류.

이스트모스(Isthmos) 경기(Isthmia) 코린토스 지협(地峽) 이스트모스에서 2년마다 개최되던, 고대 그리스의 4대 경기 중 하나.

이악코스(Iakchos) 엘레우시스 비의와 관계가 있는 신으로, 대개 디오뉘소스와 동일시되고 있다.

이오(Io) 이나코스의 딸. 제우스의 사랑을 받게 된 이오가 암송아지로 변신하자 헤라가 아르고스라는 전신에 눈이 있는 목자를 보내 감시하게 한다. 아르고스가 헤르메스에게 살해되자 헤라는 쇠파리를 보내 이오가 온 대지를 떠돌아다니게 만든다.

이오카스테(Iokaste) 오이디푸스의 어머니이자 아내.

이올레(Iole) 오이칼리아 왕 에우뤼토스의 딸. 헤라클레스의 포로.

이피게네이아(Iphigeneia) 아가멤논과 클뤼타임네스트라의 딸. 오레스테스의 누이. 엘렉트라의 언니. 그리스 함대를 트로이아로 날라다줄 순풍을 얻기 위해 아울리스 항에서 제물로 바쳐진다.

이피토스(Iphitos) 오이칼리아 왕 에우뤼토스(Eurytos)의 아들. 잃어버린 말 떼를 찾으러 갔다가 헤라클레스에게 살해된다.

익시온(Ixion) 라피타이족(Lapithai)의 왕. 구혼 선물을 받으러 온 장인을 불구덩이에 빠뜨려 죽임으로써 처음으로 친인척을 죽였지만 제우스에게 탄원하여 정화받는다. 그러나 제우스의 관용을 악용하여 헤라 여신을 겁탈하려다 저승에 가서 쉴 새 없이 돌아가는 불 수레 바퀴에 영원히 묶이는 벌을 받게 된다.

일리온(Ilion) 트로이아 왕 일로스(Ilos)에게서 유래한 트로이아의 다른 이름.

(ㅈ)

자비로운 여신들(Eumenides) 복수의 여신(Erinys)들의 다른 이름.

제우스(Zeus) 그리스 신화에서 최고신. 올륌포스 신들의 아버지. 크로노스와 레아의 아들. 헤라의 남편.

제퓌로스(Zephyros) 서풍의 신.

(ㅋ)

카드모스(Kadmos) 페니키아 지방에 있는 튀로스(Tyros) 왕 아게노르의 아들. 테바이의 전설적 건설자. 하르모니아와 결혼하여 테바이 왕가의 시조가 된다.

카론(Charon) 사자들의 혼백을 저승으로 실어다주는 뱃사공.

카리스(Charis 복수형 Charites) **여신** 아프로디테의 시중을 드는 우미(優美)의 여신.

카스탈리아(Kastalia) 높은 바위틈에서 솟아나와 델포이로 흘러내리는 샘. 그 물은 여러 가지 신성한 용도로 사용되었다.

카스토르(Kastor) 쌍둥이 형제간인 폴뤼데우케스(Polydeukes)와 더불어 레다가 제우스에 의해 잉태해 낳은 아들. 헬레네와 클뤼타임네스트라의 오라비. 흔히 디오스쿠로이들(Dioskouroi '제우스의 아들들'이란 뜻)이라고 불리는 이들 쌍둥이 형제는 죽은 뒤 쌍둥이자리라는 별자리가 되어 항해하는 선원들을 보호해주는 것으로 믿어졌다.

카파네우스(Kapaneus) 테바이의 엘렉트라 문(Elektrai pylai)을 공격한 아르고스군 장수.

칼카스(Kalchas) 트로이아 전쟁 때 그리스군 예언자. 아가멤논의 딸 이피게네이아를 제물로 바치지 않으면 그리스 함대가 출항할 수 없을 것이며, 아킬레우스가 참전하지 않으면 트로이아가 함락되지 않을 것이라고 예언한다.

칼코돈(Chalkodon) 에우보이아 섬의 왕.

칼키스(Chalkis) 에우보이아 섬의 항구.

캇산드라(Kassandra) 트로이아 왕 프리아모스와 헤카베의 딸. 아폴론의 여사제. 아폴론의 구애를 거절한 까닭에 아폴론은 그녀에게 예언의 능력은 주되 아무도 그 예언을 믿지 않게 한다. 전쟁 포로로 그리스에 끌려갔다가 아가멤논과 함께 클뤼타임네스트라의 손에 죽는다.

케나이온(Kenaion) **곶** 에우보이아 섬 북서부에 있는 갑(岬).

케르베로스(Kerberos) 저승의 문을 지키는 머리 셋 달린 괴물 개.

케이론(Cheiron) 현명하고 덕이 높은 켄타우로스. 아킬레우스, 이아손, 헤라클레스 같은 이름난 그리스 영웅들의 사부.

케크롭스(Kekrops) 아테나이의 반인반사(半人半蛇)의 전설적인 왕.

케피소스(Kephisos) 파르네스(Parnes) 산에서 발원하여 아테나이 서쪽의 팔레론(Phaleron) 만으로 흘러드는 앗티케 지방의 강.

켄타우로스(Kentauros) 반인반마(半人半馬)의 야만적 괴물로, 머리와 가슴과 팔은 사람이고 몸뚱이와 다리는 말이다. 그들은 익시온과 네펠레(Nephele '구름'이란 뜻)의 후손들로 텟살리아의 펠리온 산에 살았는데, 이웃에 살던 라피타이족의 왕 페이리토오스의 결혼식에 초대받아 갔다가 술에 취해 신부 힙포다메이아와 다른 여인들을 납치하려다—이 사건은 파르테논(Parthenon) 신전의 메토프(metope)에 묘사되어 있다—텟살리아에서 펠로폰네소스 반도로 쫓겨난다.

코뤼반테스(Korybantes) 지모신 퀴벨레의 남자 시종들.

코뤼키온 동굴(Korykion antron) 델포이 북동쪽 약 10킬로미터 지점의 파르낫소스 산에 있는 종유동(鐘乳洞)으로 길이 약 60미터, 높이 약 12미터.

코린토스(Korinthos) 코린토스 지협(地峽)의 부유한 항구도시.

콜로노스(Kolonos) 아테나이 북쪽의 작은 마을. 눈먼 오이디푸스가 힘든 방랑 생활을 끝낸 곳.

퀴벨레(Kybele) 소아시아 프뤼기아인들이 숭배하던 지모신(地母神). 나중에는 그리스 신화에 흡수되어 데메테르 또는 레아와 동일시되었다.

퀴클롭스(Kyklops) '눈이 둥근 자'란 뜻. 외눈박이 식인 거한. 그들 중에는 오뒷세우스 일행을 가둬놓고 잡아먹은 폴뤼페모스(Polyphemos)가 유명하다. 뮈케나이, 티륀스(Tiryns) 같은 고대 그리스 도시들의 거석 성벽들도 그들이 쌓은 것으로 생각되었다.

퀴프리스(Kypris) 아프로디테의 별명 중 하나. 퀴프로스(Kypros 지금의 사이프러스) 섬 앞바다의 바다 거품에서 태어난 까닭에 붙여진 이름이다.

퀼레네(Kyllene) 펠로폰네소스 반도 북동부에 있는 높은 산. 헤르메스가 태어난 곳.

크레온(Kreon) 이오카스테의 오라비. 오이디푸스의 두 아들이 죽은 뒤 그는 테바이 왕이 된다. 외국 군대를 이끌고 와서 조국 테바이를 공격한 폴뤼네이케스를 매장해주지 말라는 명령을 어겼다 하여 안티고네에게 사형을 선고한다.

크로노스(Kronos) 가이아와 우라노스의 막내아들로, 제우스의 아버지다. 아버지 우라노스를 권좌에서 축출하고 우주의 지배자가 되었으나, 10년 전쟁 끝에 막내아들 제우스가 이끄는 올륌포스 신들에 패하여 형제들인 다른 티탄 신족과 함께 지하의 가장 깊은 곳인 타르타로스에 유폐된다.

크뤼세(Chryse) 렘노스 섬 가까이 있는 섬. 그 섬에 제단을 갖고 있던 여신.

크뤼소테미스(Chrysothemis) 아가멤논과 클뤼타임네스트라의 딸. 엘렉트라에 비해 소극적인 성격이다.

키타라(kithara) '뤼라' 참조.

키타이론(Kithairon) 테바이 남쪽에 있는 산으로, 오이디푸스가 태어나자마자 내다버려지고, 펜테우스가 디오뉘소스 신앙을 제지하려다가 어머니 일행에게 찢겨 죽은 곳이다.

(ㅌ)

타르타로스(Tartaros) 우주에서 가장 깊고 어두운 곳으로, 대지가 하늘에서 떨어져 있는 거리만큼 대지 아래쪽에 자리 잡고 있다. 제우스는 티탄 신족과의 전쟁에서 이긴 뒤 아버지 크로노스와 삼촌들인 다른 티탄 신족을 이곳에 가둔다. 그 밖에도 탄탈로스, 익시온처럼 신들에게 죄를 지은 자들이 이곳에 갇혀 있다.

탄탈로스(Tantalos) 소아시아 뤼디아(Lydia) 지방의 왕으로, 펠롭스→아트레우스→아가멤논→오레스테스로 이어지는 탄탈로스 가(家)의 시조.

탈튀비오스(Talthybios) 트로이아 전쟁 때 그리스군, 특히 아가멤논의 전령.

테르시테스(Thersites) 트로이아 전쟁 때 그리스군 가운데 가장 못생긴 험담가.

테미스(Themis) 법도(法度)의 여신.

테바이(Thebai) 보이오티아 지방의 수도.

테세우스(Theseus) 아테나이 왕. 콜로노스에서 오이디푸스를 영접한다. 페르세포네를 납치해 오려고 절친한 친구인 페이리토오스와 함께 저승에 내려갔다가 하데스에게 붙잡혔으나 후일 저승의 문지기 개 케르베로스를 훔치러 온 헤라클레스에 의해 구출된다.

테우크로스(Teukros) 텔라몬의 아들. 트로이아 전쟁 때 그리스군 제일의 명궁. '큰 아이아스'의 배다른 아우.

테이레시아스(Teiresias) 테바이의 눈먼 예언자.

테크멧사(Tekmessa) 프뤼기아 왕 텔레우타스(Teleutas)의 딸. '큰 아이아스'의 애첩이 되어 아들 에우뤼사케스를 낳아준다.

테티스(Thetis) 바다의 여신. 펠레우스와 결혼하여 영웅 아킬레우스를 낳는다.

텔라몬(Telamon) 아이아코스의 아들로, '큰 아이아스'와 테우크로스의 아버지.

텟살리아(Thessalia) 그리스의 북동 지방.

튀데우스(Tydeus) 테바이의 프로이토스 문을 공격한 아르고스군 장수. 디오메데스의 아버지.

튀르레니아(Tyrrhenia) 이탈리아 에트루리아(Etruria) 지방의 그리스어 이름.

튀르소스(thyrsos) 손잡이에 솔방울이 달리고 담쟁이덩굴 또는 포도덩굴을 감아 맨 지팡이로, 주신 박코스의 상징.

튀에스테스(Thyestes) 펠롭스의 아들. 아트레우스의 아우. 아가멤논의 왕위를 찬탈한 아이기스토스의 아버지.

트라케(Thraike) 그리스 북동쪽, 에게 해 북안 지방. 그리스인들은 그곳 주민들을 야만 족으로 여겼다.

트라키스(Trachis) 텟살리아 지방의 도시.

트로이아(Troia) 에게 해에서 흑해로 들어가는 다르다넬스 해협의 초입에 있던 도시. 프리아모스 왕의 아들 파리스가 그리스에 사절로 갔다가 스파르테 왕비 헬레네를 데려간 까닭에 그리스 연합군이 10년 동안 포위한 끝에 목마의 계략으로 성채 페르가몬을 함락하고 도시 전체를 폐허로 만든다.

티륀스(Tiryns) 펠로폰네소스 반도 동북부 아르골리스 지방의 도시.

티탄(Titan 복수형 Titanes) **신족** 우라노스와 가이아의 여섯 아들. 그들은 막내 크로노스의 주도하에 아버지 우라노스를 거세하고 권좌에서 축출한 뒤 우주를 지배하였으나, 크로노스의 막내아들 제우스 형제와 그의 아들들에게 패하여 타르타로스에 유폐된다. 우라노스와 가이아의 여섯 아들 외에 아틀라스와 프로메테우스 같은 그들의 아들들과 레토 같은 딸도 티탄 신족에 포함된다.

티토노스(Tithonos) 트로이아 왕 라오메돈의 아들. 새벽의 여신 에오스(Eos)의 남편.

트리톤(Triton) 반인반어(半人半魚)의 해신. 포세이돈과 암피트리테의 아들.

(ㅍ)

파르낫소스(Parnassos 또는 Parnasos) 그리스 중부 포키스 지방의 큰 산. 그 남쪽 사면에 아폴론의 신탁으로 유명한 델포이 시가 자리 잡고 있다.

파르테노파이오스(Parthenopaios) '처녀의 아들'이란 뜻으로, 여자 사냥꾼 아탈란테(Atalante)의 아들. 아르카디아인. 테바이의 '북문'을 공격한 아르고스군 장수.

파리스(Paris) 트로이아 왕 프리아모스와 헤카베의 아들. 그가 그리스에 가서 절세미인 헬레네를 트로이아로 데려감으로써 트로이아 전쟁이 발발한다.

파시스(Phasis) 흑해 동안으로 흘러드는 아시아의 강.

파트로클로스(Patroklos) 아킬레우스의 죽마고우로, 헥토르 손에 죽는다.

팍톨로스(Paktolos) 소아시아 뤼디아 지방의 수도 사르데이스(Sardeis) 옆을 흐르는 강으로, 사금(砂金)이 많이 나기로 유명하다.

판(Pan) 산야와 숲과 목자들의 신.

판디온(Pandion) 아테나이 왕. 밤꾀꼬리와 제비로 변신한 프로크네(Prokne)와 필로멜레(Philomele)의 아버지.

팔라스(Pallas) 아테나 여신의 별명 중 하나. '처녀' 또는 '무기를 휘두르는 자'란 뜻.

페르가몬(Pergamon 또는 Pergama) 트로이아의 성채.

페르세우스(Perseus) 제우스와 다나에의 아들. 머리털이 뱀들로 되어 있어 보는 이를 돌로 변하게 한다는 무서운 괴물들인 고르고 자매들 중 한 명인 메두사의 목을 베어 와 아테나 여신에게 바친다.

페르세포네(Persephone) 제우스와 데메테르의 딸. 저승의 신 하데스의 아내.

페이리토오스(Peirithoos) 라피타이족의 왕. 힙포다메이아의 남편. 페르세포네를 납치해 오려고 절친한 친구인 테세우스와 함께 저승에 내려갔다가 붙잡힌다.

페이토(Peitho) 설득의 여신.

페파레토스(Peparethos) 텟살리아의 마그네시아(Magnesia) 반도 남단과 에우보이아 섬 사이에 있는 작은 섬.

펠레우스(Peleus) 아이아코스의 아들. 테티스와 결혼하여 아킬레우스의 아버지가 된다.

펠로폰네소스(Peloponnesos) 그리스 본토 남부의 큰 반도. 뮈케나이, 코린토스, 아르고스, 티륀스, 스파르테 같은 그리스의 주요 도시들이 자리 잡고 있다.

펠롭스(Pelops) 탄탈로스의 아들. 아트레우스의 아버지. 아가멤논과 메넬라오스의 할아버지. 펠롭스는 전차 경주에서 엘리스 지방의 피사(Pisa) 왕 오이노마오스(Oinomaos)를 이기고 그의 딸 힙포다메이아와 결혼하게 되지만, 그러기 위해 매수했던 그의 마부 뮈르틸로스를 배신하고 바닷물에 던져 죽이자, 뮈르틸로스는 죽으면서 펠롭스 가(家)를 저주한다.

포세이돈(Poseidon) 크로노스의 아들. 바다와 지진의 신. 삼지창이 그의 권력의 상징이다.

포이베(Phobe) 가이아와 우라노스의 딸들인 여자 티탄들 중 한 명. 아폴론의 외조모.

포이보스(Phoibos) 아폴론의 별명 중 하나. '빛나는 자' '정결한 자'란 뜻.

포키스(Phokis) 코린토스 만 북안에 있는 그리스 중부 지방.

폴뤼네이케스(Polyneikes) 오이디푸스의 아들. 아르고스군 장수.

폴뤼도로스(Polydoros) 카드모스와 하르모니아의 아들. 랍다코스의 아버지.

폴뤼보스(Polybos) 코린토스 왕. 오이디푸스의 양부.

퓌토(Pytho) 델포이의 옛 이름. 아폴론이 전에 그곳을 지키던 퓌톤(Python)이라는 용(龍)을 죽인 데서 붙여진 이름이다.

퓌티아(Pythia) 델포이에 있는 아폴론 신전의 여사제.

퓔라데스(Pylades) 포키스 왕 스트로피오스의 아들. 오레스테스의 죽마고우. 오레스테스가 클뤼타임네스트라와 아이기스토스를 죽이도록 도와주고 엘렉트라와 결혼한다.

퓔로스(Pylos) 펠로폰네소스 반도 서남부 멧세네(Messene) 지방의 도시.

프로메테우스(Prometheus) '사전에 생각하는 자'란 뜻. 티탄 신족과 제우스를 우두머리로 한 젊은 신족 사이에 전쟁이 벌어졌을 때 제우스가 권좌에 오르도록 돕는다. 그러나 일설에 따르면, 인간을 만들어냈다고 하는 그가 인간들의 딱한 처지를 동정하여 하늘의 불을 훔쳐내 인간들에게 준 까닭에 제우스의 미움을 사 카우카소스 산의 암벽에 사슬로 결박당한다.

프뤼기아(Phrygia) 소아시아의 한 지방으로, 고대에는 그 경계가 유동적이었다. 프뤼기아는 비극 작품들에서는 대개 소아시아 북서부 트로이아 주변의 트로아스(Troias)를, 프뤼기아인들은 트로이아인들을 말한다.

프리아모스(Priamos) 트로이아의 마지막 왕. 헥토르, 파리스, 캇산드라 등의 아버지.

플레우론(Pleuron) 그리스 본토 중서부 아이톨리아 지방의 수도.

플레이아데스(Pleiades) 아틀라스와 플레이오네(Pleione)의 일곱 딸들. 사냥꾼 오리온에게 쫓기자 제우스가 별자리로 만든다. 이 별자리는 고대 그리스인들에게 농사와 항해의 적기를 알려주었다.

플루톤(Plouton) 저승의 신 하데스의 별명 중 하나.

필록테테스(Philoktetes) 트로이아 전쟁 때 그리스의 명궁. 그는 트로이아로 가던 도중 뱀에게 물리는데 심한 악취와 비명 소리 때문에 외딴 섬에 버려진다. 10년이 지난 뒤, 필록테테스가 갖고 있던 헤라클레스의 활 없이는 트로이아가 함락되지 않을 것이라는 트로이아 왕자 헬레노스의 예언에 따라 오뒷세우스와 네옵톨레모스가 그를 달래 트로이아로 데려오자 그는 파리스를 쏘아 죽여 트로이아의 함락을 앞당긴다.

(ㅎ)

하데스(Hades) 저승 또는 저승을 다스리는 신. 제우스, 포세이돈과 형제간. 일명 플루톤.

하르모니아(Harmonia) 아레스와 아프로디테의 딸. 카드모스의 아내.

하이몬(Haimon) 크레온의 아들. 안티고네의 약혼자.

헤라(Hera) 제우스의 누이 겸 아내. 결혼의 여신. 아르고스의 수호여신.

헤라클레스(Herakles) 제우스와 알크메네의 아들. 그리스의 대표적인 영웅. 사후에 신들의 반열에 오르기까지 겪어야 했던 수많은 시련 중에 이른바 12고역이 특히 유명하다.

헤르메스(Hermes) 제우스와 마이아의 아들. 신들의 전령. 사자(死者)들의 혼백을 저승으로 인도하는 혼백 인도자. 상인과 도둑들의 보호자.

헤카베(Hekabe) 프리아모스의 아내. 헥토르, 파리스, 캇산드라, 폴뤽세나(Polyxena) 등의 어머니. 전쟁이 끝난 뒤 오뒷세우스의 전리품이 되었으나 그리스로 실려 가던 도중 바다에 뛰어내려 암캐가 되었다고 한다.

헤카테(Hekate) 밤, 마법, 피 등과 관계가 깊은 여신. 때로는 아르테미스와 동일시되기도 한다. 제우스에게서 아이들을 돌보는 임무를 맡았다.

헤파이스토스(Hephaistos)　제우스와 헤라의 아들. 또는 헤라가 제우스와 교합하지 않고 혼자서 낳은 아들. 절름발이로 불과, 불을 이용한 금속공예의 신.

헥토르(Hektor)　프리아모스와 헤카베의 장남. 안드로마케의 남편. 트로이아 전쟁 때 트로이아군 최고의 명장. 그가 아킬레우스 손에 죽자 트로이아는 곧 멸망한다.

헬라스(Hellas)　그리스인들이 자신들의 나라를 가리켜 부르는 이름.

헬레네(Helene)　제우스와 레다의 딸로, 클뤼타임네스트라와 자매간이다. 파리스가 그녀를 데려감으로써 트로이아인들과 그리스 연합군 사이에 10년 전쟁이 벌어져 결국 트로이아는 패망하고 만다.

헬레노스(Helenos)　프리아모스의 아들. 예언자.

헬리오스(Helios)　태양신.

헬리콘(Helikon)　보이오티아 지방의 큰 산으로, 그 동쪽 사면에 무사 여신들의 신전이 있었다. 정상 바로 밑에 있는 아가닙페(Aganippe)와 힙포크레네(Hippokrene) 샘은 그 물을 마시는 자에게 시적 영감을 준다고 믿어졌다.

휠로스(Hyllos)　헤라클레스와 데이아네이라의 아들.

힙포메돈(Hippomedon)　테바이를 공격한 일곱 장수 중 한 명.